Glatz/Graf-Götz
Handbuch Organisation gestalten

Konzept und Beratung »Beltz Weiterbildung«:

Prof. Dr. *Karlheinz A. Geißler*, Schlechinger Weg 13, D-81669 München.
Prof. Dr. *Bernd Weidenmann*, Weidmoosweg 5, D-83626 Valley.

Hans Glatz/Friedrich Graf-Götz

Handbuch Organisation gestalten

Für Praktiker aus Profit- und Non-Profit-Unternehmen, Trainer und Berater

2. Auflage

Dr. Hans Glatz, Studium der Sozial- und Wirtschaftswissenschaft, Lehr- und Forschungstätigkeiten am Institut für Höhere Studien in Wien, seit 1990 ist er Unternehmensberater, Trainer, Mediator. Partner der TRIGON Entwicklungsberatung Unternehmensberatung GmbH in Wien.

Mag. Friedrich Graf-Götz, Studium der Pädagogik und Soziologie, selbstständiger Unternehmensberater, Coach und Trainer, ist als Mitarbeiter einer politischen Akademie in Österreich zuständig für Personal- und Organisationsentwicklung.

Das Werk und seine Teile sind urheberrechtlich geschützt.
Jede Nutzung in anderen als den gesetzlich zugelassenen Fällen
bedarf der vorherigen schriftlichen Einwilligung des Verlages.
Hinweis zu § 52a UrhG: Weder das Werk noch seine Teile dürfen
ohne eine solche Einwilligung eingescannt und in ein Netzwerk
eingestellt werden. Dies gilt auch für Intranets von Schulen
und sonstigen Bildungseinrichtungen.

2., überarbeitete und erweiterte Auflage 2011

Lektorat: Ingeborg Sachsenmeier

© 2007 Beltz Verlag · Weinheim und Basel
www.beltz.de
Herstellung: Lore Amann
Satz: Renate Rist, Lorsch
Druck: Beltz Druckpartner GmbH & Co. KG, Hemsbach
Zeichnungen: Beltz Bad Langensalza GmbH, Bad Langensalza
Reihengestaltung: glas ag, Seeheim-Jugenheim
Umschlaggestaltung: Sarah Veith
Umschlagabbildung: Florian Mitgutsch, München
Printed in Germany

ISBN 978-3-407-36507-1

Inhaltsverzeichnis

Wozu eine Beschäftigung mit Organisation und Veränderung? 9

Kapitel 1   Die Organisation als Ort der Zusammenarbeit von Menschen

Verschiedene Zugänge zum Thema Organisation 14
    Zum Einstieg: Beispiele aus dem Organisationsleben 14
    Geschichte und Theorie der Organisation 16
    Unsere Bilder von Organisation 21

Organisation als soziales System 27
    Der Mensch als »Umfeld« der Organisation 27
    Die Entdeckung menschlicher Bedürfnisse 32
    Das Team in der Organisation 41

Grundtypen und Entwicklungsphasen von Organisationen 44
    Modelle als »geistige Landkarten« von Organisationen 44
    Entwicklungsphasen – auch Organisationen altern! 49
    Produkt-, Dienstleistungs- und Professionalorganisation 52
    Die Besonderheit von Non-Profit-Organisationen (NPO) und
        nicht staatlichen Organisationen (NGO) 57
    Aktuelle Organisationstrends 61
    Ausblick auf künftige Organisationsmodelle 67
    Organisationskultur: die ungeschriebenen Regeln der Organisation 70

Wie können wir die Organisation gestalten? 77
    Vom Organisieren … 77
    Die Organisation gestalten 79
    »Stellen«: die Anforderungen der Organisation an die Person 82
    Abstimmung von Aufgaben, Verantwortung und Kompetenzen (AVK) 84
    Organisationsinterne und -externe soziale Rollen 91
    Von der Stellenbildung zum Organigramm:
        Wie organisieren sich Unternehmen? 93

Kapitel 2 Organisationen führen und managen

Zur Orientierung … 110
Zwei Übungen zum Einstieg 111

Funktionen und Aufgaben von Management und Führung 114
    Eine kleine Geschichte des Managements und seiner Lehre 114
    Management- und Führungsphilosophien 116
    Führungsstile und Führungsverhalten 117
    Das Zusammenspiel der Managementebenen 125
    Grundsätze und Werkzeuge des Führens 126
    Führungstechniken 128
    Praktische Herausforderungen des Führens heute 135
    Führen und Managen als Beruf 140
    Aufgabenfelder der Führungskraft 143
    Rollenanforderungen an Führungskräfte 144
    Kann man Führen lernen? 146

Die Organisation auf die Zukunft ausrichten – Strategieentwicklung 148
    Warum sollten wir uns mit Strategien und der Zukunft beschäftigen? 148
    Grundlagen der Strategieentwicklung 148
    Die Schritte zur Strategie 159
    Leitfaden und Werkzeuge für ein Strategieprojekt 162

Ergebnisse erzielen – Führen mit Zielen und mit der Balanced Scorecard 196
    Wozu Ziele? 196
    Nutzen von Zielen 197
    Einen Bereich beziehungsweise Mitarbeiter mit Zielen führen 201
    Steuerung mit dem System »Balanced Scorecard« 205

Optimierung von Geschäftsprozessen 212
    Warum Prozessorientierung? 212
    Drei Arten von Prozessen prägen jede Organisation 215
    Prozessoptimierung – die Schritte zu guten Prozessen 216

Kundenmanagement: Das Einzige, was stört, ist der Kunde … 224
    Kerngedanken der Kundenorientierung 225
    Dialog mit Kundinnen und Kunden 226

Teams aufbauen, entwickeln und führen 233
    Die Zusammensetzung von Teams 234
    Phasen der Entwicklung von Teams 235
    Die Leitung von Teams 238

    Konflikte im Team als Chancen nutzen 240
    Typische Konflikte in Gruppen und Teams 242
    Abschließende Fragen zur Teamentwicklung 245

Projektmanagement als Führungsaufgabe 249
    Wann machen wir Projekte? 250
    Grundprinzipien der Projektabwicklung 251
    Die vier Phasen im Projektablauf 251
    Projektorganisation und Rollen im Projektmanagement 257

Innovation in der Organisation verankern 260
    Wissensmanagement – der Versuch, als Organisation klug zu werden 262
    Schritte der Einführung von Wissensmanagement 264
    Methoden und Instrumente von Wissensmanagement 267
    Die lernende Organisation 269

Resümee zum zweiten Kapitel 272

Kapitel 3 Veränderungen in Organisationen herbeiführen und gestalten

Lust auf Veränderung? 274
    Wollen sich Menschen verändern? 274
    Organisationen nur verändern oder auch entwickeln? 275
    Was ist Veränderungsmanagement in Organisationen? 280

Ansätze der Veränderung – ein Streifzug durch Theorie und Geschichte 282
    Verändern als technisch-mechanischer Vorgang 282
    Veränderung als sozialer Prozess – Organisationsentwicklung 284
    Die systemische Sicht auf Veränderung – wider den
        Veränderungsoptimismus 289
    Vergleich gängiger Veränderungsansätze 294
    Grundlegende Wege zur Veränderung 299

Veränderungen in Gang setzen 302
    Wie wird in einem konkreten Veränderungsprojekt vorgegangen? 302
    Sieben Prozesse stehen hinter Veränderungsprojekten 302
    Prozess 1: Die Veränderung gestalten – Architektur, Design & Co 305
    Auswahl von Schlüsselpersonen für Veränderungsprojekte 314
    Interventionen – die Werkzuge des Beraters 315
    Prozess 2: Den Veränderungsbedarf »diagnostizieren« 320
    Prozess 3: Die Zukunft sichtbar machen – vom Ist zum Soll 325

Prozess 4: Veränderung als psychosozialer Lernprozess 326
Prozess 5: Lernen und Qualifizierungen, Empowerment 339
Prozess 6: Informations- und Kommunikationsprozesse gestalten 348
Prozess 7: Veränderungen erfolgreich umsetzen 350

Die Führungskräfte als Change-Manager 354
    Aufgaben des Change-Managements mit dem
        Routinemanagement verbinden 354
    Führungsanforderungen nach Change-Phasen 355

Die Rolle von Beratung in Veränderungsprozessen 360
    Ein Grundmodell für den Ablauf eines Beratungsgesprächs 363
    Die Aufgabenfelder des »internen Beraters« 364

Zusammenfassung 368
    Erfolgsfaktoren von Veränderungen 368
    Eine Geschichte für Veränderer 370

Schlussbild 371

Literaturverzeichnis 374
Bildnachweis 378
Stichwortverzeichnis 379

Wozu eine Beschäftigung mit Organisation und Veränderung?

Das Umfeld unserer Organisationen ist rasanten Veränderungen unterworfen, die sowohl für Führungskräfte als auch für Forscher zunehmend schwerer kalkulierbar werden. Parallel zur immer schnelleren Abfolge technologischer Neuerungen, zur Dynamik der Märkte, zu neuen ökologischen Problemen verändern sich die Vorstellungen von Management. Der Mode ähnlich werden in periodischen Abständen neue Organisations- und Managementkonzepte gepriesen und angewendet – oft nur bis zur nächsten Modewelle.

In Zukunft werden es vor allem politische und globale Entwicklungen sein, die für Überraschungen sorgen werden. Wer konnte zum Beispiel vor der Jahrhundertwende die Auswirkungen der EU-Erweiterung, den Wirtschaftsboom in China beziehungsweise Indien oder die Dramatik des Klimawandels längerfristig voraussagen und planerisch vorwegnehmen? Angesichts des Einflusses, den Veränderungen im Umfeld auf ihr Überleben haben können, versucht man in vielen Unternehmen, sich mit Strategieentwicklung auf mögliche zukünftige Herausforderungen vorzubereiten beziehungsweise selbst proaktiv auf relevante Umwelten einzuwirken. Ein solches Vorgehen führt zu temporären Wettbewerbsvorteilen, eine Garantie für das längerfristige Überleben gibt es dennoch weniger denn je. Ein markantes Beispiel dafür sind politische Parteien, die trotz Einschaltung prominenter Strategieberater und hoher Investitionen in ausgefeilte Wahlkampagnen an Wahltagen immer öfter Überraschungen erleben. Ein anderes Beispiel sind große Unternehmen, die sich als »unsinkbare Schiffe« sahen – und heute von der Bildfläche verschwunden sind.

Zur Charakterisierung der dynamischen Umweltbeziehung von Organisationen wird der Begriff *Turbulenz* verwendet. »Turbulenz ist ein Begriff für Rückkoppelungen, denen man nicht mehr ansieht, wo sie herkommen« (Baecker 1994, S. 22). Die Unkalkulierbarkeit der Umwelt und die Unvorhersehbarkeit zukünftiger Entwicklungen haben der Idee der Machbarkeit, die der Organisation traditionell anhaftet, jähe Grenzen gesetzt und fordern eine völlige Umorientierung. Und es sind vor allem zentral gelenkte, streng hierarchisch gegliederte, an verordneten Zielen und Werten festhaltende Unternehmen, die in Schwierigkeiten geraten. Sie sind nämlich mit ihrer Umwelt nicht ausreichend in Kontakt und weisen auch intern nicht die Voraussetzungen auf, um veränderte Anforderungen zu registrieren und rasch und flexibel genug darauf zu reagieren.

In einer weiteren Hinsicht erwachsen traditionellen Organisationen ebenfalls Probleme. Organisationsintern wird nämlich auf neue Herausforderungen jeweils mit der Herausbildung neuer Aufgaben und differenzierterer Strukturen reagiert. In dieser Dynamik gefangen, erreichen Organisationen eine Komplexität, die mit herkömmlichen Organisationsmodellen mit ihren stabilen, auf Dauer ausgelegten Strukturen und ihren langfristigen Planungshorizonten immer weniger bewältigt werden kann.

Als Konsequenz gewinnt die Fähigkeit, mit permanenten Veränderungen umgehen zu können, einen zentralen Stellenwert. Das erfordert eine klare Positionierung am Markt und zum Umfeld, entsprechend flexible Organisationsmodelle, die sich veränderten Aufgabenstellungen schnell und ohne größere Reibungsverluste anpassen, und zudem selbstständige und eigenverantwortliche Mitarbeiter und Manager.

> Das »Selbstveränderungspotenzial« wird als ein entscheidender Wettbewerbsvorteil von Organisationen in der Zukunft angesehen.

Veränderung ist ein hoher Anspruch, der in Organisationen nicht a priori uneingeschränkt Zuspruch findet. Immerhin gibt es ein Tagesgeschäft, das Mitarbeiter und Führungskräfte voll fordert, und es gibt natürlich viel Bewahrenswertes, das angesichts des ständigen Veränderungsdrucks in Gefahr gerät, abgewertet zu werden. Ein Umstand, der die Motivation für Neuerungen nicht steigert und oft für Widerstand sorgt, wo vom Topmanagement Begeisterung erwartet wird. Auch haben weder die vielen Change-Wellen – wie etwa das in den 1990er-Jahren stark propagierte Reengineering – noch die Fusionswellen die versprochenen Erfolge gebracht. Kurz: Es gibt Glaubwürdigkeits- und Legitimationsdefizite von Veränderungsvorhaben und damit verbunden eine starke Veränderungsmüdigkeit. Hinzu kommt, dass Veränderungen – zum Teil aus Krisensituationen heraus notwendig – oft sehr rasch, ohne vorausgehende Information oder Beteiligungsprozesse vom Topmanagement angeordnet werden.

Bei den in der Folge eingeleiteten »harten Schnitten« wie Rationalisierung, Mitarbeiterabbau oder Outsourcing ist vonseiten der Beschäftigten kaum Begeisterung zu erwarten. Das Gleiche gilt, wenn Veränderungsmaßnahmen primär am »Shareholder-Value« orientiert sind und aus der betrieblichen Perspektive heraus keine ausreichende Begründung erfahren. Der Mechanismus, dass auch bei glänzenden Gewinnen Mitarbeiter abgebaut werden und im Zuge dieser Maßnahme Börsenkurse steigen, mag Aktionäre freuen, wird bei den betroffenen Beschäftigten aber kaum auf Verständnis stoßen. Eine höchst umstrittene Rolle erfüllen in diesem Zusammenhang Equity-Fonds (seit Längerem als »Heuschrecken« im Gespräch), die mit größtenteils geliehenem Geld Firmen aufkaufen oder Neugründungen und Management-Buy-outs finanzieren. Ihnen wird vorgeworfen, dass sie im eigenen und im Interesse ihrer Geldgeber schnelle Gewinne zu realisieren suchen und mit Maßnahmen wie Firmenzerstückelungen und Arbeitsplatzabbau die Unternehmenssubstanz gefährden. Gegenstimmen merken an, dass Unternehmen immer schon Gewinninteressen verfolgen. Realität ist jedoch, dass Shareholder-Value-Orientierungen mit »*Bombenwurfstrategien*« einhergehen und zu einer starken Beschleunigung des Wandels beitragen.

Der permanente Wandel von Wirtschaft und Gesellschaft bringt es mit sich, dass Organisationen ihre internen Gestaltungsprinzipien und Prozesse adaptieren müssen, und der Blick auf erfolgreiche Unternehmen zeigt, dass dies durchaus gut gelingen kann. Es ist zum Beispiel unbestritten, dass heutige Organisationen ein höheres Sensorium gegenüber Entwicklungen in ihrem Umfeld entwickelt haben. Beispielsweise muss die traditionelle Funktionsgliederung einer Prozessorientierung weichen. Auch die Bildung von Organisationseinheiten, die wie Unternehmen im Unternehmen agieren und in netzwerkartigen Beziehungen zueinander große Flexibilität entfalten können, wird heute als Erfolgsfaktor gesehen. Selbstverständlich sind mit all diesen Entwicklungen wiederum neue Fragen verknüpft, aber die Hoffnung, dass nach Durchführung einiger Veränderungsmaßnahmen schnell wieder stabile Zustände erreicht werden könnten, muss mittlerweile als illusionär abgetan werden.

> Zusammenfassend behaupten wir, dass sich die inhaltliche und soziale Komplexität organisatorischer Veränderungsprozesse in den letzten Jahren stark erhöht hat und von allen Beteiligten eine hohe Kompetenz erfordert. Entgegen aller Unkalkulierbarkeit dessen, was in der Beziehung von Organisationen und ihrem Umfeld in Zukunft noch alles geschehen wird, ist mit einiger Sicherheit voraussagbar, dass eine positive emotionale Grundeinstellung zum Thema Organisation und Veränderung sowie Kenntnisse und Fähigkeiten des Organisierens in Zukunft eine große Bedeutung haben werden.

Das vorliegende Handbuch soll die Beschäftigung mit dem Organisieren und Managen von Veränderungen unterstützen. Es wendet sich an Leser, die in ihrer professionellen Arbeit in oder mit Organisationen zu tun haben: Bildungs- und Organisationsverantwortliche in Betrieben, Manager, Erwachsenenbildner, Trainer, Berater, Lehrer, Beschäftigte in Organisationen oder von Organisationsarbeit Betroffene. Das Thema »Organisieren und Managen« wird darin auf drei Ebenen behandelt.

Im ersten Kapitel, »*Die Organisation als Ort der Zusammenarbeit von Menschen*«, wird auf das Wesen und die Merkmale von Organisationen eingegangen, indem Beispiele, Begriffsklärungen, eine kurze Geschichte der Organisation sowie verschiedene Erklärungsmodelle vorgestellt werden. Ziel der Ausführungen ist, Verständnis für das soziale Gebilde der Organisation herzustellen und Wege zur Veränderung aufzuzeigen. Fragen geben dem Leser Gelegenheit, ihm bekannte Organisationsbereiche aus verschiedenen Perspektiven zu betrachten und dabei neue Erkenntnisse zu gewinnen. Zusätzlich werden diverse gängige Organisationsinstrumente vorgestellt, die aktuelle Anforderungen und Aufgaben sowie Wege zur Lösung und Veränderung in konkreten Organisationsbereichen sichtbar machen können.

Im zweiten Kapitel, »*Organisationsgestaltung als Managementaufgabe*«, wird die Aufgabe des Organisierens auf der Managementebene untersucht. Nach einer Einführung mittels Beispielen und theoretischen Überlegungen zu Begriff und Geschichte des Managements werden aktuelle Managementaufgaben und -techniken vorgestellt. Verschiedene Selbstchecks geben Gelegenheit, das eigene Rollenverständnis und den eigenen Wirkungsbereich auf verschiedene zentrale Fragen hin zu untersuchen und Perspektiven für eine Weiterentwicklung zu erkennen.

Im dritten Kapitel, »*Veränderungen in Organisationen herbeiführen und gestalten*«, werden – ausgehend von den aktuellen Herausforderungen – vor denen Organisationen heute stehen, Strategien der Veränderung vorgestellt und die Rolle und die Aufgaben der Führungskraft als Change-Manager beleuchtet. Architekturen und Designs von Veränderungsprozessen sowie hilfreiche Instrumente werden vorgestellt, die in der konkreten Veränderungspraxis zum Einsatz kommen.

Zur besseren Anschaulichkeit wird der Text durch Beispiele, Grafiken und Karikaturen illustriert, die das Lesen leichter und – so hoffen wir – auch vergnüglicher machen werden. Wir bitten um Verständnis, dass der besseren Lesbarkeit zuliebe auf eine Einfügung der weiblichen Formen verzichtet wurde.

Wir wollen die Gelegenheit dieser Einleitung auch dazu nutzen, all jenen zu danken, die am Zustandekommen dieses Buches einen wesentlichen Anteil haben. Großen Dank schulden wir unseren Familien, die uns nicht nur ausreichend Raum für die Arbeit zubilligten, sondern mit vielen Worten der Aufmunterung unseren Durchhaltewillen aufrechterhielten.

Unser Dank geht auch an Frau Ingeborg Sachsenmeier vom Beltz Verlag, die unsere Arbeit motivierend und mit Geduld betreute, viele Verbesserungen anregte und für unsere zögerliche Berücksichtigung der neuen deutschen Rechtschreibung großes Verständnis zeigte.

Kapitel 1

Die Organisation als Ort der Zusammenarbeit von Menschen

Verschiedene Zugänge zum Thema Organisation

Zum Einstieg: Beispiele aus dem Organisationsleben

Zum Einstieg in das Thema wollen wir Ihnen drei Beispiele für das soziale System Organisation und den Vorgang des Organisierens vorstellen.

↗ Beispiel

Nach mehreren unzureichenden Bemühungen, die Lieferfristen zu senken, beschließt das Management einer Firma für **Büromöbel** eine umfassende Dezentralisierung. Den einzelnen Produktionsbereichen werden weitgehende organisatorische Kompetenzen zugesprochen. Obwohl im Gegensatz zu vorher die einzelnen Bereiche eine Mitsprache bei der Festlegung der Termine erhalten, lassen sich die Lieferzeiten drastisch senken.

Eine örtliche **Parteiorganisation** beschließt nach einem eher schlechten Wahlausgang, eine Wochenendklausur durchzuführen, die die Aktualisierung des Arbeitsprogramms und konkrete Maßnahmen zur Umsetzung zum Ziele hat. Da sich die versammelten Mitarbeiter in der Einschätzung einiger grundlegender Fragen unsicher sind, beschließt man, eine Umfrage unter der Bevölkerung zu starten, die einen genaueren Aufschluss über die Wünsche der Wähler erbringen soll. Parallel dazu möchte die Gruppe mit einem externen Moderator genauer herausarbeiten, was die politische Identität der Organisation ausmacht und welche Ressourcen für die politische Arbeit vorhanden sind.

Drei befreundete IT-Beratungsunternehmen, die sich ihrerseits aus einem großen Unternehmen abgespalten haben, kooperieren intensiv bei Kundenprojekten. Die Kunden schätzen diese Kompetenz. Daraus entsteht der Wunsch nach engerer Zusammenarbeit. Als erster Schritt wird ein gemeinsamer Bürostandort bezogen. Die Zusammenarbeit bewährt sich, die Gesellschafter kommen überein, ein gemeinsames Unternehmen zu gründen. In der Vorbereitung dazu stellt sich heraus, dass es zwischen den drei Unternehmen doch größere Unterschiede zur Frage gibt, was dieses gemeinsame Unternehmen sein soll (Wachstum, Rechtsform, Eigentümermodelle). In einem sorgfältigen Beratungsprozess werden Fragen der Identität und Strategie geklärt und ein geeignetes Modell für die Umsetzung des gemeinsamen Unternehmens gefunden.

Das erste Beispiel zeigt eine **Organisationsveränderung,** die in einer Möbelfabrik aufgrund einer Marktforderung nach Verkürzung von Lieferfristen eingeleitet wird. Typisch an dem Beispiel ist das Eingeständnis des Managements, dass die üblichen Methoden, nämlich die Anordnung von Maßnahmen, nicht zum Ziel führten. Die durchgeführte Dezentralisierung bedeutet eine Abgabe von Managementkompetenzen an den Ort, an dem die Verbesserung letztlich auch vollzogen werden soll. Eine Geschichte also, die für die aktuelle Entwicklung vieler Organisationen beispielhaft ist.

Die zweite Geschichte veranschaulicht eine Reihe von Maßnahmen, die in einer politischen Organisation getroffen werden, um eine **aktuelle Krisensituation** zu überwinden. Wie andere Organisationen müssen auch Parteien in Zeiten eines heiß umkämpften Wählermarktes die Wünsche ihrer »Kunden« genauer studieren. Gleichzeitig stehen sie vor der Notwendigkeit, das alte Konzept einer Allerweltspartei aufzugeben und sich darauf zu besinnen, was sie wirklich leisten und glaubhaft verkörpern können. Ihr Angebot muss letztlich angesichts der zahlreicher werdenden Konkurrenz vom Wähler identifiziert und angenommen werden können. Beschlossen wird schließlich, die Kommunikation mit der Bevölkerung zu intensivieren, um Anliegen frühzeitig zu erfahren und schnell reagieren zu können.

Das dritte Beispiel verdeutlicht, dass auch **Entwicklungsprozesse** wie die Zusammenführung von drei Organisationen kein mechanischer Akt sind. Jede Organisation – auch wenn sie noch jung ist – hat ihren »Eigensinn« entwickelt. Wird dem in der Zusammenführung nicht Rechnung getragen, so ist zu erwarten, dass daraus ein Konfliktpotenzial entsteht, das im Extremfall zum Auseinanderbrechen des neuen Unternehmens führt.

Aufgabe: Vergegenwärtigen Sie sich eine Organisation, die Sie in der letzten Zeit genauer kennengelernt haben. Erinnern Sie sich an neue Anforderungen, mit denen diese Organisation konfrontiert war, und daran, welche Antworten darauf gefunden wurden.

Anforderungen aus der Umwelt	Antworten in der Organisation

Die Fallbeispiele aus dem Organisationsleben sollen veranschaulichen, dass für Organisationen Veränderung immer mehr zum Alltag wird. Veränderung wird nicht mehr als notwendiges Übel angesehen, um wieder in den alten Zustand der Stabilität zurückzukehren, sondern als zentrale und dauerhafte Aufgabe betrachtet. Bei diesem Bemühen, mit der neuen Situation zurechtzukommen, ist das Management mit Gegensätzen konfrontiert, die nicht allein den Konflikt zwischen alter mechanistischer und moderner organistischer Organisation ausmachen, sondern immanente Spannungsfelder darstellen, die jede Organisation charakterisieren.

Bewahren	⇔	Verändern
Ruhe und Stabilität	⇔	Beschleunigung
Innenorientierung	⇔	Außenorientierung
Vergangenheit	⇔	Zukunft
Ordnung	⇔	Selbstorganisation
Hierarchie	⇔	Vernetzung
Routine	⇔	Lernen
Sicherheit	⇔	Risiko
Unternehmer	⇔	Mitarbeiter

Geschichte und Theorie der Organisation

Unter Organisation kann sowohl eine bestimmte Tätigkeit (»das Organisieren«) als auch ein bestimmtes soziales Gebilde verstanden werden. Ersteres ist Gegenstand der Managementtheorie. Letzteres ist Gegenstand der Organisationssoziologie, aus deren Forschungsbereich im Folgenden einige Daten wiedergegeben werden sollen.

Der Begriff Organisation existiert im deutschen Sprachgebrauch seit dem 17./18. Jahrhundert. Er wird auf das französische »organisation« zurückgeführt. Das Stammwort ist das französische Wort »organe«, zu deutsch »Organ, Werkzeug«. Der ursprünglichen Bedeutung nach ist Organisation ein Werkzeug zum Erreichen von Zielen.
Organisation im soziologischen Sinn meint eine Festlegung von Regelungen, wie Menschen, Informationen und Sachmittel zusammenwirken, um bestimmte Aufgaben zu erfüllen. Organisationen werden allgemein charakterisiert als

→ zweck- und zielgerichtet,
→ offene, umweltabhängige Systeme,
→ produktive Systeme,
→ soziale Systeme,
→ mit einer Verfassung ausgestattet.

Eine kleine Geschichte der Organisation und ihrer Theorie

Zur Entstehung der Organisation: Für den Menschen waren Organisationen im Kampf gegen äußere Gefahren, Hunger und Naturkatastrophen eine Notwendigkeit. Ihre Entstehung war die Folge von Zwang, der von Orten ausging, die aufgrund wichtiger Funktionen als Marktplatz, Kultstätte oder Fluchtburg zentrale Bedeutung erhielten.

Nach Gerhard Schwarz (1995) waren in diesen frühen Organisationen folgende vier Regeln maßgeblich:

→ Die Zentralperson trifft bei wichtigen Problemen allein die Entscheidungen für andere (Entscheidungsaxiom).
→ Die Zentralperson weiß alles und hat immer recht (Wahrheitsaxiom).
→ Die Zentralperson wird als Autorität anerkannt und vermittelt bei Konflikten (Weisheitsaxiom).
→ Die Zentralperson herrscht über die anderen (Dependenzaxiom).

In ihren Anfängen war Organisation also ein System der Über- und Unterordnung, das aufgrund seiner hohen existenziellen Bedeutung zur »heiligen Ordnung« erklärt wurde. Dieser Umstand verhinderte lange Zeit die gedankliche Auseinandersetzung mit Organisationen und bewirkte eine Immunisierung gegenüber menschlichen Veränderungswünschen. Organisationsfragen, die aufgeworfen wurden, waren ausschließlich praktischer Art und beschränkten sich auf das Militär, die Kirche und den Staat.

Es ist auch kein Zufall, dass in den ersten klassischen Texten zur Entwicklung der Organisationsthematik die Aspekte von Macht und Herrschaft eine zentrale Rolle spielen (Büschges 1976).

Die Beschäftigung mit der spezifischen Problematik von Wirtschaftsorganisationen beginnt erst in der ersten Phase der industriellen Entwicklung (1840–1890). Im Vordergrund standen praktische Fragen, die sich dem Unternehmertum beim Aufbau und bei der Führung der aufkommenden Industriebetriebe stellten. Es ging darum, unerwünschtes Arbeitsverhalten auszuschließen, erwünschtes Arbeitsverhalten herbeizuführen und durch die Einführung genereller Regelungen zur Aufgabenverteilung, Informationsweitergabe und Hierarchisierung zu ordnen. Organisatorische Vorbilder dazu wurden gerne vom preußischen Heer übernommen. Friedrich der Große hatte seine Militärreformen unter dem Eindruck der ersten Automaten durchgeführt und mit der Einführung einer Kommandosprache, einer einheitlichen Ausrüstung und des Drills ein leicht lenkbares und effizientes Heer geschaffen. Der starke Einfluss der preußischen Heeresreform lässt sich noch heute an der Verwendung verschiedener Begrifflichkeiten wie »Generaldirektor«, »Strategie und Taktik«, »Stabsabteilung« und Ähnlichem ablesen.

Eine wissenschaftliche Beschäftigung mit Organisation hingegen setzte erst um die Jahrhundertwende ein, wobei das Bild, das die Wissenschaft ursprünglich von Organisation entwarf, ein mechanisches war, das den Menschen auf ein Rädchen im Getriebe reduzierte und als Verlängerung der Maschine betrachtete.

Scientific Management Frederic W. Taylor, der wichtigste Vertreter des neu geschaffenen Scientific Management, konzentrierte sich auf die Arbeitsorganisation und legte mit seinen Schriften den Grundstein für stark spezialisierte, arbeitsteilige Produktionsverfahren, deren Ergebnis und Symbol das Fließband war.

Administrative Schule Henry Fayol, der Begründer der administrativen Schule, hatte wie Max Weber die Organisation als Ganzes im Blick. Er betrachtete als Führungskraft eines größeren Betriebs die Organisationsprobleme von der Spitze aus und konzentrierte sich dabei auf eine genaue Beschreibung der administrativen Aufgaben, für die er eine Reihe von Prinzipien formulierte. Seine Arbeiten waren grundlegend für das heute noch sehr verbreitete Stab- und Liniensystem.

Bürokratische Schule Max Weber gilt als Begründer der bürokratischen Schule. Vom Leitbild der Maschine ausgehend, beschrieb er technische Lösungen für die Neuorganisation der Verwaltung. Er meinte, mit Spezialisierung und Arbeitsteilung, Abgrenzung der Verantwortungsbereiche, Hierarchisierung, schriftlicher Aktenführung und verschiedenen anderen formalen Regelungen sei eine optimale Nutzung menschlicher Arbeitskraft möglich. Gleichzeitig entwarf Weber ein düsteres Zukunftsbild, da er annahm, dass den nach seinem Modell funktionierenden Verwaltungsapparaten eine große Machtstellung im Staat zukommen würde.

Etwa zur gleichen Zeit, als Taylor seine wichtigsten Arbeiten verfasste, nahmen die ersten Arbeitssoziologen und -psychologen Studien über die Einflussfaktoren der Produktivität auf.

Human-Relation-Schule Einer der Ersten, der im Laufe verschiedener Experimente zu der damals überraschenden Erkenntnis kam, dass »der Arbeiter ein menschliches Wesen ist und auch am Arbeitsplatz den Wunsch hat, als ein solches behandelt zu werden« (Bruzelius/Svensson 1976, S. 15), war Elton Mayo. Seine Forschungen und die anderer Sozialwissenschaftler rückten den Menschen in den Mittelpunkt der Betrachtung und begründeten die sogenannte Human-Relation-Schule, die in weiterer Folge als Gegenbewegung zum Scientific Management und anderen technischen Ansätzen Bedeutung erlangte.

Weitere Ergebnisse dieser Bewegung waren die Arbeiten von Abraham Maslow, Frederick Herzberg und Douglas McGregor, die zeigten, dass durch neue Formen der Arbeitsorganisation und neue Führungsstile eine Integration von menschlichen Bedürfnissen geschehen kann, die sich auch auf die Arbeitsleistung positiv auswirkt.

Soziotechnische Schule Nach dem Zweiten Weltkrieg wurde in der sogenannten soziotechnischen Schule versucht, die beiden Bewegungen zu integrieren und sowohl die soziale als auch die technische Seite der Organisation zu berücksichtigen. In der weiteren Entwicklung nahm das Interesse an Organisationsfragen enorm zu, und es entstand eine Fülle neuer Forschungsrichtungen und theoretischer Ansätze, die dem Thema Organisation immer weitere Aspekte hinzufügten.

Kontingenztheorie Tom Burns und George M. Stalker begründeten die Kontingenztheorie. Ausgangspunkt dazu war die Untersuchung der Umweltbeziehungen von verschiedenen Unternehmen, die zur Erkenntnis führte, dass dynamische Umfelder auch offenere und flexiblere Organisationsformen erfordern. Burns und Stalker fanden vor allem in der damaligen Elektronikindustrie Beispiele für organistische Organisationsformen.

Entscheidungstheoretische Schule Die entscheidungstheoretische Schule konzentrierte sich auf die Untersuchung des Entscheidungsvorgangs und leitete daraus Erkenntnisse für Organisationstrukturen, Führungsverhalten und andere wichtige Bereiche ab.

Kybernetische und systemtheoretische Ansätze betrachteten Organisationen als Netzwerk von Regelkreisen und leisteten wichtige praktische Beiträge zur Systemsteuerung.

Die systemisch-evolutionäre Organisationstheorie

Gegenwärtig nehmen die systemisch-evolutionären Theorien großen Einfluss auf die Organisationslehre. Sie integrieren eine Reihe von Forschungsergebnissen aus der neueren Biochemie und erkennen zwischen Organisationen und Organismen viele Parallelen (Maturana/Varela 1990).

Im Gegensatz zu älteren systemtheoretischen Annahmen, die davon ausgehen, dass Organisationen von ihrer Umwelt determiniert sind, erkennen Systemiker eine gewisse Autonomie. Danach sind Organisationen mit ihren Umwelten »strukturell verkoppelt« und folgen in stetiger Auseinandersetzung mit den Einflüssen von außen in einer Art Überlebensprinzip (»Autopoiese«) einer jeweils eigenen Systemlogik. Die Organisationen selbst bestehen wiederum aus einer Reihe von Subsystemen, die ebenfalls ihre jeweils eigenen Spielregeln haben und nach typischen Interaktionsmustern miteinander in Beziehung treten. Das sich daraus ergebende Spannungsverhältnis wird weniger als Konfliktpotenzial, sondern als Chance für die Entwicklung des Gesamtsystems angesehen. Der systemische Ansatz hat durch Konzepte und praktische Interventionstechniken der Familientherapie eine wertvolle Ergänzung erhalten und in der Zunft der Organisationsberater große Verbreitung gefunden.

Ein wesentliches Verdienst der systemisch-evolutionären Theorie ist es, überzeugend dargestellt zu haben, dass die nach wie vor stark verbreitete zweckrationale, mechanistische Sicht von Organisation eine unangemessene Trivialisierung darstellt. Dieses Verständnis geht Hand in Hand mit der Vorstellung, Führungspersonen seien wie Steuermänner oder Techniker und könnten sozialen Systemen mittels Knopfdruck, Anordnung oder Gesetzen eine gewünschte Ordnung geben.

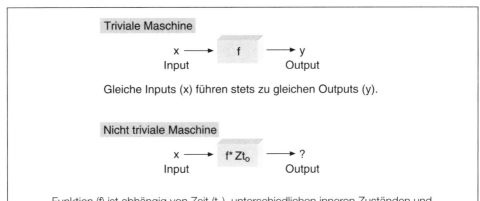

Heinz von Foerster (1993) hat zur Demonstration der Begrenztheit des Maschinenmodells für das Organisationsdenken die Unterscheidung zwischen trivialen und nicht trivialen Maschinen vorgenommen.

Eine *triviale Maschine* ist dadurch charakterisiert, dass gleiche Inputs (x) stets zu gleichen Outputs (y) führen. Ein Getränkeautomat zum Beispiel wird auf höchst berechenbare Art und Weise auf den Einwurf einer Münze und auf Knopfdruck hin ein bestimmtes Getränk liefern.

Bei *nicht trivialen Maschinen* hingegen – und Menschen oder soziale Systeme müssen als solche angesehen werden – darf nicht erwartet werden, dass auf einen bestimmten Input ein bestimmter Output erfolgt. Da bei nicht trivialen Maschinen keine bestimmte, im Voraus bekannte Funktion erwartet werden darf, sondern in Abhängigkeit von der Zeit (t_0) von einer Unzahl verschiedener innerer Zustände (Z) und nicht voraussehbaren Abläufen auszugehen ist, kann der Output (y) nicht berechenbar sein.

Wenn Sie also bei einer Nichttrivialmaschine x eingeben und als Output y erhalten, so gilt das nur für einen bestimmten Zeitpunkt (t_1). Zu einem späteren Zeitpunkt befindet sich das System in einem anderen Zustand und wird daher auf die identische Eingabe von x mit einer anderen Ausgabe reagieren. Schon eine geregelte Interaktion, wie sie zwischen Schachspielern stattfindet, lässt auf eine bestimmte Eröffnung x eine Vielzahl von Erwiderungen y zu. Um einiges komplexer ist bekanntlich die Interaktion von Mensch und dem »störrischen« Esel, zwischen Menschen untereinander und selbstverständlich das Leben in größeren sozialen Systemen.

Nach Heinz von Foerster dürfen nicht triviale Maschinen als wahrhaft autonom angesehen werden. Sie sind unberechenbar, weil sie nach eigenen Gesetzen agieren, haben aber den Vorteil, dass sie spontan und kreativ sein können. Systeme mit den Merkmalen nicht trivialer Maschinen kommen ohne Steuermann aus und sind zur *Selbstorganisation* fähig.

Diese Sichtweise hat für die Rolle der Organisationsberatung ebenfalls wichtige Konsequenzen: Nachdem die Möglichkeit des Einflusses von außen als begrenzt gesehen wird, besteht ihre Leistung im Wesentlichen in der Einleitung von Kommunikation, aus der ihre Klienten das entnehmen, was als wichtig empfunden wird.

Die rationale, technokratische und planbare Organisation bestimmte lange Zeit das Managementdenken. Erst in den letzten Jahrzehnten, seit die Märkte enger geworden sind und die Konkurrenz härter geworden ist, schicken sich Organisationen an, die statischen Ordnungssysteme abzubauen, um beweglicher zu werden, damit sie mit den raschen Veränderungen ihres Umfelds mithalten können. Die Entwicklung zeigt deutlich, dass eine zentrale Planung und Steuerung hoffnungslos überfordert sind. Die neue Forderung lautet daher, dass alle in der Organisation arbeitenden Menschen mitdenken und all ihr Können und ihre Kreativität zur Verfügung stellen sollten. Damit zeichnet sich auf dem Gebiet der Organisation eine Entwicklung ab, die Norbert Elias als ein Merkmal des Zivilisationsprozesses überhaupt beschreibt: Fremdzwänge werden sukzessive zugunsten einer stärkeren Selbstkontrolle und Selbstverantwortung des Einzelnen aufgehoben (Elias 2007).

Unsere Bilder von Organisation

Organisationen sind uns einerseits vertraut, weil wir laufend mit und in ihnen zu tun haben, andererseits aber ist gar nicht so leicht zu beantworten, was eine Organisation eigentlich ist. Es gibt höchst unterschiedliche Organisationen wie Elektronikfirmen, Sportvereine, Umweltverbände, Behörden, Hotels, multinationale Unternehmen, Start-ups oder, nicht zu vergessen: kriminelle Banden. Und hier stellt sich die Frage: Was haben diese verschiedenen Beispiele gemeinsam, und was davon kann man »Organisation« nennen?

Die daran anschließende Frage könnte lauten: Woran erkennen wir eine »Organisation«? Am Gebäude, an der Art und Weise wie die Mitarbeiter sich verhalten, an den Maschinen oder eher an einem vorhandenen Organigramm? Oder ist das, was wir »Organisation« nennen, in den Köpfen der Mitarbeiter verborgen?

Die letzte Frage ist im Sinne eines konstruktivistischen Zugangs zum Thema entscheidend. Von ihr ausgehend, lassen sich auch die anderen gestellten Fragen gut beantworten. Ja, wir haben eine Vorstellung davon, was »Organisation« ist oder sein soll, im Kopf. Diese Vorstellungen sind meist zu Bildern verdichtet und leiten unser Wahrnehmen und unser Handeln an. Auf diese Art erzeugen sie ihre eigene Realität. (Foerster/Pörksen 2006). So gesehen können wir unsere Organisationen, aber auch unsere Theorien davon als reale Entsprechungen gemeinsam geschaffener Bilder ansehen (Morgan 2000).

> **Entdecken Sie selbst, welche Bilder für Sie maßgeblich sind!**
>
> Wir wollen Ihnen in diesem Zusammenhang einleitend eine Aufgabe stellen, indem wir Ihnen einige gängige Bilder von Organisation vorstellen und Sie bitten, den möglichen Nutzen, aber auch die Grenzen und die Problematik der jeweiligen Metapher zu überlegen:
>
>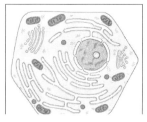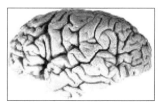
>
> Maschine   Organismus (Zelle)   Gehirn
>
> Welchen Nutzen erkennen sie im Gebrauch der Bilder?
>
> → Maschine
>
> → Organismus
>
> → Gehirn
>
> Welche Grenzen und welche Problematik erkennen Sie im Gebrauch der Bilder?
>
> → Maschine
>
> → Organismus
>
> → Gehirn

Die Bilder, die wir für Organisation gerne verwenden, sind keinesfalls nur als ergänzende Ausschmückung zu verstehen, sondern deuten meist auf Sichtweisen, die unser Verständnis der Thematik grundlegend beeinflussen.

Organisation als Maschine

Wer für ein Unternehmen das Bild einer Maschine verwendet, sieht den Zusammenhang der Beschäftigten und einzelnen Organisationseinheiten in der Form ineinandergreifender Zahnräder, die, über eine Kraftquelle in Bewegung gebracht, eine bestimmte Arbeitsleistung in einer gleichmäßigen und verlässlichen Form verrichten. An dem Bild wird geschätzt, dass jedes Rädchen, ganz gleich, ob groß oder klein, eine wichtige Funktion erfüllt und damit Teil eines großen Ganzen ist. Meist sind es sehr rationale Menschen, die diese Sichtweise von Organisation haben, oder Personen, deren Organisationsrealität mit diesem Bild übereinstimmt. Nicht selten sind es aber auch Angehörige von Organisationen, in denen besonders viele Unklarheiten, Konflikte oder sogar Chaos herrschen. Sie verbinden mit dem Bild die Wunschvorstellung, dass mehr Information darüber bestehe, was in welcher Form zu tun ist, die Abläufe besser funktionieren und allgemeine Harmonie einkehre.

Manager, die von einem mechanistischen Organisationsbild ausgehen, glauben, mit genauen Tätigkeitsbeschreibungen, Zielvorgaben, Stellenbeschreibungen und Organigrammen zur Steuerung und Verbesserung ihrer Organisation beizutragen.

Der Nutzen und die Grenzen des Maschinenbilds

Das Maschinenbild beweist überall dort seinen Nutzen, wo

- → einfache Arbeiten verrichtet werden,
- → eine präzise und schnelle Ausführung verlangt ist,
- → gleiche Produkte in großer Zahl hergestellt werden sollen,
- → der Einfluss des menschlichen Faktors ausgeschalten werden kann,
- → das Umfeld einigermaßen stabil ist, sodass keine größere Flexibilität erforderlich ist.

Das Maschinenbild hat seine Grenzen dort, wo

- → Organisationen offen für ihr Umfeld sein müssen,
- → auf Veränderungen im Umfeld rasch reagiert werden soll,
- → Kreativität und menschliche Initiative erforderlich sind,
- → Kommunikation und Kooperation einen Stellenwert haben sollen,
- → motiviertes und selbstverantwortliches Arbeiten erwartet wird.

Organisation als Organismus

Ein weiteres sehr einflussreiches Bild von Organisation ist der Organismus. Diese Metapher ist quasi als Reaktion auf die mechanistische Sichtweise entstanden und hat seit etwa 75 Jahren einen großen Einfluss auf das Organisationsdenken.

Im Gegensatz zur mechanistischen Sichtweise wird hier Organisation als lebendes System gesehen, das mit seiner Umwelt in einem lebhaften Austausch steht und genauso wie ein Organismus Lebensphasen aufweist und einer Evolution unterliegt. Die verschiedenen Einheiten der Organisation werden als Subsysteme begriffen, die wie Zellen oder Organe in Wechselbeziehung stehen und damit das Überleben des Gesamtorganismus gewährleisten. Ihnen werden je eigene Bedürfnisse zuerkannt, die Berücksichtigung finden müssen, wenn ihr Beitrag zum Ganzen konstruktiv sein soll.

Manager, die sich von diesem Organisationsbild leiten lassen, sehen ihre wichtigste Aufgabe in der Kommunikation. Sie sehen sich verantwortlich für Prozesse, die unter Berücksichtigung vorhandener Bedürfnisse und Interessen gemeinsame Ziele, Strategien und die Produktion von Sinn zum Ergebnis haben.

> **Der Nutzen und die Grenzen des Organismusbilds**
>
> Das Organismusbild zeigt seinen Nutzen in der Beachtung
>
> → der Beziehung zwischen Organisation und Umwelt,
> → des autopoietischen Charakters von Organisationen (sind von außen nicht beeinflussbar und folgen einer Eigenlogik),
> → ökologischer Zusammenhänge,
> → der Entwicklung (Evolution) von Organisationen,
> → einer ganzheitlichen Sichtweise,
> → unterschiedlicher Bedürfnisse und Interessen von Subsystemen und ihrer Interaktionen,
> → des Prinzips des Überlebens als höchstes Ziel.
>
> Das Organismusbild hat seine Grenzen
>
> → in der Anwendung auf kommunikative Prozesse,
> → in seiner Berücksichtigung des Stellenwerts geistiger Produkte (beispielsweise Visionen oder Ideen),
> → im direkten Vergleich mit Organisationen, die gegenüber ihrer Umwelt Wahlfreiheit besitzen (zum Beispiel können Konkurrenten bekämpft, aber ebenso zur Kooperation eingeladen werden).

Die Organisation als Gehirn

Das Gehirn wurde oft als die Schaltzentrale für den menschlichen Organismus bezeichnet. Analog dazu wurde daher im mechanistischen Denken die hierarchische Spitze einer Organisation immer schon gerne als Schaltzentrale beziehungsweise als Gehirn angesehen. Die Metapher hat jedoch in jüngster Zeit durch die Hirnforschung einen völligen Bedeutungswandel erfahren, und ihr Gebrauch erschließt daher auch für die Organisationen neue und interessante Sichtweisen.

So wird das Gehirn nicht mehr »nur« als ein informationsverarbeitendes System angesehen, auch nicht »nur« als Ort der Vernunft, von dem Anleitung und Kontrolle unseres Verhaltens ausgehen. Es wird heute nämlich genauso als der Ort unserer Kreativität, der Intuition und als der Sitz der für unser Überleben wichtigen Reaktionsmuster betrachtet. Alles Funktionen, die auch für moderne Unternehmen einen hohen Stellenwert erlangt haben. Dazu kommt, dass die Forschung erkannt hat, dass die enorme Kapazität des Gehirns auf die dichte Vernetzung seiner Teile zurückzuführen ist, ebenfalls eine Qualität, die moderne Organisationen auszubilden beginnen.

Bei Experimenten wurde entdeckt, dass bei Gehirnverletzungen die Funktion eines geschädigten Teils von gesunden Gehirnpartien übernommen werden kann. Diese Entdeckung führte zu der Erkenntnis, dass das Gehirn die Eigenschaft eines Hologramms besitzt: In jedem Einzelteil findet sich ein Bild des Ganzen wieder. Für ein zerbrochenes Hologramm heißt das, dass das ursprüngliche Bild aus jedem der Splitter rekonstruiert werden kann. In der Analogie für Organisationen bedeutet das, dass neben funktionaler Spezialisierung eine hohe Generalisierung vorhanden sein muss, wenn so wichtige Eigenschaften wie Fähigkeit zur Veränderung und Selbstorganisation ausgebildet werden sollen.

Nach der Gehirnmetapher ist die Rolle des Managements eine fördernde und unterstützende. Manager sehen ihre Aufgabe vor allem darin, Lernprozesse zu initiieren und Rahmenbedingungen zu schaffen, die ein hohes Maß an Selbstorganisation zulassen.

Der Nutzen und die Grenzen der Gehirnmetapher

Die Gehirnmetapher zeigt ihren Nutzen in der Beachtung

→ intuitiver und kreativer Fähigkeiten,
→ größtmöglicher Autonomie der Subsysteme,
→ dichter Netzwerke,
→ des Wissensmanagements,
→ der Veränderungsfähigkeit von Organisationen,
→ organisationaler Prozesse des Lernens,
→ proaktiver Strategien in der Beziehung zum Umfeld,
→ holografischer Prinzipien, die Voraussetzung für Flexibilität und Selbstorganisation darstellen.

Die Gehirnmetapher hat ihre Grenzen

→ in der Angst vor Macht- und Kontrollverlust des Managements,
→ in der Schwierigkeit des Schaffens der kulturellen Voraussetzungen,
→ angesichts der Gefahr des Auseinanderdriftens von Organisationseinheiten und des Verlusts der Beziehung zum Gesamtsystem.

Wolfgang Metzger (1962) macht in einer Gegenüberstellung der Arbeit am lebendigen und unlebendigen Stoff deutlich, dass die Wahl eines Bildes für Organisation große Auswirkungen auf unsere Einstellung und unser Verhalten mit sich bringt:

Materie		Mensch
beliebig	*Formbarkeit*	begrenzt »ich bestimme mit« – unbewusste Prozesse
von außen	*Kraft kommt von ...*	Anstoß eigene Kraft
beliebig	*Zeitpunkt ist ...*	geeignete günstige Momente
beliebig	*Tempo*	spezifisch
direkt	*Weg zum Ziel*	Umwege
einseitig	*Art der Beziehung*	wechselseitige Beziehung

(Nach: Metzger)

Der Konstruktivismus (von Heinz von Foerster, Paul Watzlawick, Ernst von Glasersfeld und anderen) lehrt uns, dass unsere Bilder, genauso wie Vorstellungen oder Theorien, die Funktion von Landkarten haben, mit denen wir uns in der Wirklichkeit zurechtfinden. Sie sind der symbolische Ausdruck all unserer Annahmen, Werte, Einstellungen und Glaubenssysteme, die wir im Laufe unseres Lebens übernommen oder selbst entwickelt haben. In dieser Eigenschaft geben sie uns Anhaltspunkte für unsere Deutungen und leiten unser Handeln. Zunächst sind sie weder wahr noch falsch, aber dadurch, dass sie unser Wahrnehmen und Handeln anleiten, schaffen sie ihre eigenen Wirklichkeiten. Sie wirken solcherart als sich selbst erfüllende Prophezeiungen.

Von diesem Verständnis ausgehend, müssen wir auch unsere Organisationen als reale Entsprechungen unserer zu kollektiver Geltung gelangten Bilder ansehen. Sie sind Ergebnis von Einigungsprozessen darüber, was »wirklich« ist.

So hilfreich unsere gedanklichen Konstrukte für die Orientierung in der uns umgebenden Wirklichkeit sein können, so fatal ist es, wenn wir sie mit der Wirklichkeit selbst verwechseln. So wie die Speisekarte nicht die Speise oder die Landkarte nicht die Landschaft ist, so sind auch unsere Annahmen nicht die wahren und objektiven Entsprechungen der Wirklichkeit.

Zu beachten ist in jedem Fall, dass das jeweilige gedankliche Konstrukt von der Perspektive des Beobachters abhängt. Es ist eben ein Unterschied, ob betriebliche Vorgänge mit der Brille eines Kunden, eines Facharbeiters oder eines Aktionärs betrachtet werden. Aus diesen Unterschieden gehen wichtige Informationen hervor, die – für Feedback genutzt – die Organisation über sich selbst aufklären.

Das Festlegen auf ein bestimmtes Bild kann daher nicht vom Anspruch der Wahrheitsfindung geleitet sein, sondern sollte Ergebnis eines Prozesses und davon bestimmt sein, ob wir einen größeren Nutzen daraus ziehen, das heißt uns in der Thematik besser zurechtfinden und mehr Orientierung für die Arbeit in und mit Organisationen gewinnen.

Nach den gleichen Überlegungen sollten wir unsere Theorien und Techniken auswählen, von denen wir Ihnen im Folgenden eine ganze Reihe vorstellen werden.

Organisation als soziales System

Nach der neueren Systemtheorie sind Organisationen soziale Systeme, deren Grundbestandteil die Kommunikation zwischen den beteiligten Personen ist (Luhmann 1984, S. 191 f.). Geschichtlich gesehen sind Organisationen aus der Notwendigkeit von Arbeitsteilung heraus entstanden. Und wo Arbeitsteilung geschieht, müssen Aufgaben definiert, Rollen und Kommunikationswege festgelegt werden. Wenn nun Arbeit in organisierter Form auf Dauer gestellt wird, entsteht Organisation (Simon 2006, S. 101). Die Arbeit in Organisationen führt in der Folge zu einer Veränderung der Rolle der beteiligten Individuen. Kann nämlich davon ausgegangen werden, dass in Formen ursprünglich organisierter Arbeit Kooperationen gefunden werden, in denen Menschen auf sie persönlich zugeschnittene Rollen übernehmen, wird in Organisationen auf die konkrete Person mit all ihren emotionalen, körperlichen und geistigen Fähigkeiten verzichtet und ausschließlich die Erfüllung einer bestimmten, von vornherein festgelegten Funktion erwartet. Mit dieser Entwicklung machen sich Organisationen auch von beteiligten Akteuren unabhängig, und ihre Mitglieder werden austauschbar.

Der Mensch als »Umfeld« der Organisation

Die Theoriegeschichte vermittelt, dass die Konstrukteure der mechanistischen Arbeitsorganisation mit dem Menschen nicht viel anfangen konnten und ihn zuerst einmal auf ein Anhängsel der Maschine reduzierten beziehungsweise in bürokratische Strukturen pressten, die seine Bedürfnisse und Fähigkeiten ausschlossen, weil prinzipiell von seiner Unzulänglichkeit ausgegangen wurde. Der Fairness halber muss angemerkt werden, dass Max Weber, Frederick Taylor und andere Vertreter des Scientific Management im Prinzip keine Menschenfeinde waren, sondern das Ziel verfolgten, der traditionellen Vetternwirtschaft und den bäuerlichen und handwerklichen Arbeitsgewohnheiten ein anderes, nämlich ein »rationales« System entgegenzusetzen (Baecker 1999, S. 18).

Mittlerweile werden Organisationen nicht mehr als ausschließlich rational zu begreifende Gebilde angesehen, und mit der Suche nach neuen, leistungsfähigeren Organisationsmodellen entstand auch ein neues Menschenbild (McGregor 1960). Der Mensch hat in der modernen Organisation zweifelsohne einen hohen Stellenwert, und neue Managementkonzepte fordern auch, seine volle Kreativität und Leistungsbereitschaft abzuholen. »Die Forderungen der 60er-Jahre nach Selbstverwirklichung am Arbeitsplatz wurden zur Zumutung der 80er-Jahre nach Einbringung des Selbst auch bei der kleinsten Arbeit. Nicht mehr den Helden der Arbeit und nicht mehr den Funktionär des Gegebenen sucht die revolutionierte Organisation, sondern den Menschen mit Kopf und Herz« (Baecker 1995, S. 221).

Dennoch, auch wenn von Selbstausbeutung und Workaholics die Rede ist: Der Mensch kann nicht in der Organisation aufgehen, ein Umstand, der in der Systemtheorie Luhmanns insofern Berücksichtigung findet, als der Mensch nicht als Bestandteil der Organisation gilt, sondern als psychisches System zu ihrem Umfeld gezählt wird. Auf diese Weise wird die Spannung zwischen Person und Organisation auch begrifflich aufrechterhalten und Aufgabe permanenter Bearbeitung. Sie zu bewältigen und konstruktive Lösungen zu finden ist Sache des Managements. Warum die psychische Disposition es verhindert, den Menschen als Teil der Organisation zu sehen, erläutert Kurt Buchinger aus der Perspektive der Psychoanalyse.

Die Familie – ein prägendes soziales System

Der Psychoanalytiker Kurt Buchinger sieht unser Organisationsdenken noch allzu sehr dem Familienmodell verhaftet. Er sieht drei Gründe für unsere Schwierigkeit, Organisationen emotional positiv zu besetzen und in Strukturen der Organisation zu denken:

→ Organisationen sind menschheitsgeschichtlich spät aufgetretene soziale Entwicklungen. Unser sozial-emotionales Erbgut stammt aus Erfahrungen in Kleingruppen.
→ Organisationsphänomene sind nicht unmittelbar wahrnehmbar. Wir erleben Arbeitssituationen positiv oder negativ. Sichtbar ist das Agieren von Personen oder das Funktionieren von Maschinen, aber die dahinterstehenden organisatorischen Einflüsse sind schwer zu erkennen. Bei der Frage nach den Gründen neigen wir zur Personalisierung.
→ Die Organisation und ihr Einfluss auf die in ihr wirkenden Menschen sind wenig erforscht. Wir haben daher auch vonseiten der Theorie wenig Anhaltspunkte, um die Organisation als eigenständiges soziales Gebilde zu erkennen.

So kommt es, dass sich Beschäftigte, besonders aber die Neulinge in der Arbeitswelt, in Organisationen bewegen wie in den vertrauten Kleingruppen. »Sie hoffen, in der Organisation eine bessere Familie zu finden, bemühen sich, gute Söhne und Töchter zu sein und dafür liebevolle Zuwendung zu erhalten« (Buchinger 1991, S. 179). Es fällt schwer, zu akzeptieren, dass im Gegensatz zur Familie Personen in Unternehmen ersetzbar sind, die Funktion hingegen nicht. Arbeitsplätze werden in der Regel schnell wieder besetzt, wenn eine Person mit der erforderlichen beruflichen Qualifikation gefunden wird.

Es fällt auch schwer, die menschlichen Beziehungen am Arbeitsplatz der Sachaufgabe unterzuordnen. Denn persönliche Tugenden wie Freundlichkeit, Liebenswürdigkeit, Hilfsbereitschaft und so weiter, die wir im privaten Umgang mit Personen schätzen, sind im Unternehmen nebenrangig. Wichtig ist, dass dem Anforderungsprofil der Stelle entsprochen wird. Bei dieser Art von zweckbezogenem Kontakt fühlen sich viele Arbeitnehmer unwohl. Auch Vorgesetzte wünschen sich, dass ihre Mitarbeiter von allein arbeiten und Weisungsrechte, Kontrolle oder Kritik gar nicht erst eingesetzt werden müssen. Entsprechen die Mitarbeiter dem nicht, sind sie persönlich enttäuscht.

Es gibt noch viele andere Beispiele, die deutlich machen, dass familiäre Systeme und Organisationen oft miteinander verwechselt werden. Unternehmen tun selbst einiges dazu, die Unterschiede zu verwischen, indem sie sich etwa als große Familie präsentieren, den Chef als treu sorgenden Vater, das neue Produkt als jüngstes Kind und anderes mehr.

Die Suggestion der Familie fördert beim einzelnen Organisationsmitglied neben dem Gefühl der Vertrautheit auch eine größere Bereitschaft, sich analog dem Kind ein- beziehungsweise unterzuordnen. Das für eine Selbstorganisation erforderliche Erwachsenen-Ich hingegen bleibt unentwickelt.

Ergänzend ist Buchingers Erklärungsmodell hinzuzufügen, dass die skeptische Distanz, die wir Organisationen gegenüber haben, zu einem guten Teil auf schlechte Erfahrungen zurückzuführen ist. Es gab in der Menschheitsgeschichte ausreichend Gelegenheiten, Organisationen als Orte kennenzulernen, von denen Gewalt und Unterdrückung ausging. Auch heute kann jeder Bürger immer wieder einmal erleben, dass die Rechte und Bedürfnisse des Einzelnen in Organisationen nicht optimal aufgehoben sind. Das gilt nicht nur für den Arbeitsplatz, sondern beginnt in der Schule und geht bis hin zu den Steuerbehörden. Oft empfinden wir Organisationen als übermächtig und nicht sonderlich sympathisch. Kein Wunder also, wenn wir misstrauisch sind, bei Schwierigkeiten schnell in eine Abwehrhaltung geraten und die erforderliche Distanz zum näheren Verständnis von Organisationsphänomenen nicht aufbringen können.

Person, Rolle und Stelle

Die Mitgliedschaft in Organisationen grenzt bestimmte personale Eigenschaften aus und beschränkt Verhalten auf bestimmte Funktionen und Rollenanforderungen, die in Verbindung mit Stellen und Positionen stehen. »Der Mensch wird nicht in seiner Ganzheit, das heißt, mit all seinen psychischen und physischen Fähigkeiten, für die Erfüllung der Funktionen der Organisation benötigt, nicht mit seiner vollen Kreativität und seiner Nichttrivialität, sondern nur sehr selektiv und begrenzt« (Simon 2006, S. 102).

Wiewohl Funktionen und Stellen in Organisationen vordefiniert sind, haben sowohl die Organisation als auch ihre Angehörigen einen Vorteil davon, wenn sich Arbeitsplätze mit personalen Bedürfnissen und Fähigkeiten zur größtmöglichen Deckung bringen lassen.

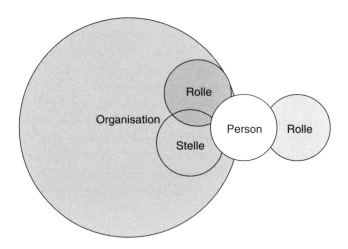

Person Der Begriff ist auf das lateinische »persona« = »Maske des Schauspielers« zurückzuführen und meint den einzelnen Menschen, das personale System mit all seinen bewussten und unbewussten Erfahrungen, Fähigkeiten und Affekten. Der etymologische Hinweis auf die Maske erinnert daran, dass wir den »wahren« Menschen hinter seinem Verhalten kaum jemals erfahren. Auch sich selbst wird man nie vollständig kennen. Sigmund Freud sagt dazu: »Der Mensch ist nicht Herr in seinem Haus.« Um die Grenze zum sozialen System deutlich zu ziehen, zählen die Systemiker das einzelne Organisationsmitglied in seiner Eigenschaft als Person zum Umfeld der Organisation.

Rolle Dieses Wort leitet sich her von der Pergamentrolle, auf der in bereits länger vergangenen Zeiten der Text für den Schauspieler stand. Im übertragenen Sinn meint Rolle ein Bündel von Verhaltenserwartungen, das an eine Person herangetragen wird. Dieses kann aber von der Persönlichkeit und Interpretation des Darstellers nicht abgetrennt werden. Je nach Autorität und eigenem Gestaltungsvermögen nimmt er Einfluss auf seine Rolle. So erwidert der Kabarettist Qualtinger, einen Provinzschauspieler mimend, auf die Frage, wie er denn seine Rolle als einer der sieben Zwerge bei Schneewittchen angelegt habe: »Hintergründig.«

Eine Rolle kann vereinbart werden, wird aber in vielen Fällen auch unabgesprochen ausgeübt. Sie kann jedoch nie isoliert praktiziert werden, sondern ist immer davon abhängig, dass das Gegenüber eine passende – meist ergänzende – Rolle einnimmt. So ist eine Führungskraft etwa immer auch davon abhängig, dass sie ein Gegenüber findet, das sich als Mitarbeiter begreift. Eine Rolle beginnt mit dem für sie typischen Verhalten und kann durch Wechsel des Verhaltensmusters nahtlos in eine andere Rolle übergehen.

Beispiele für typische Rollen im Rahmen der Führung sind: Ideengeber, Wegbereiter, Partner, Vermittler, Experte, Mädchen für alles, Wogenglätter und vieles andere mehr. Wenig geliebte Rollen der Führung sind »Besserwisser«, »Zauderer« oder »Kontrolleure«.

> **Typische Rollenprobleme**
>
> Wer die Erwartungen untersucht, die in seinem Beziehungsnetzwerk zu einer von ihm ausgeübten Funktion vorhanden sind, kann auf drei verschiedene Problemstellungen stoßen (s. auch Analyse von Rollenunklarheit – Rollenüberlastung – Rollenkonflikt, S. 92 f.):
> → Rollenunklarheit: Rollenunklarheit besteht, wenn der Funktionsträger sich über seine Rolle selbst nicht im Klaren ist beziehungsweise nicht weiß, welche Rolle von ihm erwartet wird.
> → Rollenüberlastung: Eine Überlastung liegt vor, wenn ein Funktionsträger nach Überprüfung der an ihn gerichteten Erwartungen feststellen muss, dass er die daraus resultierenden Aufgaben aufgrund fehlender Qualifizierung oder infolge zeitliche Probleme nicht schaffen kann.
> → Rollenkonflikt: Wenn ein Funktionsträger mit widersprüchlichen Erwartungen konfrontiert ist, spricht man von einem Rollenkonflikt.
>
> In Rollenproblemen kommt die Spannung von Individuum und Organisation zum Ausdruck. Sie geben Anlass, in immer neuen Verhandlungen Veränderungen vorzunehmen.

Funktion Mit dem Begriff »Funktion« ist der Teil der Tätigkeiten gemeint, den eine Person im Zusammenwirken mit anderen Organisationsmitgliedern und -einheiten zu übernehmen hat.

Das Zusammenspiel von Funktion und Rolle Bei der Ausübung einer Funktion ist es von Bedeutung, dass ein Rollenverhalten gewählt wird, das zur Funktion und zum Kontext, in der sie ausgeübt wird, passt. Die Wahl unpassender Rollen führt zu Widerstand und Verwirrung. Kontraproduktiv zur Funktion der Führung ist etwa die Rolle des Besserwissers oder des Pessimisten. Unpassend speziell zur Funktion von Führung in teamorientierten Arbeitsformen ist die Rolle des autoritären Alleinentscheiders.

Ein großes Rollenrepertoire führt zu einer flexiblen, vielseitigen Funktionsausübung. Ist das Rollenrepertoire klein, kann die Wahrnehmung der Funktion starr und unflexibel erlebt werden. Beispielsweise wird ein Vorgesetzter, der immer nur in der Rolle des »Kontrolleurs« oder des »trockenen Experten« erscheint, seine Funktion nur zu einem geringen Teil und mit geringem Nutzen wahrnehmen.

Stelle Damit ist der Komplex an Aufgaben und Funktionen gemeint, die unabhängig vom Stelleninhaber für einen Arbeitsplatz definiert wurden (s. S. 82 ff.).

Position Ist der Stelle im Organisationsgefüge ein bestimmter Platz zugewiesen, spricht man von Position.

Die Entdeckung menschlicher Bedürfnisse

Es waren die Untersuchungen im Hawthorne-Werk der Western Electric Company, die über die Entdeckung des Phänomens der informellen Gruppe auf den Einfluss menschlicher Bedürfnisse auf die Arbeitsleistung stießen. Im Anschluss an diese Arbeiten wurde im Rahmen verschiedener Forschungsrichtungen versucht, Bedürfnisse zu erforschen und festzustellen, welches Führungsverhalten zu größerer Arbeitsleistung und -zufriedenheit beitragen könnte.

Die maslowsche Bedürfnispyramide

Der Psychologe Abraham Harold Maslow widmete sich ursprünglich ebenfalls der Erforschung menschlicher Bedürfnisse und entwickelte letztlich auf der Grundlage seines philosophisch-anthropologischen Weltbilds ein Erklärungsmodell, das unter dem Namen »maslowsche Bedürfnispyramide« große Bekanntheit erlangt hat.

Maslow unterscheidet fünf Grundbedürfnisse. Seine These ist, dass diese Bedürfnisse hierarchisch aufeinander aufbauen, sodass höhere Motive erst dann zur Wirkung kommen, wenn niedrigere befriedigt wurden. Auf den Umstand, dass höhere Bedürfnisse in Organisationen nicht immer befriedigt werden, reagieren Menschen unterschiedlich: Während manche Personen starke Unzufriedenheit empfinden, sich kämpferisch verhalten und die Organisation womöglich sogar verlassen, werden andere resignieren und ihr Anspruchsniveau senken.

Ist Letzteres einmal geschehen, können Organisationsmitglieder durchaus eine relative Zufriedenheit entwickeln. Dies deshalb, weil sie ihr Interesse von der Mitarbeit abziehen und ihre Leistungsmotivation reduziert ist.

Dem Modell (s. gegenüberliegende Seite) gegenüber wird oft angemerkt, dass es nur eingeschränkte Gültigkeit habe, weil Motivation sich je nach sozialer und kultureller Umgebung unterschiedlich ausbilden könne.

Eine zusätzliche interessante Ergänzung erhielt das Modell durch Frederick Herzberg, der darauf hinweist, dass schlechte Arbeitsbedingungen (das betrifft die Stufen 1 bis 3 der maslowschen Bedürfnispyramide) auf jeden Fall Unzufriedenheit hervorrufen.

Gute Arbeitsbedingungen können wohl Unzufriedenheit beseitigen, führen aber nicht notwendigerweise zu Motivation. Motivation entsteht erst, wenn Mitarbeit Anerkennung und Wertschätzung findet sowie Möglichkeiten der Selbstentfaltung vorhanden sind, Faktoren also, die sich auf die Arbeit selbst beziehen und ab der dritten Stufe der maslowschen Bedürfnispyramide zu finden sind.

Die von Maslow, Herzberg und anderen erforschten Bedürfnisse und Motive wurden zur Umgestaltung von Arbeitsbedingungen, zur Entlohnung und zur Beziehung von Vorgesetzten herangezogen, mit dem Ziel, eine Erhöhung der Arbeitszufriedenheit und letztlich der Produktivität zu erreichen.

Andere moderne Motivationstheorien sind stark vom Victor H. Vrooms Erwartungstheorie (1964) beeinflusst. Danach ist Motivation stark vom Nutzen und Erfolg abhängig, den Mitarbeiter von der Durchführung einer bestimmten Tätigkeit erwarten.

Diese Modelle zählen die Motivation fördernde und hemmende Faktoren auf (s. Übersicht auf der nächsten Seite):

Motivation durch:	Fördernde Faktoren	Hemmende Faktoren
Einschätzung der Erfolgswahrscheinlichkeit	Herausforderndes Ziel; hohe Erfolgswahrscheinlichkeit, das Ziel auch zu erreichen	Unattraktives Ziel; geringe Erfolgswahrscheinlichkeit, Unterforderung, aber auch Überforderung
Charakteristik der Tätigkeit	Spannend, interessant, »cool«, lustvoll	Langweilig, unangenehm, »uncool«
Charakteristik der Ziele	Sinnvoll, den eigenen Werten entsprechend; unmittelbar nutzbringend	Ohne überzeugende Sinngebung, ohne sichtbaren Nutzen
Folgen der Tätigkeit	Bringt hohe soziale Anerkennung; wertet die eigene Stellung auf	Gering belohnt, wenig Anerkennung; abwertend
Persönlichkeitsprofil des Mitarbeiters/der Mitarbeiterin	Erfolgsorientiert, aktiv	Misserfolgsvermeidend, passiv

Im Zuge empirischer Beobachtungen wurde festgestellt, dass im Rahmen einer Tätigkeit mindestens zwei der genannten fördernden Faktoren gegeben sein müssen.

Eine prägnante, die Ergebnisse der Motivationsforscher zusammenfassende Kurzformel lautet:

$$\text{Motivation} = \text{Wert des zu erreichenden Ergebnisses} \times \text{Wahrscheinlichkeit des Erfolgs}$$

Der Mythos der Motivation

Sprenger entlarvt den Begriff »Motivation« in seinem Buch »Mythos der Motivation« als ein oft gebrauchtes und häufig missbrauchtes Modewort. Seiner Erkenntnis nach ist in der Regel damit gemeint, jemanden zur Übernahme einer anstehenden Arbeit zu gewinnen. Die Mittel dazu bewegen sich von »gut zureden« bis zur glatten Manipulation (vgl. Sprenger 2010).

Motivieren heißt hingegen, zur Realisierung gemeinsamer Ziele die Antriebe und Interessen der Mitarbeiter ansprechen. Ein solches Verständnis von Motivieren setzt voraus, dass schon im Vorfeld von anstehenden Arbeiten eine gemeinsame Entwicklung von Zielsetzung und Aufgabenstellung stattfindet und Bedürfnisse und Ideen der Mitarbeiter entsprechend Eingang finden. Sprenger erkennt grundsätzlich nur die Primärmotivation als wirksam an. Äußere Anreize demotivieren auf längere

Sicht, und die vielerorts üblichen Belohnungen mittels Prämien führen zu Konkurrenz unter Mitarbeitern und zerstören Teamgeist.

In erster Linie haben Führungskräfte danach adäquate Rahmenbedingungen, die Klarheit der Ziele, ausreichende Ressourcen und ein gutes Arbeitsklima sicherzustellen. Damit Mitarbeiter die ihnen zugedachten Aufgaben erfüllen können, ist auch für ihre ausreichende Qualifikation zu sorgen. Auf die Leistungsbereitschaft jedoch können sie nach Sprenger keinen Einfluss nehmen. Sie wird nämlich von Mitarbeitern bereits mitgebracht, sodass Führungskräfte vor allem darauf zu achten haben, dass keine Demotivierung eintritt.

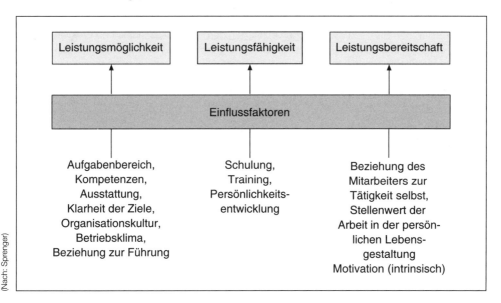

Meine eigenen beruflichen Beweggründe

Vorrangig zur persönlichen Karriereplanung und zur Potenzialanalyse im Rahmen der modernen Personalentwicklung wird der »Karriereanker« von Edgar Schein (1988) eingesetzt.

Eine eingehende Betrachtung der beruflichen Entwicklung gibt die Chance, den eigenen Beweggründen auf die Spur zu kommen. Dieser Rückblick soll über die Erinnerung an vergangene, heute nicht mehr aktuelle Ereignisse die Bedürfnisse, Hoffnungen und Fähigkeiten, in Erinnerung bringen, die Menschen in sich haben – auch wenn sie an irgendeiner Wegkreuzung ihrer Geschichte begraben worden sind.

Nehmen Sie die Gelegenheit wahr, den Karriereanker-Test durchzuführen. Wir bitten Sie, die folgenden Fragen zu beantworten. Sie werden Sie zu verschiedenen Entscheidungssituationen führen, in denen Sie Ihre berufliche Entwicklung so gestaltet haben, wie sie letztlich verlaufen ist. Das Ziel des Tests ist, Sie an Ihre Ressourcen zu erinnern.

Karriereanker-Test

Die Phasen und Ereignisse: Überlegen Sie sich, in welche einzelnen Abschnitte sich Ihre Berufslaufbahn untergliedern lässt. Erinnern Sie sich dazu an die verschiedenen Ereignisse, die Einfluss auf Ihren beruflichen Werdegang hatten. Wichtige Abschnitte und Ereignisse können sein:

→ Ausbildung.
→ Erste Tätigkeit.
→ Alle weiteren Arbeitsstellen und wichtigen Ereignisse bis heute.
→ Veränderungen oder Wechsel, die nicht der Routine entsprachen.

Gehen Sie so vor, dass Sie Ihren beruflichen Werdegang wie unten vorgestellt für sich visualisieren. Tragen Sie dazu die von Ihnen erinnerten beruflichen Abschnitte und Ereignisse auf einer Linie ein, und deuten Sie mit der Linienrichtung (nach oben oder nach unten) an, ob Sie die daran anschließende Entwicklung jeweils förderlich oder negativ erlebt haben.

Visualisierungsbeispiel:

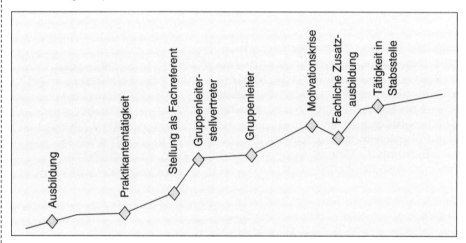

Hilfreich ist es, wenn Sie sich für den folgenden Arbeitsschritt einen Gesprächspartner suchen, der die nachfolgenden Fragen zu den von Ihnen festgehaltenen Abschnitten und Ereignissen mit Ihnen durchgeht. Falls Sie diesen Gesprächspartner nicht zur Hand haben, beantworten Sie die Fragen für die einzelnen Entwicklungen für sich selbst. Fragen zu den Beweggründen Ihres beruflichen Werdegangs können sein:

→ Wie kam es dazu?
→ Wer/was hat diese Veränderung/diesen Wechsel ausgelöst?
→ Aus welchem Grund haben Sie sich dafür entschieden?
→ Was waren Ihre Ziele?
→ Welche Empfindungen haben Sie heute im Hinblick auf diese Entscheidung/Veränderung?

Betrachten Sie nun Ihre gesamte bisherige berufliche Entwicklung anhand Ihrer Visualisierung, und verschaffen Sie sich Klarheit zu folgenden Fragen:

- → Wie würden Sie Ihre Arbeit anderen gegenüber beschreiben?
- → Gab es in Ihrem beruflichen Werdegang Zeitabschnitte, die Ihnen besonders angenehm waren? Warum?
- → Gab es in Ihrem beruflichen Werdegang Zeitabschnitte, die Ihnen besonders unangenehm waren? Warum?
- → Haben sich Ihre Ambitionen und Ziele seit Anfang Ihres beruflichen Werdeganges verändert? Wann? Warum?
- → Wenn Sie an Ihre berufliche Zukunft denken, gibt es Dinge, auf die Sie sich wirklich freuen?
- → Was, warum?
- → Was können Sie wirklich gut?
- → Was erwarten Sie von Ihrem Beruf und Ihrer Arbeit am meisten?
- → Welche Werte versuchen Sie in Ihrem Beruf unbedingt hochzuhalten?
- → Was ist Ihr Endziel?
- → Was wird sich Ihrer Meinung nach innerhalb der nächsten zehn Jahre Ihrer beruflichen Tätigkeit tun? Warum?

Sehen Sie Ihre Antworten durch, und versuchen Sie zusätzliche Klärungen durchzuführen:

- → Wenn Sie Ihre Aussagen überdenken, erkennen Sie dann bestimmte Muster oder Hauptthemen in Ihrem beruflichen Werdegang?
- → Gibt es Ungereimtheiten, Widersprüche oder Konflikte?
- → Welche (hypothetischen/denkbaren) Situationen wären dazu geeignet, diese Konflikte oder Ungereimtheiten zu lösen?

Im Anschluss an die Auseinandersetzung mit Ihrer bisherigen beruflichen Entwicklung sollte es Ihnen schon möglich sein, ein genaueres Profil Ihres persönlichen Karriereankers zu erkennen. Beantworten Sie daher als Resümee folgende Fragen schriftlich:

- → Welches sind meine besonderen Fähigkeiten und Fertigkeiten, welche Kompetenzen habe ich? Wo liegen meine Stärken und Schwächen?
- → Welches sind die Hauptbeweggründe, Bedürfnisse, Motivationen und Ziele in meinem Leben?
- → Was will ich, und was will ich nicht? Entweder weil ich es noch nie wollte oder weil ich zur Erkenntnis gelangt bin, dass ich es nicht mehr will?
- → Welches sind meine Werthaltungen, die Hauptkriterien, mit denen ich meine Tätigkeit beurteile?
- → Bin ich in einer Organisation tätig, oder habe ich eine Aufgabe, die sich mit meinen Werten vereinbaren lassen?
- → Wie wohl fühle ich mich bei meiner Tätigkeit? Wie stolz bin ich auf meine Arbeit? Ist mir mein beruflicher Erfolg angenehm?

Bestimmen Sie Ihren persönlichen Karriereanker

Wer es versteht, seine persönlichen Vorstellungen und Bedürfnisse mit seiner beruflichen Entwicklung in Einklang zu bringen, wird nicht nur größere Zufriedenheit erlangen, sondern auch seine Fähigkeiten optimal entwickeln können. Da Sie im Zusammenhang mit Ihrer Reise in die Vergangenheit Ihre Einstellung zum Beruf, Ihre

Werte und Beweggründe sowie Ihre besonderen Fähigkeiten erforscht haben, können Sie sie bei Ihren künftigen Entscheidungen besser berücksichtigen. Sie haben nach Edgar Schein (1988) die Funktion eines Karriereankers.

Nach Langzeituntersuchungen von Schein entwickelt jeder Mensch im Verlaufe seiner Kindheit und Jugend durch die gesammelten Erfahrungen ein »Selbstkonzept«, das seine ganz persönlichen Karrieremotive enthält. Solange keine oder wenig berufliche Erfahrungen vorhanden sind, ist dieses Konzept noch nicht ausgereift. Nach zehn oder mehr Berufsjahren sind in der Regel ausreichend Erfahrungen vorhanden, um persönliche Motive, Fähigkeiten und Werte zu erkennen.

Schein nennt dieses Selbstkonzept »Karriereanker«. Der Karriereanker ist eine Beschreibung der oft verborgenen inneren Vorstellungen, die Berufstätige von ihrer Karriere haben.

Er enthält die persönlichen Beweggründe, die jemand auch bei schwierigen Entscheidungen keinesfalls freiwillig aufzugeben bereit ist. Äußere Kriterien wie Beruf, Einkommen, Position in der Hierarchie, soziales Ansehen, Besitz von Statussymbolen sind nur dann Bestandteile des Karriereankers, wenn sie auch der persönlichen Berufsorientierung dienen. Das Konzept des Karriereankers berücksichtigt also, dass der Maßstab, mit dem der Einzelne seinen persönlichen beruflichen Erfolg misst, sich von den Maßstäben seiner Umgebung sehr unterscheiden kann.

Wir wollen Ihnen zusätzlich zu den Ergebnissen Ihrer Entdeckungsreise in Ihre ganz persönliche Geschichte Scheins Typologie der Karriereanker vorstellen. Sie enthält knappe und prägnante Beschreibungen verschiedener Karrieretypen und stellt eine ergänzende Klärungshilfe dar.

Die acht Karriereanker (von Edgar H. Schein)

Technisch-funktionale Kompetenz Angehörige dieser Gruppe beziehen ihre Identität vor allem aus ihrer Fachkompetenz. Sie suchen in erster Linie fachliche Herausforderungen und nutzen auch alle Möglichkeiten zur Weiterbildung ihrer technisch-funktionalen Kompetenz. Sie sind bemüht, Ziele gemeinsam mit anderen zu definieren, wollen aber bei deren Umsetzung freie Hand. Sie erwarten, dass ihre Entlohnung nach Fähigkeiten und Kompetenz geschieht. Möglicherweise sind sie zur Übernahme von Führungsaufgaben in einem Fachbereich bereit, eine Tätigkeit im General Management interessiert sie aber nicht.

Befähigung als »General Manager« »General Manager« wollen Einfluss auf das Gesamtergebnis einer Organisation nehmen. Sie streben an, Mitarbeiter verschiedener Abteilungen zu koordinieren und wichtige Teilbereiche der Organisation zu leiten. Personen, die dieser Gruppe angehören, streben eine hohe Bezahlung an und wollen vor allem ein deutlich höheres Gehalt als die vorangehende Hierarchiestufe. Sie sind ansprechbar für Prämien auf erreichte Unternehmensziele. Die Tätigkeit in einer Fachabteilung wird nur als Durchgangsstadium auf dem Weg zu höheren Aufgaben angesehen. Personen mit diesem Karriereanker weisen hohe analytische, soziale und emotionale Kompetenz auf.

Wunsch nach Selbstständigkeit und Unabhängigkeit Vertreter dieser Gruppe suchen bei jeder Beschäftigung das größtmögliche Maß an persönlicher Freiheit. Vorschriften und Einschränkungen sind ihnen ein solcher Gräuel, dass sie lieber auf bessere Entlohnung oder Beförderung verzichten. Am liebsten ist ihnen eine direkte Entlohnung für erbrachte Leistungen. Wir finden Personen mit diesem Karriereanker sehr oft in sogenannten »freien Berufen«, im Projektmanagement, in der Forschung und Entwicklung, im Außendienst, ausgelagerten Unternehmensteilen und anderen Bereichen, die eine große Selbstständigkeit ermöglichen. Finden sie die Freiheit, die sie anstreben, nicht in Organisationen, gründen sie manchmal auch eigene Betriebe.

Suche nach Sicherheit und Beständigkeit Für Personen mit diesem Karriereanker hat die Sicherheit des Arbeitsplatzes und der Entlohnung oberste Priorität. Der genauere Inhalt ihrer Beschäftigung oder eine bestimmte Karriere ist für sie nachrangig. Bevorzugt wird eine Entlohnung, die die Dauer der Betriebszugehörigkeit berücksichtigt und eine regelmäßige Erhöhung vorsieht. Wird ihr Bedürfnis nach Sicherheit und Beständigkeit befriedigt, entwickeln sie hohe Loyalität zum Arbeitgeber. Angehörige dieser Gruppe finden wir in Beamtenberufen und ähnlichen Arbeitsverhältnissen.

Schwerpunkt unternehmerische Kreativität Menschen mit dem Karriereanker »unternehmerische Kreativität« vertrauen auf ihre Fähigkeiten und sind bereit, Risiken zu übernehmen. Einer Sache, die nicht läuft, kehren sie schnell den Rücken und suchen nach neuen Projekten. Unselbstständige Tätigkeiten nutzen sie als zweites Standbein und Lernfeld, daneben suchen sie jedoch ständig nach Möglichkeiten, ein eigenes Unternehmen auf die Beine zu stellen. In unselbstständigen Beschäftigungsverhältnissen streben sie nach wichtigen Aufgaben und Schlüsselpositionen. Angehörige dieser Gruppe nehmen zwar finanzielle Durststrecken auf sich, streben jedoch nach vorzeigbarem Wohlstand.

Dienst oder Hingabe für eine Idee oder Sache In dieser Rubrik finden sich Personen, die mit ihrem Beruf einen moralischen, gesellschaftlichen Auftrag verbinden wollen. Wir finden sie in pädagogischen und sozialen Berufen, im Umweltschutz, in der Politik oder in anderen Berufen, die im allgemeinsten Sinn eine Verbesserung der Welt zum Ziel haben. Den Arbeitgeber suchen sie sich dort, wo sie ihren Auftrag am besten erfüllen zu können glauben. Bezahlung und Karriere sind nebenrangig und werden nur angenommen, wenn sie sie nicht von ihrer Aufgabe entfernen. Sie erwarten eine gerechte, faire Entlohnung.

Suche nach der totalen Herausforderung Angehörige dieser Gruppe suchen immer wieder nach neuen Herausforderungen, stellen sich schwierigsten Problemen und überwinden größte Hindernisse. Personen mit diesem Karriereanker finden sich unter

Technikern und Anlagenbauern, die gern schwierige Konstruktions- und Organisationsaufgaben lösen, Rechtsanwälten und Unternehmensberatern, die gern aussichtslos scheinende Fälle übernehmen, unter Starverkäufern, die einen kämpferischen Wettbewerb mit ihren Kollegen betreiben, und im Krisenmanagement. »Die Bewältigung neuartiger Situationen und Schwierigkeiten ist das Ziel, und wenn etwas zu einfach ist, wird es sofort langweilig« (Schein 1988, S. 83).

Wunsch nach Übereinstimmung von Berufs- und Privatleben Menschen mit diesem Karriereanker haben das Ziel, ihre persönlichen Bedürfnisse mit denen ihrer Familie und ihren beruflichen Anforderungen in Einklang zu bringen. Für sie ist es wichtig, wie sie ihr Leben gestalten. Erfolg wird nicht nur auf den Beruf bezogen. Daher neigen sie auch dazu, auf eine berufliche Karriere zu verzichten, wenn sie andere wichtige Aspekte ihrer Lebensführung dadurch gefährdet sehen. Personen mit dieser Ausrichtung finden sich häufig unter Frauen, in Beraterberufen oder allgemein bei jüngeren Menschen mit alternativen Lebensorientierungen.

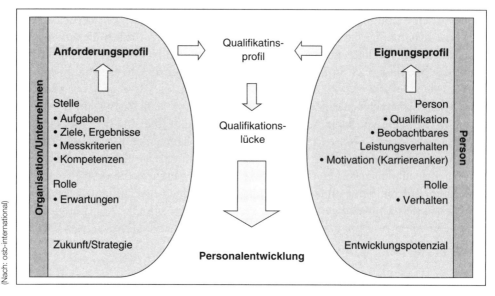

Schein fordert Berufstätige auf, ihren Karriereanker näher zu bestimmen und ihren Vorgesetzten und/oder den Personalverantwortlichen ihres Unternehmens ihre Wünsche und Ziele für ihre berufliche Zukunft mitzuteilen. Im gemeinsamen Gespräch soll entwickelt werden, welche Aufgabenbereiche und Funktionen ihren Bedürfnissen und Vorstellungen am nächsten kommen.

Die Berücksichtigung der Bedürfnisse (Motivation) und der Fähigkeiten von Mitarbeitern bei Auswahl, Entwicklungsmaßnahmen und Laufbahnplanung wird von ressourcenbewussten Organisationen sehr ernst genommen. Umgekehrt ergeben sich für Mitarbeiter, die sich ihrer Fähigkeiten und Motivation (Karriereanker) bewusst sind, bessere Chancen auf befriedigende Arbeitsplätze und interessante Karrieren. Die positive Gestaltung der Beziehung von Person und Organisation ist Verhandlungssache und Gegenstand einer engagierten Personalentwicklung.

Das Team in der Organisation

Schon in der Ära des Scientific Management wurde die Bedeutung der Gruppe für den arbeitenden Menschen erkannt, und auch die sozialpsychologischen Forschungen widmeten sich dem Phänomen der »informellen Gruppe« mit großer Aufmerksamkeit. Die Ergebnisse der Untersuchungen (Hawthorne-Experimente) gipfelten in der Erkenntnis, dass Organisation und Führung ohne Beachtung der sozialen Dimension nicht wirklich produktiv sein können.

Große Bedeutung für das Verständnis des Stellenwerts von Gruppen hatten auch die Arbeiten von Jacob Levy Moreno und Kurt Lewin. Während Ersterer die Soziometrie, eine Methode zur Messung von Interaktionen speziell der affektiven Beziehungen in Gruppen, begründete, gilt Lewin als der Vater der Gruppendynamik, indem er sich der wissenschaftlichen Erforschung von Gruppenprozessen widmete und wichtige Erkenntnisse zu Strukturen, Normen und zur Bildung von Gruppen sammelte. Die Gruppendynamik wurde in der Folge zum gesellschaftspolitischen Programm und sollte in hierarchischen Organisationen und autoritären Einrichtungen zur Sensibilisierung für die Bedürfnisse von Individuen und Mechanismen der Macht beitragen. Mittels gruppendynamischer Seminare und Veranstaltungen sollte ein Beitrag zu einem neuen Verhältnis von Individuum und Organisation und zur Bildung demokratischer Strukturen in der Gesellschaft geleistet werden.

Der Stellenwert von Teamarbeit

Anfang der 1950er-Jahre wurde am Londoner Tavistock Institute of Human Relations der vor allem im angelsächsischen und skandinavischen Bereich sehr einflussreiche soziotechnische Systemansatz entwickelt (E. J. Miller, A. K. Rice, E. I. Trist). Dieser Ansatz betonte die Bedeutung eines Ausgleichs zwischen sachlichen und menschlichen Aspekten und lieferte wichtige theoretische Grundlagen zur Einführung der teilautonomen Gruppenarbeit, die später etwa bei Volvo realisiert wurde und zu großer positiver Resonanz geführt hat. Mittlerweile ist die Bedeutung der Gruppen in der Organisation allgemein anerkannt und hat sich zur Forderung nach allumfassender Einführung von Teams verdichtet, sodass F. Simon im Team in ironisch-kritischer Sicht bereits das »Schweizer Offiziersmesser der Managementtheorie« erkennt. Simon veröffentlichte einen gleichnamigen Artikel in einem mit »Gemeinsam sind wir blöd« betitelten Sammelband und macht aus seiner skeptischen Haltung zur allgemein verbreiteten Euphorie zum Thema Team kein Hehl (Simon 2006, S. 143)

Wenn der Begriff plötzlich für traditionelle Funktionsbereiche verwendet wird, in denen 50 oder mehr Mitarbeiter isoliert voneinander vor sich hinarbeiten oder überhaupt nur per E-Mail oder Telefon Kontakt miteinander haben, ist die Verwendung des Begriffs Team Unsinn. In einem solchen Fall kann höchstens von einer Teamorientierung gesprochen werden, und diese erschöpft sich in der Regel in Appellen an die Kooperation und in freundlichem Miteinanderumgehen.

Wann also wird von einem Team gesprochen?

Teamdefinition
»Team« wird ursprünglich vom altenglischen Wort für »Tiergespann« abgeleitet. Es geht um eine Gruppe von Gleichen, die für die Erfüllung eines speziellen Zwecks »eingespannt« oder »zusammengespannt« werden: Ein Team besteht aus mehreren Mitarbeiterinnen und Mitarbeitern, die autonom und selbstorganisiert an einer komplexen Aufgabe arbeiten. Weitere Merkmale eines Teams sind:

→ Größe: 3–12 Personen
→ Hohes Maß an Selbstorganisation innerhalb eines (definierten) Rahmens
→ Gemeinsames Ziel
→ Face-to-Face-Kommunikation
→ Wechselseitige Abhängigkeit – Notwendigkeit zur Kooperation
→ Relative Dauerhaftigkeit
→ Formale Gleichberechtigung – Hierarchielosigkeit
→ Multidisziplinäre Zusammensetzung

Wenn Teams im Sinne der obigen Definition im Rahmen der klassischen Hierarchie eingesetzt wurden, hatten sie nur kompensatorischen Charakter. »Sie kamen zum Einsatz, wenn die Linienorganisation mit ihrer Konzentration auf Routineaufgaben zur Bearbeitung zeitlich begrenzter, außergewöhnlicher Aufgabenstellungen eine Ergänzung notwendig hatte (etwa in Form einer Projektorganisation)« (Wimmer 1999, S. 65).

Heute hingegen ist zu bemerken, dass in Unternehmensbereichen, die unter schnell wechselnden Umfeldbedingungen für ihr Überleben zu sorgen haben, der Stellenwert von Teams so wichtig wurde, dass die vormals dominanten Strukturen der Linienorganisation stark aufgeweicht werden und flexiblen Netzwerken Platz machen. Sie bieten für eine effektive Teamarbeit ein wesentlich besseres Umfeld. Die Hierarchie weicht also zunehmend der Teamorganisation. Was aber sind die Gründe dafür, dass Teams einen so hohen Stellenwert erhalten haben?

Gründe für den zunehmenden Stellenwert von Teams in Organisationen und die Bedeutung der Selbststeuerung in Teams liegen in Folgendem:

→ Organisationen in schnelllebigen, bewegten Umfeldern benötigen zur Aufrechterhaltung ihrer Handlungsfähigkeit ein komplexes internes Netz relativ autonomer Einheiten.
→ Die Komplexität im Umfeld erfordert multiperspektivische Kooperation im Innern der Organisation.
→ Ausdifferenzierung der Funktionen erschwert hierarchische Steuerung und erzwingt horizontalen Austausch und Kooperation.
→ Prozesse und Strukturen sind nicht mehr dauerhaft festlegbar – für jede Aufgabe wird die passende Organisation erfunden (Entinstitutionalisierung).
→ Viele Aufgaben können nicht mehr nach Funktionen aufgeteilt und konsekutiv bearbeitet werden.
→ Zwang zum fließenden Wechsel zwischen Aktion und Reflexion/Selbstvergewisserung.
→ Es gibt keine eindeutigen, richtigen und dauerhaften Lösungen mehr, die Einzelne verantworten können oder wollen. Daher wird auf verantwortliche Gruppen delegiert.

Abschließende Fragen zur Beziehung Team – Organisation:

→ Ist das Team in der Organisation gut verankert, wird seine Leistung benötigt und anerkannt?
→ Wird Teamverhalten in der Organisation gefördert?
→ Wird der Widerspruch Gruppe – Organisation im Team erkannt und bearbeitet?
→ Sind Loyalitäten (zu Abteilungen oder anderen Gruppen) zu berücksichtigen?
→ Gibt es Widersprüche in der Organisation, die das Team austragen oder ausdiskutieren muss?
→ Mit welchen anderen Gruppen, Teams und internen Dienstleistern sind Nahtstellenvereinbarungen zu treffen?

Grundtypen und Entwicklungsphasen von Organisationen

Modelle als »geistige Landkarten« von Organisationen

Damit eine Organisation für die Analyse und Gestaltung fassbar wird, greifen wir zu einem Modell der Organisation. Das Modell vereinfacht die Wirklichkeit und hilft uns, Organisationsprobleme zu erkennen und intelligent zu lösen. Wir stellen Ihnen zwei solcher Modelle vor. Die Struktur, die Strategie, die Menschen, der Führungsstil, die Systeme und Verfahren, die Leitmotive und das Wertesystem sowie die vorhandenen und angestrebten Stärken und Spezialkenntnisse sind die Kernelemente. Thomas J. Peters und Robert H. Waterman (2003) brachten diese Faktoren in die folgende vernetzte Form und trimmten alle Variablen so, dass sie mit S beginnen. Die Außenkreise beinhalten die Hard- und Software der Organisation, im Zentrum steht das Selbstverständnis, neudeutsch die »Corporate Identity«.

*Organisationslandkarte 1:
Das Sieben-S-Modell*

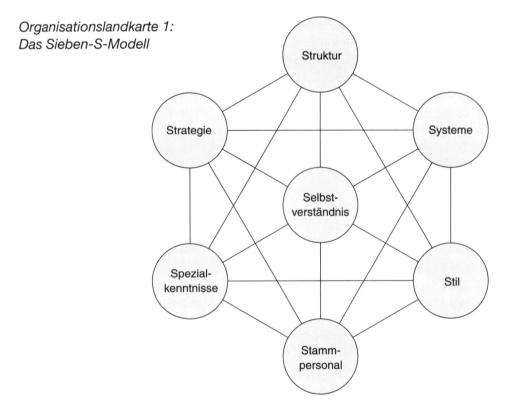

Selbstverständnis	Wer sind wir? Was wollen wir erreichen? Was können wir? Lernen wir beständig weiter? Für wen sind wir wichtig (von Nutzen)?
Strategie	Wie wollen wir unsere Ziele erreichen? Was tun wir heute, um morgen am Ziel zu sein? Wie gut haben unsere Führungskräfte die Strategie verinnerlicht und zur Richtschnur für das Alltagshandeln gemacht?
Struktur	Wie organisieren wir uns? Sind unsere Informations- und Entscheidungsprozesse befriedigend? Entsprechen die Strukturen und Abläufe den Kundenanforderungen? Wie sichern wir reibungslose Abläufe?
Systeme	Wer übernimmt Verantwortung? Welche Unterstützung haben unsere Mitarbeiter im Verkauf? Wie ermöglichen wir die Selbststeuerung des Einzelnen?
Stil	Welcher Führungsstil herrscht bei uns? Wie kommen Entscheidungen zustande? Wie gehen wir mit Verbindlichkeit um?
Stammpersonal	Wie wichtig sind uns die Mitarbeiter? Halten wir sie auch in Krisenzeiten, oder sind sie Spielmasse? Wie steht es mit der Wertschätzung der Mitarbeiter?
Spezialkenntnisse	Welche Spezialkenntnisse verlangen wir von unseren Mitarbeitern? Wie viel investieren wir in die Mitarbeiter? Wie gut sind unsere Weiterbildung und Personalentwicklung?

Das Modell und die exemplarisch angeführten Fragen können Ihnen helfen, Elemente Ihrer Organisation zu hinterfragen und daraus Veränderungsprioritäten abzuleiten. Das Sieben-S-Modell basiert stark auf einem technisch-instrumentellen Zugang. Die Menschen sind zwar wichtig, aber nur als Wissens- und Leistungsträger. Wir stellen dem Modell daher ein ganzheitliches Modell gegenüber, das von einem umfassenden Menschenbild ausgeht.

Organisationslandkarte 2: Organisation als kulturelles, soziales und technisches System

Organisationen werden von Menschen geschaffen und getragen. Jedem Modell einer Organisation liegt unausgesprochen ein Menschenbild zugrunde. Bekannt ist die Unterscheidung von Douglas McGregor (1974) in Theorie X (Der Mensch ist faul und muss gelenkt werden) und Theorie Y (Der Mensch sucht sinnstiftende Tätigkeit und kann sich selbst motivieren und steuern). Wer den Menschen primär als Vernunftwesen sieht, wird bei Veränderungen an Logik und Einsicht appellieren. Wer den Menschen komplexer als geistiges, psychosoziales und physisches Wesen sieht, wird dies auch beim Aufbau und der Veränderung von Organisationen berücksichtigen.

Subsystem	Organisationsinterne Elemente/Aspekte	Aspekte in der Außenbeziehung
Kulturelles Subsystem	**1 Identität** Die gesellschaftliche Aufgabe der Organisation, Mission, Sinn und Zweck, Leitbild, Fernziel, Philosophie, Grundwerte, Image nach innen, historisches Selbstverständnis der Organisation.	Image bei Kunden, Lieferanten, Banken, Politik, Gewerkschaft und anderen, Konkurrenzprofil, Position in Märkten und Gesellschaft; Selbstständigkeit beziehungsweise Abhängigkeit.
	2 Ziele, Strategien Langfristige Programme der Organisation, Unternehmenspolitik, Leitsätze für Produkt-, Markt-, Finanz-, Preis-, Personalpolitik.	Leitsätze für den Umgang mit Lieferanten, Kunden und anderen, PR-Konzepte, Marktstrategien; Übereinstimmung mit Spielregeln der Branche.
Soziales Subsystem	**3 Strukturen** Statuten, Gesellschaftervertrag, Aufbauprinzipien der Organisation, Führungshierarchie, Linien- und Stabsstellen, zentrale und dezentrale Stellen, formales Layout.	Strukturelle Beziehung zu externen Gruppen, Präsenz in Verbänden und so weiter, strategische Allianzen.
	4 Menschen, Gruppen, Klima Wissen und Können der Mitarbeiterinnen und Mitarbeiter, Haltungen und Einstellungen, Beziehungen, Führungsstile, informelle Zusammenhänge und Gruppierungen, Rollen, Macht und Konflikte, Betriebsklima.	Pflege der informellen Beziehungen zu externen Stellen, Beziehungsklima in der Branche, Stil des Umgehens mit Macht gegenüber dem Umfeld.
	5 Einzelfunktionen, Organe Aufgaben, Kompetenzen und Verantwortung, Aufgabeninhalte der einzelnen Funktionen, Gremien, Kommissionen, Projektgruppen, Spezialisten, Koordination.	Verhältnis zum üblichen Branchenverständnis über Arbeitsteilung, Funktionen zur Pflege der externen Schnittstellen.
Technisch-instrumentelles Subsystem	**6 Prozesse, Abläufe** Primäre Arbeitsprozesse, sekundäre und tertiäre Prozesse, Informationsprozesse, Entscheidungsprozesse, interne Logistik, Planungs- und Steuerungsprozesse, Supportprozesse.	Beschaffungsprozesse für Ressourcen, Lieferprozesse, Speditionslogistik, Aktivitäten zur Beschaffung externer Informationen.
	7 Physische und materielle Mittel Instrumente, Maschinen, Geräte, Material, Möbel, Transportmittel, Gebäude, Räume, finanzielle Mittel.	Physisches Umfeld, Platz im Umfeld – Verkehrssystem, Verhältnis Eigenmittel – Fremdmittel.

Friedrich Glasl legt seinem Organisationsmodell ein Menschenbild zugrunde, wonach »jeder Mensch grundsätzlich für sein eigenes Denken, Fühlen, Wollen und Handeln verantwortlich sein kann« (Glasl/Lievegoed 1996). Jeder Mensch hat zwar ererbte Fähigkeiten, welche von der Umwelt gefördert, gehemmt oder verändert werden können, aber im Grunde hat jeder Mensch die Möglichkeit, sich selbst weiterzuentwickeln. Und er hat das Recht, sich weitgehend nach eigenen Vorstellungen und Werten entwickeln zu dürfen. Zudem hat er einen Anspruch auf Achtung und Wertschätzung seiner Persönlichkeit. Glasl sieht den Menschen als körperlich-physisches Wesen, als sozial-seelisches Wesen und als geistig-kulturelles Wesen. Er hat darauf aufbauend das folgende Organisationsmodell mit sieben Elementen entwickelt (s. Glasl/Kalcher/Piber 2005).

Anleitung für Ihre persönliche Organisationsdiagnose (Nach: Glasl)

Sie können mit diesem Modell sehr rasch eine Diagnose des Entwicklungsbedarfs Ihrer eigenen Organisation durchführen.

Schritt 1: Gehen Sie die Fragen auf Seite 48 durch und bewerten Sie den Ist-Zustand auf einer Skala von 0 (gut) bis 100 (stark veränderungsbedürftig). Falls Ihnen ein wesentlicher Aspekt fehlt, ergänzen Sie den Fragenkatalog!

Auswertung

Schritt 2: Wählen Sie jene fünf Aspekte aus, die Ihnen am veränderungsbedürftigsten erscheinen.

Schritt 3: Ergänzen Sie zu jedem gewählten Aspekt auf einem Blatt die folgenden drei Aussagen:
→ So sehe ich momentan den Ist-Zustand …, das ist problematisch daran …, die Ursachen dafür sind …
→ So stelle ich mir den »guten« Soll-Zustand vor, das müssten wir erreichen: …
→ Mit den folgenden Maßnahmen könnte der gewünschte Zustand erreicht werden: …

Schritt 4: Lassen Sie dieselbe Diagnose von weiteren Mitarbeitern Ihrer Abteilung/Firma machen, vergleichen und diskutieren Sie die Ergebnisse. Sie haben jetzt eine gute Grobdiagnose erstellt, wo Sie etwas verändern sollten, und bei den Beteiligten ein Bewusstsein für den Veränderungsbedarf geschaffen.

Elemente und Aspekte der Organisation

1 Identität　　　　　　　　　　　　　　　　　　　　　　　0　　　　100

　Orientieren wir uns an den Bedürfnissen oder Problemen unserer Kunden?

　Wird der Daseinszweck im Unternehmen kommuniziert?

　Welches Image hat unsere Organisation in der Umwelt?

2 Konzepte und Strategien

　Sind unsere grundsätzlichen Strategien klar?

　Sind wir sensibel für Tendenzen in der Umwelt?

　Korrespondieren die Strategien mit vorhandenen Stärken?

3 Strukturen

　Ist unsere Organisation marktgerecht strukturiert?

　Kommunizieren die Bereiche ausreichend miteinander?

　Verändern wir unsere Strukturen entsprechend neuen Anforderungen?

4 Menschen

　Treffen Fähigkeiten, Wissen, Können die zukünftigen Anforderungen?

　Wie sind die Einstellung, das Verhalten, die Motivation zur Leistung?

　Ist die Personalentwicklung aktiv und gezielt?

　Werden Reibungen und Konflikte produktiv bearbeitet?

5 Funktionen

　Übernehmen die Mitarbeiter gern Verantwortung?

　Sind Aufgaben klar definiert und mit Kompetenz ausgestattet?

6 Abläufe

　Sind die Abläufe gut aufeinander abgestimmt?

　Stehen Zweckmäßigkeit und inhaltliche Güte im Vordergrund?

　Wie ist die Qualität von Entscheidungen (gibt es Lücken oder Doppelgleisigkeiten etc.)?

　Wie verlaufen Informationsprozesse?

7 Sachmittel

　In welchem Zustand sind Gebäude, Anlagen und Ausstattung?

　Wie gut stehen wir finanziell da?

　Wie gut fördert die räumliche Situation die Zusammenarbeit?

Entwicklungsphasen – auch Organisationen altern!

Aus unserer persönlichen Entwicklung wissen wir, dass wir bestimmte Lebensphasen durchlaufen haben. Wir sind gewachsen, wir sind reifer geworden, wir spürten aber auch manchmal, dass wir starrer wurden, neuen Ideen kritisch gegenüberstanden oder uns ihnen verschlossen. Schließlich mussten wir vielleicht schmerzliche Krisen durchmachen (beispielsweise Arbeitsplatzverlust), um wieder frei zu werden für Neues (zum Beispiel Bereitschaft, völlig umzulernen).

Gleiches gilt für Organisationen, auch sie sind keine statischen Gebilde. In ihnen finden permanent Veränderungs- und Entwicklungsvorgänge statt. Um diese Vorgänge anschaulich zu machen, entwickelte Friedrich Glasl (s. Glasl/Kalcher/Piber 2005), einem organistischen Organisationsbild verpflichtet, ein Lebensphasenmodell mit vier unterscheidbaren Entwicklungsphasen.

Lebensphasen einer Organisation

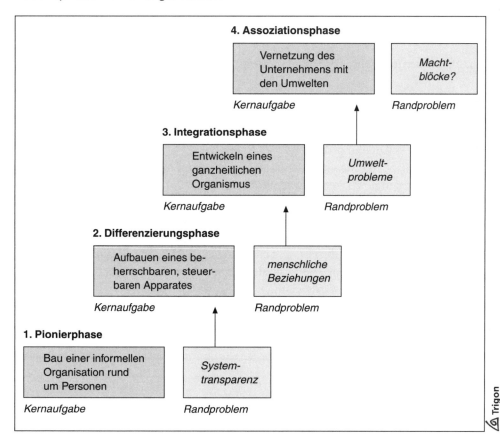

1. Pionierphase (oder Gründungsphase)

Merkmale
- Die Führung geht stark von einer Person aus (auch autoritär).
- Die Aufgaben und Arbeitsabläufe sind überschaubar.
- Es herrscht Personenorientierung bei Zielen, Mitteln (»Wer macht was gerne, am besten?«).
- Eigeninitiative jedes Mitarbeiters ist nötig, möglich und wird gefordert.
- Der Kunde steht im Zentrum, wir tun alles für ihn.
- Große Flexibilität und hohe Identifikation (»Ich/wir sind das Unternehmen XY«).

Schwierigkeiten, die sich in Phase 1 ankündigen und den anschließenden Übergang zu Phase 2 einleiten
- Überforderung des Pioniers.
- Wachstum bringt Unübersichtlichkeit und Planungsdefizite.
- Unzureichende Erfolgskontrolle.
- Kommunikationsstörungen treten auf.

2. Differenzierungsphase (Bürokratisierung)

Merkmale
- Aufgaben, Verantwortung und Kompetenzen werden schriftlich festgelegt.
- Zentralisierung der Entscheidungsbefugnisse (Dienstweg).
- Ausgeprägtes Abteilungsdenken.
- Papier, Statistiken, Analysen, Berichte gewinnen an Einfluss.
- Verwaltungsaufgaben treten in den Vordergrund.
- Kunden/Klienten werden zu anonymen Zahlen.
- Die Organisation wird zur Karriereleiter für die Mitarbeiter.

Schwierigkeiten, die sich in dieser Phase ankündigen und Phase 3 einleiten
- Abteilungsdenken, geringe horizontale und vertikale Kommunikation.
- Fragen nach dem Sinn werden laut.
- Innere Verabschiedung, Resignation greift um sich, Motivationsprobleme treten verstärkt auf.
- Erstarrung des Organisationslebens, Herausforderung fehlt.

3. Integrationsphase

Merkmale
- Delegation von Verantwortung.
- Entscheidungen werden gemeinsam, in bewussten Schritten vorbereitet und gefällt.

→ Suche nach einem Profil, einem Leitbild, nach Werten (Wer sind wir eigentlich?).
→ Marktorientierung: (Wieder)Entdeckung des Kunden.
→ Denken in Entwicklungen und Prozessen.
→ Bedürfnis nach Partnerschaft und Vertrauen wird formuliert.
→ Selbstständiges Arbeiten in Gruppen und allein ist erwünscht.

Schwierigkeiten, die in Phase 3 auftreten
→ Rückfälle in technokratisches Verhalten (rigide Führung).
→ Leichtfertiges Zerstören von Vertrauen durch »Durchgreifen«.
→ Gegenseitige Überforderung, Infarktgefahr.
→ Erfolge eines Teams werden von Einzelnen in Anspruch genommen.

4. Vernetzungs-/Assoziationsphase

Merkmale
→ Hoch entwickeltes Projekt- und Prozessmanagement mit weitgehenden Kompetenzen.
→ Großer Einfluss der Mitarbeiterinnen und der Mitarbeiter auf die Arbeitsprozesse (Selbstorganisation).
→ Minimale Hierarchie (Lean Management).
→ Permanente Verbesserung von Produkten, Leistungen und Prozessen durch intensiven Kontakt mit Kunden und Lieferanten (Qualitätsmanagement).
→ Vernetzung der Organisation mit dem Umfeld (Partner, Kommunen und andere).

Schwierigkeiten, die in Phase 4 auftreten
→ Entstehen von Machtblöcken.

Die Schöpfer des Phasenmodells gehen davon aus, dass die Phasen 2 bis 4 nur aufgrund von Lernprozessen, nämlich in Auseinandersetzung mit Schwierigkeiten der jeweils vorangegangenen Phase erreicht werden können. Die Phasen 3 und 4 zeichnen sich dadurch aus, dass sie auch die Vorteile der ersten beiden Entwicklungsstufen integrieren und ihnen einen adäquaten Stellenwert zuweisen.

> **Fragen zur Bestimmung der Entwicklungsphase Ihrer Organisation**
>
> Bitte notieren Sie sich Ihre Gedanken.
> Welche der aufgezählten Merkmale treffen auf Ihre Organisation zu? Welcher oder welchen Entwicklungsphase/n ist sie daher zuzurechnen?
>
> Kennen Sie Krisenerscheinungen Ihrer Organisation, und welcher Phase sind diese zuzuordnen?
>
> Welche »Lösungsvorstellungen« für Probleme gibt es in Ihrer Organisation, und welcher Phase sind diese zuzuordnen?

Produkt-, Dienstleistungs- und Professionalorganisation

Jede Arbeitsorganisation erbringt Leistungen für ihre Umwelt. Einige Organisationsforscher (Mintzberg 1989, Lievegoed 1974) beschäftigen sich mit dem Zusammenhang von der Kernaufgabe der Organisation und deren Rückwirkung auf das Organisationsverständnis und das Verhalten der Organisationsmitglieder. Sie kommen dabei zu unterschiedlichen Organisationstypisierungen. Uns erscheint diese Unterscheidung – die in der betriebswirtschaftlich orientierten Organisationsliteratur ignoriert wird – für die Praxis der Organisationsgestaltung und insbesondere die Führung von großer Relevanz. Es macht einen Unterschied, ob es darum geht, eine industrielle Fertigungsorganisation, ein Hotel, eine Klinik oder ein Forschungsinstitut zu organisieren und zu leiten. Wir finden die Unterscheidung der folgenden drei Organisationstypen besonders hilfreich (vgl. auch Glasl/Kalcher/Piber 2005).

Produktorganisationen Beispiele sind ein Computerwerk, eine Maschinenfabrik, ein Autoassembling. Erzeugt wird ein Produkt, das in einer bestimmten Qualität die Produktion verlässt. Die Produktion ist plan- und steuerbar und erfolgt in Abwesenheit des Kunden (zumeist). Das Wissen ist standardisiert, zum guten Teil in die Anlagen »eingebaut«. Die Leistung besteht in reproduzierbaren Ergebnissen und Standards (keine Montagsautos).

Dienstleistungsorganisationen mit Routinecharakter Beispiele sind Hotels, Gesundheitsbetriebe, Ämter, Handelsunternehmen, Airlines, Banken, Versicherungen. Es werden mehr oder weniger standardisierte Dienstleistungen für Kunden erbracht, wobei in Teilen des Prozesses der Kunde »dabei« ist und sogar aktiv mitwirken muss. Die Qualität entsteht maßgeblich im Prozess – was Konsequenzen für die Qualitätskontrolle hat. Die Kernqualität liegt in der effizienten Befriedigung teilstandardisierter Kundenanforderungen.

Professionelle Organisationen – Know-how-intensive Dienstleistungsorganisationen Beispiele sind Architekturbüros, Beratungseinrichtungen, Schulen, Anwaltskanzleien, Forschungsinstitute, Kliniken, Kultur- und Kunstbetriebe. Sie liefern zu einem geringeren Teil materielle Güter, sondern produzieren immateriellen Nutzen. Dieser kann die Form einer neuen Problemlösung, einer Heilung, einer gelungenen Unternehmensreform und Ähnliches haben. Der Wert dieser »Organizations of Professionals« wird durch die qualifizierten Menschen verkörpert, die die Fähigkeit haben, wissensintensive kunden- beziehungsweise klientenspezifisch maßgeschneiderte Leistungen zu erbringen – über weite Strecken in Verbindung mit eine hohen Fähigkeit, sich auf die Situation des Kunden einzustellen und mit ihm entsprechend zu kommunizieren.

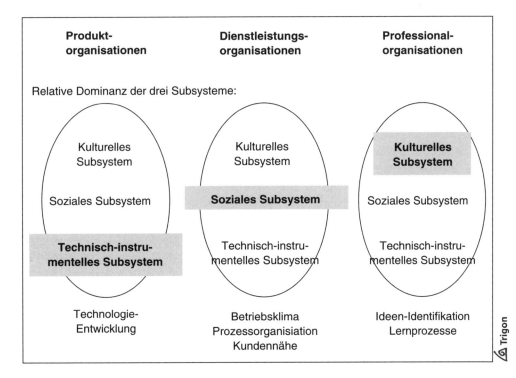

Die Unterscheidung in drei Grundtypen trifft auf ganze Organisationen oder deren Teile zu. Eine Bank entspricht überwiegend einer Dienstleistungsorganisation, es werden aber auch in beträchtlichem Ausmaß »professionelle« Leistungen erbracht (zum Beispiel spezifische Beratung der Kunden, Produktentwicklung, Geschäftsentwicklung). In einem Krankenhaus sind Teilbereiche Produktorganisationen (Küche, Wäsche, Herstellung von Standardmedikamenten und Standardlaboruntersuchungen), andere Teile wiederum sind Dienstleistungsorganisationen (administrative Aufnahme, Reinigung, Abrechnung und vieles mehr), der Kern ist jedoch eine professionelle Organisation (Notaufnahme, Untersuchung und Behandlung, Operation, Therapie). Wichtig ist es, zu erkennen, wo der Kernnutzen der jeweiligen Organisation beziehungsweise Teilorganisation liegt. Davon leitet sich wesentlich die Form der Gestaltung und Führung ab.

Konsequenzen für die Organisationsgestaltung

Folgende spezifische Anforderungen können bei der Organisationsgestaltung auftauchen:

→ **Professionelle Organisation:** Wesentlich ist, die Professionals nicht durch eine Dominanz der technisch-instrumentellen und betriebswirtschaftlichen Logik an den Rand zu drängen. Das Management muss einem Überhang an starren Softwaresystemen Einhalt gebieten, maximale dezentrale Selbststeuerung ermöglichen und eine einseitige Kostenfixierung vermeiden. Seitens der Professionals bedarf es eines ausreichenden Verständnisses für die technisch-instrumentellen Anforderungen, für wirksame Entscheidungsstrukturen und verbindliche organisatorische Reglungen. Auch wirtschaftliche Erfordernisse werden von Professionals oft als Zumutung empfunden.

→ **Dienstleistungsorganisation:** Bei Dienstleistungen im direkten Kundenkontakt ist die Befähigung der Dienstleister zu Kommunikation und sozial kompetentem Handeln zentral. Die Haltung der Dienstleister ist wesentlich für das Ergebnis. Gefahren seitens des Managements sind, dass es zu wenig Freiraum für die sozialen Kontakte gibt, dass Fragen der Arbeitsplatzqualität kaum eine Rolle spielen, Häufig kommt es zur Überforderung der Dienstleistenden durch Top-down-Parolen zu mehr »Kundenorientierung« ohne entsprechende Ressourcenausstattung und Qualifizierung derer, die die Kundenorientierung leisten sollen. Seitens der Dienstleistenden fehlt oft das Bewusstsein, für den Kunden da zu sein. Beispiele sind sowohl in Ämtern als auch in Unternehmen und sozialen Organisationen zu finden.

→ **Produktorganisation:** Sie zeichnet sich durch die Dominanz der »Systeme« aus. Standardisierte Qualität und Kosten sind die zentralen Herausforderungen. Die soziale Logik im Unternehmen wird an den Rand gedrängt, der Druck und die Unsicherheit des Marktes schlagen ungebremst auf die Mitarbeiter durch und gefährden die Motivation. Es besteht die Gefahr, dass die erforderliche Kreativität in den Prozessen und zur Qualitätsverbesserung auf der Strecke bleibt.

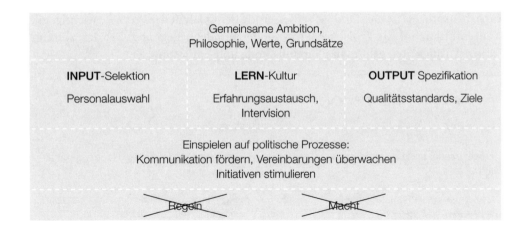

Konsequenzen für die Führung in den drei Organisationstypen

Das Führen von Professionals stützt sich auf fünf Punkte: gemeinsame Werte, sorgfältige Personalauswahl, Fördern eines Innovations- und Lernklimas, Spezifikation des Outputs (Qualität, Problemlösungskompetenz) sowie aktive Kommunikation. Professionals wollen mit einem Minimum an Hierarchie geführt werden. Das geschieht vor allem dadurch, dass sie angeregt und unterstützt werden, Leitbilder, Ziele und Arbeitsgrundsätze selbst zu formulieren, damit sie sich in der Folge persönlich mit diesen identifizieren können. Zudem ist es wichtig, dass die Auswahl und die Einarbeitung von Professionals besonders sorgfältig erfolgen, viel sorgfältiger und umfassender, als es bisher nach traditionellen Mustern üblich war.

Schließlich muss nachhaltig daran gearbeitet werden, die Professionals intensiver in die Führung einzubinden, um das Commitment zu stärken. Erforderlich ist, das Bewusstsein der Professionals für die gewünschten Resultate durch einen laufenden Ziel- und Ergebnisdialog zu schärfen.

Ein anregendes und inspirierendes Lernklima ist eine weitere zentrale Erfolgsvoraussetzung. Da sich das Einhalten von Standards und Vereinbarungen oft als Schwachpunkt herausstellt, sollten die Arbeitsprozesse einsichtig strukturiert sein. Stärken liegen hingegen darin, dass aus Fehlern schnell gelernt wird, anstatt lange nach Schuldigen zu suchen. Wichtig ist: Experimente zulassen und vorher Konsequenzen eines möglichen Scheitern vereinbaren.

Führen in der Dienstleistungsorganisation Im Vordergrund stehen der Kunde und der professionelle Service. Wichtig ist, dass sich die Mitarbeiter selbst als Kunden (der Führung) erleben können – was sie intern erleben, geben sie meist auch nach außen weiter. Die fachliche und personelle Unterstützung zur Leistungserbringung dominiert; der Kunde erlebt in der direkten Dienstleistung Fehler unmittelbar mit, die Folgen sind häufig nur mit großem Aufwand zu bereinigen. Gleichzeitig wird der Kunde bei Routinedienstleistungen bisweilen als zu anspruchsvoll oder sogar als lästig erlebt.

Im Arbeitsprozess ist die ständige Verbesserung der Qualität der Prozesse wichtig, mit Konzentration auf die kritischen Prozesse der Kundenbegegnung. Bei den administrativen Tätigkeiten geht es um Vereinfachung und Entlastung.

Spannungsfelder in der Führung von Wissensarbeitern

Autonomie.	⇔	Kontrolle.
Immer wieder anderes und Neues tun wollen.	⇔	Kommerzielles Interesse, Neues maximal zu verwerten.
Laufender Wissensaustausch ist existenziell wichtig.	⇔	Weggeben von Wissen kann die Wettbewerbsfähigkeit schwächen.
Wissensarbeiter halten an »Autonomiewerten« fest, auch wenn sie nicht mehr »innovativ« tätig sind.	⇔	Das Management muss steuernd eingreifen, wenn Wissensarbeiter von innovativen zu reproduzierenden Tätigkeiten abdriften.
»Innovatives« Know-how ist essenziell für den Fortbestand der Organisation.	⇔	Die Bindung von Wissensarbeitern an die Organisation ist oft gering, gilt als sekundär.

Kontraindikationen: Regeln.
Zweckmäßig: Lernen und Entwickeln, gemeinsamer Ehrgeiz.

Auf der **Werteebene** geht es um die Kommunikation lebbarer und glaubwürdiger Leitbilder zur Kundenorientierung. Überzogene Leistungsversprechen an Kunden in Verbindung mit stetiger Rationalisierung, Personaleinsparung, Geringschätzung der Mitarbeiter und ihrer Qualifizierung können Kundenorientierung leicht zur hohlen Phrase verkommen lassen.

Führen in der Produktorganisation Auf der strategischen Ebene ist das zentrale Thema der Erhalt der Wettbewerbsfähigkeit. Die Produktorganisationen sind am stärksten dem direkten und globalen Wettbewerb ausgeliefert. Vorausschauende Strategien und hohe Reaktionsgeschwindigkeit sind wichtige Eckpunkte.

Die perfekte Gesamtsteuerung der Arbeitsprozesse ist von großer Bedeutung. In diesem Rahmen werden Teilbereiche von teilautonomen Teams gesteuert, dies reduziert die Komplexität erheblich. Die *Menschenführung* im direkten Wertschöpfungsprozess ist vor allem in ihrer Unterstützungsfunktion gefragt.

Der praktische Nutzen der Differenzierung

Die klare Sicht auf den Kern – den genetischen Code – der eigenen Organisation kann helfen, das eigene Potenzial optimal zu entwickeln (Beratung, Forschung …). Sie schärft den Blick und das Verständnis für die Prioritäten (in einer Universität liegt diese eben nicht im Verwalten), sie ermöglicht Mitarbeitern, sich zu entscheiden – will und kann ich diese spezifische Leistung erbringen, bin ich schon längst weg aus dem innovativen Bereich, poche aber weiterhin auf die dortigen Freiheiten?

Ein solcher Blick auf die Organisation ist auch wichtig, um die verschiedenen Logiken, die in einer Organisation vorhanden sind, möglichst konfliktarm mit- und nebeneinander zu leben. Die Universitätsverwaltung kann sich auf eine gute Verwaltung und einen guten Service konzentrieren, die Forscher(gruppen) auf ihre Kernaufgaben und so weiter. Schlecht wäre ein Einheitsbrei, wo sich alle Teilorganisationen unverstanden fühlen würden. Das Nichtbeachten der bestehenden Unterschiede führt oft zu Frustration, Über- oder Unterforderung der Menschen.

Je mehr das Überleben im Wettbewerb von Innovation, Kundennähe und Flexibilität abhängt (intelligent wirtschaften), desto wichtiger werden die »professionellen Anteile« in **jeder** Organisation.

Hilfreiche Leitfragen für die Reflexion zu Ihrer eigenen Organisation

→ Was ist die Kernfunktion unserer Organisation(seinheit)? Service, wissensintensive Leistungen, Produzieren? Welche anderen Funktionen sind ebenfalls ausgeprägt?
→ Was ist meine Funktion? Bin ich in erster Linie produzierend, serviceorientiert oder entwickelnd tätig? In welchen Tätigkeiten steckt das eine, in welchen das andere?
→ Was wird von mir erwartet? Von den Kunden, der Führung, den Mitarbeitern?
→ Was tue ich wirklich? Passt das zu meinen Interessen und Fähigkeiten? Wo liegen diese primär?
→ Stimmt das, was ich tue, mit der Funktion überein oder gibt es Diskrepanzen?

Die Besonderheit von Non-Profit-Organisationen (NPO) und nicht staatlichen Organisationen (NGO)

Schon die Bezeichnungen »Non-Profit-Organisation« und »nicht staatliche Organisation« sind eine Besonderheit. Sie sagen nämlich nicht, was diese Organisationen sind, sondern was sie nicht sind. Diese etwas problematische Begriffsbestimmung wird verständlicher angesichts der Vielfalt an Einrichtungen, die unter diese Bezeichnungen fallen. Zu den NPO zählen nämlich Krankenhäuser, Sozialeinrichtungen, karitative Vereine, Umweltverbände, Selbsthilfegruppen, kommunale Unternehmen, Kirchengemeinden, Sportvereine und andere.

Auch die öffentliche Verwaltung wird oft zu diesem Bereich gezählt, sie ist jedoch in einem viel weiter zu fassenden, von vielen verschiedenrangigen Gesetzen bestimmten Kontext zu sehen, deshalb wollen wir uns in der folgenden Darstellung der Einfachheit halber auf den privaten NPO-Bereich konzentrieren. Der Vergleich dieser unterschiedlichen sozialen Gebilde erklärt jedenfalls, warum es leichter ist, sie gegenüber anderen Organisationen abzugrenzen, als eine Gemeinsamkeit zu finden, die für eine positive, übergreifende Bezeichnung herhalten könnte.

Als Non-Profit-Organisationen werden diese sozialen Systeme bezeichnet, weil sie nicht nach Profit streben. Sie werden also von Unternehmen oder Betrieben unterschieden, die das Ziel haben, ihren Eigentümern beziehungsweise Kapitalgebern ein Einkommen zu verschaffen, sondern verfolgen vielmehr vorrangig gemeinnützige, soziale, wissenschaftlichen, politische oder kulturelle Zielsetzungen ihrer Mitglieder. Ihr Zweck ist es, für ihre Mitglieder oder Dritte Aufgaben der Versorgung, Interessenvertretung, Förderung oder Selbsthilfe wahrzunehmen. Als nicht staatliche Organisationen (NGO) werden NPO mit politischen Zielen bezeichnet. Im engeren Sinne versteht man darunter Organisationen und Gruppierungen, die sich in den Bereichen Sozialarbeit, Menschenrechte, Flüchtlingshilfe, Umweltschutz oder Tierschutz engagieren. Dazu gehören zum Beispiel Attac, Greenpeace oder Amnesty International.

Im Rahmen des John Hopkins Comparative Non-profit Sector Project wurde eine Reihe allgemeiner Merkmale für NPO festgestellt:

→ Sie sind formell strukturiert,
→ organisatorisch vom Staat unabhängig,
→ nicht gewinnorientiert,
→ eigenständig verwaltet,
→ es gibt keine Zwangsmitgliedschaft.

Weil NPO ergänzend zum Staat und zu den marktgesteuerten erwerbswirtschaftlichen Unternehmungen tätig sind, werden sie zunehmend auch als dritter Sektor (Amitai Etzioni) bezeichnet.

In systemtheoretischer Sicht fungieren sie als Vermittler zwischen den gesellschaftlichen Polen Staat, Wirtschaft und Gemeinschaft (soziale Bewegung). Sie verfolgen bestimmte Interessen und/oder Werte und suchen zwischen ihrem »Heimatsystem« und anderen Systemen zu vermitteln. Die für NPO typische Vermittlungsform ist die Verhandlung. Sie kommt verschiedentlich erst über öffentlichen Druck (zum Beispiel nach Kampagnen von Greenpeace) zustande und wird mit Bezugnahme auf Wissen (von Insidern oder Betroffenen) bestritten. Das Agieren in solchen für NPO typischen Spannungsfeldern bringt es mit sich, dass ihre Vertreter die Fähigkeit entwickeln müssen, in verschiedenen Logiken zu denken und eine »soziale Mehrsprachigkeit« zu entwickeln, um mit den Personen ihrer verschiedenen Umfelder verständigungs- und verhandlungsfähig zu sein.

So vermittelt etwa eine Einrichtung der Sozialhilfe zwischen ihren Klienten und dem politischen System (zum Beispiel der Kommune) und dem Wirtschaftssystem.

Letzteres wird für NPO immer wichtiger, weil auch für ihre Leistungen zunehmend Finanzierungsquellen erschlossen werden müssen.

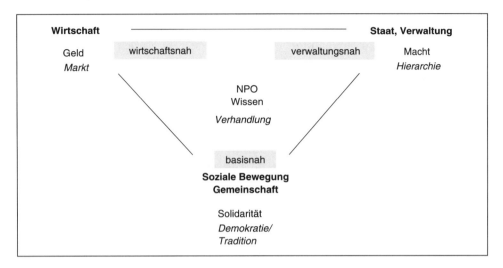

Der Umstand, dass öffentliche Subventionen geringer und oft nur für zeitlich begrenzte Projekte ausgeschüttet werden, hat die NPO dem Markt näherrücken lassen, insofern sie selbst einem Ökonomisierungsdruck unterliegen und in Wettbewerb zu anderen Anbietern geraten. Auch werden viele ehemals staatliche oder kommunale Einrichtungen in die unternehmerische Unabhängigkeit entlassen.

Nun gibt es die These, dass NPO, in dieser Dynamik gefangen, sich zunehmend von den Wertegemeinschaften der alten Prägung zu Dienstleistungsunternehmen entwickeln. Andere Positionen beharren darauf, dass auch moderne Gesellschaften des sozialen Puffers der NPO bedürfen, der dritte Sektor sich also immer wieder neu generieren werde, auch wenn viele Einrichtungen einen eher unternehmerischen Status annehmen. In der Realität wird davon auszugehen sein, dass es in Zukunft wohl NPO verschiedener Prägung geben wird. Sowohl basisorientierte, sozialen Bewegungen verbundene als auch marktwirtschaftlich orientierte und viele, die sich zwischen diesen Polen bewegen werden.

Auf folgende Entwicklungen werden jedoch alle Non-Profit-Organisationen Antworten finden müssen:

→ Öffentliche Mittel werden knapper, und die Konkurrenz um spendenbereite Bürger und um Sponsoren nimmt zu. Knappe Mittel müssen daher effizient und wirkungsvoll eingesetzt werden. Um Spender und Sponsoren, aber auch um Abnehmer von Leistungen muss aktiv und überzeugend geworben werden (Stakeholder-Orientierung).

→ Anforderungen an Rechenschaft und Legitimation steigen. Mitglieder, Spender, Sponsoren und Öffentlichkeit beobachten gemeinnützige Organisationen sehr sorgfältig, und die Glaubwürdigkeit von NPO hängt ab von einer professionellen Organisation, inhaltlichem Einsatz, transparentem Umgang mit Finanzen, »Kundenorientierung« und allenfalls geeigneten Partizipationsangeboten für engagierte Mitglieder und Bürger.

→ Die Bereitschaft zu ehrenamtlichem Engagement geht zurück. Mit der Erosion der sozialen Milieus verlieren viele NPO nicht nur Mitglieder, sondern auch viele Funktionäre. Es besteht die Notwendigkeit, neue Formen der Mitarbeit zu finden und Professionalisten einzusetzen.

→ Professionalisierung wird wichtig. Für die Zielgruppen müssen stimmige Leistungen und Projekte entwickelt werden – sie sind auch der inhaltliche Leistungsnachweis gegenüber den Geldgebern. Vor allem in basisnahen Organisationen wird es wichtig, zu wissen, wer wofür zuständig ist und welche Leistung erwartet wird (Funktionsbeschreibungen, Anforderungsprofile).

→ Die traditionellen, auf dem Vereinsgesetz basierenden Organisationsstrukturen erweisen sich als unzureichend. Unter Beachtung der Mission und Identität muss ein Umbau in Richtung einer zukunftsorientierten, effizienten Organisationsform erfolgen, in der die relevanten Entwicklungen in ihrem Umfeld (politische Vorgänge, Gesetzesänderungen, Markt …) sorgsam beobachtet und geeignete Antworten gefunden werden.

Peter Schwarz (1995) fasst die notwendigen Entwicklungslinien von NPO in drei Orientierungen zusammen:

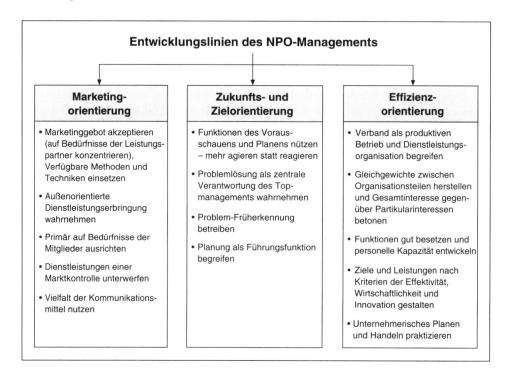

Die Anforderungen in Non-Profit-Organisationen sind mithin denen in Wirtschaftsorganisationen nicht unähnlich, und viele der in diesem Handbuch behandelten Management- und Organisationsthemen haben auch für sie Geltung.

Aktuelle Organisationstrends

In den letzten 10 bis 20 Jahren sind mindestens vier wesentliche Trends in der Ausformung von Organisationen feststellbar:

→ Lean Management
→ Prozessorganisation
→ Projektorganisation
→ Netzwerkorganisation

Führungskräfte müssen heute in ihren Organisationen sehr genau darauf achten, die Wertschätzung durch ihre Kunden zu erhalten oder zu steigern. Viele Unternehmen und Non-Profit-Organisationen sind gefährdet, weil der Kunde beziehungsweise der Finanzier den Nutzen nicht erkennen kann oder weil andere seine Nutzenerwartung besser erfüllen. Das bedeutet für die Führungskräfte, dass neben dem klassischen Managen je nach Situation der Organisation, in der sie tätig sind, bestimmte Managementperspektiven besonders wahrgenommen werden müssen. Einige Beispiele sollen das verdeutlichen:

→ Ein Schulleiter ist heute damit konfrontiert, dass die Eltern die Qualität von Schulen (und Lehrern) zu vergleichen beginnen und ihre Kinder an Schulen anmelden, die ein klares Profil vermitteln und Qualität glaubhaft versprechen können. Schulen ohne Profil werden wohl langsam schließen müssen!
→ Die deutsche Autoindustrie muss Qualität und flexible Produktion zum Hauptanliegen machen, um im Wettbewerb um den Kunden bestehen zu können.
→ Die österreichischen Tourismusbetriebe müssen kundenorientierter werden, und sie müssen dem Kunden ihre Leistungen zu Preisen offerieren, die dieser zu zahlen bereit ist.

Wir stellen im Folgenden einige Managementkonzepte vor, die in einer Organisation jeweils Handlungsmöglichkeiten für ganz bestimmte Herausforderungen anbieten. Es sind dies:

→ **Lean Management** als ein Weg, dem Kunden die Leistungen, die er wirklich will, zu bieten. Die richtige Qualität zum niedrigstmöglichen Preis und mit der geforderten zeitlichen Flexibilität (vgl. Womack/Jones: Lean Thinking, 2004; Rother/Shook: Learning to See, 1994, auf Deutsch: Sehen lernen, 2004).

- → **Prozessmanagement** kann Abläufe (Geschäftsvorgänge) kundenorientierter und fehlerfreier machen sowie beschleunigen (Becker/Kugeler/Rosemann: Prozessmanagement: Ein Leitfaden zur prozessorientierten Organisationsgestaltung, 2005).
- → **Qualitätsmanagement** hat das Ziel, die Anforderungen der Kunden (externer und interner) bestmöglich zu erfüllen und das erwünschte Qualitätsniveau sicherzustellen (vgl. Summers: Quality Management: Creating and Sustaining Organizational Effectiveness, 2005).
- → **Projektmanagement** ist heute aus Organisationen nicht mehr wegzudenken. Es hilft dabei, komplexe, zeitlich befristete Aufgaben zu erledigen, zu deren Bewältigung Mitarbeiter aus verschiedenen Organisationseinheiten zusammenarbeiten müssen (vgl. Kerzner: Project Management. A Systems Approach to Planning, Scheduling, and Controlling, 2006).

Diese besonderen Managementformen ersetzen weder die Grundaufgaben des Managers, noch schließen sie sich gegenseitig aus. Die folgenden Überlegungen sollen Sie unterstützen, herauszufinden, welche besonderen Schwerpunktsetzungen in Ihrer Organisation erforderlich wären.

Lean Management: schlanke und kundenorientierte Organisationsstrukturen schaffen

Mit zunehmender weltweiter Öffnung der Märkte entscheiden günstige Kosten, hohe Qualität und rasche Leistungserbringung (Lieferzeiten, Wartezeiten) darüber, ob Ihre Organisation überleben wird oder nicht. Um am Markt wettbewerbsfähig zu bleiben, mussten sich viele Unternehmen etwas einfallen lassen. Viele übernahmen die ursprünglich in Japan erprobten Konzepte und Instrumente des Lean Managements, um sich fit zu machen. – Woran litten und leiden heute immer noch viele Unternehmen?

- → **Kundenferne** durch ein überholtes, wenig klares Bild vom Kunden und seinen Erwartungen und Anforderungen.
- → **Zu viel Hierarchie** und zu starke Arbeitsteilung zwischen Abteilungen und Bereichen, die zu hohen Reibungsverlusten und Zeitverzögerungen führt.
- → **Bruchstellen in den Leistungsprozessen,** die teure, langsame und fehlerhafte Leistungserstellung zur Folge haben.
- → **Hohe Verwaltungskosten** entstehen durch die Trennung von Denken/Planen und Tun. Zu viele Menschen sind mit unproduktiven Kontroll- und Berichtsaufgaben befasst.
- → **Geistige Erstarrung,** Bürokratisierung und Versteinerung von Strukturen verhindern oft notwendige Veränderungen.

Die zehn Prinzipien auf der folgenden Seite geben einen Überblick über die Gestaltungsphilosophie von Lean Management und helfen Ihnen bei der Einschätzung, wo in Ihrem Bereich beziehungsweise in Ihrem Unternehmen der größte Veränderungsbedarf besteht. Bewerten Sie Ihre Organisation nach diesen Kriterien, und stellen Sie fest:

→ Wo sind wir gut, worauf können wir stolz sein?
→ Wo ist der größte Bedarf an Veränderung?

Schreiben Sie Ihre Ideen und Vorstellungen nieder, wie der veränderte Zustand aussehen sollte.

Zehn Dimensionen von Lean Management	Bewertung
1 Ausrichtung aller Tätigkeiten auf den Kunden Der Kundennutzen ist Orientierung für alle Tätigkeiten im Unternehmen, alle Regeln und Systeme sind darauf ausgerichtet. Ziel ist ein partnerschaftliches, faires und dauerhaftes Verhältnis zwischen Kunde und Unternehmen.	0% ⊢——┼——┼——┼——⊣ 100%
2 Konzentration auf die eigenen Stärken Das Kerngeschäft baut auf den eigenen Stärken auf. Kernkompetenzen sind definiert, aus einem klaren Leitbild sind Strategien und Maßnahmen ableitbar.	0% ⊢——┼——┼——┼——⊣ 100%
3 Optimierung der Geschäftsprozesse Die Arbeit am Produkt, am Kundennutzen hat Vorrang und ist Angelpunkt der Wertschöpfungskette, die Leistungsprozesse werden entrümpelt und vereinfacht, nicht wertschöpfende Arbeit wird eliminiert.	0% ⊢——┼——┼——┼——⊣ 100%
4 Ständige Verbesserung der Qualität Qualitätsmaßstab sind der Kunde und seine Anforderungen. Die ständige Verbesserung aller Leistungsprozesse hat hohe Priorität. Fehler werden vorbeugend verhindert.	0% ⊢——┼——┼——┼——⊣ 100%
5 Interne Kundenorientierung als Leitprinzip Jeder im Prozess kennt seine Kunden und ihre Anforderungen. Stabs- und Supportabteilungen sind schlank und profilieren sich als interne Dienstleister.	0% ⊢——┼——┼——┼——⊣ 100%
6 Eigenverantwortung, Empowerment und Teamarbeit Aufgaben werden zusammengefasst, ganzheitliche Arbeitsplätze mit Anforderungsvielfalt geschaffen. Teams auf allen Ebenen sind für Teilprozesse verantwortlich und steuern sich selbst. Mitarbeiterqualifizierung hat einen hohen Stellenwert.	0% ⊢——┼——┼——┼——⊣ 100%
7 Dezentrale, kundenorientierte Strukturen Rasche Reaktion, Flexibilität in der Leistungserbringung durch kundennahe, dezentrale Strukturen und Kompetenzen, Steuerungs- und Kontrollfunktionen sind in die Kernprozesse integriert. Drei Hierarchieebenen sind ausreichend.	0% ⊢——┼——┼——┼——⊣ 100%
8 Führen ist Service am Mitarbeiter Die Führungskräfte befähigen ihre Mitarbeiter zu exzellenten Ergebnissen für den Kunden und führen sie ziel- und ergebnisorientiert. Die Führungskräfte erfüllen vermehrt Coachingaufgaben.	0% ⊢——┼——┼——┼——⊣ 100%
9 Offene Information und Feedbackprozesse Alle Aktivitäten werden von intensivem Feedback begleitet, Lernzyklen werden verkürzt. Die offene Information über Umfeld und Firma dient der Steuerung des eigenen Handelns.	0% ⊢——┼——┼——┼——⊣ 100%
10 Einstellungs- und Kulturwandel im Unternehmen Eine neue Haltung zum Kunden, zur Qualität der Leistung, zum Miteinander im Unternehmen ist Grundlage des Wandels. Die Fähigkeit zu strategischen Partnerschaften ist hoch ausgeprägt. Das Unternehmen stellt sich der Verantwortung in der Gesellschaft.	0% ⊢——┼——┼——┼——⊣ 100%

△ Trigon

Wege zu schlanken Organisationsstrukturen

Eine starre Pyramidenorganisation mit vielen Hierarchieebenen ist im heutigen dynamischen Wirtschaftsumfeld nicht mehr zeitgemäß. Die Kritik an den hierarchischen Strukturen richtet sich vor allem gegen:

→ die Kundenferne vieler Organisationseinheiten (beispielsweise von Stäben, Supportabteilungen);
→ die Tendenzen zur Abschottung zwischen den Ebenen und Einheiten, die sich »abteilen« und die Kernprozesse beeinträchtigen;
→ das überholte Menschenbild des »Untergebenen«, das das Potenzial der Mitarbeiter nicht nutzt.

Wir stehen an der Schwelle zu einer neuen Phase der Gestaltung unserer Organisationen weg von übertriebener Arbeitsteilung hin zu ganzheitlichen Arbeitsplätzen und mehr Teamarbeit. Viele Unternehmen sind schon an der Arbeit, ihre starren »Palastorganisationen« zu flexiblen »Zeltorganisationen« umzubauen. Folgende Punkte sind dabei zu beachten:

Kleine, überschaubare Einheiten mit voller Verantwortung schaffen

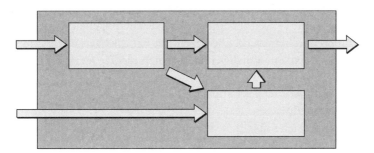

Die fortschreitende Segmentierung des Marktes erfordert kleine, schlagkräftige Organisationseinheiten, die als flexible »Zeltorganisationen« um Kundengruppen und deren Bedürfnisse gebaut sind. Kleine Einheiten können in hohem Maße kundenspezifisch agieren (»close to the customer«), sie sind mit Handlungskompetenz und Ergebnisverantwortung ausgestattet. Die hierarchische Pyramide wird auf den Kopf gestellt: Die Mitarbeiter mit Kundenkontakt (»an der Front«) sind die wichtigsten. Im Unternehmen ist alles darauf ausgerichtet, sie zu unterstützen.

Unternehmensleitbild und -strategie geben Richtung und Ziel vor, Budgets den finanziellen Rahmen. Alle Maßnahmen zur Zielerreichung werden eigenverantwortlich bestimmt. Die Steuerung der dezentralen Einheiten erfolgt nach bekannten Konzepten wie Costcenter, Profitcenter oder Performancecenter. Bisherige Stabsfunktionen und Supportleistungen indirekter Abteilungen werden in die operativen Einheiten verlagert (zum Beispiel EDV, Personal).

Solche »Business-Units« umfassen bei Firmen wie Gore, ABB, Bertelsmann maximal 50–150 Mitarbeiter. Kiyoshi Suzaki (1994) empfiehlt Unternehmen, jeder Mitarbeiter solle innerhalb der Firma wie eine »Minicompany« eigenverantwortlich handeln können.

Leitungsebenen reduzieren

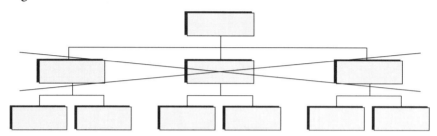

Markt und Kunden warten nicht! Eine flache Aufbauorganisation ermöglicht rasche Entscheidungen, sorgt für einen raschen Informationsfluss und gibt den Mitarbeitern die Rolle von Mitunternehmern. Alle Manager und Mitarbeiter haben auch operative Aufgaben. Viele klassische Managementaufgaben werden dadurch überflüssig, und die meisten Führungskräfte kehren zu kundennahen Fachtätigkeiten zurück (beispielsweise Kunden gewinnen und betreuen). Die dezentrale Ergebnisverantwortung sorgt für ein ausgeprägtes Kostendenken, was die Gemeinkosten niedrig hält. Was ist zu tun?

→ Dezentrale Verantwortung schaffen.
→ Leitungsebenen reduzieren.
→ Gemeinkostenbereiche abbauen, verbleibende Kosten den operativen Einheiten zuordnen.
→ Stäbe auflösen, nötige Funktionen in die operativen Einheiten integrieren.

Horizontale Prozessorganisation stärken

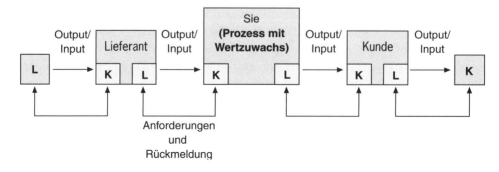

Alle Prozesse vom Kundenkontakt bis zur Auftragserfüllung werden an der Wertschöpfung für den Kunden ausgerichtet. Nicht wertschöpfende Tätigkeiten werden konsequent abgebaut, dadurch wird Verschwendung vermieden.

Nach Möglichkeit trägt eine Einzelperson die Verantwortung, ansonsten ist ein Team für einen Arbeitsprozess voll verantwortlich. »Prozessmanager« unterstützen den reibungslosen Ablauf. »Case-Manager« sind für einen Fall, etwa eine Kreditabwicklung, oder einen Patienten im Spital voll verantwortlich. Permanente Verbesserung der internen Kunden-Lieferanten-Beziehungen genießt hohe Priorität und bewirkt eine rasche Abwicklung und hohe Qualität.

Interne Dienstleister am Kundenbedarf ausrichten

Viele Unternehmen durchforsten heute ihre internen Leistungseinheiten, um Kosten zu sparen und die Wirksamkeit zu erhöhen. Dabei kommt es häufig zu folgenden Veränderungen:

→ Unnötige Serviceleistungen werden abgeschafft (beispielsweise Berichte, die niemand liest).
→ Dezentralisieren und Verlagern von nötigen Servicefunktionen in die Kernprozesse und operativen Einheiten (zum Beispiel wird EDV Abteilungssache).
→ Outsourcing von Leistungen, das heißt Leistungen von externen Lieferanten beziehen (zum Beispiel vom eigenen Fuhrpark zu Mietwagen).
→ Ausgliedern und Verselbstständigen einer internen Leistungseinheit (eine Schulungsabteilung wird beispielsweise Schulungsanbieter am Markt).
→ Insourcing, das bedeutet, eine interne Abteilung bietet Leistungen an, die bisher extern bezogen wurden.

Der Nutzen schlanker interner Dienstleistungsbereiche liegt in der besseren Überschaubarkeit, der geringeren Gemeinkostenbelastung und der klareren Konzentration auf die eigentliche Kernaufgabe des Unternehmens.

Ausblick auf künftige Organisationsmodelle

Veränderungen am Markt und bei den Kundenbedürfnissen verlangen einen ständigen Wandel unserer Unternehmen. Die letzten Jahre haben beispielsweise dazu geführt, dass die Anweisung von oben immer mehr abgelöst wird durch Eigeninitiative und selbstverantwortliches Handeln der einzelnen Mitarbeiter. Damit dieses Handeln möglich wird, müssen Führungskräfte und Organisationsexperten dafür Sorge tragen, dass die Aufbau- und Ablauforganisation laufend weiterentwickelt und angepasst werden.

Im Folgenden zeigen wir Ihnen Modelle, die in den letzten Jahren in innovativen Unternehmen und Organisationen entstanden sind.

Die **umgedrehte Pyramide** (Peters 1994) symbolisiert den Bewusstseinswandel: Der Kunde steht zuoberst, die Führung versteht sich als Dienstleistung an den Mitarbeitern, um den Kunden optimal zufriedenzustellen. Coaching durch die Führungskraft hilft den Ausführenden zu selbstverantwortlichem Handeln und unterstützt sie bei der Lösung von Kundenproblemen.

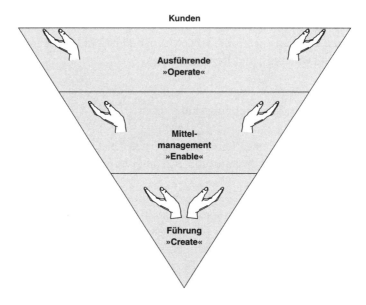

Die **Kleeblattorganisation** (nach: Nollen/Helen 1996) zeichnet sich durch eine Dreiteilung aus:

→ eine kleine Stammorganisation mit Stammbelegschaft,
→ flexible Kontrakte mit Randbelegschaften und kapazitätsorientierten freien Mitarbeitern sowie
→ eine enge Verflechtung mit Zulieferern.

Ein noch radikaleres Modell ist die **Scheibenorganisation**. Das Unternehmen löst sich völlig von der Pyramide und ist als Netzwerk von Kompetenzzentren organisiert. Die Geschäftsführung ist eine zentrale Scheibe, die als Team die Schlüsselprozesse steuert. Sie lenkt die Selbstorganisation in den Kompetenzzentren. Die Mitarbeiter entwickeln ihre Kompetenzen durch Wechsel in und zwischen den Kompetenzzentren und durch Übernahme übergreifender Projektaufgaben.

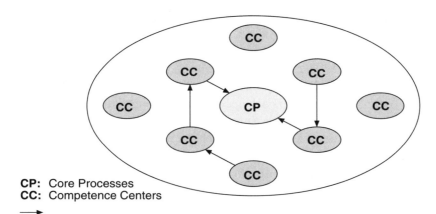

CP: Core Processes
CC: Competence Centers

Eine weitere Spielart ist die **fraktale Organisation.** Sie zeichnet sich durch weitgehend autonome Einheiten aus (das sind die Fraktale), die sich entlang den Schlüsselprozessen des Unternehmens ansiedeln und über ein Netz von Dienstleistungsbeziehungen miteinander verbunden sind. Sie unterliegen den Veränderungen des Marktes und der Nachfrage und verändern sich ständig. In solchen Unternehmen geben starke gemeinsame Leitbilder und Sinnsysteme Orientierung und Zusammenhalt trotz rascher Veränderungen. Im Endeffekt entsteht durch eine solche Struktur ein extrem flexibles und fließendes Unternehmen, das Kundenbedarfe rasch erkennt und Kernkompetenzen zu kundenspezifischen Problemlösungen aktiviert. Verändert sich die Nachfrage, können zu deren Befriedigung sehr rasch andere Leistungseinheiten gebildet werden. Fällt die Nachfrage ganz weg, sind diese wenig stabilen Gebilde leicht aufzulösen.

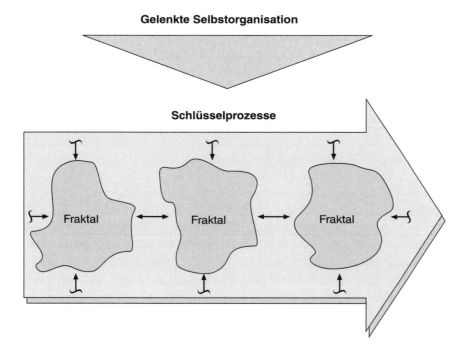

Organisationskultur: die ungeschriebenen Regeln der Organisation

Die Kultur ist der geistige Pol des Unternehmens. Sie besteht aus einem Bündel von Vorstellungen (Ideen, Werten, Normen, Denkmustern, Glaubenssätzen), die das Verhalten der Menschen im Unternehmen stark beeinflussen, ohne dass es diesen bewusst sein muss. Beeinflusst werden die Arbeitsbeziehungen der Mitarbeiter untereinander und ihr Auftreten nach außen. Die Kultur eines Unternehmens können wir oft sehr rasch »erspüren«. Erinnern Sie sich an Besuche in einer Firma oder einem Amt, die Ihnen jeweils besonders angenehm oder unangenehm waren: Wie wirkten der Empfang, die Behandlung durch die Mitarbeiter, die Räumlichkeiten auf Sie? Hatten Sie einen spontanen Eindruck, was dort gut oder nicht gut läuft? Wie entstand dieser? Wenn Sie diese Fragen für sich beantworten, werden Sie ein erstes grobes Bild der jeweiligen Organisationskultur haben (zum Beispiel steril, distanziert, verschlossen oder aber freundlich, hell, vertrauenerweckend).

Jede Organisation hinterlässt einen ganz bestimmten Eindruck, den wir nicht so sehr durch die offizielle Selbstdarstellung erhalten, sondern durch konkrete Erfahrungen, durch die Räumlichkeiten und andere Details. Organisationskultur ist also nicht eine Idee oder Absicht, die man wie ein Heiligenbild über die Organisation hängt. Sie offenbart sich in den konkreten Erscheinungen selbst, in der Art und Weise, wie ein Büro eingerichtet ist, wie Menschen einander begegnen, wie sich Arbeitsabläufe konkret vollziehen, und so weiter.

Die Organisationskultur erfüllt folgende Funktionen:

→ Sie schafft und stützt das »Wir-Gefühl« (Wer sind wir?) und das Image nach außen.
→ Sie vermittelt den Sinn für alle Aktivitäten nach innen und außen (Wozu ist das gut?), sie prägt das Motivationsklima und zieht (gute) Mitarbeiter an.
→ Sie sichert den Grundkonsens und das Verständigungspotenzial (Wie gehen wir miteinander um?).
→ Sie sorgt für »Weltoffenheit« und garantiert Lern- und Entwicklungspotenzial (Wo wollen wir hin? Welche Werte halten wir hoch?).

Organisationskultur schließt auch den Bereich der Gefühle (Ärger, Furcht, Frust), Werte, Normen und Einstellungen ein, der in der Regel einen versteckten und unterdrückten Teil des Organisationslebens darstellt, weil im Gegensatz zu den sachlichen Inhalten der Arbeit selten darüber kommuniziert oder publiziert wird. Bildlich werden der sichtbare und unsichtbare Teil des Organisationslebens oft als Eisberg dargestellt. Nur ein kleiner Teil der Aspekte einer Organisation ist sichtbar (zum Beispiel Deklarationen zur Kundenfreundlichkeit), der größere Teil verbirgt sich unter der Oberfläche (gelebte Einstellung zum Kunden), ist deswegen aber nicht weniger bedeutsam.

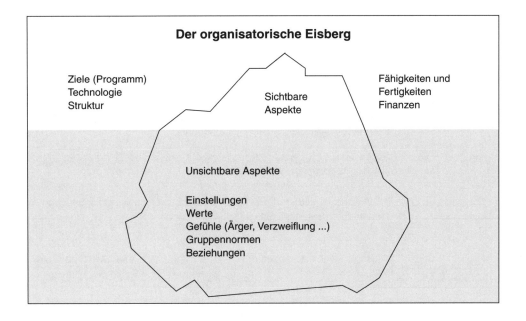

Die unsichtbaren Aspekte, die das Organisationsleben mitbestimmen, werden nicht am grünen Tisch entwickelt, sondern sind das Resultat der Erfahrungen, die eine Organisation mit gelungenen und misslungenen Problemlösungen in der Vergangenheit gemacht hat.

↗ Beispiel

Die Teilnehmer eines Parteigremiums machen die Erfahrung, dass kritische Fragen vom Vorsitzenden stets barsch zurückgewiesen werden. Sie lernen somit: Kritik ist nicht erwünscht, es haben ausschließlich zustimmende Äußerungen Platz. So werden Jasager geformt.

Kulturtypen von Organisationen

Es gibt in der Literatur viele unterschiedliche Typenbeschreibungen. Die im Folgenden wiedergegebene Darstellung (nach Glasl 2004) ist sehr bildhaft und listet in der linken Spalte das typische Verhalten und in der rechten Spalte die Schattenseiten des jeweiligen Kulturtyps auf. Sie eignet sich gut als Anstoß zur Analyse von Kulturzuständen in Organisationen.

	Typisches Verhalten	Schattenseiten
1 Das Theater	Es ist immer etwas los.	Es besteht die Gefahr, »ausgepowert« zu werden.
	Es werden ständig spektakuläre Experimente, Modelle und Neuanfänge gestartet.	Schwächen werden überspielt durch Sensationsdarstellung und Theaterdonner.
	Beachtung und Applaus sind wichtige Ziele.	Es herrscht ständiger Erfolgszwang.
	Rollenvielfalt ist gefordert: Primadonnen, Introvertierte, Spaßige, Böse und Gute.	Erfolglose verschwinden schnell von der Bühne.
	Die Regie spielt eine wichtige Rolle.	Die Truppe als Haufen von Selbstdarstellern ist ohne Regie nicht arbeitsfähig.
2 Die Festung	Verbesserung der Sicherheit und Ausbau der eigenen Position.	Es herrscht das Gefühl, ständig angegriffen zu werden.
	Ein hoher Wert ist es, spannungsfreie, loyale Beziehungen zueinander zu unterhalten.	Die Ursachen von Unstimmigkeiten werden draußen gesucht.
	In Abgrenzung zur Außenwelt wird die eigene Position hochgehalten.	Man glaubt und »weiß«, dass die Vertreter der Außenwelt unwissend und gefährlich sind.
	Nach außen werden selbstbewusste Eigendarstellungen gegeben.	Über die Außenwelt entstehen Mythen und Legenden.
3 Die Kreuzritterschar	Die wichtigen Vertreter der eigenen Organisation haben ein starkes Sendungsbewusstsein.	Die Konzentration auf die eigene Mission behindert die Sicht auf die Außenwelt.
	Es wird stets an der »Eroberung« von Mitgliedern, Regionen und Positionen gearbeitet.	Leben in ständiger Offensive gegenüber der Außenwelt.
	Die eigenen Sichtweisen und Überzeugungen sollen verbreitet werden.	Starkes Bestreben, zu dominieren.
	Im Inneren wird auf strenge Ordnung und Harmonie geachtet.	Interne Rangunterschiede werden geleugnet; Konflikte treten auf, wenn ein Oberritter ausscheidet.

4 Das Sanatorium	Man hat alles schon einmal erlebt.	Man möchte sich abkapseln, seine Ruhe haben und keine alten Wunden berühren.
	Man sucht den inneren Frieden und ist bereit, dafür jeden Preis zu bezahlen.	Man fühlt sich verkannt und verraten und pflegt die erhaltenen Verletzungen.
	Es gibt nichts zu verbergen.	Unangenehme Informationen werden weggefiltert (könnten Schmerzen bereiten).
	Das Verhalten ist wohlwollend, freundlich.	Kritik wird überhöht und umgedeutet.
	Man beschäftigt friedfertige Mitarbeiter.	Stark harmonisierende Tendenzen.

Ein anderes bekanntes Unterscheidungsmodell von Unternehmenskulturen wurde 1986 von Rolf Rüttinger vorgestellt. Er hat versucht, die **branchenspezifischen Kulturmerkmale** herauszuarbeiten, und unterscheidet die Verkaufskultur, die Spekulationskultur, die Verwaltungskultur und die Investitionskultur (Kasper 1987).

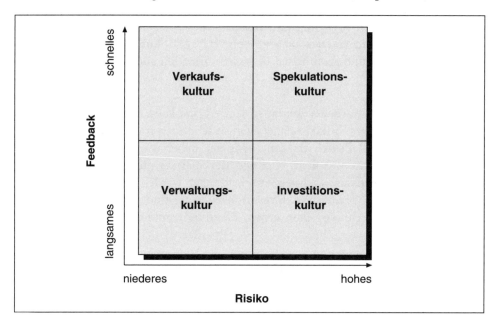

Die Verkaufskultur Hier ist das Feedback schnell (verkauft oder nicht verkauft), und die Risiken sind relativ gering, weil durch einzelne Geschäfte noch keine Existenzgefährdung entstehen kann. Als Stärken der Verkaufskultur werden beschrieben: große Beweglichkeit, schnelle, unkomplizierte Entscheidungen, Teamgeist, Zusammengehörigkeitsgefühl und ausgeprägte Kommunikation. Als nachteilig wird angeführt: Quantität geht vor Qualität, kurzfristiges Erfolgsdenken, hohe Personalfluktuation. Verkaufskulturen sind vorwiegend in großen Märkten, im Einzelhandel, bei Immobilien-, Versicherungs- und Finanzmaklern und neuerdings bei eBay-Verkäufern zu finden.

Die Spekulationskultur Das Feedback ist schnell, und die Risiken sind mittel bis hoch. Typisch ist das Streben nach schnellen Geschäften und großem Geld. Erfolge werden ohne Rücksicht auf Tageszeiten »über Nacht« erzielt. Entschlussfreudigkeit und Risikobereitschaft sind die hervorragenden Eigenschaften dieser Branche. Man neigt zu Konkurrenzverhalten und zum Starkult. Spekulationskulturen sind dort zu finden, wo mit Aktien, Devisen, Rohstoffen und Ähnlichem gehandelt wird.

Die Verwaltungskultur Das Feedback erfolgt in diesem Bereich langsam, und das Risiko ist niedrig. Im Vordergrund steht das korrekte, den Vorschriften entsprechende Agieren: »Vorschrift ist Vorschrift.« Hervorstechende Merkmale sind: Abläufe folgen dem Dienstweg, allgegenwärtige Hierarchie, gewissenhafte und lange Entscheidungsabläufe, umständliche Kommunikation. Die Beschäftigten werden als gründlich, ordentlich, aber auch als vorsichtig und angepasst beschrieben. Verwaltungskulturen finden sich im öffentlichen Dienst, bei großen Versorgungsunternehmen und sonstigen stark regulierten und geschützten Bereichen, zum Teil auch in Großbanken und Versicherungen.

Die Investitionskultur Sie arbeitet zukunftsorientiert und kann daher nicht auf schnelles Feedback hoffen. Das Risiko ist daher auch als sehr hoch einzuschätzen. Der Erfolg finanzieller Einsätze stellt sich erst langfristig ein, daher wird intensiv geplant, um Risiken möglichst klein zu halten. Wichtige Merkmale: strategisches Denken, hohe Bedeutung von Fachwissen, wichtige Entscheidungen werden oben getroffen, intensive Kommunikation, Teamarbeit. Investitionskulturen finden sich in großen Produktionsbetrieben, Technologiekonzernen, Bauunternehmen, Ölgesellschaften und Investmenthäusern.

Nutzen Sie Ihren nächsten Kontakt mit einem Unternehmen, einer Bank, einem Amt oder einer anderen Einrichtung für Beobachtungen zur Organisationskultur. Verwenden Sie dazu die folgende Checkliste:

Checkliste: Organisationskultur

Was ist für Ihre Räumlichkeiten (Büro, Empfang, Besprechungszimmer, ...) typisch? Wie unterscheiden sie sich von den Räumlichkeiten anderer Organisationen?

Erinnern Sie sich an Arbeitsabläufe, die Sie am eigenen Leib erlebt haben. Versuchen Sie, Eigenschaftswörter dafür zu finden (zum Beispiel schnell – langsam, freundlich – unfreundlich, umständlich – einfach, ...).

Erinnern Sie sich daran, wie die Mitarbeiterinnen und Mitarbeiter der Organisation miteinander umgehen und wie ihre Beziehungen zu den Kunden aussehen? Welche Verhaltensweisen können Sie erkennen (zum Beispiel anpackend – zögernd, interessiert – uninteressiert, belehrend – zuhörend, ...)?

Wie wird mit Konflikten umgegangen? Werden sie übergangen oder angesprochen?

Werden Fehler zugegeben?

Werden Kreativität und Spontaneität zugelassen?

In welchem Bereich sehen Sie Entwicklungsbedarf?

Erkennen Sie einen der vorgestellten Kulturtypen mit seinen typischen Stärken und Schwächen wieder?

Welche Empfehlungen würden Sie dem Unternehmen aus Ihrer Perspektive als Besucher (oder Kunde) geben?

Ein Instrument zur Diagnose notwendiger Kulturveränderungen:
Die U-Analyse (nach: Glasl/Kalcher/Piber 2005)

Bevor Veränderungen stattfinden, müssen die Menschen oft erst einmal wachgerüttelt werden: »So wollen wir nicht mehr weiterarbeiten!«, »Wir wollen andere Verhaltensweisen gegenüber unseren Kunden zeigen!« und ähnliche Feststellungen werden getroffen. Die Konsequenzen einer Veränderung auf den Ebenen Abläufe, Verhalten und Wertvorstellungen sollten deutlich bewusst gemacht werden. Dabei kann unterstützend die folgende Übung helfen. Wie Sie im Einzelnen vorgehen, zeigt das nachfolgende Schema:

→ Situation auswählen, Ist- und Soll-Zustand definieren (zum Beispiel: Wie gehen wir heute mit Kunden um – wie soll es ein?).
→ Von der Ist-Situation ausgehend, die Hintergründe in Verhalten, Strukturen und Wertvorstellungen analysieren (Raster nutzen).
→ Persönliches Commitment formulieren.

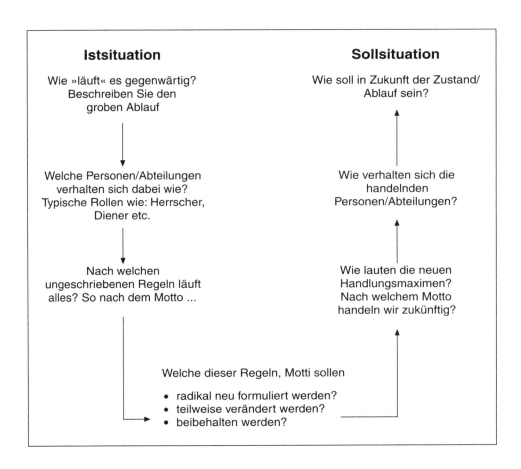

Wie können wir die Organisation gestalten?

Vom Organisieren ...

Zu Demonstrationszwecken führen wir an dieser Stelle eine erfundene Firma ein. Sie heißt SoftPower, wurde vor zehn Jahren gegründet und erstellt kaufmännische Spezialsoftware für mittelständische Betriebe. Sie hat mittlerweile 50 Beschäftigte und zwei Geschäftsführer. Wir werden am Beispiel dieses Unternehmens immer wieder bestimmte Organisationsfragen demonstrieren.

*Das Unternehmen **ist** eine Organisation*

Die dort tätigen 52 Personen bilden die Organisation. Sie haben mehr oder weniger klar umschriebene Aufgaben und stehen in ganz bestimmten Beziehungen zueinander (etwa als Chef, Sekretärin, Verkäuferin ...). Dadurch, dass sie auf ein gemeinsames Ziel ausgerichtet sind (»Wir machen die anwenderfreundlichste Software!«), können sie als Organisation mehr leisten als jeder für sich allein. Die Organisation hat gegenüber dem Einzelnen den Vorteil, dass sie komplexere Vorhaben bewältigen kann.

*Das Unternehmen **hat** eine Organisationsform*

Mit den Jahren ist bei SoftPower ein einmaliges Gebilde mit verschiedenen Elementen entstanden. Es gibt eine Linienorganisation mit Abteilungen und einer Geschäftsführung; es gibt ein Organigramm sowie Stellenbeschreibungen. Damit ist grob festgelegt, wer was macht (machen soll) und darf. Es gibt also eine bestimmte Ordnung.
Die konkrete Organisationsform eines Unternehmens ist abhängig von

- → der Art des »Geschäfts« (Produktion, Dienstleistung, professionelle Leistung),
- → der Größe (Familienbetrieb, Konzern),
- → dem Alter (Pionier-, Differenzierungs-, Integrationsphase),
- → den Wertvorstellungen der maßgeblichen Personen (beeinflusst zum Beispiel den Grad der Mitbeteiligung).

Das Unternehmen **wird** organisiert

Die Mitarbeiter von SoftPower sagen: »Organisation ist der ständige Kampf gegen die Unordnung. Management hat bei uns etwas mit ›Manege‹ zu tun.« Eine mehr oder weniger große Zahl von Individuen ist zum gemeinsamen, aufeinander abgestimmten Handeln zu bewegen. Organisationsleistungen werden auf mehreren Ebenen erbracht:

→ Die Selbstorganisation jedes Einzelnen im Rahmen seiner Aufgaben und Ziele hat einen hohen Stellenwert.
→ Organisation ist eine bedeutende Aufgabe der Führungskräfte (etwa eine Abteilung organisieren).
→ Organisation wird auch als »Profiaufgabe« von hauptberuflichen Organisatoren und/oder Beratern wahrgenommen. Bei SoftPower werden solche Leistungen bei Bedarf zugekauft.

Eine dumme Frage: Braucht man »Organisation« wirklich?

Theoretisch wäre es denkbar, dass bei SoftPower jeden Tag bei Arbeitsbeginn die Aufgaben neu verteilt werden. Das geht bei einem kleinen Unternehmen problemlos, bei 50 Personen wird das schon etwas schwerer. Vermutlich würde die Effizienz der Firma sehr leiden! Ein sinnvolles Maß an Ordnung und Regelhaftigkeit hilft daher, die Aufgaben effektiver und stressfreier zu erfüllen.

Eine zu strenge Formalisierung der Organisation, wie wir sie vor 10 bis 20 Jahren noch in der Wirtschaft hatten (und heute noch in der Verwaltung haben), wird heutzutage weitgehend abgelehnt. Moderne Organisationsexperimente sind etwa die Clusterorganisation von Kyocera. Mitarbeiter sind in sogenannten Ressourcenpools organisiert und arbeiten für ein spezielles Produkt oder Projekt auf Zeit in jeweils neuen Konstellationen zusammen.

Die Organisation gestalten

Organisationsgestaltung hat den Zweck, proaktiv, das heißt im Hinblick auf aktuelle und zukünftige Anforderungen, wirksame organisatorische Strukturen, Regeln und Prozesse zu schaffen. Solche Regelungen und Strukturen befriedigen die Bedürfnisse nach:

→ Klarheit,
→ Wirtschaftlichkeit,
→ Vision, Richtung,
→ Verständlichkeit,
→ Entscheidungsfähigkeit,
→ Stabilität/Anpassungsfähigkeit,
→ Selbststeuerung,
→ Überleben im Umfeld.

Die Gestaltung setzt bei drei Bereichen an:

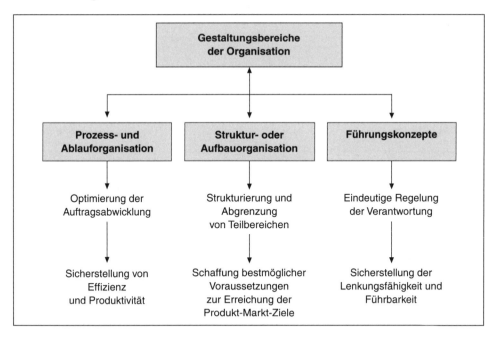

Um wieder auf unser Unternehmen SoftPower zurückzukommen: Die **Aufbauorganisation** steht für das »Trennen« und »Kästchenmachen«. Die Abgrenzung der Stellen, Abteilungen und Bereiche und ihre formalen Beziehungen zueinander (Wer ist wem unterstellt?) werden grafisch durch das Organigramm dargestellt. In den Kapitelabschnitten »›Stellen‹: die Anforderungen der Organisation an die Person« (s. S. 82 ff.)

und »Wie organisieren sich Unternehmen?« (s. S. 93 ff.) werden wir genauer auf die Aufbauorganisation und die Gestaltungsprinzipien eingehen.

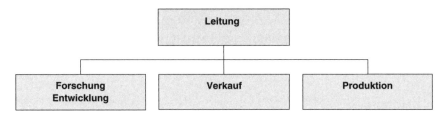

Die **Ablauforganisation** steht für das »Verbinden«, um Arbeitsprozesse in Fluss zu bringen. Die Ablauforganisation beschreibt, wie die Mitarbeiter, Abteilungen, Bereiche bei konkreten Arbeits- und Leistungsprozessen zusammenarbeiten, konkret bei der Erstellung der neuen Version eines kundenspezifischen Softwareprogramms. Kundenorientierung ist bei SoftPower großgeschrieben, die Kunden erwarten fehlerfreie Lieferung zu vernünftigen Kosten und innerhalb der vereinbarten Zeit.

Sobald mehrere Stellen an einer Aufgabe mitwirken, muss klar sein

➔ welche Tätigkeiten
➔ in welcher Reihenfolge
➔ durch welche Stellen

erledigt werden. Besonders wichtig ist das, wenn die Beteiligten örtlich voneinander getrennt sind.

Nr.	Tätigkeiten	Stellen
1.	_____	
2.	_____	
3.	_____	
4.	_____	
	- - - - - - - - - - - - - - - - - -	

↗ Beispiel: Eine schlechte Ablauforganisation erleben wir gelegentlich in Krankenhausambulanzen, wo ein Patient stundenlang warten muss, bis er die Arbeitsschritte von der Aufnahme über die Untersuchung bis zur Behandlung und Entlassung durchlaufen hat.

Im Kapitel »Wie organisieren sich Unternehmen?« gehen wir ausführlich auf die Prozessorganisation und die Projektorganisation ein, die bei SoftPower einen hohen Stellenwert genießen.

Das **Führungskonzept** legt bei SoftPower fest, wie die Führungskräfte auf die Mitarbeiter Einfluss nehmen, damit eine eindeutige und befriedigende Aufgabenerfüllung gewährleistet ist. Es hat im Unternehmen viele hitzige Diskussionen gegeben, wie Führung richtig auszuüben sei. Das Resultat ist ein Führungskonzept mit viel Freiraum und Verantwortung bei den Mitarbeitern. Im Kapitelabschnitt »Führungsorganisation und -strukturen gestalten« (s. S. 84 ff.) werden wir uns mit der Führungsorganisation beschäftigen.

Eine Erfahrung, die bei SoftPower gemacht wurde, gilt für viele Organisationen:

↗ Beispiel: In den letzten Jahren wurde zu stark auf die Aufbauorganisation und deren klare Struktur geachtet. Das hat zu einer starken Abgrenzung von Stellen (Sachbearbeiter, Leiter, …) und Funktionen (Produktion, Marketing, Vertrieb und andere) geführt. Die eigentliche Daseinsberechtigung, der Zweck von SoftPower, dem Kunden Nutzen zu bieten, ist bei Mitarbeitern und Führungskräften zunehmend in den Hintergrund getreten. Statt den Kunden zu dienen, beschäftigten sie sich mit sich selbst. Statt miteinander zu reden, pflegten sie die Abteilungsgärtchen. Erst Markteinbrüche bewirkten ein Umdenken: Das Unternehmen kann nur überleben, wenn die Mitarbeiter für die Kunden Außergewöhnliches leisten. Durch abteilungsübergreifende Zusammenarbeit und Optimierung aller Prozesse werden die Kundenwünsche nach besseren EDV-Lösungen heute bestmöglich, rasch und zu akzeptablen Kosten in ein entsprechendes Produkt umgesetzt.

Zwischenresümee: Faustregeln für das Gestalten einer Organisation

Passen Sie die Organisation den Zielen und Strategien an. Nicht »gewachsene« Strukturen sollen festlegen, was zukünftig möglich ist. Organisationsdesign verbessert die Effektivität der Organisation dann, wenn die Elemente/Subsysteme untereinander stimmig sind und mit den Unternehmenszielen harmonieren.

Auf die häufige Frage »Gibt es eine ideale Organisationsform für uns?« existiert keine einfache Antwort. Es gibt nur Annäherungen an ideale Formen. Alte Strukturen, die Kultur, die Besonderheiten des Geschäfts, der Stil der Führungskräfte und die Menschen werden jeder neuen Form ihren Stempel aufdrücken.

Das Organisationsdesign muss einen kontinuierlichen, evolutionären Anpassungsprozess erlauben. Nicht die perfekte Organisation ist das Ziel, sondern die lernende Organisation. Gelernt wird vom Umfeld, von den Kunden, Partnern und intern voneinander, aus gemachten Fehlern, durch kreatives Ausprobieren. Nicht die Einheitskultur ist das Ziel, sondern das produktive Miteinander verschiedener Kulturen, etwa im Vertrieb oder in der Entwicklungsabteilung.

Revolutionäre Organisationsänderungen brauchen mehr als kleine Anstöße hier und dort. Sie können nur auf der höchsten Zielebene gestartet werden, indem die Erwartungen des Umfelds (speziell der Kunden) neu untersucht und der Unternehmenszweck, die Vision und die Ziele in diesem Lichte neu definiert werden.

Bei der Durchführung von Organisationsveränderungen müssen sich Ablaufwissen über die Zusammenhänge und inhaltliches Wissen über die einzelnen Aufgaben ergänzen. Von außen übergestülpte Patentlösungen werden nicht lange halten!

»Wir können **gegen** Veränderungen leben. Das ist dumm!
Wir können **mit** Veränderungen leben. Das versuchen viele!
Wir können aber auch **von** Veränderungen leben. Das können nur die Fähigsten!«
Klaus Schwab

»Stellen«: die Anforderungen der Organisation an die Person

Eine Stelle ist die kleinste Einheit einer Organisation. Sie führt Aufgaben, Person und Arbeitsmittel zusammen. Man könnte sie auch als eine Minicompany bezeichnen, die ein bestimmtes Ergebnis zu erbringen hat.

Stellenbeschreibungen sind schriftliche Festlegungen und Abgrenzungen der Ziele, Aufgaben, Kompetenzen und Anforderungen an eine Stelle. Sie sind unter anderem Basis für die Suche nach und die Auswahl von Mitarbeitern und sollten jedem Mitarbeiter beziehungsweise jeder Mitarbeiterin bekannt sein. Wer die Stelle einnehmen will, muss bestimmte Anforderungen erfüllen, diese sind oft implizit, aber oft auch im Anforderungsprofil (s. S. 87 f.) explizit formuliert.

Stellenbeschreibungen sind aus der Sicht der Führungskraft hilfreich für die Auswahl und Einführung neuer Mitarbeiter, für die laufende Führung und die Beurteilung von Mitarbeitern sowie als Basis für die laufende Personalentwicklung. Für die Mitarbeiterinnen und die Mitarbeiter selbst liegt der Nutzen in einer höheren Transparenz. Sie wissen, was von ihnen erwartet wird und wann eine Aufgabe gut erfüllt ist. Eine Gefahr besteht darin, dass Stellenbeschreibungen veralten und in der Ablage verstauben, sodass sie keine praktische Wirkung mehr haben. Eine gute Gelegenheit, Stellenbeschreibungen immer wieder zu aktualisieren, bietet das jährliche Mitarbeitergespräch. (Siehe auch Job-Contract und das Beispiel für die Stellenbeschreibung.)

Stellenbeschreibungen geben Auskunft zu vier Fragenkomplexen:

Einheit	Funktion
Für welche Ziele und Ergebnisse ist der Stelleninhaber/die Stelleninhaberin verantwortlich? (Outputs) Was sind die drei bis fünf wichtigsten Ziele der Stelle? Welche Verantwortung wird in die Stelle übertragen?	Welche Leistungs- und Qualitätsstandards liegen vor? An welchen quantitativen und qualitativen Messgrößen werden die Aufgabenerfüllung und die Zielerreichung gemessen?
Welche Hauptaufgaben gibt es? (Inputs) Was sind die wesentlichen Aufgaben und Tätigkeiten? An welchen Orten, mit welchen Hilfsmitteln und Verfahren werden die Aufgaben durchgeführt?	Welche Kompetenzen (Was darf der Stelleninhaber/die Stelleninhaberin?) Was darf auf dieser Stelle entschieden werden? Gibt es Einschränkungen wie beispielsweise Budgetgrenzen, Vieraugenprinzip?

Prinzipien der Stellenbildung

Eine Stelle ist eine abstrakte organisatorische Einheit mit einem eigenständigen Aufgabenbereich, aber sie ist kein Arbeitsplatz. Eine Stelle kann mehrere Arbeitsplätze umfassen, aber auch mehrere Personen können sich eine Stelle teilen: Beispielsweise teilen sich in einer Klinik mehrere Pflegekräfte eine Pflegestelle – etwa den Früh- und Spätdienst.

Die Aufgabenbündelung wird folgende Aspekte in unterschiedlichem Maße berücksichtigen:

→ **Sinnvolle Ergänzung der Aufgaben:** zum Beispiel Stellen so zu gestalten, das eine Person eine Aufgabe ganz erledigen kann (beispielsweise einen Kreditantrag erledigen). Teillösungen sollen sich leicht in übergeordnete Prozesse und Aufgabenstellungen integrieren lassen. Aufgaben sollen so gestaltet sein, dass die erforderlichen Querbeziehungen zu anderen Stellen minimiert sind.
→ **Variierende Teilaufgaben:** Abwechslung, Ausgleich von Belastungen. Diese Form der Arbeitsplatzgestaltung (Job-Enrichment) soll die Motivation erhalten. Bei sitzenden Tätigkeiten werden etwa bewusst Tätigkeiten eingebaut, die Bewegung erfordern. Oder weil Tätigkeiten, die überwiegend darin bestehen, für einen Not- oder Ernstfall in Bereitschaft zu sein (Überwachungsaufgaben, Feuerwehr, Notaufnahme), zu Stress und Frustration führen können, erfolgt eine Anreicherung mit aktivierenden Elementen.
→ **Fachbezogene Bündelung:** beispielsweise Beratung am Schalter, Backoffice-Abwicklung in der Bank. Dabei ist auf bestehende Berufsbilder Rücksicht zu nehmen, weil Stellen, die mehrere Fachqualifikationen erfordern, erfahrungsgemäß schwerer zu besetzen sind.

→ **Ausreichender Selbstbestimmungsgrad:** Selbstbestimmung motiviert, daher nicht nur Ausführungen übertragen (anordnen), sondern Ziele und Ergebnisse vereinbaren und in der Erledigung je nach Reifegrad des Mitarbeiters maximalen Freiraum geben.
→ **Berücksichtigung der Erkenntnisse der Organisationsforschung:** Der Zusammenhang Technik – Mensch – Organisation wird ausgewogen berücksichtigt.

Abstimmung von Aufgaben, Verantwortung und Kompetenzen (AVK)

Die Abstimmung ist besonders in administrativen Bereichen sehr wichtig. Häufig erhalten Stelleninhaber Aufträge, die sie nicht ausführen können:

→ Der Produktmanager soll ein Produkt erfolgreich am Markt einführen, aber er hat nicht die nötigen Kompetenzen.
→ Ein Projektleiter hat oft wenig Unterstützung durch die Auftraggeber, er kann für die zu erreichenden Ziele die Mitarbeiter bisweilen nur mit einem hohen persönlichen Einsatz gewinnen.

Wichtig: Delegation muss sorgfältig gehandhabt werden. Aufträge zu erteilen ist noch keine Delegation – das vergessen Führungskräfte oft! Aufgaben und Kompetenzen zu delegieren ist weitgehend unbestritten. Auch Verantwortung kann und muss delegiert werden – sonst erstickt die Organisation an der Hierarchie. Sachverantwortung trägt derjenige, der über eine ausreichende Sachkenntnis verfügt. Die Handlungsverantwortung liegt ebenfalls bei der Person, die die Aufgabe übernommen hat. Der Mitarbeiter ist für fahrlässige oder vorsätzliche Fehler, für das Nichtnutzen seiner Kompetenzen und daraus entstehende Schäden verantwortlich. Nicht delegierbar ist nur die Führungsverantwortung.

Kompetenzen sind als Handlungsrecht zu verstehen, Grundformen sind die Antragskompetenz (Ressourcen abrufen, Personen anstellen), Ausführungskompetenz, Entscheidungskompetenz sowie Anordnungskompetenz.

Führungskräfte sollten unbedingt beachten: Ungenügende Kompetenzübertragung fördert die Rückdelegation! Die delegierende Stelle sollte zudem dafür sorgen, dass sich das Ausüben der Kompetenzen im Rahmen der übergeordneten Ziele bewegt. Dies ist eine der Hauptaufgaben des Führungssystems.

Führungsorganisation und -strukturen gestalten

Eine Führungskraft kann nur eine bestimmte Anzahl von Stellen führen. Das führt bei wachsenden Organisationen zu Stellengruppen beziehungsweise Organisationseinheiten (Teams, Abteilung, Bereiche). Für deren Bildung gelten die gleichen Prinzipien wie für die Stellenbildung (s. S. 82 ff.). Jede Stellengruppe sollte sich wieder als eine möglichst selbstständige organisatorische Einheit darstellen. Mit der Zusammenfassung der Stellen werden folgende Grundentscheidungen getroffen:

Die horizontale Strukturierung wird festgelegt und damit die Kontrollspanne. Kriterien der Strukturierung sind Verrichtungen, Produkte, Objekte, Regionen. Gleichzeitig ist die Frage der Spezialisierung und Dezentralisierung zu lösen (Einkauf, Personalverwaltung, Vertrieb). Weil nur eine begrenzte Zahl von Stellen zusammengefasst werden kann, ist die maximale Kontrollspanne zu beachten.

Die vertikale Strukturierung drängt sich auf, wenn bei der horizontalen Strukturierung die maximale Führungsspanne überschritten wird. Damit entstehen Führungs- und Hierarchieebenen.

Für die Leitungsspanne gibt es keine starren Grenzen, Spannen von fünf bis zwölf Mitarbeitern sind die Regel, in Extremfällen erreicht die Spanne 40 und mehr (Fertigungsstätten, wobei dann teilautonome Gruppen mit Gruppenverantwortlichen tätig sind). Entscheidend ist, wie viel eine Führungskraft für die direkte Mitarbeiterführung aufwenden muss.

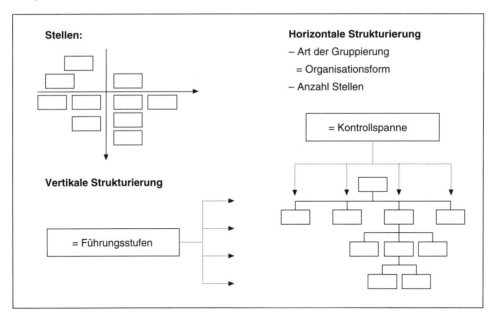

Die Anzahl der Führungsebenen ist von der Unternehmensgröße abhängig, unterliegt aber auch anderen Beurteilungen. Anhänger der steilen Pyramide schätzen die klare Mechanik der Organisation, die Beförderungsmöglichkeiten schafft. Die Nachteile einer steilen Pyramide wurden in der Diskussion um Lean Management deutlich.

Die Befürworter der flachen Hierarchie kritisieren bei der steilen Hierarchie vor allem die langen Entscheidungswege, die Geschäftsferne des oberen Managements sowie die Trägheit bei nötigen Veränderungen. Im verschärften Wettbewerb sind die Kosten der vielen »unproduktiven« Stellen ein maßgebliches Argument. Aus psychologischer Sicht ist bekannt, dass alle Mitarbeiter am liebsten dem »Chef« direkt unterstellt sein wollen – verständlich, aber nicht immer machbar!

Stellvertretungen regeln

Die Stellvertretung sollte eine Führungskraft sorgfältig, mit Bedacht auf den Leistungsprozess, regeln. Stellvertretung sollte in keinerlei Zusammenhang mit einer möglichen Nachfolge gebracht werden!

In vielen Unternehmen ist die Stellvertretungsfrage unbefriedigend gelöst, die Ursache liegt meist bei den Führungskräften. Autoritäre Chefs sind oft der Meinung, niemand sei in der Lage, sie auch nur annähernd zu vertreten. Ängstliche Vorgesetzte sehen in einem echten Stellvertreter eine permanente Gefahr für ihre eigene Funktion – deshalb lassen sie ihn nicht zu. Entscheiden Sie sich daher klar für eine der drei möglichen Formen der Stellvertretung:

Vollamtlicher Stellvertreter eine fragwürdige Konzeption, die dann vorkommt, wenn der Vorgesetzte schwach ist, aber von seiner Position nicht entfernt werden kann, oder wenn ein Vorgesetzter pro forma die Leitung eines Profitcenters oder Ähnliches behält, die eigentliche Leitung aber ein anderer übernimmt.

Echter Stellvertreter übernimmt bei Abwesenheit die wesentlichen Aufgaben des Vorgesetzten, sorgt für einen unveränderten Fortgang des operativen Betriebs. Handelt im Sinne des Abwesenden, keine selbstherrlichen Entscheidungen.

Platzhalter ist kein Stellvertreter im materiellen Sinne, sondern nur eine Person, an die man sich wendet, die pro forma an Sitzungen teilnimmt. Kann im Normalfall von einer guten Sekretärin wahrgenommen werden.

Achtung: Stellenbeschreibungen haben für den einzelnen Arbeitsplatzinhaber den Vorteil, dass er seine Aufgaben, Verantwortlichkeiten und Kompetenzen zugeschrieben erhält. Sie erweisen sich jedoch als nachteilig, wenn in der Organisation neue Aufgaben und veränderte Problemstellungen entstehen. Es kann vorkommen, dass mit Hinweis auf vorhandene Stellenbeschreibungen sich niemand für bestimmte (neue) Aufgaben zuständig fühlt und Arbeiten zwischen Einzelpersonen oder Abteilungen hin- und hergeschoben werden. In einer solchen Kultur kommen gerade motivierte Mitarbeiter unter die Räder. Sie bekommen alle Arbeiten zugeschoben, die übrig bleiben, und finden sich mitunter in der undankbaren Rolle des »Mädchens für alles« wieder.

Das Anforderungsprofil

Ein Anforderungsprofil stellt die Anforderungen dar, die an eine Stelle oder einen Arbeitsplatz gerichtet sind. Anforderungsprofile beinhalten keine präzise Beschreibung der einzelnen Aufgaben und Funktionen, haben aber den Vorteil, dass sie die Anforderungen, die von den verschiedenen Seiten an einen Arbeitsplatz gerichtet sind, umreißen und dafür offen sind, wie die daraus resultierenden Aufgaben aussehen.

Für Mitarbeiter ist es wichtig, die Anforderungen an die Stelle zu kennen. Für die Führungskraft ist das Anforderungsprofil wichtig für das Auswählen der Bewerber, für die Führung und Beurteilung.

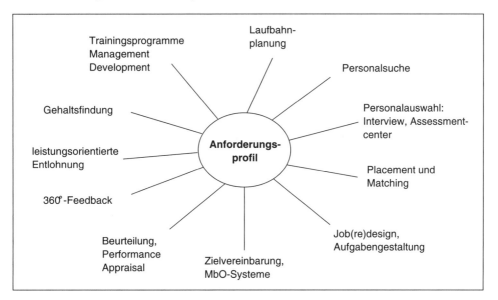

Anforderungsprofile erarbeiten und gestalten

Anforderungsprofile enthalten einen Mix von Kriterien:

→ Eigenschaften (zum Beispiel Belastbarkeit),
→ Einstellungen und Haltungen (zum Beispiel Lernbereitschaft),
→ Verhaltensweisen (zum Beispiel Handlungsorientierung),
→ Persönlichkeitsmerkmale (zum Beispiel Unternehmertum),
→ Fähigkeiten und Fertigkeiten (zum Beispiel Konfliktfähigkeit) sowie
→ Know-how und Erfahrung (zum Beispiel Projektmanagement).

Leitfragen zum Erstellen eines Anforderungsprofils:

1 Welche konkreten Tätigkeiten sind an dieser Stelle zu verrichten?

Was ist dort normalerweise zu tun? Verschaffen Sie sich einen ersten Überblick über die zu leistende Arbeit in quantitativer und qualitativer Hinsicht.

2 Welches Problem, welche Aufgabenstellung möchte die Organisation (beziehungsweise die zuständige Abteilung) durch die Einrichtung dieser Stelle lösen?

Wozu gibt es diese Stelle überhaupt, welche Ziele werden mit ihr verfolgt? Welche Problemlösungskompetenz ist für diese Position besonders charakteristisch?

3 Welche Widersprüche sind bei diesen unterschiedlichen Leistungserwartungen feststellbar?

Welche wichtigen Zielkonflikte sind von dieser Stelle aus demzufolge zu bewältigen?

4 Worin bestehen die Kernaufgaben, die von dieser Stelle aus unbedingt zu bewältigen sind?

Wird sich daran in absehbarer Zukunft etwas ändern? Wie sieht die strategische Ausrichtung der betroffenen Organisationseinheit aus, und welche Konsequenzen ergeben sich daraus für die genannten Kernaufgaben? Welche Aufgaben werden eventuell wegfallen, sich inhaltlich ändern, welche werden neu dazukommen?

5 An welchen markanten Situationen im Rahmen seiner Aufgabenbewältigung wird der/die Stelleninhaber/in besonders gemessen?

Woran wird er/sie auf jeden Fall scheitern? Was sind die ausschlaggebenden Kriterien dafür?

6 Welche Entscheidungen sind von dieser Stelle aus unbedingt herbeizuführen?

Welcher Qualitätsdruck lastet auf diesen Entscheidungen? Welches Wissen ist im Prozess der Entscheidungsfindung zu mobilisieren? Welche Entscheidungen können eigenständig getroffen werden? Wie hoch ist der Grad der Akzeptanzabhängigkeit? (Gibt es Routineentscheidungen oder außergewöhnliche Entscheidungssituationen? Einzelentscheidungen oder die gezielte Beteiligung anderer?)

7 Welche Fähigkeiten, Erfahrungen, Verhaltensweisen und sonstigen Voraussetzungen sind zur Bewältigung ihrer Aufgaben erforderlich?

(nach: O.S.B. Organisationsberatung GmbH)

Schließen Sie mit sich und Ihren Mitarbeitern einen Job-Contract

Job-Contracts sind geeignete Führungsinstrumente für leitende, weitgehend ergebnisverantwortliche Positionen. Hauptzweck ist es, dem Stelleninhaber einen möglichst kurzen, eindeutigen Leistungsauftrag zu geben. Ausgangspunkte sind die Stellenbeschreibung und das Anforderungsprofil. Der Contract kann im Mitarbeitergespräch erfolgen. Ziele, Aufgabenschwerpunkte, Leistungsstandards werden formuliert. Wenn dies nicht vorhanden ist, kann ein Job-Contract wie folgt aussehen:

JOB-CONTRACT		Name: Hans Huber
Organisatorische Eingliederung		
Bezeichnung der Stelle:		**Bereichsleiter Marketing und Vertrieb SoftPower AG**
Direkter Vorgesetzter:		Geschäftsführer
Direkt Unterstellte:		Verkäufer
		Serviceteam
Der Stelleninhaber vertritt: Geschäftsführer		
wird vertreten durch:		Geschäftsführung
Ziele und Verantwortlichkeiten	Aufwand in %	Leistungsstandards
Planung der Gesamtaktivitäten – Umsätze – Kosten – Investitionen	10	Budgets eingereicht bis 30. Oktober für das Folgejahr
Sicherstellen eines qualitativ einwandfreien Service	10	Ausschussquote unter 5 %
Förderung der Innovation	15	Eine neue Problemlösung pro Jahr
Laufende Steuerung und Überwachung der Wirtschaftlichkeit	15	Cashflow über 15 %
Schaffung eines leistungs- und mitarbeiterorientierten Betriebsklimas	20	Fluktuationsrate unter 7 %
Mitwirkung bei Projekten der Firma	15	
Kompetenzvorbehalte: Investitionen außerhalb des Budgets, das bei 50.000 Euro liegt Sitzungen/Kommissionen: monatlich Geschäftsführungssitzung		
Ausgearbeitet durch: Genehmigt durch:		Datum: Datum:

Stellenbeschreibung

Datum: ersetzt Version vom:

Name: Vorname: Titel: geb. am:

Kostenstelle: Telefon: Stellenbezeichnung:

Bereich: Abteilung: Neueinstufung KV erforderlich?
                                                     (ja/nein):

Eintritt am: Personalnummer:

Stellung in der Organisation (lt. Organigramm):

Berichtet direkt (Funktion):

Direkt berichtende Stellen (Funktion):

Stellvertretung (Funktion):

Wird vertreten von (Funktion):

Hauptaufgaben der Stelle:
1.
2.
3.
4.
5.
6.

Entscheidungsbefugnisse:
1.
2.
3.
4.

Anzahl der zu führenden Mitarbeiter/innen:

Hauptkunden und Auftraggeber (intern und extern):
Innerbetrieblich:
Außerbetrieblich:

_____   _____

Vorgesetzte/r   Mitarbeiter/in

Stelle und Rolle

Die Rolle kann als Schnittstelle von Person und Organisation gesehen werden. Sie ist einerseits von den Bedürfnissen und Fähigkeiten der jeweiligen Person und andererseits von der Organisation (beispielsweise durch Stelle, Aufgaben, Ressourcen, andere Rollenträger, Kultur) bestimmt. Das hat zur Konsequenz, dass der einzelne Rollenträger einen Spielraum vorfindet, den er dazu nutzen kann, unter Berücksichtigung der organisationalen Anforderungen eigene Bedürfnisse und Vorstellungen einzubringen. Dies erfordert allerdings einen Prozess des Aushandelns, da einseitige Festlegungen zu Konflikten führen würden.

Organisationsinterne und -externe soziale Rollen

Jede Person nimmt am Arbeitsplatz und im Privatbereich mehrere Rollen ein. Was die Sache kompliziert macht, ist, dass man Rollen auch durch Zuschreibung erhält und nicht ausschließlich durch eigene Entscheidung etwa eine »Lieblingsrolle« wählen kann.

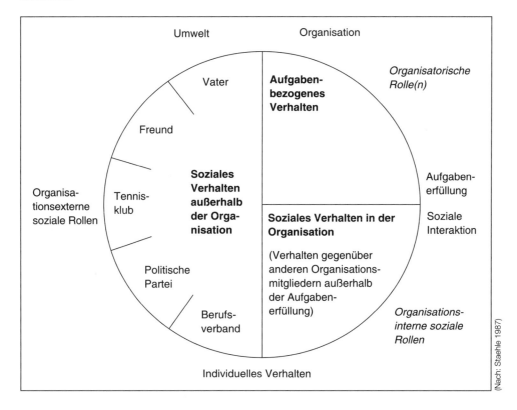

Jeder Mensch kommt durch seinen Beruf und in seiner privaten Sphäre zu einem ganzen Bündel von Rollen. Diese Rollen können in drei Kategorien unterschieden werden:

- **Organisatorische Rollen:** Sie dienen der Aufgabenerfüllung in der Organisation, zum Beispiel Mitarbeiter, Kollegin, Vorgesetzter, Betriebsrätin et cetera.
- **Organisationsinterne soziale Rollen:** Sie beschreiben ein Verhalten gegenüber anderen Organisationsmitgliedern außerhalb der Aufgabenerfüllung, zum Beispiel Berater, Mentor, Expertin, Visionär, Controller, Opfer und so weiter.
- **Organisationsexterne soziale Rollen:** Sie beschreiben ein soziales Verhalten außerhalb der Organisation, beispielsweise Vater, Mutter, Vereinsmitglied, Elternbeiratsvorsitzende, ehrenamtlicher politischer Funktionär, Hobbymaler und vieles mehr.

Häufig wird ein Organisationsmitglied in einer Situation in mehreren Rollen angesprochen und gerät dabei in Konflikt, zu entscheiden, welche Art von Beziehung aufgenommen werden soll oder ob eventuell, in einer nicht so eindeutigen Erwartungshaltung, eine Rollenklärung angesagt ist.

Im Rollenbereich sind Fragen angesiedelt wie:

- Wie verhalte ich mich als neuer Chef meinen ehemaligen Kollegen gegenüber?
- Nehme ich in meiner Rolle als Elternteil Pflegeurlaub für mein krankes Kind in Anspruch, oder bringt mir das bei meiner beruflichen Karriere Nachteile?
- Kann man zugleich Vorgesetzter und Freund sein?
- Wie kritisiere ich Personen, die alles persönlich nehmen?
- Kann ich einem Kunden, der mich persönlich attackiert, die Meinung sagen?
- Wie komme ich aus meiner Opferrolle heraus?

Analyse von Rollenunklarheit – Rollenüberlastung – Rollenkonflikt

Da Rollen nicht schriftlich vereinbart und auch nicht immer mündlich ausgehandelt werden, kann es im privaten und beruflichen Kontext zu einer Reihe von typischen Schwierigkeiten kommen. Edgar H. Schein macht darauf aufmerksam, dass eine nähere Untersuchung der Erwartungen, die in einem Beziehungsnetz feststellbar sind, unter Umständen drei verschiedene Problemstellungen sichtbar macht:

Rollenunklarheit Möglicherweise ist Ihnen bei einigen Ihrer Bezugspersonen unklar, welche Erwartungen diese an Sie richten. Sie haben drei Möglichkeiten, mit Rollenunklarheiten umzugehen:

→ Sie können in Gesprächen mit den betreffenden Personen zusätzliche Informationen einholen beziehungsweise Ihre eigenen Vorstellungen äußern und bitten, diese gegebenenfalls zu korrigieren beziehungsweise zu ergänzen.
→ Sie können die relevanten Bezugspersonen beobachten und versuchen, ihre Erwartungen aus ihrem Verhalten zu erschließen, beziehungsweise Sie befragen Dritte.
→ Oder Sie entschließen sich, mit der Rollenunklarheit weiterzumachen.

Rollenüberlastung Wenn Sie nach Durchsicht der Summe der Erwartungen, die an Sie gerichtet werden, feststellen müssen, dass Sie die daraus resultierenden Aufgaben gar nicht schaffen können, stecken Sie in einer sogenannten Rollenüberlastung. Möglicherweise sind Sie selbst daran beteiligt, indem Sie Anforderungen an sich richten, die zeit- oder energiemäßig gar nicht zu schaffen sind. Sie reagieren darauf, indem Sie mit Ihrem unmittelbaren Vorgesetzten oder dem Kreis Ihrer wichtigsten Bezugspersonen die Prioritäten Ihres Tätigkeitsfeldes neu festlegen. Es ist auf jeden Fall wirkungsvoll, die Erwartungen Ihrer Bezugspersonen nur zu dem für Sie erfüllbaren Teil anzunehmen, die Erwartungen der weniger wichtigen Bezugspersonen zu ignorieren und sich auf Ihre »Schlüsselkunden« zu konzentrieren.

Rollenkonflikt Wenn Sie feststellen, dass zwei oder mehrere Ihrer Bezugspersonen einander widersprechende Erwartungen an Sie richten, liegt ein Rollenkonflikt vor. Auch hier sind Sie möglicherweise selbst beteiligt, indem Sie nicht realisierbare Ansprüche an Ihre Arbeit stellen und das, was sie konkret tun, nicht wertschätzen können. Einen Rollenkonflikt können Sie lösen, indem Sie mit den relevanten Bezugspersonen, also unter Umständen mit sich selbst, die eigene Stelle und das Rollenverständnis neu aushandeln. Dabei ist wichtig, dass Sie den Rollenkonflikt und die daraus entstehenden Schwierigkeiten anschaulich darstellen und mit Ihrer Bezugsperson gemeinsam nach einer Lösung suchen.

Wir wenden uns nun der Frage zu, wie die Stellen der Organisation zueinander in eine sinnvolle Beziehung gebracht werden und daraus typische Organisationsformen entstehen.

Von der Stellenbildung zum Organigramm: Wie organisieren sich Unternehmen?

Wenn ich über die Art der Organisation eines Unternehmens mehr erfahren will, lohnt sich ein Blick auf das aktuelle Organigramm. Das Organigramm beschreibt die Gliederung einer Organisation und die formalen Regeln für das Zusammenspiel von Stellen und Teilsystemen. Was kann ich aus dem Organigramm ablesen? Jedenfalls zwei wichtige Entscheidungen der Organisation werden sichtbar:

→ **Die horizontale Arbeits- und Aufgabeneinteilung in einer Organisation:** Wenn Sie in Organigrammen auf die zweite Ebene schauen, können Sie die primäre Ausrichtung der Organisation erkennen. Sie kann eher nach *Funktionen* gegliedert sein (Entwicklung, Produktion, Vertrieb, Service) oder nach Produkten beziehungsweise Leistungen (Computer, Drucker, Netzwerke), eventuell auch nach Märkten und Kundengruppen (Kleinunternehmen, Großunternehmen, Behörden).

→ **Die vertikale (hierarchische) Gliederung** beantwortet die Fragen: Wer ist wofür zuständig? Wer ist wem unterstellt? Wie ist das Verhältnis der Teile zueinander? Grundsätzlich wird unterschieden in Liniensysteme, Stab-Linien-Systeme, Mehrlinien- oder Matrixsysteme. Mehr dazu auf den nächsten Seiten. Sie können im Organigramm sehen, wie viele »Ebenen« vorhanden sind, ferner ob es viele Stabsstellen gibt oder ob Sonderfunktionen (Projektleiter sind zum Beispiel Matrixverantwortliche für Qualität) vorhanden sind. In modernen Organisationen finden wir auch vernetzte Strukturen (Zusammenarbeit spezialisierter Unternehmen) sowie temporäre Strukturen in Form von Projekten, Arbeitsgemeinschaften und in der Form von Arbeitsgruppen.

Oft ist die Aufbauorganisation ungleichgewichtig, etwa wenn zu viel Macht an einer Stelle zusammenläuft, wenn die übertriebene funktionale Zerteilung oder zu großer Profitcenter-Egoismus zu engstirnigem Scheuklappendenken führt, oder wenn zu viele Hierarchieebenen die Organisation lähmen.

> Eine Anregung: Versuchen Sie, das Organigramm Ihrer Abteilung spontan zu Papier zu bringen! Was fällt Ihnen auf? Was ist dominierend? Was sagt diese Art des Organigramms aus?

Vor- und Nachteile wichtiger Organisationsformen

Die Organisation zu gestalten heißt, die Elemente so zu strukturieren, dass das Gesamtsystem eine höhere Wirkung hat als seine Teile. Wichtig dazu sind ganzheitliche Herangehensweise, prozessorientiertes Denken und interdiziplinäre Integration der Erkenntnisse von Systemtheorie, Betriebswirtschaft, Psychologie. Als Aufbauorganisation bezeichnet man die Bildung und Abgrenzung von Stellen (Chirurg), Stellengruppen (Abteilung Chirurgie) und des ganzen Unternehmens (Klinik xy) unter dem Gesichtspunkt der sinnvollen Arbeitsteilung.

Die funktionale Organisation – die Urform

Es wäre denkbar, in einem Kleinbetrieb wie SoftPower die Arbeit täglich aufs Neue zu verteilen – wir haben bereits besprochen, dass das wenig sinnvoll wäre. Was selbst für den Kleinbetrieb sinnvoll ist, ist mit wachsender Organisationsgröße eine unbedingte

Notwendigkeit. Wie hoch dieser Ordnungsgrad sein soll, darüber gibt es kontroverse Ansichten.

Die Gestaltung der funktionalen Organisation folgt drei Grundlogiken:

→ **Funktionale Gliederung:** Gleichartige Funktionen werden zusammengelegt (Chirurgen, Juristen …) Durch ständige Wiederholung ähnlicher Arbeiten entsteht ein spezifisches Expertenwissen. Der Preis: Die Experten verschiedener Einheiten verstehen sich oft nicht mehr, die Zusammenarbeit für das Gesamtoptimum geht verloren.
→ **Hierarchisierung:** Die Hierarchie definiert eine eindeutige Befehls-Gehorsams-Linie von oben nach unten. Jeder Mitarbeiter erhält in der reinen Form nur Anweisungen von einem Vorgesetzten. Preis: Das Denken und unternehmerische Handeln werden dem Vorgesetzten überlassen.
→ **Entscheidungszentralisation:** Gleichzeitig mit der Hierarchisierung ist eine Entscheidungszentralisierung verbunden. Die Intelligenz und das Urteilsvermögen an der Spitze werden zum Flaschenhals der Organisation.

In Analogie zum Feldherrnhügel überblickt die Person an der Spitze alles und steuert das Unternehmen zum Gesamtoptimum. Der Preis: Die Intelligenz zur Steuerung der Organisation ist ganz oben konzentriert. Analogien zur klassischen militärischen Organisation sind unverkennbar.

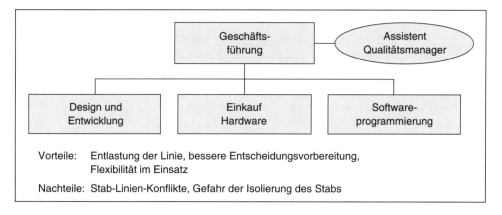

Die funktionale Organisationslogik weist in der Praxis gravierende Defizite auf: Sie ist schwerfällig, kann nur eine geringe Komplexität bewältigen, die Überlastung der Spitze führt zu einer Explosion beratender Stabsfunktionen. Die Geschäftsferne »oben« führt zu Kostenexplosion. Für einfache und stabile Massenmärkte war sie ausreichend, für dynamische Märkte ist sie problematisch. Aus dieser Einsicht wurden neue Formen des Organisationsaufbaus gesucht und gefunden.

Nehmen wir an, SoftPower wäre sehr rasch gewachsen, neue Geschäftsmöglichkeiten und Kundengruppen wurden erschlossen, 150 Mitarbeiter erforderten einen räumlichen Umzug und die alte Firmenstruktur zeigte an allen Ecken und Enden

Unzulänglichkeiten, also entschloss sich die Geschäftsführung eine geeignetere Organisationsform zu finden.

Die Sparten- oder Geschäftsfeldorganisation

Die Forderungen des Marktes verlangen, rasch in spezifischen Märkten oder Nischen Kompetenz aufzubauen, die Geschwindigkeit von Produktentwicklung, Service und Kundenbetreuung zu steigern. So wurde die Geschäftsfeldorganisation entwickelt. Sie orientiert sich an zwei Grundprinzipien:

→ **Kunden- und Marktnähe:** Die Gliederung kann erfolgen nach Produktgruppen (Printer, Notebooks), Kundengruppen (gewerbliche Kunden, private Kunden), strategische Geschäftsfeldern (das sind Produkt-Markt-Kombinationen), nach regionalen Märkten (Kernmärkte, Hoffnungsmärkte), nach Prozessen (One-Stop-Erledigungen, Spezialfälle), nach Projekten (Softwareimplementierung, Netzwerkplanung).

→ **Unternehmerische Einheiten schaffen:** Ziel ist, eine unternehmerische Struktur mit flacher Hierarchie und kurzen Entscheidungswegen zu schaffen. Kleine Einheiten, in denen die Gesamtverantwortung für bestimmte Kunden deutlich spürbar ist, wo sich Manager als Unternehmer betätigen können, mit großen Entscheidungsspielräumen, wo die Ergebnisverantwortung klar zugeordnet ist.
Vorteile: effektiv, kurze Entscheidungswege, unternehmerischer Zusammenhang klar, Kundenverantwortung, Entlastung der Spitze, Möglichkeit für Profit- beziehungsweise Lostverantwortung.
Nachteile: Doppelgleisigkeiten, Tendenz zur Verselbstständigung der Profitcenter, Verlust von Spezialisierungs- und Größenvorteilen.

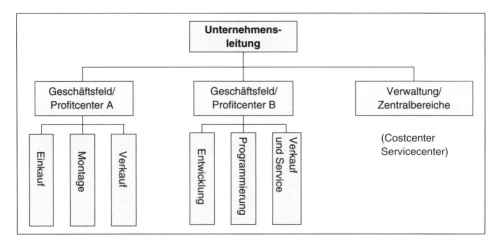

SoftPower hat nun zwei deutlich getrennte Geschäftsfelder, die für sich sehr eigenständig agieren können – bisher mit großem Erfolg und zur Zufriedenheit der Mitarbeiter und Fachleute. Zum dritten Ast im Organigramm, den zentralen Diensten, kommen wir später.

Zum besseren Überblick nochmals die Zusammenfassung der Gestaltungsprinzipien der Geschäftsfeldorganisation:

Gestaltungsprinzipien der Geschäftsfeldorganisation

Alle Aktivitäten am Kunden ausrichten, nicht an internen Erfordernissen:
Das kundenorientierte Unternehmen stellt die hierarchische Pyramide auf den Kopf. Das bedeutet, die Mitarbeiter an der Front mit Kundenkontakt sind die wichtigsten. Alles im Unternehmen ist darauf ausgerichtet, sie zu unterstützen. Sie sind mit Kompetenz auszustatten, müssen selbstständig arbeiten können und sind vorrangig zu entwickeln und zu schulen. Mit einem Wort: Es bedarf mündiger Mitarbeiter. Kundenmanager betreuen Schlüsselkunden und sorgen so für das Prinzip »one face to the customer«.

Dezentralisierung der Organisation in viele kleine »Unternehmen«
Die fortschreitende Segmentierung des Marktes erfordert schlagkräftige Organisationseinheiten, die als flexible Abteilungen in »Zeltorganisationen« um die Kundengruppen und deren Bedürfnisse gebaut sind. Die Menschen in diesen kleinen Einheiten sind nahe am Kunden, sie sind mit Handlungskompetenz und Ergebnisverantwortung ausgestattet. Solche »Business-Units« umfassen maximal 50 bis 150 Mitarbeiter. Suzaki (1994) machte einen radikalen Vorschlag: Er empfahl, jeder Mitarbeiter solle als eine »Minicompany« innerhalb der Firma gesehen werden.

Flache Aufbauorganisation, wenige Hierarchieebenen
Markt und Kunden verändern sich oft ungeheuer schnell. Eine flache Aufbauorganisation ermöglicht rasche Entscheidungen, sie sorgt für einen raschen Informationsfluss und gibt den Mitarbeitern die Rolle von Mitunternehmern. Alle Mitarbeiter und Manager haben auch operative Aufgaben. Viele klassische Managementaufgaben werden überflüssig, die meisten Führungskräfte müssen zu kundennahen Fachtätigkeiten zurückkehren (Kunden gewinnen und betreuen oder Ähnliches). Die dezentrale Ergebnisverantwortung sorgt für ein ausgeprägtes Kostendenken. Gemeinkosten werden niedrig gehalten.

Optimierte Wertschöpfungsprozesse bestimmen die Ablauforganisation
Vom Kundenkontakt bis zur Auftragserfüllung sind alle Prozesse konsequent an der Wertschöpfung für den Kunden ausgerichtet und nicht an den Eigeninteressen einzelner Abteilungen oder Bereiche. Nicht wertschöpfende Tätigkeiten werden konsequent abgebaut (Vermeiden jeder Verschwendung). Wo möglich, ist eine Einzelperson, ansonsten ein Team für einen Teilprozess voll verantwortlich. »Prozessmanager« unterstützen den reibungslosen Prozessablauf. »Case-Manager« sind für einen Fall, etwa eine Kreditabwicklung, voll verantwortlich. Die permanente Verbesserung der internen Kunden-Lieferanten-Beziehungen genießt eine hohe Priorität und bewirkt eine rasche Abwicklung und hohe Qualität.

Die Projektorganisation

Projekte und Projektmanagement sind heute in vielen Organisationen eine Selbstverständlichkeit. Projekte sind dort angebracht, wo die Improvisation zur effektiven Erledigung einer Aufgabe nicht mehr ausreicht, es sich jedoch auch nicht um eine auf Dauer angelegte Routineaufgabe handelt, die einer Organisationseinheit übertragen werden kann. Die folgende Darstellung macht die Unterscheidung von Improvisation, Projekt und Routineaufgabe grafisch deutlich.

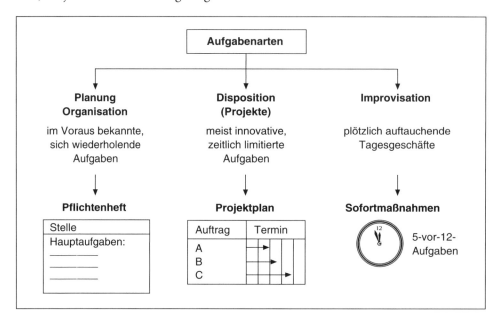

Aus organisatorischer Sicht geht es um das »Zusammenführen« verschiedener Stellen oder Einheiten, um eine innovative, zeitlich befristete und anspruchsvolle Aufgabe zu lösen. Ist der Auftrag erfüllt, also ein neues Produkt eingeführt, eine neue Organisationsstruktur umgesetzt, gehen die weiterhin erforderlichen Maßnahmen wieder in die Normalstruktur über. Die Frage, ob eine Aufgabe in der Linienorganisation oder als Projekt zu führen ist, ist nicht trivial. Entscheidungsschwache Führungskräfte wälzen oft zu viele Themen auf Projekte ab. Kernvoraussetzungen für Projekte sind:

→ Bedeutsames, komplexes, innovatives Vorhaben.
→ Ziel und Prozess sind beschreibbar, Ende ist definitiv bestimmbar.
→ Mehrere Organisationseinheiten müssen erforderlich sein und koordiniert werden.

Eine Führungskraft sollte erkennen, wann eine Aufgabe als Projekt organisiert werden soll. Sie soll klare und durchführbare Projektaufträge erteilen und in der Lage sein, auch selbst in Projekten als Teammitglied oder Leiter wirkungsvoll mitzuarbeiten.

Spezialformen projektorientierten Organisierens

Das Kerngeschäft als Projektgeschäft – die »reine Projektorganisation« In bestimmten Unternehmen wird das Kerngeschäft überhaupt in Projektform abgewickelt (Anlagen- und Kraftwerksbau, Beratung, Architektur, Bauindustrie). Die Grundlogik sieht folgendermaßen aus:

→ Das Kerngeschäft wird in Projekten abgewickelt, mit klarer Verantwortung zum Kunden hin.
→ Strukturen auf Zeit: Für die einzelnen Projekte werden jeweils Strukturen auf Zeit gebildet. Die Zugehörigkeit der Mitarbeiter variiert nach Projekten, die Projektleitung ist im Vergleich zu hierarchischen Leitern wesentlich stärker.
→ Kontinuität wird in der Supportstruktur gelebt: Unternehmensführung, Personal, Fachbereiche, Controlling, Serviceleistungen sind auf Dauer angelegt, gewissermaßen die »Heimathäfen« der Projektmitarbeiter.

Diese Organisationsform hat Ähnlichkeiten mit der Geschäftsfeldorganisation, allerdings sind die Supportabteilungen stärker ausgeprägt. In der SoftPower werden speziell im Geschäftsfeld B »Kundenspezifische Softwareentwicklung« die wesentlichen Aufträge in Projektform abgewickelt.

Die Stabs-Projektorganisation Sie ist das andere Extrem zur vorher genannten Form. Sie wird bei Innovationsprozessen, Reorganisationsprojekten, Qualitätsprojekten eingesetzt. Projektleiter sind als Stabsstelle oft nur als Koordinator tätig, der Lenkungsausschuss soll die Macht aktivieren. Mit Geschick und Diplomatie lässt sich doch einiges erreichen.

Vorteile: keine Doppelunterstellungen, Linien sind entlastet, Zentralisierung der Informationsbeschaffung und Terminüberwachung. Nachteile: vom persönlichen

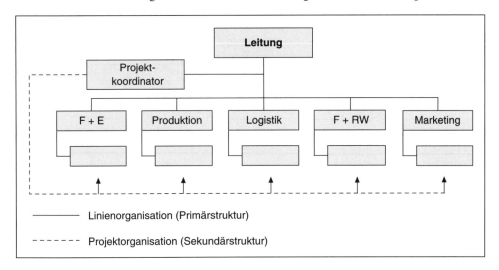

Geschick, von einer guten Diplomatie sowie von der Kooperationsbereitschaft der Beteiligten abhängig, Durchsetzung im Konfliktfall gefährdet, häufig muss Auftraggeber eingeschaltet werden, bei Zielverfehlung beginnen die Schuldzuweisungen.

Bei SoftPower wurde die letzte Umstrukturierung, ein »Changeprojekt«, auf diese Weise organisiert.

Die Matrix-Projektorganisation Sie wird gewählt, um zum Beispiel eine neue Standardsoftware in den Unternehmensbereichen einzuführen, um eine Kostensenkung durchzuziehen, für Key-Account-Management oder wenn ähnliche Kernpunkte existieren. Die fachliche Qualität des Projekts soll mit der Kenntnis des jeweiligen Bereichs über die Situation und Anwendung bestmöglich verschränkt werden. Wichtig ist, dass das Projekt auf wenige Monate begrenzt ist, dass fachlich hervorragende Projektleiter zur Verfügung stehen und sich kein Bereich dem Projekt entziehen kann.

Vorteile: eine zweite unternehmerische Dimension zur Bereichslogik wird eingeführt, gute Erfolgsaussichten, Fachwissen wird gut genutzt, Mitwirkung unterschiedlicher Hierarchieebenen führt zu Motivation und »Interessengemeinschaft«. Nachteile: Doppelunterstellungen, selten sind die besten Köpfe verfügbar, Konflikte Linie – Projekt sind häufig, viel Kooperationsfähigkeit ist erforderlich, schwierige Erfolgszurechnung.

SoftPower hat zwar Matrixstellen (davon später), aber keine Erfahrung mit dieser Art der Projektdurchführung.

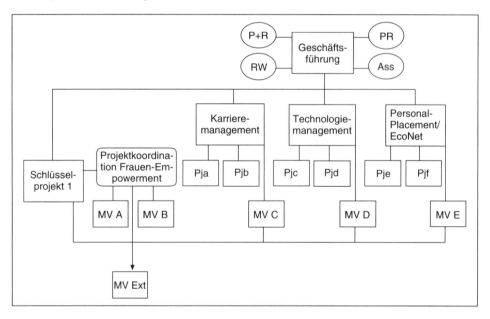

Die Prozessorganisation Unternehmen, Krankenhäuser, öffentliche Verwaltungen bei veränderten Umwelt- und Kundenanforderungen immer wieder neu zu strukturieren ist nur bedingt möglich, zeitaufwendig und teuer. Um Kundenorientierung zu erreichen, die Qualität zu optimieren oder Durchlaufzeiten drastisch zu reduzieren, wurde die Prozessorganisation geschaffen. In Unternehmen der produzierenden Industrie, in Kliniken, bei Dienstleistern ist diese Organisation am häufigsten anzutreffen. Sie baut auf folgende Prinzipien:

→ **Kernprozesse stehen im Zentrum:** Alle Aufmerksamkeit ist auf diese Prozesse gerichtet, Supportprozesse ohne direkte Wertschöpfung müssen den Kernprozessen optimal zugeordnet werden. Funktionalverantwortungen werden weitgehend zurückgedrängt, Selbststeuerung (zum Beispiel Kanban-Prinzip[1]) und intensive Nutzung von Kommunikationsmitteln, prozessorientierte Ergebnisverantwortung werden hochgehalten.
→ **Kundenorientierung:** Die Kunden und die Lösung ihres Problems beziehungsweise ihrer Anforderungen stehen im Mittelpunkt. Die Gestaltung optimaler Kunden-Lieferanten-Beziehungen (Nahtstellenmanagement) hat höchste Priorität.
→ **Process-Owner wacht über Gesamtprozess:** Die Teilprozesse sind oft wie in der normalen Organisation gestaltet (Teilefertigung x in der Industrie, bildgebende Diagnostik in der Klinik), die einzelnen Teilprozesse stehen jedoch in einer dienenden Haltung zum Gesamtprozess. Optimiert wird nicht der Teilprozess sondern der Gesamtprozess.

Vorteile: hohe Orientierung am Kundennutzen und daher in der Regel größere Preisspielräume, Verringerung des Umlaufvermögens durch Reduktion der Teilelager, Abnahme der hierarchischen Steuerung und Reduktion der Führungsebenen, Empowerment (Mitarbeiter erhalten einen größeren Handlungsspielraum), Reduktion funktionaler Schnittstellen, Motivationspotenziale durch Empowerment und direkte Erfolgszurechnung.

Nachteile: Verlust von Skalenökonomien durch Dezentralisierung der Funktionen und geringere Losgrößen, erhöhte Kapitalbindung im Anlagevermögen, erhöhte Ansprüche an die Mitarbeiter (Loyalität, Motivation, Fähigkeiten), erhöhter Koordinationsaufwand insbesondere in Bezug auf nicht dezentralisierbare Prozessschritte (zum Beispiel OP-Säle, Papiermaschinen).

Prozessorientierung ist heute in jedem Unternehmen ein wichtiges Thema. Die Struktur soll sich den Kernprozessen des Unternehmens anpassen. Nicht immer ist diese Anforderung auch umgesetzt.

---

1 Das Kanban-Prinzip ist eine sehr einfache und leicht zu durchschauende Steuerung der Materialnachlieferung, die bei Toyota perfektioniert wurde; der Arbeiter am Band ruft die Nachlieferung ab, wenn er sie braucht, nicht wenn der Lieferant gerne liefern möchte.

In der nächsten Grafik sehen Sie eine Non-Profit-Beratungsorganisation, die sich prozessorientiert organisiert hat. Die Kernprozesse stehen im Zentrum – Führung und Support haben eine klar dienende Funktion. Alle Kraft wird in die bestmögliche Beratung der Kunden der Organisation gelegt.

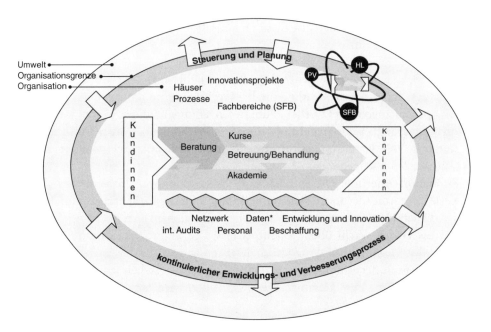

Netzwerkorganisation – Organisieren über Unternehmensgrenzen hinweg Anwendungsgebiete sind Produktions- und Dienstleistungsunternehmen. Typische Netzwerkorganisationen sind heute Wirtschaftscluster, das sind regionale Kooperationen von produzierenden Industrien, Dienstleistern, Hochschulen und Beratungsunternehmen rund um Themen wie »Automotive Products«, Holzverarbeitung, Umwelttechnologien und viele andere. Allein in der EU gibt es derzeit etwa 800 solcher Wirtschaftscluster. Clusterförmige Organisationsstrukturen finden wir häufig auch bei Beratungsunternehmen,.

Kennzeichnend für die interorganisationale Vernetzung entlang der gesamten Wertschöpfungskette sind das Orientieren am Kundennutzen (zum Beispiel Mobilität, Erholung und Sport, Gesundheit, Umweltschutz) sowie das gemeinsame Lernen (beispielsweise KVP, TQM).

Bei Netzwerken herrscht eine Vielfalt rechtlicher Ausformungen: Sie können von gemeinsamen Aus- und Weiterbildungsmaßnahmen für Schlüsselarbeitskräfte über mittelfristige Lieferverträge bis zu gegenseitigen Kapitalverflechtungen und auch Joint Ventures für die Entwicklung einer neuen Solartechnologie reichen. Festzustellen ist auch eine unterschiedliche räumliche Bindung: von regionaler Konzentration (Cluster) bis hin zu globaler Zusammenarbeit. Auch eine unterschiedliche Machtverteilung der Partner ist zu beobachten: symmetrische und asymmetrische Kooperationen (strategische Leitunternehmen).

Die *Triebkräfte*, die hinter der Notwendigkeit stecken, sich über die Unternehmensgrenzen hinaus zu organisieren, sind gestiegene Qualitätsansprüche der Kunden und zunehmende Flexibilitätserfordernisse, eine bessere Risiko- und Kapitalstreuung, der verbesserte Zugang zu neuen Märkten und Technologien, die Konzentration auf die Kernkompetenzen bei komplementären strategischen Zielsetzungen sowie Transaktionskostenvorteile gegenüber einer rein hierarchischen Koordination oder rein marktwirtschaftlichen Beziehungen.

Als *Erfolgsfaktoren* können genannt werden: Vertrauen ist ein zentrales Steuerungsmedium, ein gemeinsames »kulturelles« Grundverständnis ist hilfreich, gemeinsame strategische Interessen sowie ein direkter Nutzen einer operativen Zusammenarbeit.

Hierarchische Strukturtypen von Organisationen

Wir haben bisher auf die Art der Arbeitsteilung geblickt und die verschiedenen Formen dargestellt. Nun wollen wir noch auf einen Blick auf die Hierarchie werfen. Wie gelingt es Unternehmen, ihren inneren Zusammenhalt zu organisieren, die Einheiten zu führen, Expertenwissen an den Stellen zur Verfügung zu stellen, wo es gebraucht wird? Welche Strukturmerkmale können wir unterscheiden beziehungsweise können Organisationen ausbilden?

Reine Linienstruktur In reiner Form ist diese Struktur vor allem in Kleinbetrieben und Pionierunternehmen anzutreffen. Das hierarchische Gefüge, die Aufgabenverteilung und die Anweisungsrechte sind klar geordnet. Die Vorteile liegen darin, dass diese Struktur verlässlich, durchschaubar, klar und eindeutig ist. Jeder Mitarbeiter hat nur eine Führungskraft. Allerdings ergeben sich daraus auch Nachteile: Alles läuft über den Chef – Engpassgefahr! Die Abstimmung zwischen den einzelnen Einheiten ist erschwert.

Linienstruktur wird um Stab ergänzt Wenn Geschäftsführer, Direktoren, Leiter durch die Linienstruktur überlastet sind, versuchen sie, zeitraubende Vorbereitungs-, Planungs- und Konzeptionsarbeit auf Stabsmitarbeiter auszulagern. Weil eine Stabsstelle nur die Auslagerung von Aufgaben der Führungskraft ist, ist sie im engeren Sinne gar keine Stelle, sondern Teil der Stellen des Chefs! Stabsstellen beraten, bereiten vor, unterstützen, haben aber keine Weisungsrechte. Typische Stabsstellen sind Assistenten, Fachjuristen, Strategieplaner, Qualitätssicherer). Auf Seite 95 ist eine solche Struktur dargestellt.

Die Vorteile liegen in der Entlastung der Leitung, Spezialwissen fließt ein, innovative Ideen werden entwickelt, die Qualifizierung von Nachwuchskräften wird vorangetrieben. Nachteile: Schwache Stäbe bringen wenig in der Substanz, starke Stäbe tendieren eher zu einem Eigenleben, graue Eminenzen agieren im Hintergrund.

Spezialisten werden zu »zentralen Diensten« zusammengefasst Die Idee, die dahintersteckt, ist: Fachlich zentralisierbare Aufgaben wie Personal, Finanzen, Controlling werden zusammengefasst. Damit sie ihre Aufgaben wirksam erfüllen können, müssen sie über fachliche Weisungsbefugnisse verfügen. Dadurch kommt eine zweite Führungslinie ins Spiel. Fachliche Kompetenzen werden zusammengefasst, Weisungsrechte definiert. Zentrale Dienste können sowohl Richtlinienkompetenz gegenüber anderen Linieneinheiten haben (Personalauswahlkriterien festlegen), sie können auch Durchführungskompetenz haben (Personal auswählen). Es besteht heute die Tendenz, alle Aufgaben, die nicht dem Kerngeschäft zuzurechnen sind, als zentrale Dienste zu sehen. Zentrale Dienste sind heute in vielen kleineren und mittleren Unternehmen zu finden.

Vorteile: Spezialisten werden wirksam eingesetzt, Linienstellen entlastet, Fachwissen kann ökonomischer eingesetzt werden. Nachteile entstehen aus Folgendem: Eigendynamik führt zur laufenden Vergrößerung solcher Dienste, Gefahr dass den Linieneinheiten die unternehmerischen Aufgaben entzogen werden. Kompetenzkonflikte können auftreten.

Auf Seite 96 finden Sie diese Organisationsvariante. Bei SoftPower wurden begleitend zur Geschäftsfeldorganisation schlanke zentrale Dienste eingerichtet, und zwar für Personal, Finanzen, Facilitymanagement.

Ausprägung von Matrixstellen und -einheiten – die bewusste Mehrdeutigkeit Auch bei einer Matrix steht die Zentralisierung einer Fachaufgabe im Vordergrund. Im Unterschied zu den zentralen Diensten erscheinen die Matrixstellen im Organigramm als gleichwertige unternehmerische Dimensionen. Sie sind als Sekundäreinheiten zu sehen, die auf Primäreinheiten einwirken (Functional Manager). Matrixstellen erhalten genau definierte fachliche Weisungsrechte. Mitarbeiter haben damit zwei Vorgesetzte – einen Linienchef (Was ist zu tun?), eine Fachchef (Wie ist es zu tun?). Beispiele sind: Produktmanager für die konkreten Produkte, Controller für das Gebiet Europa, Projektmanager für Standardsoftware für Kliniken, Qualitätsverantwortliche für die Produktion.

Jedes mittlere Unternehmen hat heute Matrixstellen. In reiner Form erfüllen Matrixstellen bei der Profitcenter-Organisation ihre Wirkung (Controlling, Marketing und so weiter). Nur weil ein Unternehmen Matrixstellen hat, ist es noch keine »Matrixorganisation«, wie oft vergröbernd dargestellt wird.

Die Vorteile: Wirkung durch gleichwertige organisatorische Eingliederung, Spezialwissen wird effektiv eingesetzt, Stellenbesetzung ist leichter (gute Mitarbeiter meiden Stabsstellen eher). Nachteile: Konflikte bei schlecht geklärten Kompetenzen, Mitarbeiter spielen die zwei Vorgesetzten gegeneinander aus, die Verantwortlichkeit für unternehmerische Entscheidungen wird oft unklar.

In der auf Seite 102 dargestellten Beratungsorganisation wird die Prozessorganisation mit einer Matrixstruktur kombiniert – die regionalen Standorte stehen »quer« zu den Kernprozessen, deren Qualität von Process-Ownern standortübergreifend gesteuert wird.

Die Matrixstruktur einer Beratungsstelle können Sie in folgendem Schaubild sehen:

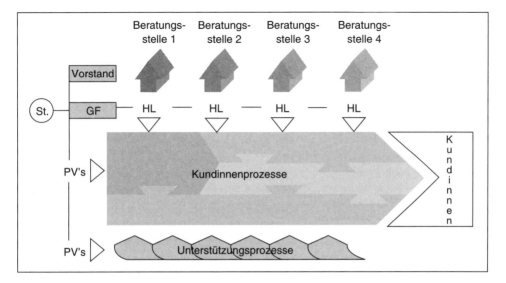

Zusammenfassung: Stärken und Schwächen verschiedener Organisationsmodelle

Die Sparten- oder Produktorganisation hat den Vorteil, dass sich die Mitarbeiter stark mit den Produkten identifizieren, der Kunde steht jedoch meist an zweiter Stelle. Eine maximale Kundenorientierung ist mit dieser Organisation nicht zu erreichen.

Die Kundengruppenorganisation zeichnet sich durch das Prinzip »one face to the customer« aus. Schlüsselkunden können spezifisch und optimal betreut werden und haben einen klaren Ansprechpartner im Unternehmen. Die Mitarbeiter sind motiviert, für den Kunden das Beste zu leisten.

In der Profitcenter-Organisation werden marktnahe Einheiten mit direkter Gewinnverantwortung ausgestattet. Der Zwang zur Kundenorientierung ist sehr groß. Unternehmertum ist von jedem Mitarbeiter gefordert, Kostendenken wird stark gefördert.

In der Prozessorganisation sorgen für die Koordination zentraler Wertschöpfungsprozesse bereichsübergreifende »Prozessmanager«, zum Beispiel Innendienst, Vertrieb, Service. Abteilungsegoismen können so zugunsten kundengerechter Abläufe abgebaut werden. Interne Kunden-Lieferanten-Beziehungen werden bewusster gestaltet, und die laufende Prozessoptimierung genießt ein höheres Gewicht.

Bilden Sie sich nun ein zweites Urteil

Nehmen Sie nun Ihr Organigramm oder eines, das Sie interessiert, und betrachten Sie es durch die Brille der bisher dargelegten Überlegungen. Was wird sichtbar?

Wie ist die dominante inhaltliche Logik?

Sind Geschäftsfelder sichtbar: Hinweise auf Marktnähe, Förderung unternehmerischen Handelns.

Dominieren funktionale Gestaltungselemente: Hinweis auf geringe organisatorische Innovationskraft, eventuell auch auf Kundenferne.

Sind Prozesse/Projekte ein wesentliches Thema?

Sind Projektverantwortungen sichtbar: Hinweis auf die dominante Rolle von Projekten.

Prozess-Owner: stehen für die Qualität der Prozesse – Qualitätsmanagement ist in den Kernprozess integriert.

Wie ist die hierarchische Ausprägung?

Viele Hierarchiestufen: traditionelle Positionsorientierung stark ausgeprägt, Hinweis auf Marktferne und träge Entscheidungs- und Veränderungsprozesse.

Viele Planungsstellen/Stabsstellen: Hinweise auf entmündigte oder wenig fähige Linie. Finden wir auch bei Organisationen mit geringem Effizienzzwang oder solchen mit geringen Organisationskenntnissen.

Vollamtliche Stellvertreter: zeigen, dass die übergeordneten Positionen schwach besetzt sind, oder verraten Heranbilden von Kronprinzen.

Personalunionen: Gleicher Name bei mehreren Stellen zeigt Machtzentren beziehungsweise ungelöste Nachwuchsfragen.

Was ist noch auffällig?

Wenn Sie diese Fragen während des Betrachtens in Ihre Überlegungen einfließen lassen, kann das Studium eines Organigramms doch einige Informationen und Anhaltspunkte für Hypothesen zur Situation liefern.

Kriterium	Produktorganisation	Kundengruppen-organisation	Profitcenter-organisation	Prozessorganisation
Grundorientierung nach	innen	außen	außen	innen/außen
Geschäftsinitiative bei	Kunden	Unternehmen	Unternehmen	Unternehmen/Kunde
Managementschwerpunkt	interne Abläufe	Kundenpotenziale	Kosten und Erträge	Kunden-potenziale und Kosten
Organisationsschwerpunkt	starke Fachabteilungen	flexible Betreuungsteams	kostenoptimale Strukturen und Abläufe	Interne Kunden-Lieferantenbeziehungen
Mitarbeiterqualifikationen	Spezialisierung, Wissensreduzierung, »enges« Wissen	breite Fachqualifikation	breite Fachqualifikation und Kostendenken	Fachqualifikation und Kommunikationsfähigkeit
Kundenbindung	gering, wenig Interesse an Kunden	stark durch Kundenorientierung	stark durch faire Leistung	stark durch faire Partnerschaft
Ansprechpartner	viele, jeder ist Spezialist für einen Teil	einer, betreut Kunden ganzheitlich	einer, strebt nach kostenoptimaler Lösung	mehrere, durch den Prozessmanager koordiniert
Nachteile	Produktegoismus	fehlendes Spezialwissen	kurzsichtiger Erfolgszwang	komplexe Aufgabe

Kapitel 2

Organisationen führen und managen

Zur Orientierung

Das zweite Kapitel richtet den Scheinwerfer auf das Managen und Führen von Organisationen. Was Führungsaufgaben sind und was gute Führung ist, darüber gibt es viele Theorien und Meinungen, die sich zudem im Verlauf der letzten Jahrzehnte stark verändert und weiterentwickelt haben. Die Inhalte dieses Kapitels im Überblick und Zusammenhang:

Strategieentwicklung
→ An der Zukunft ausrichten

Mit Zielen führen
→ Rolle von Zielen
→ BSC als Ziellandkarte

Leistungsprozesse managen
→ Mit guten Prozessen Kunden begeistern und effizient »produzieren«

Teams führen und entwickeln
→ Viele Leistungen sind nur durch Teams erreichbar.

Funktionen und Aufgaben von Management und Führung
→ Geschichte von Management und Führen
→ Führungsphilosophien und Führungsstile,
→ Führen und Managen als Beruf; Aufgabenfelder und Anforderungen
→ Kann man Führen lernen?

Kundenmanagement
→ Kundenorientierung muss auf allen Ebenen gelebt werden.

Projekte managen
→ Projekte nehmen einen immer größeren Raum in der Organisation ein.
→ Gutes Management ist wichtig.

Für Innovationen sorgen
→ Innovationsbarrieren abbauen
→ Innovationsprozesse stärken

Ausgehend von den generellen Überlegungen zu Führen und Management, beleuchten wir einige Aufgaben von Führung detaillierter. Diese Auswahl ist sicher subjektiv, spiegelt jedoch die besonderen Anforderungen von Führen in der Gegenwart wider.

Zwei Übungen zum Einstieg

Das zweite Kapitel dieses Buches beschäftigt sich mit dem Organisieren, wie es auf der Managementebene stattfindet. Manager agieren innerhalb eines Rahmens, der von ihrer Organisation vorgegeben ist. Je nach Managementebene sind sie dabei mit unterschiedlichen Weisungsbefugnissen ausgestattet und haben nach herkömmlichem Verständnis die Aufgabe, das Alltagsgeschäft zu organisieren und die dazu erforderlichen sach- und personenbezogenen Entscheidungen zu treffen. Zur Veranschaulichung dieser Aufgaben wollen wir zu Beginn einige Beispiele vorstellen:

↗ Beispiel

Klausurtagung: Der Leiter einer Serviceabteilung beschließt, mit seinen Mitarbeitern eine eintägige Klausur durchzuführen, in der er die Neuausrichtung der Abteilung besprechen möchte, nachdem er aus Reaktionen der Stammkunden erkannt hat, dass der Service nicht mehr den branchenüblichen Standards entspricht. Schon bei der Einleitung merkt er an einigen eindeutigen Reaktionen seiner Mitarbeiter eine gewisse Reserviertheit in Bezug auf Kundenorientierung. In der Folge hört er viele Rechtfertigungen und Beschwerden über Kunden, die Unmögliches verlangen. Er merkt, dass er mit einem Workshop bei seinen Mitarbeitern keinen Durchbruch erzielen wird. So beschließt er, den Prozess der Neuausrichtung des Service unter Einbeziehung von Mitarbeitern und Kunden fortzusetzen.

Krise im Handel: Die Geschäftsführerin eines größeren Einzelhandelsunternehmens in einer kaufkräftigen Mittelstadt muss feststellen, dass trotz häufiger Aktionsangebote und teurer Postwurfsendungen der Umsatz beständig sinkt. Die Konkurrenz wird immer drückender. Sie punktet mit neuen Kundenbindungsprogrammen, zielgruppenorientierter Kommunikation und Onlineangeboten. Die Geschäftsführerin weiß, dass auch ihr Unternehmen sich verändern muss, aber das Kopieren der Konkurrenz erscheint ihr wenig sinnvoll. Sie beschließt, mit ihren Schlüsselmitarbeitern ein Strategieseminar zu veranstalten, und hat dazu auch einen Berater mit Einzelhandelserfahrung eingeladen. Das Seminar ist ein voller Erfolg – aber es wurde der Geschäftsführerin auch deutlich, dass die Neuausrichtung ihres Unternehmens eine längere Zeitspanne in Anspruch nehmen wird.

Organisationsentwicklung in der Schule: Die Schulentwicklung führt in die Richtung einer größeren Autonomie für den einzelnen Standort. Damit entstehen Spielräume, die für Entscheidungen über das Schulprofil, personelle und organisatorische Fragen und den Ressourceneinsatz genutzt werden können. Der

Leiter einer Schule ist nun plötzlich damit konfrontiert, zu neuen und oft heiklen Themen Entscheidungen herbeiführen zu müssen. In der Schule gibt es zwar eine hohe Eigenverantwortung der einzelnen Lehrerinnen und Lehrer, der Klassenvorstände und der für Koordinierungsaufgaben zuständigen Teams. Auch in der Lehrerkonferenz konnten mehrfach gemeinsame Beschlüsse zu schwierigen Themen erreicht werden. Die Einführung der Schulautonomie hat jedoch eine völlig neue Situation geschaffen. Es stehen zahlreiche sehr grundsätzliche Entscheidungen an, und angesichts der vielen gegensätzlichen Interessen und des plötzlichen Widerstands bei einzelnen Themen scheint es der Schulleitung unmöglich, der von den Schulbehörden übertragenen Verantwortung nachzukommen.

Im ersten Beispiel steht der Leiter einer Serviceabteilung vor der Aufgabe, eine bessere Kundenorientierung einzuführen, und wird sich wohl auch zu überlegen haben, wie er einen Kulturwandel in Richtung einer Dienstleistungsgesinnung herbeiführen kann (s. dazu »Kundenmanagement: Das Einzige, was stört, ist der Kunde«, S. 224 ff.).

Die Geschäftsführerin des Einzelhandelsunternehmens hat angesichts der Entwicklung ihrer Umsatzzahlen und der starken Konkurrenz einige strategische Entscheidungen zu treffen, um das Unternehmen im veränderten Umfeld gut zu positionieren und wieder Kunden anzuziehen (s. dazu »Die Organisation auf die Zukunft ausrichten – Strategieentwicklung«, S. 148 ff.)

Im dritten Beispiel soll in einer Schule, in der bisher nur wenig Entscheidungsspielraum vorhanden war, eine Reihe von Innovationen geschehen. Der Leiter steht vor der Aufgabe, sein Kollegium auf den organisatorischen Wandel einzustimmen und ein effektives Managementsystem einzurichten, mit dem die anstehenden Entscheidungen zum Wohle der gesamten Schule getroffen werden können (s. dazu »Innovation in der Organisation verankern«, S. 260 ff.).

Übung: Organisationsaufgaben der Führungskraft

In den drei Beispielen gerieten »Manager« in typische Schwierigkeiten. Bitte beantworten Sie nun für die drei Beispiele
→ Klausurtagung
→ Krise im Handel
→ Organisationsentwicklung in der Schule
die folgenden Fragen.

Welches Verhalten leitet diese Schwierigkeiten ein?
Welche Empfehlungen würden Sie den »Managern« geben?

Übung: Welche Bilder von Organisationen haben Sie?

Wir stellen Ihnen im Folgenden einige gängige Sinnbilder von Management vor und bitten Sie, das Bild zu identifizieren, das Ihrer realen Organisationserfahrung entspricht, und das Bild zu suchen, das Ihre Idealvorstellung von Organisation darstellt.

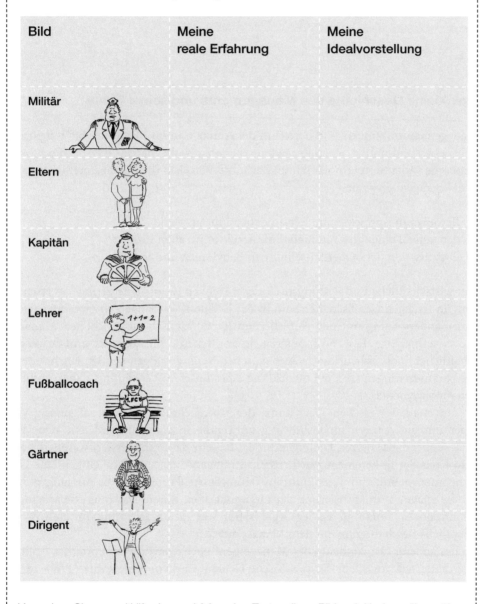

Bild	Meine reale Erfahrung	Meine Idealvorstellung
Militär		
Eltern		
Kapitän		
Lehrer		
Fußballcoach		
Gärtner		
Dirigent		

Versuchen Sie nun mithilfe des nachfolgenden Textes, Ihre »Bilder« kritisch zu überprüfen. Stellen Sie fest, welchen Nutzen sie für die Zusammenarbeit von Menschen haben können beziehungsweise was sie verhindern.

Funktionen und Aufgaben von Management und Führung

Eine kleine Geschichte des Managements und seiner Lehre

Managementfunktionen sind bereits in der Antike und im Mittelalter bei religiösen, politischen und militärischen Projekten erkennbar, wobei damals die spezifisch ökonomische Orientierung noch fehlte. Bekannte Beispiele für Managementleistungen der Vergangenheit sind:

→ Bewässerungsprojekte und Pyramidenbau in Ägypten,
→ der Aufbau einer großräumigen Infrastruktur im alten Rom,
→ Organisation der Steuereintreibung in Babylonien und Indien.

Das wirtschaftliche und leistungsorientierte Denken genoss eine geringe Wertschätzung in feudalen Gesellschaften und in der Religion, was lange Zeit eine intensivere Auseinandersetzung mit den Aufgaben eines ökonomisch ausgerichteten Managements verhinderte. Erst die Industrialisierung schaffte im Zuge der großen gesellschaftlichen, politischen und technologischen Veränderungen des 18. Jahrhunderts die Voraussetzungen für die Entwicklung eines unserem Verständnis nahekommenden Managements.

Aufgrund des raschen Wachstums der Unternehmen, das eine Trennung von Eigentum und Unternehmensführung notwendig machte, entstand eine neue Berufsgruppe: die Manager. Die Eigentümer, die sehr daran interessiert waren, die aus dem Kreis der höheren Angestellten rekrutierten Manager an eine einheitliche Unternehmenspolitik zu binden, führten Ordnungsstrukturen ein, die Ausgangspunkt für die spätere Bürokratisierung der Organisationen waren. Das Interesse an einem reibungslosen Funktionieren der Organisation war auch Ansatzpunkt für die wissenschaftliche Beschäftigung mit dem Management.

Ein anderer Ort, an dem über Management nachgedacht wurde, war das Militär. Hier hatte sich vor allem der preußische General Carl von Clausewitz (1780–1831) mit Fragen des Managements großer Armeen beschäftigt, und die Erfolge des preußischen Heeres in der zweiten Hälfte des 19. Jahrhunderts führten zu einer Übernahme militärischer Organisations- und Führungsmodelle durch Wirtschaftsbetriebe. Davon zeugen heute noch gebräuchliche Begriffe wie Generaldirektor, Stab, Strategie, Werbefeldzug und vieles mehr.

Die neuere Geschichtsschreibung des Managements beginnt mit den Arbeiten von W. Taylor (Taylor 1917, Reprint 1995) und unterscheidet drei Ansätze:

→ die Zeit des »Scientific Management« (Entwicklung formaler Strukturen, »Taylorismus«),
→ die Zeit des »Social Man« (Berücksichtigung und Einbeziehung sozialer Prozesse, »Human-Relation«-Bewegung),
→ die Zeit der Integration (Prozessansatz, Humanisierungsansatz, kybernetische und systemtheoretische Theorien, eklektische und situative Ansätze).

Im deutschen Sprachraum ist der angloamerikanische Begriff Management seit 1945 in stärkerem Gebrauch und ersetzt sukzessive ursprünglich eingeführte Begriffe wie Leitung, Unternehmensführung, dispositiver Faktor und Führung, die jeweils anderen Theorieansätzen entstammen und schwer zu vereinheitlichen sind.

Wenn heute in der Literatur von »Führung« die Rede ist, ist in der Regel der personenbezogene Aspekt des Managements, also die sogenannte Menschenführung, gemeint.

Davon unterscheidet man das sachbezogene Management, das im Wesentlichen aus Planung, Organisation und Kontrolle besteht.

Der personenbezogene Teil der Managementlehre wurde lange als eine nicht lehr- und erlernbare Kunst angesehen. Hand in Hand mit dieser Auffassung wurde in sozialdarwinistischer Manier die Meinung vertreten, dass Führer eine besondere Begabung hätten, die sie in die Lage versetze, immer die richtigen Entscheidungen zu treffen. Dieses Konzept entsprach dem in der zweiten Hälfte des 19. Jahrhunderts vor allem in Deutschland verbreiteten Elitedenken. Es übernahm die Funktion, Herrschaftsinteressen und Machtpositionen der Feudalherren und des Militärs abzusichern. Auf der anderen Seite nahm das Konzept Arbeiter als dumm und antriebslos wahr und ging davon aus, dass sie nur durch Geld und scharfe Kontrolle zur geforderten Leistung bewegt werden könnten.

Erst nach dem Ersten Weltkrieg, im Zuge der eingetretenen sozialen und politischen Veränderungen, fanden sozialwissenschaftliche und insbesondere psychologische Theorien Eingang in die Führungslehre. Nach einem längeren Entwicklungsprozess wurde Führung als ein von Personen und bestimmten Eigenschaften unabhängiger lehr- und erlernbarer Beruf erkannt. Kernpunkt der heute gängigen Definitionen ist »der Prozess der zielbezogenen, interpersonellen Verhaltensbeeinflussung« (Staehle 1994, S. 536).

Wir wollen im Folgenden einige wichtige Führungsmodelle vorstellen und folgen dabei einer Kategorisierung von Friedrich Glasl, der zwischen Management- oder Führungsphilosophie, Führungsstil und Führungstechniken unterscheidet (Glasl/Lievegoed 1996, S. 134 f.).

Management- oder Führungsphilosophie	Kognitiver Aspekt einer Führungskonzeption: generelle Grundauffassungen beziehungsweise Grundannahmen und Grundwerte in Bezug auf Menschen, Weltverständnis, Arbeitsverständnis.
Individuelle Führungsstile der Führungskräfte	Gestaltung der Beziehungen beziehungsweise des sozial-emotionalen Klimas zwischen Führenden und Geführten, Attitüden, das heißt Grundeinstellungen und Präferenzen für das Führungsverhalten, Grad der gegenseitigen Einflussnahme.
Führungsaufgaben und -techniken, die benutzt werden	Konkrete Gestaltung des Führungshandelns. Was sind die Kernaufgaben der Führung und welche Instrumente können eingesetzt werden?

Management- und Führungsphilosopien

Die Rolle und speziell die Durchsetzungsmacht, die Führungskräften in Organisationen eingeräumt werden, wurde schon immer mit einem philosophischen Überbau versehen. Egal, ob bewusst oder unbewusst, jeder Beobachter, jeder Beteiligte und selbstverständlich jede Führungskraft selbst nimmt das Management im Sinne einer bestimmten Weltanschauung wahr. In einer solchen Weltanschauung sind nähere Bestimmungen wichtiger Einflussfaktoren aufgehoben wie etwa das Verhältnis sozialer und ökonomischer Werte, ganzheitliche Denkweisen beziehungsweise das für das Managementverhalten maßgebliche Menschenbild.

Die wohl bekannteste und meistzitierte Klassifikation von überholten traditionellen und neueren Managementphilosophien stammt von Douglas McGregor (McGregor 1960). Er unterscheidet:

Theorie X (traditionell)	Theorie Y (neu)
Der Mensch ist von Grund auf faul, ohne Eigeninitiative und Ehrgeiz.	Menschen streben in ihrer Arbeit nach Selbstverwirklichung und sind aus freien Stücken zu starkem Einsatz bereit.
Der Mensch drückt sich vor der Arbeit und der Verantwortung, wo immer er kann.	Menschen sind bereit, Verantwortung zu übernehmen, und suchen sie sogar.
Die Menschen müssen angewiesen und kontrolliert werden. Erst die Androhung von Strafe bringt ausreichende Leistung.	Menschen können und wollen sich selbst kontrollieren.
Führungsverhalten nach der Theorie X: Druck und scharfe Kontrolle.	Führungsverhalten nach der Theorie Y: Entfaltungsmöglichkeiten einräumen und Vertrauen entgegenbringen.

Ein wesentliches Unterscheidungsmerkmal von Führungstheorien ist demnach das Menschenbild, von dem eine Führungskraft ausgeht.

Führungsstile und Führungsverhalten

Der Führungsstil zeigt sich in der Beziehung einer Führungskraft zu sich selbst und zu ihren Mitarbeitern. Bekannt ist die von Lewin und seinen Mitarbeitern anlässlich der Iowa-Studien (1938 bis 1940) getroffene Unterscheidung in

→ autoritären Führungsstil,
→ Laisser-faire-Stil,
→ partizipativen Stil.

Lewin, unter dem Eindruck der Hitler-Diktatur stehend, wollte in seiner Studie die Auswirkungen der unterschiedlichen Führungsstile auf individuelles und Gruppenverhalten untersuchen. Er stellte dabei Folgendes fest:

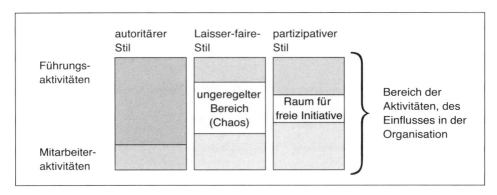

Der autoritäre Führungsstil ist dadurch gekennzeichnet, dass Zielsetzungen und Arbeiten von oben angeordnet werden. Es gibt eine strikte Kontrolle, die Mitarbeiter erhalten nur wenig Einblick in den Arbeitsvorgang. Das hinter diesem Stil stehende Ordnungs- und Kontrollbedürfnis ist meist auch Bestandteil der Organisationskultur.

Sinnvoll ist dominantes Leitungsverhalten wohl nur in Krisen- und Konfliktsituationen, deren Ende absehbar ist.

Auswirkungen: Die Mitarbeiter reagieren zunächst mit verstärktem Arbeitseinsatz. Nach einer gewissen Zeit der Gewöhnung wird »Dienst nach Vorschrift« gemacht. Kreativität und freie Initiative der Mitarbeiter gehen verloren. In dieser Entwicklung glauben dominante Führungspersönlichkeiten oft eine Bestätigung ihres Verhaltens zu erkennen, was letztlich einen verhängnisvollen Kreislauf in Gang setzt: Die Mitarbeiter ziehen sich weiter zurück usw.

Der Laisser-faire-Stil ist durch Zurückhaltung und Nichteinmischung (frz. »laisser faire« – »treiben lassen«) charakterisiert. Er wird oft mit einem demokratischen, partizipativen Stil verwechselt.

Sinnvoll kann die Haltung des Zusehens und Abwartens in Situationen sein, wo eine neue Führungskraft in eine bereits bestehende Gruppe kommt.

Auswirkungen: Die Mitarbeiter werden im Laufe der Zeit ratlos und unsicher und ziehen sich auf ihren Arbeitsbereich zurück. Neben aggressivem Verhalten und Resignation kommt es zum Rückzug auf den eigenen Verantwortungsbereich (»Schrebergärtnermentalität«), und das Interesse an der Gesamtorganisation geht verloren.

Der partizipative oder demokratische Stil meint ein Leitungsverhalten, das gemeinsamen Beratungs- und Entscheidungsprozessen gegenüber aufgeschlossen ist. Kenntnisse und Fähigkeiten von Mitarbeitern werden anerkannt, gefördert und am richtigen Ort eingesetzt.

Auswirkungen: Die Mitarbeiter erhalten einen hohen Informationsstand in Bezug auf relevante Ziele und Planungsfaktoren. Durch die Mitarbeit am Planungs- und Entscheidungsprozess entsteht ein hohes Maß an Identifikation mit den Aufgaben sowie eine starke Leistungsmotivation. Das Arbeitsklima ist partnerschaftlich.

> »Achtung: Selbstständig denkende Mitarbeiter können Ihren Chefsessel gefährden. Ein zu eigenen Gedanken fähiger Untergebener ist auch fähig, zu glauben, dass es eigentlich keinen guten Grund gibt, warum er Untergebener sein sollte, schon gar nicht Ihr Untergebener. Es liegt in der Natur der Sache, dass Sie als Vorgesetzter nicht das geringste Interesse daran haben können, von Mitarbeitern umgeben zu sein, deren Ehrgeiz allein darin besteht, eines Tages an Ihnen vorbeizupreschen. Der Trick im Umgang mit Untergebenen ist also, sie glücklich, produktiv, hoffnungsvoll, aber vor allem untergeben zu halten.« (Indira Fahmy: Hunde statt Katzen. Wie Sie Ihre Untergebenen untergeben halten. In: Trend 5/1996).

Die Kontinuumtheorie

Ausgehend von Lewins Modell, haben Robert Tannenbaum und Warren Schmidt (s. Staehle 1994, S. 546) eine *Skala von sieben Führungsstilen* entwickelt, die sie in einem Kontinuum anordnen. So wird sichtbar, wie je nach Ausprägung des Autoritätsverhaltens des Vorgesetzten der Entscheidungsspielraum der Gruppe groß bis verschwindend klein sein kann.

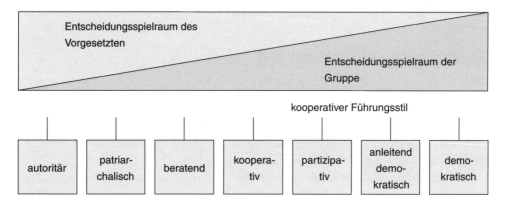

Tannenbaum und Schmidt, deren Kontinuumtheorie in der amerikanischen Literatur große Verbreitung gefunden hat, stellen fest, dass es keinen »richtigen« Führungsstil an sich gibt. Führungsverhalten, das effizient sein will, hat der Persönlichkeit des Vorgesetzten sowie den Charakteristika der Mitarbeiter und der jeweiligen Situation zu entsprechen.

Tannenbaum und Schmidt arbeiten in weiterer Folge die wichtigsten Einflussfaktoren heraus, die für situativ wirksames Führungsverhalten von Bedeutung sind:

> **Wichtige Einflussfaktoren für situativ wirksames Führungsverhalten**
>
> **Einflussfaktoren aufseiten der Führungskraft**
>
> → ihr Wertesystem (Menschenbild),
> → ihr Vertrauen in die Mitarbeiter,
> → ihre Führungsqualitäten sowie
> → das Ausmaß an Sicherheit, das sie in der konkreten Situation empfindet.
>
> **Einflussfaktoren aufseiten der Mitarbeitenden**
>
> → das Ausmaß an Erfahrung in der Entscheidungsfindung,
> → die fachliche Kompetenz,
> → ihr Engagement für das Problem sowie
> → ihre Ansprüche hinsichtlich ihrer Arbeit und persönlichen Entwicklung.
>
> **Einflussfaktoren aus der Situation heraus**
>
> → Art der Organisation,
> → Eigenschaften der Gruppe,
> → Art und Dringlichkeit des Problems sowie
> → der zeitliche Abstand zur Handlung.

Die Aufgabe einer Führungsperson besteht nach Tannenbaum und Schmidt darin, in Auseinandersetzung mit den situativen Faktoren ein der eigenen Persönlichkeit entsprechendes flexibles Führungsverhalten zu entwickeln.

Die drei Dimensionen des Führungsverhaltens

Im Sinne der Unterscheidung zwischen personen- und sachbezogenen Managementaufgaben stellt William J. Reddin (1977) zur Klassifikation von Führungsverhalten ein *dreidimensionales Verhaltensgitter* vor, dessen Achsen er »Beziehungsorientierung« (BO) und »Aufgabenorientierung« (AO) nennt. Als dritte Dimension führt er die Effektivität des jeweiligen Führungsverhaltens ein.

Wie schon Tannenbaum und Schmidt vertritt er die Auffassung, dass die von ihm unterschiedenen vier Stile in Abhängigkeit von der spezifischen Situation, in der Führungskräfte agieren, sowohl effizient als auch ineffizient sein können. Reddins Meinung nach ist es daher unsinnig, Führungskräften einen bestimmten Stil beibringen zu wollen, weil es vor allem darum gehe zu lernen, Führungssituationen zu analysieren und richtig einzuschätzen.

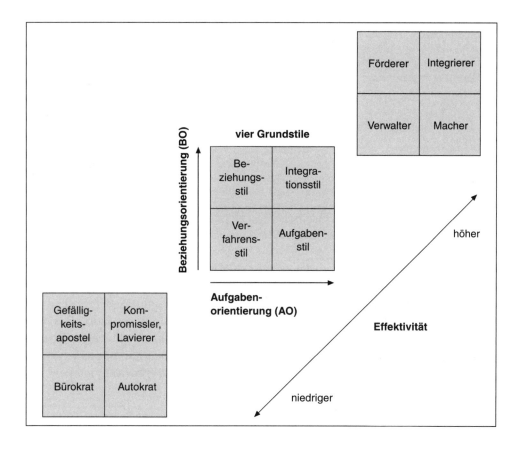

Reddin nennt fünf Einflussfaktoren, die bei einer Analyse und Einschätzung von Führungssituationen berücksichtigt werden müssen:

→ Vorgesetzter: Stile und Erwartungen,
→ Untergebene: Stile und Erwartungen,
→ Kollegen: Stile und Erwartungen,
→ Organisation,
→ Technologie.

Führungsverhalten nach dem Vier-Phasen-Modell der Organisationsentwicklung

Friedrich Glasl (1996) nimmt eine Klassifikation von Führungsverhalten nach dem bereits vorgestellten Vier-Phasen-Modell vor (s. S. 47). Er vertritt die Auffassung, dass sich mit dem evolutionären Wandel, den Organisationen mitmachen, auch Führungskonzepte verändern müssen und umgekehrt.

Pionierphase	Charismatisch-autokratische Führung, direkte, informale, persönliche Kontakte, Wärme.
Differenzierungsphase	Sachorientiertes Führen, technokratisch und bürokratisch instrumentalisierte Kontakte; formale Machtsymbole signalisieren Positionsmacht der Führenden; kaum Teamarbeit, Kühle und Distanz.
Integrationsphase	Agogisch-(individuell-)situatives Führen, strategische Personalentwicklung, formale und informale Kontakte, viel Teamarbeit, Wärme und Nähe.
Assoziationsphase	Hohe Durchlässigkeit der Führung, agogisch-situatives Führen; hohe Frustrationstoleranzen; Konfliktfähigkeit; Personalentwicklung auch im Unternehmensbiotop, Mitarbeiter als Bürger.

Der Wandel wird von allgemeinen Gesetzmäßigkeiten beeinflusst, deren Kenntnis eine bewusstere und aktivere Gestaltung der eigenen Organisation erlaubt. Das Modell von Glasl und Lievegoed gibt die Möglichkeit, Unterschiede oder sogar Gegensätze bei den in der Organisation vorhandenen Managementphilosophien, -stilen und -techniken zu erkennen und zu klären, wieweit sie dem Entwicklungsstand der Organisation und ihrer einzelnen Einheiten entsprechen.

Führungsstil im Wandel

In den letzten Jahrzehnten hat sich das Verständnis, wie Mitarbeiter geführt werden wollen/sollen, deutlich verändert. Der alte, feudale Stil hat die *drei K* als Leitbegriffe (Kälin/Müri 2001):

Kommandieren
→ Anweisungsgrund, Gehorsamskultur.
→ Mitarbeiter als »Sache«.
→ Kein Spielraum für eigene Ideen und Wege.

Kontrollieren
→ Begrenzen des Handlungsspielraums durch Detailanweisung.
→ Detailkontrolle, straffe Zügel.
→ Misstrauensvermutung – überfallartige Kontrolle.

Korrigieren
→ Zurechtweisen.
→ Sanktionen.
→ Kein Lernen.
→ Abwertung des Potenzials.

Das Menschenbild dahinter: Der Mensch ist antriebsschwach, soll gar nicht aus eigenem Antrieb handeln. Er ist selbstsüchtig und verantwortungslos, ohne straffe Kontrolle würde er die Organisation nur missbrauchen. Dieses Modell ist als Werthaltung nicht mehr zeitgemäß und von der Motivationsforschung als längst überholt erkannt. – Der zeitgemäße Stil hat als Leitbegriffe die *drei F:*

Fordern
→ Leistung und Ergebnisse fordern.
→ Ziele vereinbaren, Herausforderungen stellen.

Fördern:
→ Mitarbeiter zu guter Leistung befähigen.
→ Informieren, einbeziehen, Mitarbeiter »wachsen« lassen.
→ Jobrotation, Jobenrichment, Projekte, Weiterbildung, Begleitung, Coaching.

Feedback:
→ Rückmeldung über Leistung und Verhalten geben.
→ Zielerfüllung – Controlling.
→ Coachen, um Potenzial zu aktivieren.
→ Feedback beruht auf Gegenseitigkeit von Führungskraft/Mitarbeiter.

Die Werthaltung, *das Menschenbild* hier heißt: Der Mensch will Leistung erbringen, er kann Verantwortung tragen und eigene Ideen einbringen. Führen wird wesentlich mehr zu einer *partnerschaftlichen* Aufgabe. Coaching ersetzt das Kommandieren.

Während vielerorts noch Elemente des alten 3-K-Führungsstils anzutreffen sind und der kooperative 3-F-Stil noch nicht wirklich überall Einzug gehalten hat, wird in der neueren Führungsliteratur bereits ein weiter fortgeschrittenes Modell vorgestellt. Dieses beschränkt sich nicht auf die Betrachtung der Beziehung der Führungsperson zu den Teammitgliedern, sondern hat die Kultur und das Beziehungsgeflecht der ganzen Organisation sowohl im Inneren als auch nach außen im Auge. Damit wird für das Verständnis von Führung ein theoretischer Ansatz herangezogen, der unter dem Schlagwort »systemisches Denken« bekannt wurde.

Die Stichworte, die diesen neuen Führungsstil charakterisieren, heißen Kontext, Kultur und Kräfte. Die Begriffe »Kultur«, »Kontext« und »Kräfte« bezeichnen nicht das geforderte Führungsverhalten, wie das bei den Leitbegriffen der Vorgängerstile der Fall ist, sondern verweisen auf Betrachtungsformen beziehungsweise auf Verständnishorizonte von Führungsfragen.

Kontext meint die Notwendigkeit, Führungsphänomene in ihrer Vernetztheit zu sehen. Bedeutsam ist diese Sichtweise zum Beispiel bei der Betrachtung von Störungen. Eine Störung lässt sich nach diesem Konzept nicht kausal-logisch betrachten, um zum Beispiel eine Person als Urheber zu identifizieren. Sie wird vielmehr als Symptom der Organisation gesehen, das nicht durch Eliminierung von »Schuldigen« beseitigt werden kann, weil es von mehreren Seiten her bedingt ist.

Das Stichwort »**Kultur**« soll daran erinnern, dass Führungspersonen ihren Sinn für die Kultur einer Organisation, für ihre Werte und ihre Geschichte(n) zu stärken haben. Zentral sind Fragen nach dem »Wie«. Wie wird in der Organisation gehandelt, wie miteinander umgegangen und so weiter?

Das Stichwort »**Kräfte**« soll darauf aufmerksam machen, dass eine Organisation als komplexes Kräftefeld zu betrachten ist, in dem viele informelle Prozesse stattfinden, und Führungskräfte weniger mit formaler Autorität als durch Förderung der Kräfte der Selbstorganisation und der Selbstverantwortung erreichen können.

Der stetige Wandel der Führungskonzepte macht sichtbar, dass die Theoriebildung zum Thema Führung im Fluss ist. Wenn hier auch immer wieder neue Moden und Konzepte entstehen: Die Richtung des Wandels macht uns deutlich, dass sowohl der sozialen und kommunikativen Kompetenz als auch – wie zuletzt mit dem neuen 3-K-Stil beschrieben – dem Wissen um Gesamtzusammenhänge ein immer größerer Stellenwert zugeschrieben wird.

Situatives Führen

Im Zuge der Auseinandersetzung um den »richtigen« Führungsstil hat sich immer mehr die Einsicht durchgesetzt, dass es einen solchen nicht gibt. Ob ein Führungsstil erfolgreich ist, ist von Situation zu Situation unterschiedlich. Dabei spielen folgende Einflussfaktoren eine Rolle:

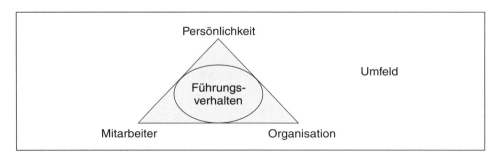

Nicht alle Mitarbeiter sind gleich in Bezug auf persönliche Reife, Verantwortungsgrad, fachliches Können und auch Motivation. Ferner sind auch die Führungssituationen unterschiedlich: »Schönwetterperioden«, wo alles seinen geordneten Gang läuft, erlauben ein anderes Führungsverhalten als Krisensituationen, wenn es »brennt«. Situativ führen heißt: Je erfahrener Mitarbeiterinnen und Mitarbeiter in einer Aufgabe bereits sind, desto weniger muss ihnen vorgegeben werden. Der Delegations- und Führungsstil muss sich dem Reifegrad flexibel anpassen. Voraussetzung: Die Führungskraft

→ muss ihre Mitarbeiter gut kennen,
→ darf sich nicht mit dem aktuellen Entwicklungsniveau der Mitarbeiter »abfinden«,
→ sondern muss sie herausfordern – zum Erfahrungslernen.

Das Zusammenspiel der Managementebenen

Eine der größten Herausforderungen guten Managements ist das produktive Zusammenspiel der Führungskräfte verschiedener Ebenen und (Fach-)Bereiche. Führungskräfte oder Manager wirken in arbeitsteiliger Weise an der Zielerreichung eines Unternehmens mit und sind mit jeweils unterschiedlichen Kompetenzen (Machtbefugnissen) ausgestattet, die in der Regel dem pyramidenförmigen Aufbau von Organisationen entsprechen. Unterschieden werden:

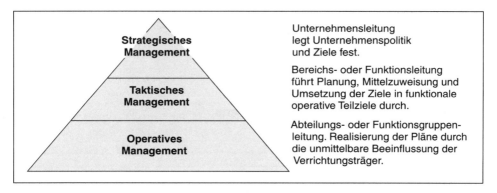

In vielen Organisationen erleben wir, dass strategisches und operatives Management wenig miteinander zu tun haben. Manchmal wird die Strategie gegenüber den »unteren« Ebenen sogar geheim gehalten. Für eine erfolgreiche Organisation ist es wichtig, dass die Strategien und Ziele auf allen Ebenen gut verstanden und aktiv mitgetragen und umgesetzt werden. Das erfordert ein strukturiertes Zusammenwirken von oberer Führung, einzelnen Bereichen, Geschäftsfeldern und Abteilungen. Die unterschiedlichen Hierarchieebenen haben in der Gestaltung der Organisation unterschiedliche Aufgaben. Ein hilfreiches Modell ist das Konzept der drei Systemebenen Makro-, Meso- und Mikroebene (s. Weiss 2003).

Führung Makroebene	Überblickt das Gesamtsystem, sorgt für strategische Grundausrichtung, für Leitbilder. Schafft Grundlagen für wirksames Agieren von Meso- und Mikroebene. Hat die Verantwortung für die Positionierung zum Umfeld/Markt und die Schaffung von nachhaltigem Nutzen. Pflegt Werte, Kultur, Ethik und Zusammenhalt und entwickelt sie weiter.
Führung Mesoebene	Erstellt im Spannungsfeld von Makro- und Mikroführung strategische Konzepte und Pläne. Sorgt für geeignete Strukturen und Prozesse. Stößt nötige Entwicklungs- und Veränderungsprozesse an und setzt sie durch. Pflegt die vertikale und horizontale Kommunikation, vernetzt das System, sorgt für die erforderlichen Brückenschläge. Ist für die Pflege von Mitarbeitern und Ressourcen wesentlich verantwortlich.
Führung Mikroebene	Steuern der operativen Einheiten entlang von Strategien und Zielen. Orientierung an den Kernprozessen und Kundenanforderungen. Sorgt für einen hohen Grad an Selbstplanung und -steuerung der Mitarbeitenden.

Grundsätze und Werkzeuge des Führens

Grundsätze des Führens

Die Hauptverantwortung einer Führungskraft liegt darin, Mitarbeiter und Teams positiv zu beeinflussen und zu steuern, damit die Unternehmensziele erreicht und Spitzenleistungen möglich werden.

→ Gute Führungskräfte orientieren sich an den Ergebnissen ihrer Arbeit, nicht an der Arbeit selbst. Anstrengung ohne Ergebnis ist verlorene Mühe.
→ Gute Führungskräfte achten darauf, im Sinne des ganzen Unternehmens zu handeln und nicht nur ein Spezialgebiet voranzutreiben.
→ Qualifizierte Führungskräfte konzentrieren sich auf wesentliche Tätigkeiten. Sie wehren sich dagegen in Details aufzugehen und ihre Kräfte zu verzetteln.
→ Erfolgreiche Führungskräfte stützen sich auf die Stärken, die sie selbst und ihre Kollegen und Mitarbeiter haben. Menschen leisten dann Außergewöhnliches, wenn die Aufgaben optimal zu ihren Stärken passen.
→ Kompetente Führungskräfte wissen, dass sie alles tun müssen, um das Vertrauen im Unternehmen zu gewinnen und zu erhalten. Dazu brauchen sie persönliche Integrität und eine Haltung der Wertschätzung.
→ Nicht zuletzt gehen gute Manager an Situationen positiv und konstruktiv heran. Es gilt auch in schwierigen Situationen, die vorhandenen Chancen zu nutzen und nicht in Pessimismus zu verfallen.

Werkzeuge des Führens

Damit eine Führungskraft ihre Aufgaben im Alltag gut erfüllen kann, braucht sie neben Werten und Grundsätzen wirksame Werkzeuge. Diese sind:

Initiativen ergreifen und Ziele setzen	Kunden, Mitarbeiter und Vorgesetzte mit Ideen überzeugen und gewinnen.
	Ziele setzen und vereinbaren, klare Vorgaben machen, Ergebnisse einfordern.
	Gespräche und Sitzungen aktiv gestalten.
Delegieren, Aufgaben gut verteilen	Sich selbst auf Wesentliches konzentrieren.
	Die Fähigkeiten aller entwickeln, Mitarbeiter durch Aufgaben herausfordern und aufwerten.
	Rückdelegation nicht hinnehmen.
Ergebnisse durch Verhandeln erzielen	Themen mit Verhandlungserfordernis aktiv aufgreifen.
	Sachlich und problemorientiert verhandeln.
	Partner fair behandeln und realistische Lösungen anstreben; keine Verlierer zurücklassen.
Entscheidungen treffen und herbeiführen	Sachlichen Entscheidungsbedarf und den erforderlichen Zeithorizont erkennen; richtigen Zeitpunkt wahrnehmen.
	Transparent und eindeutig auf der Basis von Informationen entscheiden, dabei mit Risiken sorgfältig umgehen.
	Erkennen, wann Einzel- und wann Teamentscheidungen sinnvoll sind.

Mitarbeiter- und Organisationsentwicklung fördern	Die Qualität der Mitarbeiter erkennen und entsprechend fördern.
	Erfolgsmöglichkeiten bieten, persönlichen Erfolg mit Unternehmenserfolg verbinden.
	Die Organisation entwickeln und ihre Erfolgspotenziale stärken.
Leistungen beurteilen	Faire, glaubhafte, sachliche Beurteilung von Leistungen.
	Fähigkeiten und Verhalten der Mitarbeiter beurteilen; mit Fehlern konstruktiv umgehen.
	Wirksam kritisieren und anerkennen.
Informieren und Kommunizieren	Für gute Regelkommunikation sorgen (beispielsweise durch regelmäßige Sitzungen, Besprechungen).
	Aktuell, relevant und kurz informieren.
	Mit den Mitarbeitenden, Kollegen und Vorgesetzten offen und direkt reden.
	Die Kommunikation und Gesprächsbereitschaft auch in schwierigen Situationen aufrechterhalten.

Führungstechniken

Führungstechniken sind konkrete Verhaltensregeln, die Managern die Planung, Organisation und Kontrolle erleichtern sollen.

Die Anwendung von Führungstechniken ist Teil des sachbezogenen Managements. In der gängigen Literatur werden – einer Modekonjunktur folgend – immer wieder Führungstechniken vorgestellt, die sich auf einen bestimmten Aspekt der Managementaufgaben konzentrieren und bei dessen Berücksichtigung den größten Erfolg versprechen. Am bekanntesten sind die sogenannten »Management by«-Techniken.

Die »Management by«-Techniken

Management durch Zielvereinbarung (Management by Objectives, MbO). Diese Technik meint eine zielorientierte Unternehmensführung und vertritt folgende Grundsätze:

→ Das Verhalten der Mitarbeiter wird auf Ziele und Ergebnisse (deshalb auch oft Management by Results) ausgerichtet.
→ Mitarbeiter sollen sich mit Zielen identifizieren und so zu selbstständigem Handeln kommen.

→ Führungskräfte und Mitarbeiter sollen mittels Zielen größtmögliche Selbststeuerung erreichen und Abweichungen von Ergebnissen selbst feststellen können (Kontrolle).

Wie bei allen anderen »Management by«-Techniken ist auch bei MbO eine gewisse Einseitigkeit festzustellen. MbO ist jedoch ständig verbessert worden und hat sich in vielen Bereichen gut bewährt.

Management durch Kontrolle (Management by Control, MbC). Wie der Name schon sagt, besteht diese Führungstechnik aus einer Systematik von Kontrollaktivitäten. Kontrolle setzt jedoch Zielsetzungen und Planung voraus, weshalb diese Führungstechnik nur in Kombination mit MbO beziehungsweise Management durch Eingriff im Ausnahmefall (MbE) Sinn macht. Ein Kontrollsystem ohne diese zusätzlichen Techniken würde vor allem Angst verbreiten und Unterwerfung (»Dienst nach Vorschrift«) bewirken, ohne dass die angestrebte Effizienz erreicht werden könnte.

Positiv an dieser Führungstechnik ist, dass Abweichungen schnell festgestellt werden können. Negativ muss gesehen werden, dass eine Betonung von Kontrolle von Vorgesetzten missbraucht werden kann. Bei Mitarbeitern hingegen kann dies dazu führen, dass sie nicht bereit sind, Verantwortung zu übernehmen und Risiken einzugehen.

Management durch Delegation (Management by Delegation, MbD). Damit ist die Übertragung von Aufgaben und Kompetenzen an nachgeordnete Personen und Instanzen gemeint. Die Aufgabe der Führungskraft beschränkt sich auf die Führung, die vor allem darin besteht, dass erreichbare und konkrete Ziele gesteckt werden und eine ständige Kontrolle ausgeübt wird, die sichern soll, dass die angestrebten Ergebnisse erreicht werden und die Mitarbeiter Aufgaben erhalten, denen sie gewachsen sind.

In der Praxis hat diese Technik bewirkt, dass Mitarbeiter eine hohe Eigenverantwortung und Leistungsbereitschaft ausgebildet haben. Andererseits ist auch bekannt, dass der Grundsatz der Delegation in für Bürokratie anfälligen Organisationen zu übertrieben ausführlichen Stellenbeschreibungen geführt hat. Dies trug dazu bei, dass Mitarbeiter sich auf ihren Bereich konzentrierten und keine Gesamtverantwortung mehr wahrnehmen.

Management durch Eingriff im Ausnahmefall (Management by Exception, MbE). Diese Technik regelt, dass Führungskräfte nur dort aktiv werden, wo untergeordnete Ebenen ihre Aufgaben allein nicht mehr bewältigen können. Der Vorteil dieser Führungstechnik liegt in der Staffelung der Verantwortungsbereiche. Auch werden den Mitarbeitern große Eigenständigkeit und Selbstverantwortung zuerkannt, während Führungskräfte von Routinearbeiten entlastet werden.

Als Problem hat sich erwiesen, die Anlässe für das Eingreifen von Führungskräften eindeutig zu erkennen. In Organisationen, in denen gerne mit Schuldzuweisungen reagiert wird, ist man bemüht, Schwierigkeiten und negative Abweichungen im eigenen Arbeitsbereich nicht sichtbar werden zu lassen. Problematisch ist auch, Führungskräfte nur bei negativen Entwicklungen und nicht auch bei positiven Leistungen (zum Zweck der Anerkennung) tätig werden zu lassen.

Management durch Systemsteuerung (Management by System, MbS). Diese Technik weist eine gewisse Ähnlichkeit mit MbE auf, ist jedoch ein umfassenderes Modell. Die Managementprozesse in einer Organisation werden in diesem Konzept im kybernetischen Sinn als geschlossener Regelkreis gesehen, in dem alle einzelnen Führungsfunktionen ihren spezifischen Platz zugewiesen bekommen.

Jede Position – vom einzelnen Mitarbeiter bis zur Führungskraft – bekommt eine bestimmte »Regelungsverantwortung« übertragen und hat neben den Aufgaben der »Selbststeuerung« ein bestimmtes Maß an »Fremdsteuerung« zu integrieren. Hauptaufgabe des Managements ist es, Entscheidungen über Maßgrößen, Sollgrößen, Stellengrößen und anderes mehr zu treffen und außerdem die im Arbeitsprozess aus organisierten Rückkopplungsprozessen zurückfließenden Daten richtig zu interpretieren und für weitere Zielbildungs- und Planungsprozesse heranzuziehen.

In der Praxis hat sich diese Führungstechnik als zu kompliziert und zu technokratisch erwiesen. Neuere Ansätze des Managements durch Systemsteuerung orientieren sich mehr an der Biologie als an der technischen Kybernetik.

Leitbildorientiertes Führen (Management by Ideas, MbI). Das Grundprinzip dieser Führungstechnik besteht darin, in der Organisation eine Kommunikation über die Leitmotive des unternehmerischen Handelns einzuleiten. Dieser Prozess soll bewirken, dass die Mitarbeiter ihr Handeln auf diese Ideen hin ausrichten. Als Elemente des Leitbilds werden folgende Ideen erarbeitet:

→ Ideen für die Entwicklung von Produkten beziehungsweise Dienstleistungen,
→ Bedürfnisse des Marktes,
→ Mission des Unternehmens,
→ gesellschaftliche Aufgabe,
→ Umgehen mit internen Ressourcen.

Wenn Mitarbeiter nicht mit fertigen Leitbildern konfrontiert werden, sondern an ihrer Entwicklung mitwirken können, entsteht eine tiefe Identifizierung mit Zielsetzungen der Organisation. Wenn Leitbilder außerdem konkret genug sind, entsteht bei den Mitarbeitern gleichzeitig eine Orientierung für praktisches Handeln.

Nicht zufällig erinnert diese Führungstechnik stark an das bereits besprochene MbO. In der Praxis werden diese Führungstechniken auch oft kombiniert angewandt.

Eine nähere Beschäftigung mit den Führungs- beziehungsweise »Management by«-Techniken zeigt, dass stets ein bestimmter Aspekt der Führungsaufgaben recht einseitig hervorgehoben wird. »Daher ist es auch bedenklich, wenn in Form von ›Rezepten‹ die eine oder andere Methode angepriesen und auch eingesetzt wird, da dies stets zu einer *Einseitigkeit der Führungsaufgaben* führt. Darüber hinaus ist der Komplex ›Führung‹ weitgehend situativ bestimmt, das heißt, je nach Schwere und Dauer eines Problems werden unterschiedliche Methoden angewandt« (Koreimann 1999).

Aus diesen Gründen haben Führungstheoretiker immer wieder versucht, Modelle zu entwickeln, die alle Komponenten des Führungsprozesses einschließen. Ein Beispiel für ein solches Modell ist das oben beschriebene »Management by System«, ein anderes Beispiel ist der sogenannte Managementregelkreis. Darauf werden wir nun intensiver eingehen.

Der Managementregelkreis

Um die Einseitigkeit der »Management by«-Techniken zu überwinden, wurde immer wieder an Modellen gearbeitet, die die Komplexität und die wechselseitige Abhängigkeit der Führungsaufgaben in einem Gesamtzusammenhang darstellten. Ein solches Modell ist der Managementregelkreis.

In diesem Modell werden die einzelnen Managementaktivitäten durch Informations- und Kommunikationsprozesse verbunden und in ihrem prozessualen Zusammenhang dargestellt. Die Aktivitäten (nach Koreimann 1999) sind:

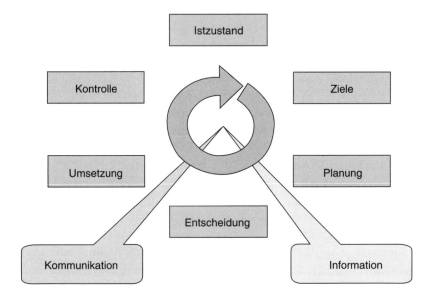

→ **Ist-Zustand:** Dazu gehören die bewusste Situationswahrnehmung, ihre Analyse und Diagnose. Es zeigen sich dabei Chancen und Probleme sowie Handlungsherausforderungen. Dabei stehen wir immer in einem Wechselspiel mit vermuteten oder vorgestellten Alternativ-, Soll- und Zielbildern.

→ **Ziele:** Durch die Auseinandersetzung mit der Situation werden Verbesserungs- und Neuerungsmöglichkeiten, Initiativen zur Entwicklung und Veränderung angeregt. Diese münden in implizite oder explizite Zukunfts- und Zielbilder.

→ **Planung:** Das produktive Spannungsfeld von der Ist-Wahrnehmung und dem Willen, die spezifischen Ziele zu erreichen, erfordert zu seiner Überwindung planende Schritte; Alternativen der Zielerreichung werden bedacht, Maßnahmenbündel entwickelt und die Erfordernisse und Konsequenzen (Risken, Kosten) von konkreten Handlungsschritten abgewogen. (»Plane, und du wirst irren, plane nicht, und du wirst nicht wissen, dass du dich geirrt hast.«)

→ **Entscheidung:** Auf der Basis von Situationskenntnis und Zielbild ist die Entschlussfassung gefordert, damit Veränderungen wirklich zum Tragen kommen und unternehmerisches Handeln folgen kann. Entscheidungen herbeizuführen ist ein zentrales Element des Führungsprozesses.

→ **Umsetzung:** Die Durchführung der Entscheidungen bedarf der Koordination und Abstimmungsarbeit, manchmal auch der Anleitung und Unterstützung. Beispielsweise sind Zielvereinbarung und Delegation wesentliche Arbeitstechniken der Führung.

→ **Kontrolle:** Überprüfung des Fortschritts und der Wirksamkeit durchgeführter Maßnahmen. Eigentlich mündet hier der Prozess schon wieder in Punkt 1, die bewusste Wahrnehmung des Ist-Zustands.

→ **Kommunikation und Information:** Führen ist zum überwiegenden Teil eine kommunikative und informierende Tätigkeit. Es geht im Kern darum, bei den Geführten gemeinsame Sichtweisen zu Problemen, Zielen und erforderlichen Handlungen herzustellen. Führungskräfte brauchen daher ein hohes Maß an Fähigkeiten in diesem Bereich.

Führen wird in dieser Art als Prozess verstanden, kann nicht endgültig erledigt oder abgeschlossen werden, sondern bleibt als dauernde Aufgabe der Veränderung und Verbesserung bestehen!

In einer kritischen Würdigung des Managementregelkreis-Modells ist als positiv hervorzuheben, dass es alle wichtigen Komponenten des Führungsprozesses ins Bewusstsein rückt und in ihrem Zusammenhang beschrieben. Es suggeriert aber auch Geschlossenheit, Linearität und hohe Planbarkeit des Führens; mittlerweile ist jedoch der Glaube daran verloren gegangen, dass Organisationen so zweckrational geführt werden können, wie das der Managementregelkreis oder die »Management by«-Techniken nahelegen. Managementtechniken machen glauben, dass – egal, ob Mensch oder Materie – ein bestimmter Input einen jeweils voraussehbaren Output ergeben müsse (s. S. 20). Ihnen allen liegt die Vorstellung eines Führers zugrunde, der an der Spitze eines Unternehmens steht, dort ungefiltert alle wesentlichen Informationen erhält und sich so ein objektives Bild der Lage verschafft, um die richtigen Entscheidungen zu treffen und seine Mitarbeiter plangemäß zu steuern.

Diese Vorstellung, dass Unternehmen zentral »gelenkt« werden könnten wie ein Auto, ist überholt. Als Beteiligter ist der Manager selbst nur Teil des Systems und kann daher nur einen bestimmten, subjektiv gefärbten Ausschnitt der Wirklichkeit wahrnehmen. Zum Beispiel ist die Brille des Marketingleiters eine andere als die des Produktionschefs. Während sich Marketingleute beispielsweise gerne eine starke Differenzierung der Produktpalette wünschen, um die Wünsche aller Kunden zu erfüllen, drängt die Produktion auf Vereinheitlichung, weil sich damit der Herstellungsaufwand reduziert. (»Sie können das Auto in jeder Farbe haben, sofern sie schwarz ist« – Henry Ford.) Beide Leiter wiederum werden aufgrund ihrer Vorgesetztenperspektive eine andere Sicht der Dinge haben als ihre Mitarbeiter.

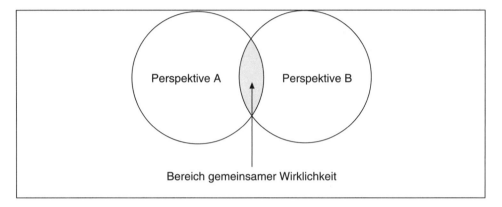

Die Zurücknahme des Anspruchs auf ein richtiges Erkennen der Dinge hat dazu geführt, speziell der Kommunikation einen zentralen Stellenwert zuzuweisen. Anders als in früheren Konzepten, in denen davon ausgegangen wurde, dass das Sammeln von Teilinformationen ein richtiges Gesamtbild ergeben könne, existiert in neueren Managementtheorien die Auffassung, dass ein objektives Bild niemals erreicht werden kann und alle Anstrengungen daher auf das Entwickeln einer gemeinsamen Wirklichkeitsvorstellung gerichtet werden müssen.

Das Landkartenmodell

Die Gesprächspsychologie sagt uns, dass alle unsere Gesprächsbeiträge und unser gesamtes Verhalten von einer Landkarte gesteuert werden, in der alle unsere Werte, Einstellungen und Interessen, aber auch unsere Erfahrungen aufgehoben sind. Jeder Mensch hat eine solche Landkarte. Diese Landkarte ist nicht die Wirklichkeit, aber sie hilft uns dabei, uns in der Wirklichkeit zurechtfinden.

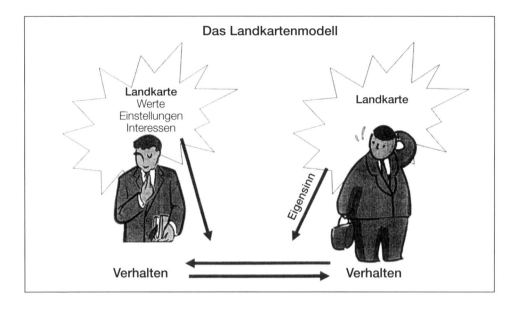

Unsere Kommunikation und unser Verhalten werden durch »Landkarten« angeleitet. Die Landkarte leitet uns an, drei Grundoperationen zu leisten:

→ Fakten und Informationen zu erkennen und zu unterscheiden,
→ relevante und für uns wichtige Fakten und Informationen auszuwählen sowie
→ Informationen und Fakten miteinander zu verknüpfen.

Auf diese Weise gibt unsere Landkarte den Dingen und Vorgängen um uns herum erst einen Sinn. Dieser ist so lange »Eigensinn«, als es uns nicht möglich ist, die eigene Landkarte zu vergemeinschaften. Jemand handelt also so lange »eigensinnig«, wie er das eigene Verhalten nicht vermitteln kann und auch kein Verständnis für anderes Verhalten hat.

Nachdem nicht immer sofort sichtbar wird, nach welcher Landkarte sich jemand in der Wirklichkeit orientiert, dies aber Voraussetzung für Verständnis ist, wird es notwendig sein, Gespräche so zu steuern, dass die von den Gesprächspartnern verwendeten Landkarten sichtbar werden.

Das Einbeziehen verschiedener Perspektiven und Werthintergründe wird somit eine wichtige Führungsqualifikation, die verhindert, dass Entscheider in mentalen und sachlichen Sackgassen stecken bleiben. Ihre Entscheidung wird dadurch weder infrage gestellt, noch einfacher – aber sie ruht dann auf besseren Fundamenten.

Die Kommunikationsaufgabe, die Führungskräfte zu erfüllen haben, besteht daher darin, Prozesse zu organisieren, in denen ausreichend Raum für unterschiedliche Sichtweisen und Einschätzungen vorhanden ist. Es geht darum, eine gemeinsame Sicht der Dinge (eine gemeinsame Landkarte) zu entwickeln, bevor Entscheidungen getroffen werden.

Raum für gemeinsame Meinungsbildung entsteht, wenn

→ Zeit dafür reserviert wird,
→ das Vorhandensein anderer Meinung akzeptiert wird,
→ Menschen, die andere Meinungen haben, Wertschätzung entgegengebracht wird,
→ in Form von Fragen Interesse an anderen Meinungen gezeigt wird und
→ andere Meinungen bei der Entwicklung einer gemeinsamen Sicht der Dinge einbezogen werden.

H. R. Fischer beschreibt die Aufgabe der Kommunikation im Management so: »Der systemische Manager der Zukunft muss sich ... als kommunikativer Grenzgänger und Brückenbauer betätigen, der die unterschiedlichen Rationalitätstypen und Sinnsysteme der Unternehmensbereiche in Beziehung bringt« (Fischer 1993, S. 44).

Praktische Herausforderungen des Führens heute

Die Existenz unterschiedlicher, oft auch gegensätzlicher Organisationsformen und Managementkonzepte ist das Resultat von Spezialisierungsprozessen, mit denen Organisationen auf Umweltanforderungen reagieren. Überall dort, wo dieser Prozess traditionellen Ordnungsvorstellungen folgte, führte er zu einer starken funktionalen Differenzierung und Hierarchisierung. Die Idee war, Organisationseinheiten mit genau abgegrenzten Aufgabengebieten zu bilden und die zur Erzielung eines vollständigen Leistungsprozesses notwendige Koordination und Steuerung den Managern der unterschiedlichen hierarchischen Ebenen zu übertragen. Dieses Konzept war jahrzehntelang erfolgreich, stößt jedoch trotz des Einsatzes ausgefeilter Managementtechniken überall dort an seine Grenzen, wo Organisationen eine Komplexität erreicht haben, die eine zentralistische, hierarchische Lenkung unmöglich macht. Probleme, die in solchen Organisationen auftauchen, sind:

→ lange und komplizierte Entscheidungswege,
→ hoher Abstimmungsaufwand im Betrieb,
→ Konkurrenz vieler um wenige Führungsposten,
→ energieaufwendige Kompetenzkonflikte,
→ egoistisches Abteilungsdenken,
→ Abwehr neuer Aufgaben,
→ viele sich gegenseitig behindernde Hierarchieebenen,
→ Distanz zum Kunden.

Am Beispiel der Forderung und der Kontrolle, die das traditionelle Managementverhalten charakterisieren, lässt sich ein Grundmuster der Interaktion in bürokratischen Organisationen darstellen: Entscheidungen werden an der Spitze, fernab von den Stätten ihrer Auswirkung, getroffen. Wenn ihr Resultat, die Anordnung, auf den üblichen formalen Informationswegen bei den Betroffenen anlangt, ist ihr Sinn meist verloren gegangen. Nach dem Motto »Was die Eierköpfe sich da schon wieder ausgedacht haben!« werden in der Folge die mit der Anordnung verknüpften Forderungen nicht akzeptiert, und es beginnt ein Teufelskreis von Abwehr, Verschleppung und der Entwicklung neuer Durchsetzungsformen, der alle Beteiligten viel Kraft kostet (s. folgende Abbildung).

Die Realisierung von Planungszielen, die am grünen Tisch von Stabsstellen und Vorstandsetagen festgelegt werden, ist mit allzu hohen Reibungsverlusten und einem hohen Kontrollaufwand verbunden.

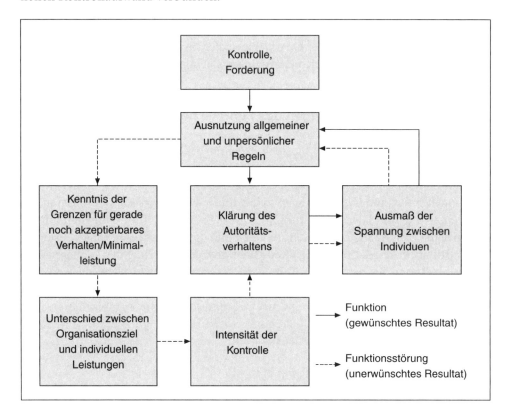

H. R. Fischer, selbst ein Vertreter der systemischen Organisationstheorie, beschreibt den Prozess hierarchischer Führung mit folgender Formel: »Je mehr Hierarchie, desto mehr Kontrolle, je mehr Kontrolle, umso härter die Strukturen, je härter diese Strukturen, um so unflexibler das System« (Fischer 1993, S. 28). Seine Kritik des technikgläubigen, der alten Zweckrationalität verhafteten Managements betitelt er konsequenterweise mit »Management by bye«.

Das traditionelle Denken, von der Vorstellung geleitet, dass mittels genereller Regeln und Anordnungen Situationen des Organisationsalltags vorstrukturiert und programmiert werden könnten, hat ausgedient. Die Voraussetzung dafür war, dass die

Aufgabenbedingungen voraussehbar und wiederkehrend sind. Und ebendiese Situation hat sich durch die Veränderung der Unternehmensumwelt gründlich gewandelt. Unternehmen sind heute konfrontiert mit

→ der Auflösung räumlicher Grenzen wirtschaftlichen Handelns,
→ einer Verschärfung der Wettbewerbssituation,
→ der Umstellung von Produktorientierung auf Kundenorientierung,
→ einer beschleunigten Technologieentwicklung,
→ einer raschen Veränderung der politischen Verhältnisse (EU-Erweiterung, Ende des Kommunismus, neue Wirtschaftsmächte steigen auf ...),
→ der öffentlichen Sensibilität für gesellschaftliche Folgekosten wirtschaftlichen Handelns (Ökologie).

Im Zusammenhang mit all diesen externen Herausforderungen entstand die Einsicht, dass Strategieplanungen zur Unternehmenspositionierung auch mithilfe der ausgefeiltesten Methoden und größten Datenbanken aufgrund der »neuen Unübersichtlichkeit« (Habermas) und der raschen Veränderungen unzulänglich sind.

Die Unsicherheit bei der strategischen Planung und die beschriebenen internen Probleme mit den traditionellen Steuerungstechniken schufen die Notwendigkeit, nach neuen Managementkonzepten zu suchen.

Selbstorganisation – ein Ausweg aus der Managementkrise?

Die Krise des Managements führte zur Auseinandersetzung mit anderen Konzepten der Koordination und Steuerung. Das interessanteste und weitreichendste ist sicherlich das Konzept der Selbstorganisation. Wie bereits ausgeführt, sind mit »Selbstorganisation« Phänomene gemeint, die in sozialen Systemen wie durch »unsichtbare Hand«, also ohne menschlichen Plan, äußerst flexibel und kreativ ein hohes Maß an Ordnung und Zweckhaftigkeit herstellen. Es handelt sich also um eine Vielzahl von Handlungen, die alle ihr individuelles Ziel haben, aber nicht das des Gesamtergebnisses, das dann als Produkt des kollektiven Agierens zufällig entsteht.

Schon in der Vergangenheit wurden informelle Prozesse als wichtige Korrektur der bürokratischen Unbeweglichkeit angesehen und insgeheim gefördert.

Statt mit immer neuen Anforderungen und Symptomkorrekturen das alte System heiß laufen zu lassen, tragen moderne Managementkonzepte der Existenz von Selbstorganisation offen Rechnung. Sie räumen den in der Organisation vorhandenen Kräften den Freiraum ein, den sie benötigen, um sich selbst ihrer rasch wandelnden Umwelt anzupassen. Dazu ist es nötig, direkte Steuerungsformen durch indirekte zu ersetzen. Es wird darauf verzichtet, bestimmte Ergebnisse oder die Beachtung bestimmter Lösungswege zu fordern, stattdessen werden vonseiten des Managements Angebote formuliert und Rahmenbedingungen geschaffen, die Selbstorganisation ermöglichen.

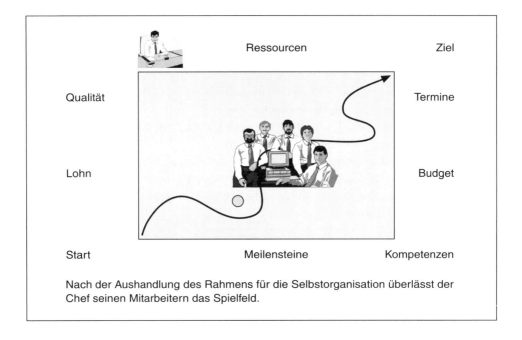

Nach der Aushandlung des Rahmens für die Selbstorganisation überlässt der Chef seinen Mitarbeitern das Spielfeld.

Als zentrales Modell für die Interaktion des Managements wird der Austausch angesehen (Simon 2005). Die Ergebnisse des Austausches sind Vereinbarungen, denen die Autorität von Führung zukommt. So kann zum Beispiel die Organisation des Produktionsbereichs einer Firma auf Vereinbarungen beruhen, die zwischen den einzelnen Produktionsgruppen untereinander und mit dem Management getroffen werden. Jede Organisationseinheit übernimmt dann die Aufgabe, ihre aus solchen Nahtstellenvereinbarungen resultierenden Verpflichtungen zu erfüllen. Wie sie das anstellt, bleibt ihr weitgehend selbst überlassen.

Von der Erkenntnis des Stellenwerts der Selbstorganisation ausgehend, werden Rolle und Aufgaben des Managers neu definiert. Ein das neue Verständnis illustrierende Bild ist das des Coachs eines Fußballteams.

↗ Beispiel

Wie Sportfans wissen, wählt der Coach seine Spieler sorgsam aus, weist ihnen je nach individueller Stärke bestimmte Positionen und Funktionen zu und sorgt für ein intensives Training. Er wird sich auch bemühen, ein Team zu formen, einzelne Spielzüge und dem jeweiligen Gegner angepasste Strategien einzuüben. Er kann jedoch nicht jede Entwicklung in einem künftigen Spiel voraussehen und seine Leute im Detail darauf vorbereiten. Darüber hinaus ist seine Arbeit mit Beginn des Spiels im Wesentlichen beendet. Verbannt an den Rand des Spielfelds, hat er auch nicht die Möglichkeit, das Spielfeld aus dem jeweils relevanten Blickwinkel der Spieler zu sehen. Seine Entscheidungen wären inadäquat und zu langsam, er ist also dazu angehalten, der gemeinsamen Vorbereitung und der Selbstorganisation seiner Leute voll zu vertrauen.

Wie am Beispiel des Fußballcoachs besprochen, wird auch für die Rolle der Führung die im Gespräch erzielte Vereinbarung als zentrales Instrument gesehen. Ihr kommt die Autorität von Führung zu. Typische Beispiele für diese Art von Führung sind Zielvereinbarungen oder Projektaufträge. Sie bestehen aus Regelungen, die im gemeinsamen Gespräch getroffen werden, und jeder Beteiligte hat die Aufgabe, die ihn betreffenden Verpflichtungen aus den Vereinbarungen zu erfüllen.

Die Aufgaben, die der moderne Manager übernimmt, werden zweiteilig gesehen. Eine Aufgabe ist, die Organisation zu gestalten: Ausgehend von einem Organisationsprogramm werden die Prozesse, die einzelnen Funktionen und Kompetenzen festgelegt, damit es zur Ausbildung von Arbeitsroutinen kommt und die angestrebte Produktivität erreicht wird. – Das gilt für den Aufbau neuer Organisationen. Nachdem aber Manager in der Regel in eine bereits vorhandene Organisation eintreten, ist es ihre zentrale Aufgabe, mittels geeigneter Maßnahmen so viel Irritation in der Organisation auszulösen, dass die einmal entwickelten Routinen so weit durcheinandergebracht werden, dass es zu den notwendigen Neuanpassungen an veränderte interne und externe Zustände kommt (Baecker 1999, S. 248 f.).

Die Managementaufgabe ist also nach diesem Verständnis nicht die Gestaltung der Organisation und noch weniger ihre Aufrechterhaltung durch Kontrolle, sondern vorrangig die Störung eingespielter Abläufe und Muster, um notwendige Veränderungen zu initiieren. Auf diese Weise wird die Organisation dazu angehalten, neue Formen der Selbstorganisation zu suchen.

Geeignete Mittel der Irritation sind Informationen, die aus anderen Perspektiven, zum Beispiel der Kunden, der Trend- oder der Branchenbeobachtung in den Organisationsbereich eingespielt werden. Der moderne Manager wird nun nicht die Entscheidung treffen, welche Maßnahmen einzuleiten sind, sondern er wird für einen Kommunikationsprozess sorgen, der zur Abstimmung der verschiedenen individuellen Landkarten und Zielvorstellungen und letztlich zur Entscheidung über geeignete Maßnahmen führt. Diese Änderung der Rolle ist das Eingeständnis, dass auch Führungskräfte nicht wissen können, welche Entscheidungen für die Zukunft des Unternehmens die richtigen sind.

»Da niemand die Zukunft kennt, ist auch nicht zu sagen, wer über das in Zukunft relevante Wissen verfügt. Hier gilt es also, die Ressourcen des Unternehmens, das individuelle Wissen, die Fantasie, die Kreativität und Kompetenz in die Kommunikation einzubringen« (Simon 2006, S. 37).

Im folgenden Abschnitt werden nun verschiedene Theorien, Methoden und Instrumente vorgestellt, die sich dazu eignen, Kommunikationsprozesse einzuleiten, Einschätzungen der Situation auszutauschen und neue Orientierungen zu gewinnen. Sie lenken die Aufmerksamkeit auf Themen, die in der Organisationsroutine meist untergehen, zwingen dazu, neue Perspektiven einzuführen und sich mit Zukunft auseinanderzusetzen, kurz: Sie sorgen für die Irritationen, die das Organisieren ausmachen.

Führen und Managen als Beruf

In unserer Gesellschaft sind Management und Führung sehr wichtige Berufe geworden, über die sich viele Menschen definieren. Was kennzeichnet eigentlich einen Beruf? Malik (2005) beschreibt vier Merkmale: Erstens die spezifischen *Aufgaben*, die es zu erfüllen gilt; diese können erlernt werden. Zweitens die speziellen *Werkzeuge*, die jeder Beruf hat und die zur Erfüllung der Aufgaben eingesetzt werden. Auch diese können erlernt und trainiert werden. Drittens ist jeder Beruf durch *Grundsätze* gekennzeichnet, von denen man sich beim Erfüllen seiner Aufgabe und beim Einsatz der Werkzeuge leiten lässt. Viertens gibt es in jedem Beruf auch *Verantwortung* für das, was man tut oder unterlässt. Grundsätze und Verantwortung können nicht so leicht gelernt werden. Sie sind das Ergebnis eines längeren Reifungsprozesses.

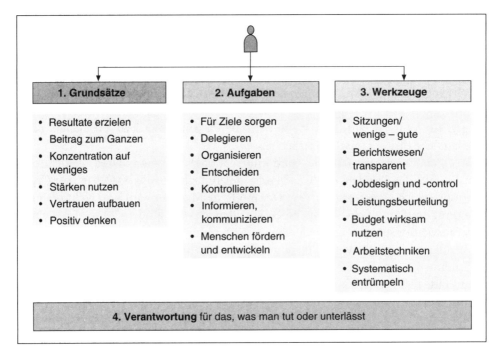

Interessant am Beruf Manager und an den vier Säulen erfolgreichen Führens ist, dass er nicht so erlernt werden kann wie der Beruf des Tischlers oder Chemikers. Ein Betriebswirtschaftsstudium oder eine spezielle Businessausbildung (zum Beispiel ein MBA – Master of Business Administration) befähigt nicht automatisch dazu, eine gute und wirksame Führungskraft zu sein.

Dies wird in der öffentlichen Auseinandersetzung mit der Rolle und Verantwortung von Management sehr deutlich. Das öffentliche Ansehen des Berufs Manager/Führungskraft ist einerseits hoch, andererseits wird die Rolle von Managern auch kritisch gesehen. In den Medien sind sie oft die »Wunderkinder«, die Helden (Mann des Jahres), die alles erreichen können, die für wirtschaftlichen Erfolg stehen und oftmals auch als »Vorbilder« gehandelt werden. Gleichzeitig werden sie auch sehr kritisch gesehen, sind sie doch oft nur die »Nieten in Nadelstreifen« (G. Ogger 1995). Neben Helden- und Erfolgsstorys finden wir in den Medien regelmäßig auch die Themen Machtmissbrauch, Korruption, Insiderhandel mit Aktien, Fehlentscheidungen mit weitreichenden Folgen für die Mitarbeiter und die Firma, aber selten für den betroffenen Manager.

Dies wirft die Frage nach ethischen Grundsätzen des Führens auf und weist insbesondere auf die Verantwortung der Managerinnen, Manager und Führungskräfte hin. In kleineren Unternehmen ist diese oft noch durch Überschaubarkeit, Nähe und eine gewisse Bindung zu den »Anspruchsgruppen« des Unternehmens gegeben. In Großunternehmen wird zum Teil versucht, durch Regeln für »Corporate Governance« die Dimension der Verantwortung bewusst zu verankern.[2]

Was ist nun Führung? Dazu gibt es viele Definitionsversuche, im Kern geht es bei Führung um Folgendes:

→ Mitarbeiter und Organisationseinheiten zu Erfolgen kommen zu lassen.
→ Mitarbeiter oder eine Gruppe unter Berücksichtigung der jeweiligen Situationen auf gemeinsame Ziele der Organisation hin ausrichten.
→ Die natürliche, ungezwungene Fähigkeit, Menschen zu inspirieren (Peter Drucker, Managementexperte).
→ Produktive Spannung zu erzeugen und Schaffensenergie zum Fließen bringen.
→ Eine Umgebung zu schaffen, in der Menschen das, was sie tun, von Herzen tun (Steve Jobs, Apple Computer).
→ Eine Vision zu formulieren, sie im eigenen Tun auszudrücken, sie überzeugend zu kommunizieren, sie auf andere Situationen zu übertragen und durch die freiwillige Kooperation anderer Menschen zu verwirklichen.
→ Der Organisation oder einem Team und ihrer/seiner Zielerreichung zu dienen.
→ Ein Führender trägt dazu bei, indem er immer wieder dafür sorgt, dass sich die Kräfte der Beteiligten auf die erkannten Ziele und Aufgaben richten.

Die auf Seite 143 beschriebenen Aufgabenfelder des Führens haben eine unterschiedliche Gewichtung, je nachdem, auf welcher Ebene einer Organisation eine Führungskraft tätig ist. Je »höher« die Führungskraft in der »Hierarchie« angesiedelt ist, desto stärker tritt das Tagesgeschäft zugunsten konzeptiver Tätigkeiten zurück. Gleichzeitig wächst der Zeithorizont, der planerisch zu bewältigen ist. Aber: Auf jeder Ebene ist jeder Teil notwendig: Auch die untere Führungskraft handelt »strategisch« – wenn auch mit einem anderen Horizont. Genauso wie die oberste Führungskraft operativ tätig ist, indem sie zum Beispiel eine Sitzung gut leitet. Ein Beispiel soll dies verdeutlichen:

---

2 Corporate Governance umfasst die Gesamtheit aller Werte und Grundsätze für eine gute und verantwortungsvolle Unternehmensführung, welche sowohl für die Mitarbeiter als auch für die Unternehmensführung von Unternehmen gelten.

> **Beispiel**
>
> Ein **Teamleiter** in einer Bank hat überwiegend »operative« Aufgaben, das heißt, er arbeitet selbst primär in der Kundenbetreuung. Gleichzeitig ist er aber dafür verantwortlich, dass die anderen Mitarbeiter gut eingesetzt sind, dass bei Engpässen an der Kasse eine weitere Kasse geöffnet wird. Er ist auch verantwortlich für die tägliche Planung und speziell für die Information und Kommunikation. Er leitet viele Mitarbeiter, hat Mitarbeitergespräche zu führen, und im Extremfall kündigt er Mitarbeitern. Der Zeithorizont ist eher kurzfristig auf den Tag, die Woche, das Quartal ausgerichtet.
>
> Der **Filialleiter** einer größeren Filiale arbeitet nur noch punktuell im Kassenraum mit, er betreut aber wichtige oder spezielle Kunden. Wesentlich ist, dass er durch Marketing und Vertriebsaktivitäten dafür sorgt, dass die Filiale auf »Kurs« bleibt und die Ertragserwartungen der Bank erfüllt. Er führt einige Führungskräfte und ist dafür verantwortlich, dass diese die richtige Orientierung an den Zielen und Prioritäten haben. Der Zeithorizont ist das Geschäftsjahr, mit einem Ausblick darüber hinaus.
>
> Der **Vorstand** dieser Bank ist weit weg vom Bankschalter, er führt meist wenige Führungskräfte, die ihrerseits auch bereits große Einheiten führen. Das operative Geschehen ist nur mehr in Ergebniszahlen sichtbar. Der Planungshorizont richtet sich auf mehrere Jahre; Fragen des Vorstandes sind vielleicht die weitere Expansion in Osteuropa, Fusionspläne, die »Pflege« des Börsenkurses und anderes mehr.

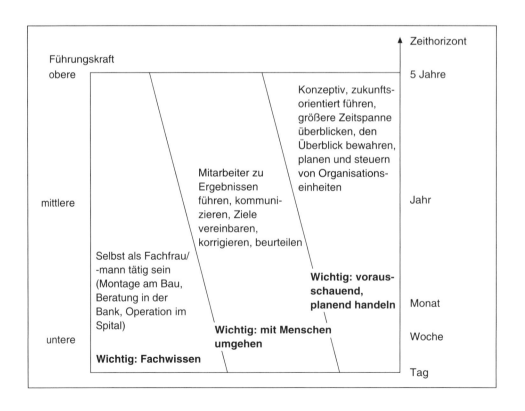

> **Übung: Meine Führungverantwortung**
>
> Überlegen Sie nun: In welchem Maß (in Prozent) sind Sie als Führungskraft in den drei Aufgabenfeldern tätig? Nehmen Sie einen Tag, eine Woche sowie einen Monat her und ordnen Sie Ihre Tätigkeiten zu. Anschließend schätzen Sie sich ein: Was tun Sie zu wenig, was tun Sie zu viel?

Aufgabenfelder der Führungskraft

Wie wir soeben überlegt haben: Als Mitarbeiterin beziehungsweise als Mitarbeiter haben Sie ein Arbeitsergebnis mithilfe von Fachwissen und -können zu erreichen. *Sie müssen Ihr Ziel erreichen!* Als Führungskraft haben Sie weiterhin eigene »Facharbeit« zu leisten. Aber zentral ist: Sie müssen Ihre Einheit, ein Team, so führen und solche Bedingungen schaffen, dass die ganze Einheit die Ziele erreicht. Aus Ihrer Führungsrolle ergeben sich *spezifische Anforderungen an Sie,* die auch *spezielle Fähigkeiten* erfordern. Wenn Sie die Anforderungen klar definiert haben, können Sie individuell überprüfen, wieweit Sie diesen entsprechen (wollen) und welche Fähigkeiten Sie sich speziell dazu erwerben wollen.

Die folgende Abbildung zeigt die wesentlichen Aufgabenfelder eines Managers. Die Qualität eines Managers ist daran zu messen, wie gut er/sie der Vielfalt der Aufgaben auch tatsächlich gerecht wird. Werden eine oder mehrere Aufgaben krass vernachlässigt, beeinträchtigt dies die Leistungsfähigkeit der ganzen Organisation.

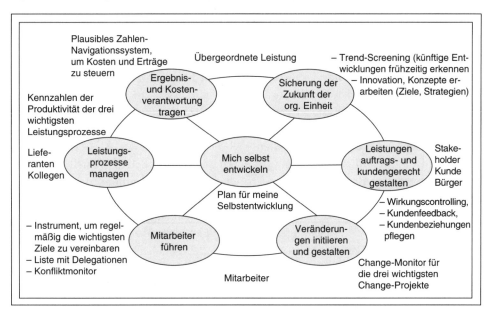

> **Übung: Mein Führungscockpit**
>
> Nehmen Sie die genannten Beispiele als Anregung und entwickeln Sie Ihr persönliches Cockpit. Dazu einige Leitfragen:
>
> → Welche der sieben Führungsanforderungen nehme ich am deutlichsten wahr, wo investiere ich viel Zeit und Energie? Stimmt die Balance?
> → Welche Instrumente habe ich jeweils zur Verfügung? Setze ich sie konsequent ein? Brauche ich andere oder neue Instrumente?
> → Was sollte ich kurz- und mittelfristig verändern?
> → Was sind die ersten Schritte zur Veränderung?
>
> Machen Sie sich Notizen, überprüfen Sie Ihre Selbstvereinbarung in regelmäßigen Abständen.

Mit dem Führungscockpit erarbeiten Sie Ihre ganz persönlichen Steuerungsinstrumente für wirksames Führungshandeln. Beispielhaft sind Instrumente angeführt, die eine Führungskraft im jeweiligen Aufgabenfeld braucht, um zielorientiert und ergebnisorientiert handeln zu können. Dabei sollten Sie sich auf wenige Instrumente konzentrieren. Die Instrumente sollen Ihnen Hinweise liefern, wie Sie Ihr Potenzial voll zur Wirkung bringen können, und andererseits helfen, Ihre »blinden Flecken« zu verkleinern.

Rollenanforderungen an Führungskräfte

Ein häufiger Fehler von Managern ist, immer besser sein zu wollen als die Mitarbeiter, anstatt die differenzierten und die spezifischen Rollenanforderungen der eigenen Managementebene in ihrer vollen Bandbreite wahrzunehmen. Waldefried Pechtl (1995) hat dazu eine sehr treffende Unterscheidung von Rollenanforderungen eingeführt. Wie in der nachstehenden Grafik zusammengefasst, gilt es zu erkennen, in welcher Rolle ich mich als Führungskraft gerade befinde beziehungsweise welche Rolle von mir gerade gefordert ist. Er unterscheidet zwischen dem Grad der Einflussnahme und dem Grad der Gestaltungsmöglichkeiten.

Leiten ist eine Einflussnahme, die auf einen geordneten Betrieb abzielt. Leiten ist dann angebracht, wenn ich zwar einen großen Grad an Verbindlichkeit erzielen will, aber wenig Gestaltungsspielraum da ist. Beispiele: Leiten einer Schule, einer Servicestelle, eines Amtes, eines Ärzteteams. Wenn alles geregelt ist, ist Leiten oft ausreichend. Manchmal wird von den »Geleiteten« Führung gar nicht akzeptiert. In Teams und Organisationen von »Professionals« ist das häufig zu beobachten (s. S. 63 ff.). Leiten erfordert ein Funktionieren und Anerkennen der Regeln durch die Geleiteten. Administrieren ist eine schwache Form des Leitens; beschränkt auf das Nötigste; für einen Abwesenheitsstellvertreter kann das ein sehr gutes Rollenverständnis sein.

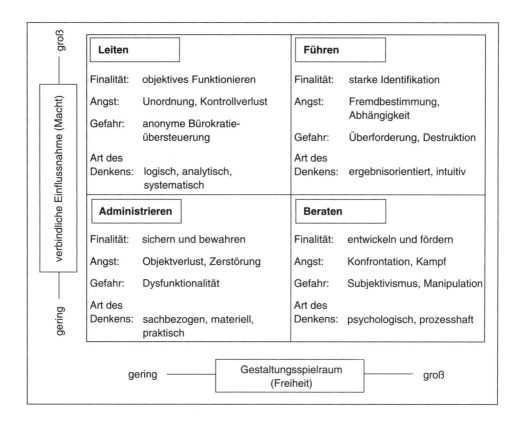

Führen ist eine starke Form der Einflussnahme, die auf Gestaltung abzielt, wo dies auch möglich und akzeptiert ist. Beispiele: Aufbau eines neuen Unternehmens, eines neuen Geschäftsfeldes, in Situationen von Krise und Veränderung, in starken Wettbewerbssituationen – überall da ist Führung unverzichtbar. Führen erfordert, dass ich Einfluss nehmen darf und will. Es erfordert eine starke Identifikation mit der Führungsaufgabe, einen Gestaltungswillen. Die Gefahren des Führens liegen im Machtmissbrauch, im Verlust des Realitätssinns und des Kontaktes zu den Geführten.

Beraten als Rolle der Führungskraft ist immer dann angesagt, wenn die Gestaltbarkeit einer Situation groß ist, aber starke Einflussnahme eher hinderlich wäre. In einem Strategieprozess wird es viele Arbeitsphasen geben, wo ein Geschäftsführer nicht als »Führer«, sondern als Berater und Mitdenker gefordert ist. Beraten erfordert von der Führungskraft oft einen bewussten Verzicht auf die »Druckmittel« der Führung, ein »Entschleunigen« statt »Beschleunigen«.

Zusammengefasst bedeutet dies, dass eine Führungskraft situativ und im Kontext der jeweiligen Organisation zu verschiedenen Situationen in den verschiedenen Ausprägungen des Führens gefordert ist. Bewusstsein über die Anforderungen und Verhaltensflexibilität sind entscheidend dafür, wie gut das im Einzelfall gelingt.

Kann man Führen lernen?

Oft wird gefragt, weshalb Führen überhaupt gelernt werden müsse. Verbreitet ist die Meinung, Personen, die in führende Positionen kommen, würden in ihre neuen Aufgaben doch sehr schnell hineinwachsen. Dass dem nicht so ist, zeigt ein Blick auf Erfahrungen bei der Bestellung von Führungskräften. Führungsaufgaben werden nämlich gerne an Personen vergeben, die kontaktfreudig sind und einschlägiges Fachwissen mitbringen. Der Vorgehensweise, Personen mit diesen Merkmalen auch Führungsfunktionen anzubieten, liegt die Vorstellung zugrunde, dass kommunikative und fachlich kompetente Mitarbeiter auch gute Führungskräfte sein müssten.

Es ist jedoch nicht automatisch so, dass Personen, die mit Kompetenzen und Qualifikationen in bestimmten Bereichen aufgefallen sind, auch gute Führungskräfte sind. In der Tätigkeit des »Führens« sind Personen, die das erste Mal eine leitende Funktion innehaben, in der Regel ungeübt. So liegt es nahe, dass neu bestellte Führungskräfte auch in ihrer neuen Rolle das alte Verhalten zeigen und zum Beispiel glauben, sie müssten nur wie vorher »Kumpel« sein und/oder sich weiter in ihrem Fachgebiet bewähren, um als Führungskraft ebenfalls reüssieren zu können. Das hat meist zur Konsequenz, dass Mitarbeiter erleben, dass »nichts weitergeht«, Initiativen ausbleiben, Entscheidungen nicht gefällt und andere wichtige Führungsfunktionen nicht wahrgenommen werden.

Führung ist durch eine Vielfalt von Anforderungen charakterisiert und erfordert eigene Kompetenzen. Sie muss daher ebenso erlernt werden wie andere Qualifikationen. Nur durch die handwerklich kompetente Erfüllung der Aufgaben, durch den konsequenten Einsatz der relevanten Führungswerkzeuge sowie die Orientierung an akzeptierten Führungsgrundsätzen ist eine hohe Führungsqualität im Unternehmen zu erreichen. Dies ist kein kurzer Weg, sondern erfordert beständig eine aktive Auseinandersetzung mit Führungsfragen im Alltag und ergänzende Trainings- und Entwicklungsmaßnahmen. Erst durch die kontinuierliche Aufmerksamkeit auf Führungsfragen entstehen das Klima und das »Biotop«, in dem der Großteil der Führungskräfte einen hohen Qualitätsstandard erreicht.

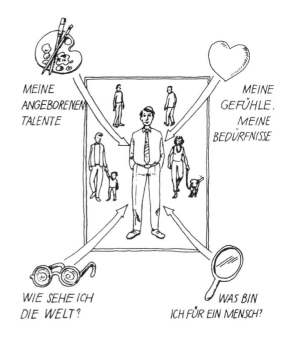

Meine Talente: Nehmen Sie sich jetzt Zeit, Ihre eigenen Stärken und Schwächen, Neigungen und Sichtweisen bezüglich Führung zu erkunden. Beantworten Sie dazu zuerst die Fragen, die Sie in der Grafik auf Seite 146 finden. In der folgenden Übung können Sie Ihren Stärken, Neigungen und Abneigungen als Führungskraft nachgehen und sich Veränderungsschritte überlegen.

Übung: Persönliche Stärken und Schwächen beim Führen und Managen

Gehen Sie die einzelnen Aufgabenfelder durch und notieren Sie für sich die Antworten auf die folgenden Fragen:

Wo setzen Sie Ihre Schwerpunkte, worin sehen Sie Ihre Führungsaufgabe?

Welche Führungsinstrumente finden sich in Ihrem Cockpit? Was fehlt?

Welche Führungsaufgaben vernachlässigen Sie eher?

Möchten Sie daran etwas verändern?

Welche Veränderungsschritte wollen Sie sich vornehmen und welche Hilfe brauchen Sie dazu?

Die Organisation auf die Zukunft ausrichten – Strategieentwicklung

*»Es reden und träumen die Menschen viel
Von bessern künftigen Tagen,
Nach einem glücklichen goldenen Ziel
Sieht man sie rennen und jagen.«*
Friedrich von Schiller (1759–1805)

Warum sollten wir uns mit Strategien und der Zukunft beschäftigen?

Diese Frage stellt sich natürlich, lässt sich aber leicht beantworten:

→ Die Ergebnisorientierung der Geschäftsfelder/Abteilungen wird klarer und gestärkt.
→ Strategieklarheit erhöht die Wirksamkeit des Tuns im Alltag.
→ Die Mitarbeiterinnen und Mitarbeiter sowie die Abteilungen erhalten klare Ziele und Orientierungen. Dies motiviert.
→ Die Profilierung nach außen, zu Kunden und zum Markt, wird deutlicher.
→ Die Leistungsangebote werden bedarfs- und marktgerecht (weiter)entwickelt.
→ Klare Ziele und Strategien erlauben uns, schneller zu agieren und Chancen gezielter zu nutzen.

Grundlagen der Strategieentwicklung

Der Begriff Strategie stammt aus dem Griechischen und bedeutet dort Heeresführung (griechisch Στρατηγική, στρατός = Heer, άγω = führen).
Seine Verwendung beschränkte sich ursprünglich auf den militärischen Sprachgebrauch. Der bekannte Militärtheoretiker Clausewitz etwa verstand unter Strategie das Planen von Zielen und Mitteln, die den Sieg in einer Schlacht sicherstellen sollten. Mit Taktik wiederum meinte er die Reaktion auf die Bewegungen des Feindes. Beeinflusst von solchen Überlegungen waren es ursprünglich die Militärs, die versuchten, umfassend und langfristig vorauszuplanen, das Verhalten des Gegners einzuschätzen und dementsprechende Maßnahmen zu treffen.

Seit den 1960er-Jahren wird auch in Wirtschaftsorganisationen Strategieentwicklung betrieben. Non-Profit-Organisationen traten etwas später auf den Plan, als Subventionen selektiver und insgesamt spärlicher zu fließen begannen, sodass neue Positionierungen im vorhandenen Umfeld gesucht werden mussten.

Mit dem Entwickeln von Strategien sollen in der Organisation Erfolgspotenziale geschaffen beziehungsweise gesichert werden, die ein *zielorientiertes, aktives Gestalten der Zukunft erlauben.*

Es wird davon ausgegangen, dass jede handelnde Organisation (Unternehmen, Vereine et cetera) prinzipiell die Erfüllung ihres eigentlichen Zwecks, Erfolg und das langfristige Überleben anstrebt. Dazu wird eine zukunftsgerichtete Strategie benötigt. Nicht in der Form eines Korsetts von starren Zielen und festgelegten Wegen der Zielerreichung, sondern in Form von Wegweisern, nach denen sich die Organisation bewegen soll. Man kann sie mit den Leitplanken einer Autobahn vergleichen (s. Abbildung, S. 152). Sie begrenzen die Möglichkeiten des Fortkommens, indem sie die grundsätzliche Richtung vorgeben, aber auch auf der Autobahn hat man noch immer einen gewissen Spielraum, zum Beispiel zum Abbiegen, zur Wahl des Fahrstreifens, zur Änderung der Geschwindigkeit.

Wird die Strategieentwicklung nicht nur als das Geschäft einiger weniger Experten betrieben, sondern als Aufgabenbereich des Managements wahrgenommen, entstehen Prämissen für Entscheidungen im Innen und Außen, und Energien werden zu einer Stoßrichtung gebündelt.

Warum es Organisationen schwerfällt, sich mit der Zukunft zu beschäftigen

Unternehmen verpassen Zukunftschancen nicht, weil sie zu bequem sind oder nicht wollen, sondern weil sie die schwachen Zukunftssignale oft nicht erkennen (Hamel 2002). Hauptgrund für diese »Blindheit« ist die defizitorientierte Grundhaltung beim Beobachten, Denken und Handeln. Durch das Lösen von Problemen können bestenfalls »ordentliche« Ergebnisse erreicht werden. Nachhaltige Unternehmensentwicklung mit außerordentlichen Erfolgen kann nur auf dem Weg des strategischen Chancenmanagements geschafft werden (s. Biehal 2005).

Die Zukunftsgestaltung erfordert einen differenzierten Ansatz mit folgenden Schwerpunkten:

→ **Rahmenbedingungen für unternehmerisches, zukunftsorientiertes Handeln schaffen.** Innovationen und innovative Strategien können sich nur entfalten, wenn die internen Rahmenbedingungen stimmen. Marktorientiertes Denken, Strategiebewusstsein, Methodenwissen und gute hierarchieübergreifende Kommunikation sind wichtige Voraussetzungen.
→ **Implizite und explizite Strategien nutzen.** Implizite Strategien entwickeln sich aus (bisher) erfolgreichem täglichem Handeln, explizite Strategien entstehen in einem eigenen Prozess, in dem sie geformt werden. Strategiearbeit muss daher

sowohl die impliziten Strategien herausschälen und sie periodisch auf ihre Zukunftstauglichkeit kritisch überprüfen als auch für explizite Strategieentwicklung Raum schaffen.

→ **Den Unternehmenswandel fördern.** Strategische Neuausrichtung nach außen bedeutet immer auch einen entsprechenden Wandel im Inneren des Betriebes. Neue Strategien werden nur greifen und zu den erwarteten Geschäftsergebnissen führen, wenn das Unternehmen, die Führungskräfte und die Mitarbeiter die Erneuerung/Entwicklung mitmachen und mittragen. Wer Strategien umsetzen will, muss auch Change- und Transformationsmanagement betreiben.

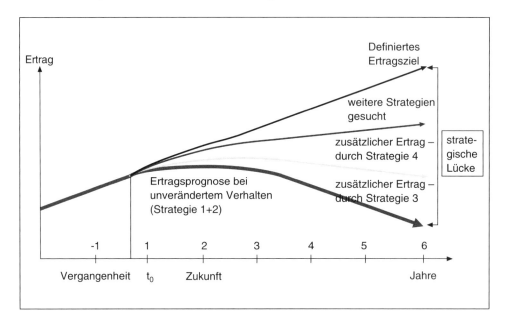

Ein hilfreiches Instrument, um sich der Dringlichkeit des Handelns besser bewusst zu werden, ist das Modell der »strategischen Lücke«: Eine gewünschte und geplante Entwicklung wird einer realistisch erwarteten Entwicklung gegenübergestellt; liegt die »realistische« Entwicklung unter der geplanten, sprechen wir von der strategischen Lücke. Ist eine solche wahrscheinlich, können frühzeitig Strategien entwickelt werden, wie diese Lücke geschlossen wird.

> **Beispiel**
>
> Ein Krankenhaus, das erkennt, dass es aufgrund der sich verschlechternden Einnahmen für die Behandlung in einigen Jahren bankrott sein wird, kann gegensteuern. Ein Schwerpunkt könnten laufende Kostensenkungen sein, ein zweiter die Sanierung unrentabler interner Leistungen (Küche, Reinigung, Labor), ein dritter das Eindämmen oder Einstellen schlecht honorierter Leistungen, ein vierter der Aufbau ertragsstarker neuer Leistungen.

Auf diese Weise kann dieses Modell dazu anregen, aus der kurzsichtigen und kurzfristig orientierten Lösung der dringendsten Probleme zugunsten eines strategischen Handelns, das von der Zukunft her denkt, auszubrechen.

Was heißt strategisch handeln?

Führung und Management erfolgen modellhaft betrachtet auf drei Ebenen:

Normatives Management Grundfragen sind: Was sind unsere großen Ziele? Wofür stehen wir? Dazu gehören die grundlegenden Ziele und Werte, die durch den Eigentümer beziehungsweise die Kapitalgeber festgelegt sind. Zum Beispiel Shareholder Value sicherstellen, Substanzaufbau, Umweltverantwortung und vieles mehr.

Strategisches Management Die Grundfrage lautet: Auf welchen Wegen wollen wir die Ziele erreichen? Das bedeutet, die Voraussetzungen müssen geschaffen werden, dass die normativen Ziele erreicht werden können beziehungsweise nicht aus den Augen verloren werden. Dies steckt den Rahmen für das operative Geschäft ab.

Operatives Management Grundlegend ist hier die Frage: Durch welche konkreten Maßnahmen kommen wir voran? Dies betrifft das Tagesgeschäft, die Detailaufgaben sowie die Umsetzung der normativen und strategischen Vorgaben.

Zusammengefasst lässt sich feststellen: Strategisch führen ist eine Kernaufgabe aller Führungskräfte. Strategie kann als Leitplanke für das tägliche Handeln im Unternehmen verstanden werden.

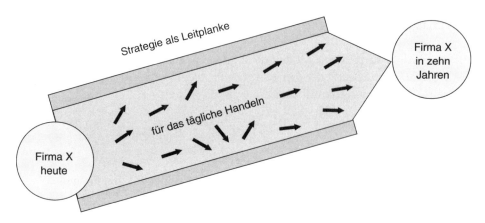

Die Strategie legt somit den Weg der Unternehmung in die Zukunft grob fest. Mit einer Strategie als *Leitplanke für das tägliche beziehungsweise operative Handeln* werden die Kräfte und die Ressourcen im Unternehmen auf ein gemeinsames Ziel hin konzentriert. Wird die Entwicklung der Organisation allein durch die Vielzahl isoliert getroffener Einzelentscheide bestimmt (Muddling-through), so führt dies früher oder später zu einer Verzettelung der Kräfte. Lassen Sie sich aber nicht von Menschen blenden, die mit großen Strategien auffahren; diese allein sind zu wenig, wenn nicht ganz klar ist, wohin sie uns führen sollen – zu den Zielen.

Wann muss eine Organisation an ihrer Strategie arbeiten?

Auslöser für »Strategiearbeit« sind zumeist Veränderungen am Markt oder bei den Kunden. Auf neue und veränderte Kundenbedürfnisse gilt es frühzeitig eine Antwort zu geben, sonst drohen unzufriedene Kunden, die sich anderen Anbietern zuwenden. Dies führt wiederum zu finanziellen Einbrüchen. Eine veränderte Wettbewerbssituation kann ebenso ein Auslöser sein: Alte Konkurrenten treten mit neuer Technologie, niedrigeren Preisen und/oder neuen Vertriebsstrategien auf, oder ganz neue Konkurrenten erscheinen am Markt. Sie müssen agieren! Innovative Ideen aus dem Unternehmen müssen zu zukünftigen Geschäften und neuen Geschäftsmodellen entwickelt werden. Die Positionierung am Markt ist zu überdenken, neue Vertriebswege müssen gefunden werden.

Eine Strategie muss folgende grundlegenden Fragen beantworten:

> **Ebene: allgemeine ↔ konkrete**
>
> Welches ist die Leitidee für die Zukunft unserer Unternehmung?
>
> Welches ist unsere Vision? In welchen Tätigkeitsfeldern wollen wir in Zukunft tätig sein? Das heißt, welche Leistungen an welche Abnehmer mit welchen Technologien und Verfahren wollen wir erbringen?
>
> Mit welchen entscheidenden Fähigkeiten können wir den längerfristigen Erfolg unserer Unternehmung sichern?
>
> Wie profilieren wir uns längerfristig gegenüber der Konkurrenz? Wie können wir unseren Kunden den größten Nutzen erbringen? Welche Fähigkeiten müssen dafür in unserer Unternehmung aufgebaut werden?
>
> Welches sind die Ziele für die einzelnen Produktmarktbereiche und Unternehmungsfunktionen?
>
> Welches sind die Prioritäten und die Richtlinien für die Produktmarktbereiche? Welche Hauptaufgaben und Grundsätze leiten sich für die einzelnen Unternehmungsfunktionen ab?

Ein Unternehmen strategisch zu führen zielt immer darauf, seine *strategischen Erfolgspositionen (SEP)* zu verbessern. SEP sind besondere Fähigkeiten und Stärken des Unternehmens, die es ihm ermöglichen, im Vergleich zur Konkurrenz längerfristig überdurchschnittliche Ergebnisse zu erzielen.

Einige Missverständnisse zum Umgang mit Strategie

Missverständnis 1: Die ausschließliche Orientierung am »Competitive Advantage« Besser sein als der Mitbewerber ist eine fragwürdige Orientierung! Wer sagt, dass der Mitbewerber wirklich das Richtige macht? Nimmt ein Kunde dieses Verhalten überhaupt wahr und ernst? Entscheidender ist, wie Anderssein gelingen kann!

Missverständnis 2: Das totale Commitment für den Kundennutzen Oft sind damit die Mitarbeiter überfordert, und in den meisten Fällen bleibt die Kundenorientierung ein bloßes Leitbildbekenntnis. Laufende Kostensenkungsprogramme haben Servicestellen und sogar Servicetelefonnummern verschwinden lassen. Im Problemfall kann sich der Kunde mit einer Website herumschlagen.

Missverständnis 3: Ausgangspunkt der Strategieüberlegungen ist eine Stärken-Schwächen-Analyse Ein denkbar fragwürdiger Start! Woran wollen wir unsere Stärken und Schwächen messen? Am eigenen Nabel oder doch am Markt, an den Kundenbedürfnissen und dem, was die Mitbewerber so tun?

Die Missverständnisse sind skizziert – aber wie soll ein Unternehmen oder eine Non-Profit-Organisation an die Strategieentwicklung herangehen?

Zugänge zur Strategieentwicklung

Henry Mintzberg (2005a) beschreibt in seinem viel zitierten Buch »Strategy Safari« das »wilde Tier strategisches Management«. Ausgehend von der Fabel »The blind man and the elephant«, versteht er Strategieentwicklung als das Erkunden eines Elefanten durch Blinde. Er betrachtet diesen Elefanten aus zehn verschiedenen Blickwinkeln. Der Nutzen dieser Auseinandersetzung ist, sich des eigenen Zugangs bewusster zu werden und nicht unreflektiert irgendeinen strategischen Ansatz zu übernehmen.

Mintzbergs erste interessante Unterscheidung ist die nach dem *Grundmuster,* wie Strategie gesehen wird. Er unterscheidet vier typische Sichten:

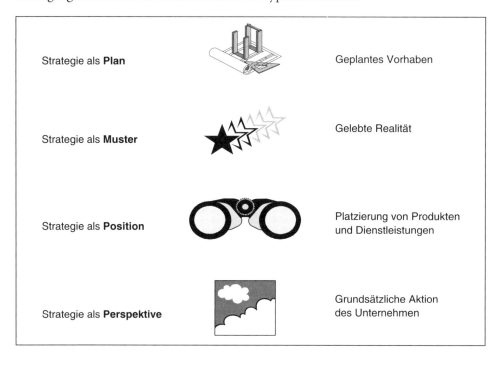

Strategie als Plan Dahinter liegt die Annahme eines gut planbaren Geschäfts oder einer stabilen Nachfrage nach den Leistungen der Organisation. Ziele, Strategien und Maßnahmen werden systematisch entworfen und die entsprechenden Maßnahmen getroffen. Dies ist zum Beispiel in einem Amt gut möglich. Das Kernthema ist Systematik.

Strategie als Muster Dies sind stark verinnerlichte Strategien, die bei Organisationen zu beobachten sind, die von sich eher sagen, dass sie gar keine Strategie haben. Ein gutes Beispiel ist ein Familienunternehmen, das sich auf keine expliziten Strategien einigen kann, aber in dem unausgesprochen gilt, dass der Kunde höchste Qualität erhält. Eine Krankenhausabteilung hat vielleicht keine Strategie, aber implizit werden alle Möglichkeiten zum Wachstum genutzt: durch Ausbau der Ambulanzen und durch Profilierung mit den modernsten Behandlungsmethoden. Das Kernthema ist Kultur und Lernfähigkeit.

Strategie als Position Manche Unternehmen profilieren sich durch Konzentration auf besondere Produkte, Märkte oder Kundensegmente (die Luxusmarke X oder der Lebensmitteldiscounter Y). Beide signalisieren bestimmten Zielgruppen: »Bei uns findest du das, was du suchst.« Das Kernthema ist Sichtbarkeit.

Strategie als Perspektive Eine Perspektive kann eine Vision, ein Leitbild, ein starker »Auftrag« sein. Umweltschutzorganisationen haben oft eine starke Perspektive: »ökologisch wirtschaften«, »Umwelt schützen«, aus der sich die Aktionen und Maßnahmen ableiten.

Zudem unterscheidet Mintzberg (2005a) zehn Denkschulen von Strategieentwicklung. Wir fassen sie auf vier Grundrichtungen zusammen und gehen auf wichtige Strömungen und Ansätze ein.

Intuitive Ansätze	**Expertenorientierte Ansätze**
• Der schöpferische Unternehmer • Der Leader mit Visionen • Einzelindividuum *Unternehmerschule* *Machtschule*	• Experten designen Zukunft • Stäbe planen die Zukunft, Ökonomen positionieren uns »richtig« *Designschule* *Planungsschule* *Positionierungsschule*
Evolutionäre Lernansätze	**Systemansätze**
• Gelernt wird immer und überall • Innovation entsteht an der Front/ im Geschäft • Kultur prägt das Handeln • Strategie als Verhandlungsergebnis *Lernschule* *Kulturschule* *Umweltschule*	• Strategiefindung als Leistung der Führung • Arbeit an den »ewigen« Spannungsfeldern • Ganzheitliches, systemisches Unternehmensverständnis *Teile aller genannten Richtungen plus systemisch-konstruktivistische Ansätze*

Die intuitive Strategieentwicklung Sie lässt sich folgendermaßen charakterisieren: Strategie ist primär erfahrungs- und intuitionsgestützt, sie wird von Unternehmerpersönlichkeiten erdacht und geprägt. Strategien zu entwerfen ist die Aufgabe der Spitze, oft ohne systematische Einbindung der Führungskräfte.

Theorieelemente dieser Richtung sind: Eine zentrale Figur ist der »Pionierunternehmer« nach Schumpeter, der von diesem als »kreativer Zerstörer« charakterisiert wurde. Eine andere Spielart sind die heroischen Gestalten an der Unternehmensspitze, wie sie vor allem in den USA verherrlicht werden. Henry Ford als Gründer von Ford Motor, Thom Watson als Gründer von IBM; ein jüngeres Beispiel war Jack Welch, der das Großunternehmen General Electric verkörperte. Das Gespür für das Geschäft, das Auffinden neuer Märkte sind an die Personen an der Spitze gebunden. Die Vision ist ein zentrales Leitkonzept – als geistiges Bild des Unternehmers oder Unternehmensführers.

Nutzen und Stärken dieses Ansatzes: Das informelle und ungebundene Handeln von Individuen in Unternehmen ist oft sehr effektiv und erfolgreich. Die Strategie lebt in und mit der Person. Es bedarf oft keines Strategiedokuments, ein fragmentarisches Leitbild kann in Kombination mit dem »Leader« bereits ausreichend Orientierung geben.

Die Grenzen dieses Zuganges liegen in Folgendem: Die Personen an der Spitze haben kein Monopol auf gute Ideen und Erkenntnisse. Es entsteht eine Flaschenhalssituation. Ein weiteres Risiko ist ein möglicher Irrtum an der Spitze, der den Niedergang des ganzen Unternehmens nach sich ziehen kann. Dieses Modell zeichnet sich aus durch ungenutzte Führungsressourcen – das Management ist nur als Umsetzer gefordert. Das kann aber gerade dort zu Problemen führen, wo die Überzeugung für das Umzusetzende fehlt. Auch Unternehmer und Leader unterliegen einem Lebenszyklus, daraus entsteht das Übergangsproblem: Gelingt die »Hofübergabe« nicht, kann das weitreichende Folgen haben.

Strategieentwicklung durch Experten Charakteristisch ist: Das Unternehmen ist eine rationale »Veranstaltung« und Mittel zum Zweck, den der Eigentümer vorgibt. Strategiearbeit machen die Experten, sie haben das Wissen dazu. Fachleute analysieren Markt und Wettbewerb und entwerfen Konzepte, Modelle, Expertisen, das Management trifft auf dieser Basis die Entscheidungen.

Als Theorieelemente lassen sich festhalten: Die von Mintzberg als »Designschule« bezeichnete Richtung sieht Strategie als Ergebnis geistiger Anstrengungen weniger Personen. Nachdenken steht am Beginn der Strategieentwicklung, das Management, die Unternehmensleiter formulieren Ziel und Zweck, die Fachleute tragen den Strategieprozess und designen ästhetisch saubere Strategien. Eine andere Spielart, die Planungsschule, sieht Strategie als formalisierten Prozess, der im Unternehmen unter der Aufsicht von Planungsexperten mit Präzision abläuft und an dessen Ende fertige Strategien stehen. Das Topmanagement beauftragt, die Mitarbeiter sind »Beplante«, sie liefern Informationen und setzen um. Die »Positionierungsschule« ist die dritte Spielart: Nicht Planungs- und Strategieexperten, sondern Wirtschaftsexperten analysieren den Markt und Wettbewerb und geben inhaltliche Empfehlungen zur idealen Positionierung des Unternehmens in seinem Markt und gegenüber den Mitbewerbern ab.

Als Stärken des Ansatzes lassen sich zusammenfassen: Qualifizierte Berater und Experten sind Garanten für ausgefeilte Papers, die auch komplexeste Zusammenhänge zu berücksichtigen vermögen. Strategie hat einen klaren Stellenwert.

Grenzen sind: Die Trennung von operativem Management und strategisch denkenden Fachleuten wird gefördert, die Führung wird aus der strategischen Verantwortung entlassen. Eine Gefahr ist auch, dass zu viel Analyse zur Paralyse und nicht zum Handeln führt. Kritisch ist auch zu sehen, dass der Analyseüberhang dazu führt, dass zu viel mit »Blick in den Rückspiegel« gearbeitet wird und die Zukunft, weil sie unsicher ist und sich minutiösen Analysen entzieht, zu kurz kommt.

Evolutionäre Strategieentwicklung Charakteristisch ist: Eine zentrale Annahme besteht darin, dass Erfolgsstrategien zufällig und überall entstehen können (so war das Erfolgspräparat Viagra nicht das Ergebnis einer gezielten Forschungsstrategie, sondern ein Zufallsprodukt). Ausdrückliche Strategieentwicklung ist verzichtbar. Es genügt, offen für Impulse des Marktes zu sein und Entwicklungen zuzulassen. Aufgabe des Managements ist es, die Auseinandersetzung mit den Anforderungen der Umwelt zu fördern. Strategien entstehen, die Spitze muss es zulassen und soll bestenfalls Leitplanken setzen. Das Mittelmanagement und die kundennahen Mitarbeiter sind der Schlüssel zur Strategie. Konsequenterweise soll die Organisation dezentral aufgebaut sein, in Form überschaubarer Geschäftsfelder, Profitcenter und Teilunternehmen mit hoher Autonomie und Ergebnisverantwortung.

Folgende Theorieelemente sind enthalten: Eine Strömung wird als Lernschule bezeichnet; sie steht für schrittweises Vorgehen (Inkrementalismus) und emergente Strategien, also Strategien, die aus dem konkreten Handeln entstehen. Das Management soll Lernen zulassen und fördern, hierarchische Gängelung hemmt das Lernen. Weick (2002) entwirft das Bild einer »Biologie der Organisation«: Handeln führt zur Selektion der erfolgreichen Handlungsstränge, diese werden beibehalten und verstärkt, die anderen sterben von selbst ab oder werden verdrängt. Der Sinn der Entwicklung ist nicht vorab erkennbar, er wird jeweils erst rückwirkend geschaffen und konstruiert. Eine andere Spielart ist die Machtschule: Strategie wird als Resultat von Verhandlungen und Kompromissen von konkurrierenden Gruppen verstanden. In der Kulturschule wird das Augenmerk auf die unterschiedlichen Kulturen von Unternehmen gelegt, die unterschiedliche Wirklichkeitssichten erzeugen; aus der Erneuerung und Kombination von Kulturen kommen die entscheidenden Ansätze für neue Strategien.

Stärken des Ansatzes sind: In der Strategieentwicklung sind alle klugen und innovativen Köpfe gefragt. Prozess- und Fachkompetenz sind wichtig, damit wirkungsvolle Strategien entstehen können. Strategieimpulse sind aus allen Ebenen des Unternehmens zu erwarten, wobei der Gefahr des kleinsten gemeinsamen Nenners entgegenzuwirken ist. Emergente Strategien werden im Erfolgsfall oft zu expliziten Strategien erklärt. Eine Klinik ist »zufällig« in der Orthopädie sehr erfolgreich, was in der Folge dazu führt, dass dieser entstandene Schwerpunkt gezielt ausgebaut wird.

Grenzen des Ansatzes: Es besteht die Gefahr, im Kleinen steckenzubleiben, statt einen größeren Wurf zu landen. Teilstrategien können dominieren und eine Gesamtstrategie in den Hintergrund drängen. Aus jeweils sinnvollen strategischen Entscheidungen vieler kleiner Einheiten kann auch ein problematisches Gesamtergebnis resultieren. Das starke Setzen auf die herrschende Kultur kann auch als Bremse gegenüber größeren Veränderungen, die einen Paradigmenwechsel erfordern, gesehen werden. Kultur ist träge, dies führt oft zu Problemen bei der Veränderungsgeschwindigkeit, wie es in Verwaltungen häufig gut sichtbar wird. Die Prämisse »lernendes Unternehmen« kann zudem sehr teuer sein – es wird zu viel gelernt und zuwenig umgesetzt. Strategie heißt gerade auch »nicht alle Chancen nutzen«.

Systemansätze zur Strategieentwicklung Charakteristisch ist: Die Strategieentwicklung hat den Charakter einer periodischen Reflexion der Unternehmenszukunft. Führungskräfte verschaffen sich Distanz zum operativen Alltag, indem sie sich zu einer »Strategieklausur« zurückziehen, um in konzentrierter Form am »Brückenschlag« von der Gegenwart in die Zukunft zu arbeiten. Sie reflektieren und bewerten das operative Geschehen in den Geschäftsfeldern und in den Märkten, bewerten Bestehendes und suchen nach Neuem. Spannungsfelder werden bearbeitet: die Anforderungen von außen in ihrem Verhältnis zu den Möglichkeiten und Gegebenheiten intern; die Notwendigkeiten der aktuellen Situation und die Anforderungen, die in den nächsten Jahren erkennbar sind. Getragen ist das Geschehen vom Dialog und von der Auseinandersetzung der verschiedenen Führungsebenen. Experten, Berater, Moderatoren wirken mit, sind aber nicht das Zentrum.

Theorieelemente dieser Richtung sind: In diesem Zugang werden pragmatisch die unterschiedlichen Qualitäten aller Strategieschulen nach Bedarf genutzt. Dies kann ein Zusammenwirken von mehr expertenhaften Strategieelementen mit solchen sein, die aus dem Management heraus entwickelt werden. Systemische Erkenntnisse können ebenso einfließen wie die Erkenntnisse des Change-Managements; evolutionäre und sprunghafte Veränderungen sind möglich und kommen je nach Situation zum Zuge.

Der Nutzen liegt in Folgendem: Ein vielfältiges, pragmatisches Handlungsrepertoire wird aktiviert, es erfolgt keine Einengung auf eine bestimmte Schule, sondern die bestmögliche Nutzung aller. Durch selektive Beteiligung unterschiedlicher Personengruppen kann die strategische Intelligenz aller Geschäftseinheiten und Schlüsselpersonen erschlossen werden. Beratung regt zu erweiterten Sichtweisen an, die unternehmerische Intuition und das Potenzial des gesamten Managements können zum Zuge kommen.

Grenzen sind: Dieser Weg stellt hohe Anforderungen an die Führung. Sie muss den Prozess lenken, muss entscheiden, wer wie beteiligt wird, welche fachliche, methodische Unterstützung hinzugezogen wird. Von den beteiligten Führungskräften erfordert es die Bereitschaft und Fähigkeit, über den eigenen und den operativen Tellerrand zu blicken. Sind »Verlierer« zu erwarten, so ist es meistens nicht mehr möglich, unvoreingenommen an der Strategie mitzuarbeiten. Eine Gefahr ist die zu breite Beteiligung (wie in der Lernschule) – sie führt oft zu Paralyse und/oder Teilblockaden.

Wir werden uns bei der Beschreibung der konkreten Schritte zur Strategie auf den folgenden Seiten sehr stark an den Systemansätzen zur Strategieentwicklung orientieren, weil sie einerseits eine gesamtheitliche Perspektive aufweisen und andererseits pragmatisch jene Instrumente nutzen, die zweckmäßig für bestimmte Fragestellungen und Situationen erscheinen.

Die Schritte zur Strategie

Die Entwicklung einer Zukunftsstrategie für eine Organisation oder eine Organisationseinheit kann in sehr unterschiedlicher Intensität erfolgen. Bei stabiler Entwicklung intern und im Umfeld wird ein periodisches »Strategie-Update« alle ein bis zwei Jahre angemessen sein. Dies wird in den meisten Fällen mit den wesentlichen Schlüsselpersonen in einem Workshop durchgeführt, der gut vorbereitet und moderiert werden sollte. Wenn größere Umwälzungen zu bewältigen sind oder sich eine neue Chance oder Geschäftsmöglichkeit auftut, wird ein fundamentalerer Strategieprozess erforderlich sein. Häufig wird dann ein »Strategieprojekt« definiert, in dessen Rahmen dann in einer Zeitspanne von drei bis neun Monaten die Neupositionierung erarbeitet wird.

Ein wichtiger Aspekt bei der Strategieentwicklung ist auch die Dramaturgie, das Drehbuch, wie sie erarbeitet wird. Sie legt fest, was in welcher Reihenfolge und Intensität bearbeitet wird, wer beteiligt ist beziehungsweise wer informiert wird. Es gibt dafür keine Patentrezepte, wie dies bei der Diskussion der Schulen deutlich geworden ist.

Der Prozess soll sich nicht zu sehr in zeitraubenden Ist-Analysen verlaufen. Wenn es um die Zukunft geht, besteht eher die Gefahr, dass die Festlegung von Zukunftsoptionen zu rasch und ohne Blick über den »Tellerrand« erfolgt. In der Entscheidung für bestimmte Strategien ist wiederum die Klarheit wichtig. Die Gefahr ist, sich alle Optionen offenhalten zu wollen. Das hat in der Umsetzung zur Folge, dass keine Prioritäten erkennbar sind und das »Strategiepapier« vom Handlungsdruck des Alltags überrollt wird. Die Konsequenz daraus ist, die Strategieumsetzung bereits im Drehbuch zu planen und die Schritte zu beschreiben.

Das in der folgenden Abbildung schematisch dargestellte Grobdesign kann sowohl für ein Strategie-Update dienen, das in eineinhalb bis zwei Tagen von einem Führungskreis erarbeitet wird, als auch für einen tiefer gehenden Prozess der Neuausrichtung in Projektform.

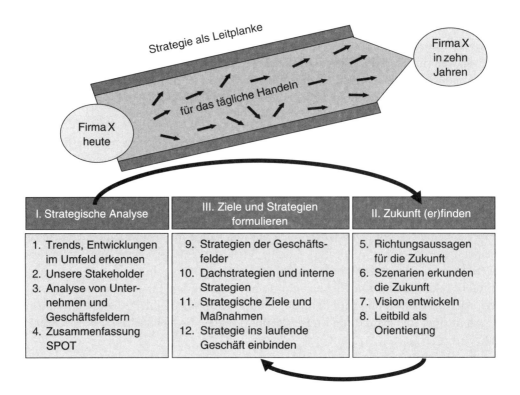

Die Hauptschritte zur Strategie sind folgende: Ausgangspunkt ist der Auftrag, eine Willensäußerung des Entscheiders oder der Entscheider.

Erste Phase: Strategische Analyse
→ Schritt 1: Relevante Informationen aus dem Umfeld analysieren, Trends und Entwicklungen erkennen, Wettbewerber einschätzen. Es werden Daten, Fakten und Einschätzungen zu Markt, Kunden, Wettbewerb, Technologie gesammelt und interpretiert.
→ Schritt 2: Kunden und Stakeholder feststellen: Wer sind die wirklich relevanten Kunden und Partner für das Unternehmen?
→ Schritt 3: Analyse des eigenen Unternehmens und seiner Geschäftsfelde: Wo steht es, wo liegen die eigentlichen Geschäftsfelder? Stärken, Potenziale und Schwächen erkennen.
→ Schritt 4: Zusammenfassung in einer Stärken-Schwächen- sowie Chancen-Gefahren-Analyse (SPOT-Analyse).

Das Ergebnis der ersten Phase ist ein knappes Analysepapier, das ein kraftvolles Bild der Situationseinschätzung sowie der Entwicklungen und Trends im Umfeld gibt.

Zweite Phase: Die Zukunft (er)finden Kraftvolle Strategien resultieren aus kreativem Zukunftsdenken. Diese Phase kann mehr oder weniger ausgeprägt sein. Die Zukunft ist aber selten eine Verlängerung der Vergangenheit, woraus zu folgern ist, dass die Auseinandersetzung mit der Zukunft nicht zu rasch erledigt oder gar übergangen werden sollte. Die zweite Phase besteht aus den folgenden Schritten:

→ Schritt 5: Richtungsaussagen zur erforderlichen beziehungsweise erwünschten Veränderung treffen.
→ Schritt 6: Mit Szenarien die Zukunft erkunden, den Blick weiten.
→ Schritt 7: Vision entwickeln; sie ist ein anspruchsvoller, anziehender Leitstern, ein »großes Ziel«.
→ Schritt 8: Leitbildentwicklung; Wertaussagen und Positionierung nach innen und außen.

Das Ergebnis der zweiten Phase sind eine Einschätzung der Möglichkeiten in der Zukunft sowie eine anspruchsvoll-realistische Vision als Input für die Strategieformulierung.

Dritte Phase: Ziele und Strategien formulieren Ausgehend von der Umfeld- und Unternehmensanalyse und der Beschäftigung mit der möglichen Zukunft geht es in der dritten Phase um das Formulieren konkreter Ziele und Strategien.

→ Schritt 9: Ziele und Strategien der Geschäftsfelder festlegen. Neben fachlichen sind besonders auch kreative und intuitive Überlegungen wichtig, um sich von der Gegenwart ausreichend zu lösen. Das Ergebnis ist ein Strategieentwurf, der die Grundrichtungen eindeutig bestimmt und vorzeichnet.
→ Schritt 10: Dachstrategien und interne Strategien: Dachstrategien sind die verbindende Klammer über allen Teilstrategien. Interne Strategien zielen vor allem auf die Entwicklung von Fähigkeiten.
→ Schritt 11: Umsetzung vorbereiten, strategische Ziele und Maßnahmen operationalisieren. Die Strategieumsetzung ist ein Kernpunkt und sehr anspruchsvoller Teil des Prozesses.
→ Schritt 12: Strategieumsetzung ins laufende Geschäft einbinden. Neues muss in konkreten Aktionen und Verhaltensweisen sichtbar werden. Dazu bedarf es auch ausreichender Managementinstrumente und bei größeren Veränderungen (etwa Erschließung neuer Märkte, Reorganisation von Produktion und Vertrieb) eines angemessenen Change-Managements, um die erwünschten Veränderungen in guter Qualität herbeizuführen (s. S. 273 ff.). Der Stand der Umsetzung ist periodisch kritisch zu hinterfragen, ebenso müssen Strategien den sich ändernden Bedingungen folgen und periodisch angepasst beziehungsweise fundamental verändert werden.

Leitfaden und Werkzeuge für ein Strategieprojekt

Im Folgenden geben wir Ihnen Anregungen, wie Sie selbst für sich und Ihre Organisation eine Strategie entwickeln können. Das Methodenrepertoire der Strategieberatung ist nahezu unerschöpflich, wir beschränken uns hier auf Methoden, die einfach und ohne spezielles Expertenwissen anwendbar sind. Strategieprozesse sollen auch keinem Methodenfetischismus huldigen! Überprüfen Sie daher die angebotenen Methoden immer unter dem Blickwinkel der Angemessenheit, Zweckmäßigkeit und Verständlichkeit. Ideal für das Durchlesen des folgenden Kapitels ist es, wenn Sie sich eine Strategieaufgabe stellen! Das könnte zum Beispiel sein:

→ Als Berater: Wie will ich mein Leistungsangebot weiterentwickeln?
→ Als Führungskraft: Wohin soll sich meine Abteilung in den nächsten xx Jahren entwickeln?
→ Als Jungunternehmerin: Welche neue Geschäftsidee möchte ich strategisch durchdenken?

Dies nur einige Beispiele aus der Vielzahl der möglichen Fragestellungen. Machen Sie sich zu den einzelnen Stationen des Strategieprozesses Notizen, bei Bedarf vertiefen Sie die Bearbeitung über das hier Gebotene hinaus.

↗ Beispiel

Um die Schritte und Methoden zu illustrieren, werden wir wieder auf »unsere« Firma SoftPower zurückgreifen. SoftPower hat in jüngerer Vergangenheit als Ausfluss eigener strategischer Überlegungen diversifiziert und ein kleines Web-Unternehmen zugekauft. Dieses heißt NetHealth und betreibt ein Internetportal zu Medizin und Gesundheit. Die neuen Eigentümer wollen von der Geschäftsführung von NetHealth eine explizite Strategie sehen. – Bisher wurde diese durch den Gründer-Geschäftsführer verkörpert. – Außerdem lief vieles eher improvisiert, wie das bei Pionierunternehmen häufig der Fall ist. Das soll sich unter den neuen Eigentümern ein Stück weit ändern, zumal das Unternehmen weiter expandieren soll.

Wir werden die Vorgehensweise und die Überlegungen, die NetHealth im Zuge seines Strategieprozesses angestellt hat, immer wieder zur Illustration verwenden. Die beispielhaften Überlegungen zu NetHealth sind immer eingerückt dargestellt und mit dem Beispiellogo versehen.

Vorbereitung des Strategieprozesses

Zunächst geht es darum, ein Drehbuch zu erstellen, einen Strategieauftrag oder ein Strategieprojekt zu formulieren.

Übung: Strategieprozess vorbereiten

Geben Sie sich nun selbst einen Auftrag! Denken Sie diesen wie ein Projekt durch und beschreiben Sie ihn skizzenhaft! Nutzen Sie die folgenden Fragen als Anregung, nicht als Korsett!

Was ist das Ziel der Strategieüberlegungen? Wer macht die Arbeit, bis wann ist was fertig? Was soll mit dem Ergebnis geschehen?

Wie erfolgen die Informationssammlung und die Analysephase? Welche Umfeldentwicklungen, Trends, Szenarien sind zu beachten? Sollen die eigenen Tätigkeitsfelder (Geschäftsfelder) in Hinblick auf Stärken und Schwächen analysiert werden? Ist ein Wettbewerbsvergleich erforderlich, brauchen wir Benchmarks?

Wie gestalten Sie die Strategieentwicklung und -formulierung? Wie werden strategische Zielsetzungen und Stoßrichtungen festgelegt? Sollen beispielsweise Szenarien, eine Vision, Strategievarianten kreativ durchgespielt werden? Sollen verschiedene Strategievarianten bewertet und die bestgeeignete ausgewählt werden?

Wie wird die Strategieumsetzung erfolgen? Wie tragen wir die neue Strategie in alle Organisationseinheiten hinein? Soll es Aktionsprogramme geben – in welcher Detaillierung? Was sind die Konsequenzen für die Geschäftsfelder? Liegt der Schwerpunkt eher auf kurz- beziehungsweise mittelfristigen Umsetzungen? Sind Ressourcen, Budgets verfügbar?

Wie erfolgen das strategische Controlling und die Weiterentwicklung der Strategie? Welche periodischen Checks der Maßnahmen sind geplant? Soll es ein spezielles Berichtswesen geben? Gibt es eine Follow-up-Strategiegruppe?

Der Auftrag ist wichtig, er ist das Drehbuch, damit der Prozess zum gewünschten Ergebnis kommt! Beachten Sie aber: Das Drehbuch ist noch nicht der Film, aber ohne Drehbuch drehen Sie vielleicht den falschen Film!

Nun geht es in die einzelnen Stationen Ihres Strategieprozesses. Das Vorgehen entspricht der Abbildung auf Seite 160. Zu jedem Schritt machen wir Ihnen Vorschläge, wie Sie vorgehen können, ergänzt durch einfache Methoden.

Erste Phase: Strategische Analyse

Im ersten Schritt geht es darum, Trends und Entwicklungen zu erkennen, Stakeholder zu bewerten. Oft wird (nach Watzlawick) der verlorene Schlüssel dort gesucht, wo das meiste Licht ist, und nicht dort, wo er verloren wurde! Der Start ist also weder bei den internen Stärken und Schwächen, noch bei der direkten Mitbewerberanalyse, sondern beim Umfeld und Markt: dort, wo ein künftiger Bedarf vermutet wird. Auch wenn das als luxuriöser Umgang mit der Zeit gesehen werden könnte – ohne den Blick zu weiten, könnte man leicht der eigenen, gewohnten Denkrille verhaftet bleiben!

Trends und Entwicklungen müssen also wahrgenommen werden. Es stellt sich die Frage: In welchem Marktumfeld bewegen wir uns? Es gibt nur wenige Entwicklungen, die völlig überraschend und plötzlich eintreten. Die meisten Veränderungen kündigen sich durch schwache Signale an – wir nehmen sie nur nicht wahr. Studien zeigen, dass viele Insolvenzen eine Folge davon waren, dass die betreffenden Firmen ihr Verhältnis zur Umwelt nicht ständig kritisch überprüften.

Aus welchen Feldern kommen in der Regel Trends und Entwicklungen? Beispielsweise sind es:

→ Erwartungen der Kunden.
→ Gesetzliche Rahmenbedingungen.
→ Erwartungen der Mitarbeiterinnen und Mitarbeiter.
→ Werthaltungen.
→ Politisches Umfeld.
→ Erwartungen der Gesellschaft.
→ Finanzielle Einflüsse.
→ Technologische Einflüsse.
→ Ökonomische Entwicklung.

Beschreiben Sie nun die Trends und Entwicklungen für Ihre Fragestellung, gewichten Sie ihren Einfluss (1 = schwach, 3 = stark) und überlegen Sie, mit welchen Chancen beziehungsweise welchen Gefahren sie verbunden sind. Im Anschluss daran können Sie erste strategische Überlegungen dazu sammeln.

Stakeholder	Bedeutung	Nähe	Haltung (+/−)	Gefahren/ Chancen	Strategie- gedanken
Nutzer	sehr groß	nah	kritisch, interessiert	…	
Medizinische Fachgesellschaften	groß	nah	fachliche Seriosität wichtig	…	
Pharmaindustrie	groß	nah	verein- nahmend	…	

> **Beispiel**
>
> Bei NetHealth könnten folgende Punkte interessant sein:
> → Userverhalten: Wird Gesundheit wichtiger werden? Welche Rolle wird die alternative Medizin spielen?
> → Das technologische Umfeld: Wie wird sich das Web weiterentwickeln?
> → Ökonomisch: Werden viele potenzielle User über einen Breitbandanschluss verfügen?

Die tabellarische Darstellung ist als Anregung zu sehen, für jedes Umfeld wird die Analyse in der erforderlichen Tiefe durchgeführt, dann wird das Ergebnis ausgewertet. Wenn die erste Analyse dazu führt, dass Bedarf nach vertiefender Beschäftigung mit möglichen Zukunftsentwicklungen entsteht, kann dies durch Erarbeitung von Szenarios erfolgen (s. dazu unsere Überlegungen im Teilkapitel »Zukunft (er)finden«, S. 173 ff.).

Im zweiten Schritt ist zu fragen: Welche Stakeholder sind für unseren Erfolg relevant? Mit der Stakeholderanalyse wird versucht, die für den Erfolg des Unternehmens maßgeblichen Interessengruppen im Umfeld und im Unternehmen selbst zu erfassen sowie deren Interessen und die damit verbundenen Chancen und Risiken zu ermitteln. Mögliche Stakeholder sind neben den Shareholdern (den Eigentümern und Kapitalgebern), die Mitarbeiter, die Belegschaftsvertreter, die Kunden, die Lieferanten, Behörden, Konkurrenten, Kooperationspartner, staatliche Institutionen, globale Organisationen und so weiter.

166 Organisationen führen und managen

1. Relevante Anspruchsgruppen auflisten
2. Bedeutung = Größe
3. Nähe/Distanz bestimmen
4. Haltung zu uns (positiv, negativ, neutral)
5. Spezifische Erwartungen an uns
6. Welche im Prozess der strategischen Neupositionierung besonders beachten – wie?

Stakeholder: Kooperationspartner, Mitarbeiter, Wir, Fachgesellschaften, Eigentümer, User/Besucher

Bei der Analyse werden in einem ersten Schritt die Stakeholder erfasst und in einer zeichnerischen Darstellung je nach Intensität der Beziehung weiter oder näher zum eigenen Unternehmen angeordnet. Mit der Größe der Kreise für die Stakeholder wird deren größerer oder geringerer Einfluss sichtbar gemacht. In der anschließenden Analyse werden wie in der Trendanalyse der Grad des Einflusses näher bestimmt (1 = schwach, 3 = stark), die Anforderungen (bei Kunden zum Beispiel Qualität, Zuverlässigkeit) und die Chancen beziehungsweise Gefahren aus der Stakeholderperspektive festgehalten sowie erste strategische Überlegungen angestellt.

↗ Beispiel

Im Beispiel NetHealth bedeutet dies: Wichtigste Stakeholder sind die Besucher der Plattform, sie bringen Reichweite und ihnen sind Aktualität und Unabhängigkeit wichtig. Weitere wichtige Stakeholder sind medizinische Fachgesellschaften, ihnen sind Präsenz und Sichtbarkeit besonders wichtig, sie reagieren kritisch auf zu viel Einfluss seitens der Pharmaindustrie.
Die Pharmaindustrie ist einer der wichtigen Zahler über Werbeeinschaltungen. Ihr Interesse ist es, möglichst viele Besucher zu erreichen (Reichweite), sie würde aber auch gerne auf die redaktionellen Inhalte möglichst direkt in ihrem Sinne einwirken.

Aus dem Beispiel wird deutlich, dass zwischen den Stakeholderinteressen Konflikte bestehen, die in der Strategie berücksichtigt werden müssen: Reichweite wird die Industrie auf Dauer nur dann haben, wenn die fachliche Unabhängigkeit der redaktionellen Berichte gewährleistet ist – sonst springen die Besucher ab.

> **Übung: Durchführung der Stakeholderanalyse**
>
> Erfassen Sie die relevanten Umfelder (aus der grafischen Darstellung abgeleitet). Analysieren Sie die Beziehungen zu relevanten Umwelten und beziehen Sie die Überlegungen in den Strategieprozess mit ein!
> - Listen Sie die relevanten Interessen(gruppen) auf.
> - Bewerten Sie diese nach Einfluss, Nähe/Distanz, Haltung (+/-) zum Projekt.
> - Beschreiben Sie die erfolgskritischen Umweltbeziehungen und planen Sie Strategien und Maßnahmen, wie Sie die Beziehung gestalten wollen.

↗ Beispiel

Stakeholder	Bedeutung	Nähe	Haltung (+/-)	Gefahren/ Chancen	Strategiegedanken
Nutzer	sehr groß	nah	kritisch, interessiert	...	
Medizinische Fachgesellschaften	groß	nah	fachliche Seriosität wichtig	...	
Pharmaindustrie	groß	nah	vereinnahmend	...	

Tipp: Wenn Sie Ihre Umfeldanalyse noch wirkungsvoller gestalten wollen, dann laden Sie Ihre Stakeholder zum Dialog ein! Dies kann in Form einer großen Stakeholder-/Kundenkonferenz oder mehrerer kleinerer Fokusgruppen geschehen. Im Kontakt mit Kunden und Stakeholdern erfahren Sie mehr als durch aufwendige Analysen und Statistiken.

Im dritten Schritt erfolgt die Analyse der strategischen Leistungs- und Geschäftsfelder. »Strategische Geschäftsfelder« sind spezielle Produkte, Produktgruppen beziehungsweise Dienstleistungen für spezifische Kundengruppe mit ähnlichen Anforderungen. Sinn und Zweck ist, dass innerhalb eines Unternehmens oft sehr unterschiedliche Marktstrategien und Marketingmaßnahmen erarbeitet werden müssen, um am Markt erfolgreich zu sein. Beispiele für Geschäfts-/Dienstleistungsfelder verschiedener Organisationen sind:

- Servicefirma: Vor-Ort-Service für Computeranlagen.
- NetHealth: Webportal für Medizininformationen.
- Klinik: ambulante Meniskusoperationen für Businesspersonen.
- Seniorenorganisation: Betreuung alter Menschen zu Hause.

Die »beste« Gliederung erfolgt nach Kundengruppen mit einem ähnlichen »Problem«. Damit entsteht in jedem Geschäftsfeld eine klare Orientierung hin auf die Lösung der Kundenprobleme.

Erstellen einer Portfolioanalyse

Die Portfolioanalyse ist eines der bekanntesten Werkzeuge zur strategischen Analyse. Sie beleuchtet die Leistungen der Organisation mit einer zweidimensionalen Matrix. Jedes Geschäftsfeld wird beschrieben und analysiert und in der folgenden Vier-Felder-Matrix eingeordnet.

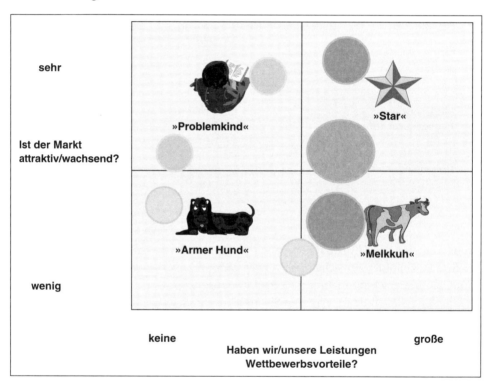

Erläuterungen zur Matrix

Stars	Hohe Marktattraktivität und Wettbewerbsfähigkeit machen diese Leistungen zu Stars.
Melkkühe	Diese Leistungen sind gegenwärtig noch wichtig, sie bringen eventuell auch gute Erträge, und das Unternehmen beherrscht sie gut. Aber der Markt signalisiert, dass diese Leistungen vermutlich am Ende des Produktlebenszyklus sind.
Problemkind	Eine hohe Marktattraktivität geht mit geringer Wettbewerbsfähigkeit einher. Wir müssen uns fragen, ob wir wirklich durch intensive Anstrengungen, Verbesserungen und Lernen in diesen Feldern die Leistungsfähigkeit steigern können.
Arme Hunde	Diese Leistungen haben sich nicht entwickelt oder sie sind am Ende ihres Lebenszyklus. Es ist zu prüfen, ob die Leistung verändert oder eingestellt werden kann.

Nun zur Analyse der Geschäftsfelder. Sie erhalten Antworten auf folgende Fragen:

→ **Marktattraktivität:** Wie attraktiv sind die Märkte, in denen ich derzeit tätig bin? (y-Achse)
→ **Wettbewerbsposition:** Welche meiner Produkte verfügen über besondere Wettbewerbsvorteile auf diesen Märkten? (x-Achse)
→ Mit welchen Leistungen machen wir welche **Umsätze und Erträge**?

Wenn Sie durch die Kreisfläche den relativen Beitrag zum Umsatz darstellen und mit einer Farbe die Deckungsbeitragsstärke, dann sehen Sie, welche Leistungen Geld verdienen und in welchem Ausmaß.

Nachfolgend ein Beispiel für ein Arbeitsblatt zur Bewertung der Geschäftsfelder, in dem Sie sehen können, wie Sie die einzelnen Geschäftsfelder beurteilen können. Die hier beispielhaft angeführten Kriterien für die Marktattraktivität und die Wettbewerbsstärke können nach Bedarf erweitert und thematisch angepasst werden.

Geschäftsfeld: Augenchirurgie
Jahr: 2006
Umsatz in €: 1.450.000

Beurteilung der Marktattraktivität

Kriterium	Gewichtung		Bewertung des Geschäftsfeldes						Wert
			1	2	3	4	5		
Medizinische Entwicklung d. Faches	100 %	negativ				x		stark	4,00
Patientenzahlentwicklung	100 %	niedrig					x	extrem hoch	5,00
Profitabilität des Faches	100 %	unprofitabel			x			extrem hoch	3,00
Mitbewerber	100 %	scharfer Wettbewerb			x			Monopol	3,00
medizinisches Risiko	100 %	sehr hoch				x		nicht vorhanden	4,00
								Position	3,80

Beurteilung des relativen Wettbewerbsvorteils

Kriterium	Gewichtung		Bewertung des Geschäftsfeldes						Wert
			1	2	3	4	5		
Bekanntheit in Region	100 %	viel kleiner					x	viel größer	5,00
Kompetenz der Ärzte	100 %	viel kleiner				x		viel größer	4,00
medizinische Ausstattung	100 %	viel kleiner				x		viel größer	4,00
Kosten-/Ertragssituation im Vgl.	100 %	viel kleiner				x		viel größer	4,00
Kommunikation	100 %	viel kleiner					x	viel größer	5,00
								Position	4,40

Wenn Sie nun die jeweiligen Geschäftsfelder in diesem Portfolio darstellen, können Sie mehrere Geschäftsfelder gut in einen Vergleich zueinander bringen. Im Beispiel einer augenchirurgischen Einheit fällt das Ergebnis sehr positiv aus: In unserer Grafik würde das Geschäftsfeld oben rechts als »Star« zu finden sein.

Schlüsselfaktoren identifizieren, die für den zukünftigen Erfolg relevant sind

Im nächsten Schritt können noch vertiefend die für die Kunden Ihrer Leistungen relevanten Faktoren herausgearbeitet werden. Können Sie das, was der Kunde erwartet, genauso gut oder besser als ein Mitbewerber anbieten? Mit dieser Analyse werden zwei Fragen beantwortet (vgl. dazu: Wildenmann 2002):

→ Was sind die Schlüsselfaktoren für den Erfolg beim Kunden in einem Geschäftsfeld oder bei einem Produkt?
→ Wie gut erfüllen wir die relevanten Faktoren im Vergleich zum Mitbewerber?

Zuerst werden die relevanten Erfolgsfaktoren gesammelt. Wenn sie nicht bekannt sind, müssen sie durch Kundengespräche, Marktbeobachtung usw. erhoben werden. Im nächsten Schritt werden die Erfolgsfaktoren auf ihre Wichtigkeit für die Kunden bewertet (eventuell Kunden fragen!). Schließlich sollten Sie vergleichen, wie gut Ihr Unternehmen im Vergleich zum relevanten Wettbewerber die Erfolgsfaktoren erfüllt.

Erfolgsfaktoren am Beispiel der Firma NetHealth

↗ Beispiel

Erfolgsfaktoren	Wichtigkeit für Kunden (1–10)	Wettbewerbsvergleich (–3 bis +3)
1. Redaktionelle Qualität	9	+2
2. Design	6	-1
3. Technische Performance	6	+1
4. Beratungsqualität/Support Werbemittel	7	-1
5. Termintreue	6	-2
6. Niedriger Preis	3	0
7. Image/Netzwerk	8	+3
8. Referenzen	6	+2
9. Reichweitenmanagement	10	+1
10. Reporting/Beziehungspflege	7	0

Sie können das wieder in eine übersichtliche Matrix bringen.

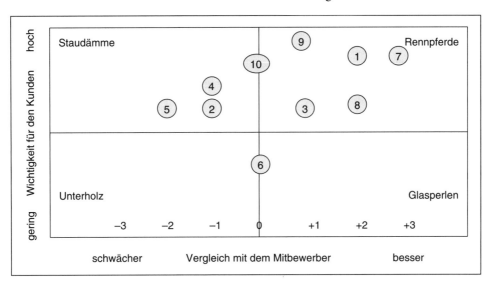

Interpretation:

→ **Rennpferde** sind für den Kunden attraktive Stärken, die Sie besser beherrschen als Mitbewerber. – Gut, wenn Sie viele haben! (Im Beispiel NetHealth sind dies: redaktionelle Qualität, Image, Referenzen.)
→ **Glasperlen:** Da ist das Unternehmen zwar gut, aber für den Kunden sind es nur »Glasperlen«, das heißt nicht besonders relevant. (Beispiel NetHealth: Beratungsqualität bei Standardprodukten, Produktfeatures, die der Kunde nicht braucht). Achtung! Geben Sie sich nicht zu viel mit »Glasperlenspielen« ab, sondern konzentrieren Sie sich auf die …
→ **Staudämme:** Das sind für den Kunden wichtige Faktoren, die das Unternehmen aber noch nicht so perfekt beherrscht. Bauen Sie möglichst hohe Staudämme zum Mitbewerber auf, das kann mühsam sein und erfordert fast immer Ausdauer! (Im Beispiel: Designqualität, stabile Serviceprozesse, After-Sales-Betreuung, Kundenanliegen proaktiv verstehen.)
→ **Unterholz:** Schwächen, die aber nicht relevant sind. Daher ist es nicht notwendig, Aufwand für deren Abbau treiben! (Beispielsweise Produktvielfalt, die Sie nicht haben.)

Im vierten Schritt der strategischen Analyse werden die bisherigen Analysen und Erkundungen zusammengefasst und gefragt: Wo stehen wir als Organisation? Was kommt auf uns zu? Die vergangenheits- und gegenwartsbezogenen Analysen des Umfeldes und der internen Situation sind nun vorläufig abgeschlossen. Diese betreffen Umfeld, Stakeholder, Leistungs- und Geschäftsfelder. Nun gilt es also, die Ergebnisse zusammenzufassen, zu ergänzen und zu einem gemeinsamen Ausgangsbild zu verdichten.

Ein einfaches Werkzeug für eine erste Standortbestimmung ist die SPOT-Analyse (S = Stärken, P = Probleme, O = Opportunities/Chancen, T = Threats/Gefahren). Sie bietet die Möglichkeit einer relativ schnellen Erarbeitung der wichtigsten Veränderungskräfte, sie ist ideal in einer Gruppe zu erarbeiten.

Sammeln Sie zuerst im Team wesentliche Faktoren, Einschätzungen und Sichtweisen. In einem weiteren Schritt gewichten Sie die Faktoren: Was sind die in jedem Quadranten wesentlichen Faktoren, die Sie im weiteren Strategieprozess besonders beachten werden?

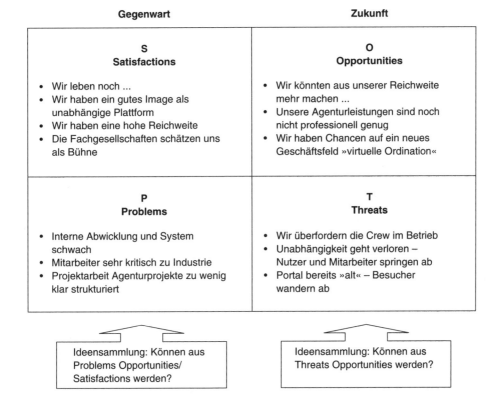

Zweite Phase: Die Zukunft (er)finden

Es gilt: Die Zukunft wird uns immer überraschen – aber sie sollte uns nicht überrumpeln! Sie haben nun eine Reihe von Analysen durchgeführt, um das Umfeld, die eigenen Stärken und Schwächen, die Marktattraktivität und Wettbewerbsstärke Ihrer Leistungen realistisch einzuschätzen. Nun geht es darum, sich der Zukunft zuzuwenden! Fragen Sie sich: Wohin wollen wir? Was trauen wir uns zu? Was können wir mit unseren Fähigkeiten und unserer Finanzkraft erreichen?

Die Fähigkeit, zukunftsbezogen und nicht nur problemgetrieben zu handeln, ist meist nicht in ausreichendem Maße vorhanden. Daher erfordert die Arbeit an Zukunftsbildern viel Aufmerksamkeit des Managements, Zeit und auch entsprechende methodische Unterstützung, damit mehr entsteht als eine Extrapolation der Gegenwart in die Zukunft.

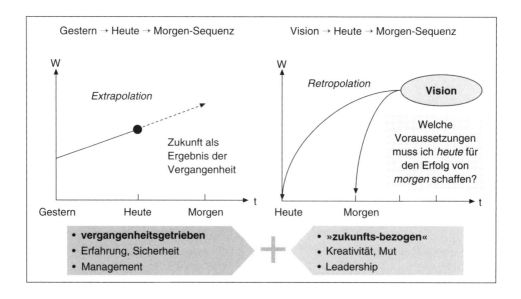

Die Abbildung verdeutlicht die zwei notwendigen Zugänge zu einer Strategie. Während uns das »Denken von links« vertraut ist und wir hier auch viele Zahlen, Daten, Fakten vorfinden, die wir interpretieren können und die uns vermeintlich Sicherheit geben, ist das beim »Denken von rechts« völlig anders!

Die Zukunft ist ungewiss, wir sind es nicht gewohnt, kreativ die Zukunft zu erspüren, und es drohen Fehleinschätzungen. Das macht es verständlich, warum sich viele schwertun, sich mit der Zukunft zu beschäftigen. Wir stellen Ihnen daher im Folgenden einige Zugänge zum Zukunftsdenken vor:

→ Richtungsaussagen zur Veränderung formulieren.
→ Eine Vision als »Leitstern« für das kurzfristige Handeln entwickeln.
→ Ein Leitbild entwickeln.
→ Mit Szenarien den Zukunftsraum erkunden.

Diese Zugänge sind Möglichkeiten, die situativ in einem Strategieprojekt zum Einsatz kommen können. Nicht sinnvoll ist es, fehlende Zukunftsperspektiven durch Methodenaktionismus zu kaschieren.

Im fünften Schritt werden die Richtungsaussagen der gewünschten Zukunft entwickelt und kommuniziert. Um das Lösen von der Gegenwart und Hinwenden zur Zukunft zu fördern, schlagen wir Ihnen folgende Übung vor: Sammeln Sie allein oder mit Ihren »Mitdenkern« alle Richtungsaussagen zur Veränderung, die Ihnen wichtig sind, in Form der folgenden Liste. Anschließend gewichten Sie die Aussagen und konzentrieren sich auf die, die für Sie zentral sind.

Wir wollen weg von …	… und hin zu …
der Vielfalt an Geschäftsfeldern, die oft dem Zufall entsprungen sind,	einer eindeutigen Positionierung als Medienunternehmen mit starker Agenturleistung
unklaren Aussagen zur Wachstumsstrategie	eindeutiger Positionierung der Geschäftsfelder
Entwicklungsprojekte auf Sparflamme zu kochen, dadurch sehr viel Zeit benötigen, bis die Produkte entwickelt sind,	Priorisierung der Entwicklungsprojekte und Ausstattung mit Ressourcen

Der Nutzen dieses Schrittes ist somit einerseits, sich von der Gegenwart zu lösen, andererseits, die eigenen Zukunftsbilder mit denen anderer Mitträger abzugleichen und sich zu fragen: Wollen wir in die gleiche Richtung? Ein dritter Aspekt ist die Kommunikation: Die Richtungsaussagen erlauben es, eine geplante Strategieveränderung frühzeitig verständlich zu kommunizieren.

Im sechsten Schritt wird mit Szenarien die Zukunft erkundet. Szenarien können helfen, zukünftige Trends und Entwicklungen auf den Märkten früh zu erkennen, um darauf aufbauend strategische Richtungsaussagen für die Entwicklung des eigenen Unternehmens zu konkretisieren. Es werden die Grundlagen erarbeitet für fundierte aktuelle und konkrete Entscheidungen »unter Unsicherheit«. Dies kann die Akzeptanz und Einsicht für weitreichende Entscheidungen positiv beeinflussen. Simple Aussagen über die Zukunft können sehr leicht zu veritablen Fehleinschätzungen führen, wie die folgenden Beispiele zeigen:

↗ Beispiel

Bedeutsame Fehleinschätzungen der Vergangenheit …

1897	Lord Kelvin Bedeutender Mathematiker/Erfinder	Das Radio hat absolut keine Zukunft.
1901	Gottlieb Daimler aus einer Studie der Daimler-Motoren	Die weltweite Nachfrage nach Kraftfahrzeugen wird eine Million nicht überschreiten – allein schon aus Mangel an verfügbaren Chauffeuren.
1932	Albert Einstein Entdecker der Relativitätstheorie	Es gibt nicht das geringste Anzeichen, dass wir jemals Atomenergie entwickeln können.
1943	Thomas J. Watson Gründer von IBM	Ich glaube, der Weltmarkt hat Raum für fünf Computer – nicht mehr.

1946	D. F. Zanuk CEO 20th Century Fox	Das Fernsehen wird nach den ersten sechs Monaten am Markt scheitern. Die Menschen werden es satthaben, jeden Abend in eine Sperrholzkiste zu starren.
1965	Battelle-Institut Prognosespezialist	Die letzten Autobusse werden 1990 aus dem Stadtverkehr verschwinden.
1968	Business Week	Da bereits mehr als 50 ausländische Fahrzeugtypen am Markt sind, wird der japanischen Automobilindustrie nicht gelingen, einen nennenswerten Marktanteil in den USA zu erobern.
1978	Ken Olsen CEO Digital Equipment (DEC)	Ich sehe keinen Grund, warum eine Privatperson einen eigenen Computer haben sollte.

Oft ist es erforderlich, sich über Intuition und Visionsfindung hinaus mit der möglichen Zukunft intensiver zu beschäftigen und mittels Szenarien Bilder möglicher Zukunftsfantasien zu entwerfen. Zu diesem Zweck wird die Szenariotechnik eingesetzt. Sie ist immer dann sinnvoll, wenn quantitative Prognosen nicht ausreichen, weil Entwicklungen zu komplex und unübersichtlich sind, um ein sicheres Bild der Zukunft zu entwickeln. In der Anwendung der Szenariotechnik wird davon ausgegangen, dass Zukunft prinzipiell unberechenbar ist, und daher wird ausgehend von den sichtbaren Trends und Entwicklungen, eine ganze Bandbreite möglicher Zukunftsbilder gesammelt und auf ihre Konsequenzen für die Organisation hin untersucht. Dabei geht man davon aus, dass eine Organisation ihrer Zukunft nicht ohnmächtig ausgeliefert ist, sondern über proaktives Agieren dazu beitragen kann, Worst-Case-Szenarien abzuwenden und das Erreichen von realistischen Wunschszenarien zu unterstützen.

Was enthält ein Szenario? Primär geht es darum, sich das Umfeld des Unternehmens an sich, das heißt ohne das eigene Unternehmen, in der Zukunft vorzustellen, zu erahnen und verbal oder in Bildern zu beschreiben. Dabei sollte der qualitativen Aussage der Vorrang vor der quantitativen gegeben werden.

Umfeldszenario: Wie könnte das Umfeld (ohne uns) in der Zukunft aussehen?
- → Märkte (quantitativ und qualitativ).
- → Mitbewerber und ihre Stärken.
- → Kunden und ihre Bedürfnisse.
- → Gesetzgebung und anderes mehr.

Ein anderer Fokus ist, für das eigene Unternehmen ein Szenario zu erstellen, die mögliche Zukunft zu erahnen, also zu versuchen, sich vorzustellen, wie man selbst in Zukunft aussehen könnte.

Unternehmensszenario: Wie könnten wir in der Zukunft aussehen?
→ Unsere Produkte, Märkte, Leistungen.
→ Unsere Struktur, unsere Positionierung.
→ Unser Unternehmenswert.
→ Unsere Unternehmenskultur und anderes mehr.

In Strategieentscheidungen können Ergebnisse aus beiden Szenariotypen einfließen. Nun zur Frage: Wie werden Szenarien erarbeitet?

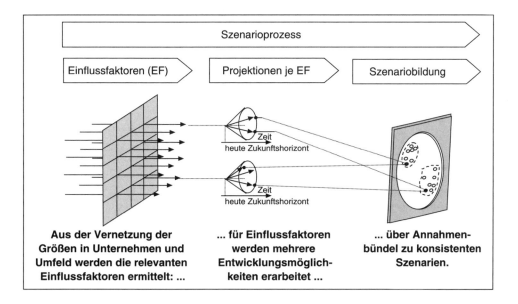

Die einzelnen Schritte der Szenarienentwicklung sehen folgendermaßen aus: Zunächst wird das *Szenariofeld* bestimmt. Wichtige Fragen sind: Wofür wollen wir ein Szenario? Zum Beispiel ist für unsere Firma SoftPower relevant: Wie wird sich das Web als Vertriebskanal entwickeln? Wo könnten Brüche und Sprünge erfolgen (Technologie, Nachfrage, …)? Es gilt, die Fragestellung einzugrenzen – sachlich, zeitlich und räumlich. Dann kann der eigentliche Szenarioprozess starten.

→ Zuerst sind die maßgeblichen *Einflussfaktoren* zu finden: Dazu wird ein Systembild erstellt (das Unternehmen in seinem relevanten Umfeld) und für die einzelnen Umfelder die Einflussfaktoren ermittelt, Wirkungszusammenhänge hergestellt und schließlich die wesentlichen Treiber der zukünftigen Entwicklung herausgefiltert.

→ Daran schließen sich die *Projektionen* der Treiber in die Zukunft an. Es geht um die kreative Beantwortung der Frage: Wie könnten sich die Einflussfaktoren entwickeln? Das bedeutet: Beschreibung der bisherigen und möglichen zukünftigen Entwicklungen. Dabei ist zwischen sicheren Entwicklungen (Trends) und unsicheren Entwicklungen zu unterscheiden.

→ Im dritten Schritt geht es an die *Szenarienentwicklung*: Sichere Trends und unsichere Entwicklungen werden kombiniert. Einflussfaktoren und deren Projektionen werden verknüpft zu miteinander verträglichen alternativen Zukunftsbildern und dies wird in alternativen Szenarien beschrieben, bildhaft ausgestaltet oder auch als Videos arrangiert.

→ Nun können die Szenarien *interpretiert* und die Konsequenzen für das Unternehmen und seine Zukunftsstrategie überlegt werden. Das heißt Ableitung und Bewertung von Chancen und Risiken für das Unternehmen, Projekte und Maßnahmen entwickeln, um unerwünschten Entwicklungen gegenzusteuern und eine erwünschte Entwicklung zu fördern.

Übung: Ihr persönliches Szenario erstellen

Es ist sehr lehrreich, sich Szenarien auch für die eigene Situation auszumalen. Sie können das anhand von Bildern aus der Zeit Ihrer Großeltern und Eltern tun, um sich dann Bilder für das eigene Leben in 15/20 Jahren auszumalen.

Wie haben Ihre Großeltern/wie hat deren Umfeld ausgesehen? (Fotos, kurze Internetrecherche.) Wie haben sie wohl über die Zukunft – unsere heutige Wirklichkeit – gedacht? Wo hätten sie sich vermutlich geirrt?

Wiederholen Sie das Gleiche für Ihre Elterngeneration …

Nun zu Ihrer Zukunft: Wie könnten Sie und Ihr Umfeld in 15 oder 20 Jahren aussehen? Denken Sie in Alternativszenarien – was wäre möglich? Stellen Sie sich das bildlich vor oder erstellen Sie eine Collage aus Magazinseiten.

Nun ziehen Sie Ihre Schlussfolgerungen: Was bedeuten die Ergebnisse für Ihre Ernährung, für Ihre beruflichen Ambitionen, für Ihren Lebensraum? Finden Sie weitere Gestaltungsbereiche?

Das Szenariendenken bei Unternehmen auf die Person anzuwenden ist durchaus zulässig, lässt es uns doch die Konsequenzen unseres heutigen Handelns und Verhaltens deutlicher erkennen als nur durch einfache Überlegungen.

Dieses Szenario zur Entwicklung der Ess- und Ernährungsgewohnheiten in Deutschland kann für ein Unternehmen aus der Gastronomie- oder der Touristikbranche interessante Anregungen zur Positionierung liefern und für strategische Investitionsentscheidungen jedenfalls sehr hilfreich in der Entscheidungsvorbereitung sein.

Szenario I: Eat fast simple	Services unterstützen schnelle, konventionelle Ernährung; Wirtschaft entwickelt sich heterogen, Konsumenten verunsichert, uneinheitliches, abwartendes Konsumverhalten, wenig Innovation der Industrie.
Szenario II: Food and entertainment	Innovationen bringen Bequemlichkeit und Abwechslung; Unterhaltungsmaximierung ist die Devise, ob der schnelle Snack, der Mittagslunch oder das Abendessen – Entertainment muss dabei sein, Lebensmittelhandel und Gastronomie sind stark unterhaltungsgeprägt.
Szenario III: Techno-Food und Bequemlichkeit	Prosperierende Wirtschaft bietet einen stabilen Rahmen für vielfältige Innovationen rund um die Ernährung. Durch wirksame Regulierung fühlt sich der Konsument geschützt; Produkte zur Gesunderhaltung und Steigerung der Vitalität sind Renner.
Szenario IV: nur beste Qualität	Die boomende Wirtschaft hat die Qualitätsansprüche an die Ernährung drastisch gesteigert; die Verbraucher legen Wert auf gesunde, naturnahe Produkte und schonende Zubereitung; Preis ist sekundär; die Gourmetküche hat sowohl im Privaten als auch in der Gastronomie starke Stellung.
Szenario V: Essen schnell, einfach, billig	Die wirtschaftliche Lage ist sehr schwierig geworden; der Qualitätsanspruch der Menschen ist zurückgegangen, Investitions- und Konsumausgaben stagnieren, das soziale Leben reduziert sich, die Menschen sparen, kaufen Sonderangebote und günstige Massenware.

(Quelle: Szenario Management International, 2006)

Resümee: Das Denken in Szenarien (nicht unbedingt nur die Anwendung von Szenariotechniken) ist eines der wichtigsten Elemente des Systemdenkens in der modernen Unternehmensführung. Als besonderer Nutzen des Szenariodenkens ist hervorzuheben, dass in den Managementteams, die mit dieser Technik arbeiten, nicht nur eine umfassende Problemsicht gefördert wird, sondern vor allem ein Denken in alternativen Bildern der Zukunft, das ein rasches Handeln und Reagieren unterstützt. Es ist zu hoffen, dass durch Szenariodenken das Management in Unternehmen, nationalen und internationalen Organisationen den geistigen Spielraum gewinnt, um die großen Herausforderungen der Zukunft richtig zu erkennen und rechtzeitig zu handeln. Zu denken ist hier sowohl an die Umwelt- und Klimaveränderung als auch an die zukünftige Entwicklung der globalen Arbeitsteilung oder die Zukunft Europas.

Wenn Sie mit Szenarien intensiver arbeiten möchten und die Methodik besser kennenlernen wollen, lesen Sie am besten das »Handbuch Zukunftsmanagement« von Alexander Fink und Andreas Siebe (2006).

Wir haben nun unseren Methodenüberblick zur Zukunftsgestaltung abgeschlossen und wenden uns der dritten Phase, der Entwicklung konkreter Strategien, zu.

Im siebten Schritt schließlich wird eine Vision entwickelt:

»Wenn du ein Schiff bauen willst, so trommle nicht die Männer zusammen, um Holz zu beschaffen und Werkzeuge vorzubereiten oder die Arbeit einzuteilen und Aufgaben zu vergeben, sondern lehre die Männer die Sehnsucht nach dem endlosen weiten Meer.« (Antoine de Saint-Exupéry)

Was ist die Funktion der Vision? Die Vision ist die Brücke von der Gegenwart in die Zukunft der Organisation. Sie stellt den Bezug auf einen Zustand her, der weder gegenwärtig existiert noch jemals existiert hat. Sie ist ein geistiges Bild, das einen möglichen und wünschenswerten Zustand der Organisation und eine realistische, glaubwürdige und attraktive Zukunft zeigt, das in einigen wichtigen Aspekten besser ist als das, was bereits da ist.

Die Vision dient der Aktivierung emotionaler und spiritueller Ressourcen der Organisation (Werte, Engagement, Bestrebungen) und der Nutzung der physischen Ressourcen der Organisation (Kapital, menschliche Fähigkeiten, Rohmaterial, Technologie).

Eine Vision ist eine qualitative Zielsetzung. In ihr ist mehr enthalten als die Zielstellungen, stärker und größer zu werden oder mehr Gewinne zu erwirtschaften. Zum Beispiel sehen medizinische und pharmazeutische Unternehmen ihren tieferen Zweck darin, die menschliche Gesundheit zu verbessern, oder die Versicherungswirtschaft verfolgt den tieferen Zweck, einen gesellschaftlichen Risikoausgleich zu schaffen und eine Absicherung bei Schadensfällen anzubieten. In ihren Visionen und Leitbildern bekennen sich immer mehr Unternehmen dazu, im sozialen und ökologischen Bereich verantwortlich zu handeln (»Corporate Social Responsibility« oder »Corporate Citizenship«).

Eine Vision beschreibt den Zustand, zu dem wir hinwollen, so als wären wir bereits dort. Sie ist das »Dach« oder der rote Faden, unter den sich Strategien, Absichtserklärungen, Projekte und Maßnahmen in der Organisation unterordnen (vgl. Mann 1990).

Thesen: Wozu braucht ein Unternehmen eine Vision?

Visionen wirken langfristig Im heutigen dynamischen Umfeld ist jede Planung, wenn sie fertig ist, schon veraltet. Die Vision als größter gemeinsamer Nenner der Organisation ermöglicht jene Langfristigkeit, die jedes Unternehmen zur Bewältigung seiner »Kurzfristigkeiten« braucht.

Visionen inspirieren und erzeugen »Lust auf Zukunft« Visionen schaffen einen gemeinsamen Rahmen für eine erwünschte Zukunft, sie machen sie »angreifbar« und spornen zum »jetzt Handeln« an. Das gemeinsame Formulieren wichtiger Werte und Ziele sowie das Sammeln von Ideen, in denen die Unternehmensvision ihre Verwirklichung findet, setzt ungeheures Potenzial und Engagement frei.

Visionen erzeugen »Commitment« und motivieren Eine Vision bringt den tieferen Zweck eines Unternehmens und der gesamten Branche zum Ausdruck. In ihr sind idealerweise sowohl die ursprüngliche Idee eines Firmengründers als auch der übergeordnete gesellschaftliche Sinn des Unternehmens aufgehoben. In der Vision finden sich daher die Beschäftigten eher wieder als in nüchternen Strategiekonzepten. Besonders dann, wenn sie in einem breiten Beteiligungsprozess erarbeitet wurde, wirkt sie stark motivierend. Wichtig für die Identitätsstiftung über die Vision sind allerdings das Engagement und die Glaubwürdigkeit der obersten Führung bei der Umsetzung.

Visionen bilden einen flexiblen und stabilen Orientierungsrahmen Eine Vision ist im Unterschied zu einer Planung ein nichtlineares Gebilde, in dem eine Reihe von Möglichkeiten, Annahmen, Gefühlen, Vorstellungen, Erwartungen enthalten ist. Visionen können einer ständigen Korrektur unterliegen, ohne dass dabei das Unbehagen entsteht, dass man eine Plan- oder eine Zielvorgabe missachtet hätte. Die Vision ist eine flexible Klammer über die laufenden strukturellen Veränderungen des Systems.

Wie können Sie selbst eine visionäre Perspektive entwickeln?

Um sich weiter von der Gegenwart zu lösen und die Zukunft vorauszudenken, machen Sie die folgende Übung:

In die Zukunft versetzen

»Versetzen Sie sich in das Jahr 2015 oder 2020. Es ist eine sehr positive Zukunft entstanden – so, wie Sie sie sich immer gewünscht haben. Stellen Sie sich vor, wie Ihr Unternehmen dann beschaffen ist. Erfinden Sie eine kreative, spielerische Beschreibung Ihrer Vision. In der Abbildung auf S. 182 finden Sie mögliche Perspektiven, zu denen Sie Aussagen treffen können – es muss aber nicht zu jeder Perspektive etwas gesagt werden!

Tun Sie dabei so, als ob die Vision bereits verwirklicht sei.« Beschreiben Sie das, was Sie in der Zukunft sehen, in Form eines kurzen Magazinberichts in einem für Ihr Unternehmen relevanten Magazin:

Wie lautet die Überschrift

Verfassen Sie nun den dazugehörigen Artikel:

Wenn Sie noch nicht zufrieden sind, machen Sie zu einem späteren Zeitpunkt einen zweiten Versuch.

Visionen sind oft kurz! Einige Beispiele von Visionen bekannter Unternehmen zeigen dies:

→ Henry Fords Vision »Ein Auto für jedermann« leitete die Entwicklung und Produktion des für viele Amerikaner erschwinglichen Ford-T-Modells ein und hat in der Folge das Auto zu einem Massenprodukt des 20. Jahrhunderts gemacht.
→ Bill Gates' Vision »ein Computer in jedem Haushalt« hat zum Durchbruch des Computers als Massenprodukt des 21. Jahrhunderts geführt.

Wenn Sie mit einem Managementteam eine Vision entwickeln wollen, erfordert das ein »Heraus« aus dem Alltag und eine professionelle Vorbereitung und Begleitung, bei der zwei Zugänge zur Vision kombiniert werden können: der Zugang über die *Gefühlswelt*, die Entspannung und das bildhafte Vorstellen einerseits, der Zugang über die *Gedankenwelt*, Sprache, Logik und intellektuelle Anstrengung andererseits.

Im achten Schritt wird ein Leitbild entwickelt. In Unternehmen, in denen dezentrale Organisationseinheiten und Teams mit großer Eigenverantwortlichkeit ausgestattet arbeiten, entstehen ein hoher Koordinierungsbedarf und die Notwendigkeit, sichere

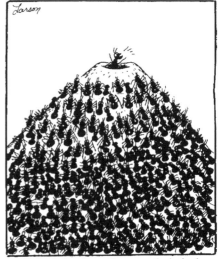

»Und denkt dran: Fragt nicht, was euer Ameisenhaufen für euch tun kann, fragt, was ihr für euren Ameisenhaufen tun könnt.«

und akzeptierte Bezugspunkte zur Orientierung aufzustellen – vergleichbar einem Leuchtturm oder einem Leitstern für die Seefahrer. Diesen Bedarf decken Leitbilder, wiewohl sich Leitbilder nicht nur an die Mitarbeiter, sondern auch an die Kunden und die Öffentlichkeit richten und somit auch Instrument für die Imagebildung eines Unternehmens sind. Manchmal ist Letzteres der Hauptzweck eines Leitbildes – Kunden oder Klienten sollen auf die Besonderheit der eigenen Organisation aufmerksam gemacht werden; zum Beispiel will sich ein Ordenskrankenhaus mit seinen besonderen Werten von den anderen Anbietern abheben, eine Umweltorganisation will damit Aufmerksamkeit und Unterstützungsbereitschaft erzielen. Beide Funktionen, die Wirkung nach innen und nach außen, sind wichtig und legitim.

Das Leitbild leitet sich von der Unternehmensvision ab und beantwortet die Fragen:

→ Wer sind wir?
→ Was machen wir?
→ Wozu machen wir es?
→ Wie machen wir es?

Die Entwicklung und Umsetzung eines Leitbilds müssen, um Wirksamkeit zu erreichen, vom klaren Willen der Unternehmensleitung getragen sein. In den Prozess der Entwicklung sollen aber möglichst viele Mitarbeiter der verschiedenen Ebenen und Bereiche einbezogen werden. Der Prozess verläuft zirkulär, indem das Topmanagement die Ziele, Rahmen und Anforderungen definiert und die Mitarbeiter die Leitaussagen erarbeiten. Gut geeignet sind auch Zukunftskonferenzen oder Open-Space-Veranstaltungen als Werkzeug der Leitbildentwicklung. Sie bieten einen idealen Rahmen dafür, dass viele Menschen strukturiert mitreden, gemeinsame Bewusstseinsbildungs- und Lernprozesse stattfinden und ein Wirgefühl entsteht. Dies sind gute Voraussetzungen, dass Leitbilder auch lebendig werden.

Das Leitbild als Führungsinstrument wird zu verschiedenen Gelegenheiten als Orientierungshilfe herangezogen. Es ist

→ Grundlage für strategische Planung,
→ Leitstern für Zielvereinbarungen auf allen Ebenen,
→ Grundlage für Mitarbeitergespräche,
→ Rahmen für Personalentwicklung sowie
→ die Öffentlichkeitsarbeit.

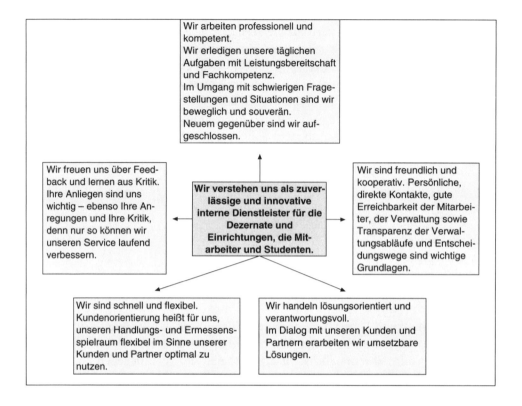

Dritte Phase: Strategie entwerfen und konkretisieren

In der dritten Phase geht es darum, den Weg von der Ist-Situation zu den definierten Zukunftszielen zu finden. Strategien sind die Wege zum Ziel. Ohne erkennbare klare Ziele ist es meist die Mühe nicht wert, großartige Strategien zu entwerfen! Speziell in »geschützten« Bereichen der Gesellschaft (Verwaltungen, Politik, NGO) ist sehr gut darauf zu achten, dass strategischer Aktionismus nicht das Fehlen von klaren und akzeptierten Zielen kaschiert. Wie ist weiter vorzugehen?

→ Den Kern bilden die **Strategien in den konkreten Geschäftsfeldern.**
→ Wenn ein Unternehmen mehrere Geschäftsfelder hat, kann es sinnvoll sein, diese in **übergeordnete Strategien,** sogenannte Dach-, Leit- oder Grundstrategien, einzubetten und
→ zu klären, ob es zwischen den Geschäftsfeldstrategien **Synergien** oder auch **Konflikte** gibt.
→ Schließlich kann es erforderlich sein, auch **Strategien** zu formulieren, **die sich nach innen richten** und dem Aufbau erforderlicher Kompetenzen dienen; beispielsweise eine aktive Personalentwicklungsstrategie, die Einführung einer neuen IT-Infrastruktur, den Aufbau von Niederlassungen in den Märkten usw.

In der folgenden Abbildung werden diese verschiedenen Strategieelemente und ihr Zusammenhang grafisch dargestellt.

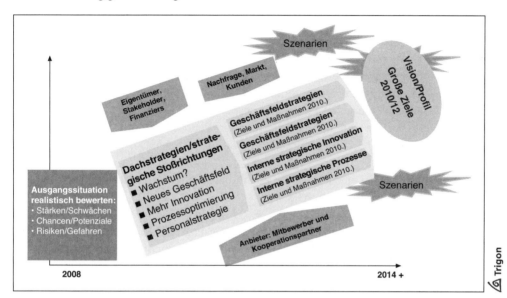

Um die Darstellung verständlich zu machen spielen wir die Strategieformulierung für unser Musterunternehmen NetHealth durch.

> Beispiel
>
> Was sind die Ergebnisse für NetHealth nach den ersten zwei Phasen? Aus der ersten Phase »Analyse« und der zweiten Phase »Zukunft erfinden« wurden Ansatzpunkte für die künftige Strategie deutlich (und in der SPOT-Analyse zusammengefasst):
> → Das **Geschäftsfeld Medienleistungen** (das ist im Kern das Webportal mit seinen Angebotskomponenten, Userforen und Usercentern) hat eine starke Alleinstellung am Markt, die Reichweite ist groß, aber noch deutlich steigerbar. Schwächen bestehen in der Kundenbetreuung und aktiven Marktbearbeitung.
> → Im **Geschäftsfeld Agenturleistungen** hat die Analyse erstens sehr gute Deckungsbeiträge gezeigt, ferner haben die Kunden eine klare Priorität für einen »Full Service« von Agentur- und Medienleistung geäußert. Schließlich ist im Wettbewerbsvergleich deutlich geworden, dass die eigenen Agenturleistungen preislich deutlich unter denen konventioneller großer Agenturen liegen – das ermöglicht sowohl ein »Upgrading« der Leistungen als auch einen Zugewinn von Marktanteilen.

Schließlich ist durch eine **Szenarienarbeit** deutlich geworden, dass es künftig gute Chancen für die »virtuelle Arztordination« gibt. Dies könnte das dritte Geschäftsfeld des Unternehmens werden und sollte mit neuester Web-Technologie umgesetzt werden. Als **Dachstrategie** zeichnet sich ab:

→ Weiteres Wachstum erscheint sinnvoll, um die marktführende Stellung abzusichern.
→ Ein Relaunch der Webplattform ist dringend notwendig, um den Qualitätsanspruch aufrechtzuerhalten und um die dahinterliegende Technik zu verbessern.
→ Ausbau des dritten Geschäftsfeldes.
→ Angemessene Aufmerksamkeit auf die interne Weiterentwicklung der Organisation vom kleinen Pionierbetrieb zum Qualitätsführer.
→ **Unterstützende Strategien** sind in folgenden Bereichen gefragt:
  – Professionalisierung des Projektmanagements.
  – Modernisierung und Standardisierung der Webtools.
  – Systematische Durchführung von Innovationsprojekten.

Wir konzentrieren uns speziell auf die Formulierung der Geschäftsfeldstrategien und bieten dazu einige Werkzeuge an.

Im neunten Schritt werden Strategien für die Geschäftsfelder formuliert. Die Kernfrage ist, wie kann das Unternehmen im Geschäftsfeld x nachhaltig am Markt und bei den Kunden erfolgreich sein – und damit Geld verdienen? Dazu ist zu klären:

→ Wie und wo ist Wachstum möglich?
→ Wie lassen sich Kunden zum Kauf bewegen?
→ Auf welchen Märkten wollen wir präsent, für welche Kunden wollen wir da sein?

Diesen drei Fragen gehen wir nun auf den Grund!

Wie und wo ist Wachstum möglich? Um herauszufinden, wie und wo Wachstum möglich ist, kann uns die Matrix auf Seite 187 helfen. Beispiele für NetHealth sind eingefügt.

Der sicherste Weg ist die *Marktdurchdringung*, hier bewegen wir uns auf bekanntem Terrain, aber ab einem gewissen Marktanteil wird weiteres Wachstum schwierig, es gibt meist gute Mitbewerber! Beim Weg *Produktentwicklung* ist zumindest der Markt bekannt. Es ist zu unterscheiden zwischen echten Marktneuheiten und ergänzenden Leistungen zum bestehenden Angebot. Das Risiko der Marktentwicklung durch Ausweitung auf neue geografische Märkte oder neue Marktsegmente ist stark von der »Fremdheit« des neuen Marktes abhängig. Am risikoreichsten und gründlichsten zu prüfen ist die Diversifikation: Hier begeben wir uns in völlig neues Terrain! Bei der horizontalen Diversifikation erweitern wir unser Programm um verwandte Leistungen, bei der vertikalen Diversifikation wird eine neue Wertschöpfungsstufe erschlossen (bei NetHealth mit der virtuellen Ordination).

Prüfen Sie also Ihre Wachstumsideen mit dieser Matrix und beachten Sie die Dimension Risiko! Diese Matrix wurde vom Strategieexperten H. Igor Ansoff 1974 erstmals verwendet (Ansoff 2007).

	bekannt	**Weg 1: Marktdurchdringung**	**Weg 2: Produktentwicklung**
Markt ist		Bestehende Märkte werden noch intensiver bearbeitet. → Pharmaindustrie → Ärztliche Fachgesellschaften	Es wird ein neues Produkt im bekannten Markt platziert. → Zum Beispiel ein Schwerpunkt Onkologie und Naturheilverfahren → Agenturdienstleistungen für Kunden, die bisher nur Medienleistungen bezogen haben
neu		**Weg 3: Marktentwicklung** Ein neuer Markt wird erschlossen, neue Zielgruppen aufgebaut. → Akquisition von osteuropäischen Kunden	**Weg 4: Diversifikation** Mit neuen Produkten wird in neue Märkte vorgestoßen. → Geschäftsfeld 3 »Virtuelle Ordination« ist sowohl vom Markt als auch vom Produkt her »neu«
		alt Produkte sind **neu**	

Wie lassen sich die Kunden zum Kauf beziehungsweise zur Nutzung bewegen? Auch hier gibt es mehrere Möglichkeiten, das Kundenpotenzial zu erschließen. Zwei Strategien stehen zur Wahl:

Diskontstrategie	Präferenzstrategie
→ Preis niedrig halten	→ spezielle Qualitätsmerkmale
→ niedrige Kosten haben	→ Zusatzleistungen bieten
→ wenig Service bieten	→ Prestige durch Nutzung bieten
→ viel Selbstbedienung	→ spezielle Vertriebswege wählen

Ein typisches Beispiel für die Präferenzstrategie ist der Gourmetmarkt. In ausgeprägter Form ist sie bei Luxusmarkenartiklern zu finden (Gucci, Prada, Diesel). Die Diskontstrategie hingegen ist verkörpert im »Aldi«-Prinzip: wenige Standardprodukte, einfacher Verkaufsraum, keine Beratung, Sie findet sich weiterhin bei Billigkleiderketten, Billigreisebüros usw. Ein eindrucksvolles Beispiel sind auch die Billigairlines: Deren Devise ist »No frills« – Keine Extras: keine Platzreservierung, kein (inkludiertes) Essen, keine Zeitungen, kein Gepäck. All das hält die Kosten unten. Die Grenze ist die Kundenakzeptanz, – aber wie es scheint, gibt es genug Kunden, die dieses Konzept akzeptieren – wenn der Preis stimmt! Möglich ist es auch, beide Strategien zu »mischen«, wobei die Gefahr besteht, dass damit die Glaubwürdigkeit eines Anbieters leidet oder das Präferenzangebot unter Druck gerät. Lösungen sind die Trennung der Vertriebswege (Businesskunden versus Allgemeinkunden), oder der Vertrieb eigener Produkte als Eigenmarke starker Vertriebsorganisationen (zum Beispiel dm-Märkte).

> **Beispiel:** NetHealth hat sich für die Präferenzstrategie entschieden: Nnur medizinisch hochwertige Informationen und Unabhängigkeit von der Industrie sind das Markenzeichen, das gegenüber dem Kunden Vertrauen schafft.

Wie wollen wir uns vom Mitbewerb unterscheiden? Kern der Überlegung ist die Profilierung am Markt, gegenüber dem Kunden. Dahinter stehen die Überzeugung und Erfahrung, dass man seine Kräfte fokussieren muss (Motto: Konzentration aufs Kerngeschäft); man kann vielen wenig oder wenigen viel bieten. Ohne eine klare Zielgruppenvorstellung können weder Produkte noch Dienstleistungen optimal positioniert werden. Wie profiliert man sich am Markt? Auch hier können wir unsere Überlegungen wieder unter speziellen Blickwinkeln anstellen.

Kostenführerschaft erreichen, damit Preisführerschaft möglich	**Differenzierung vom Mitbewerber, um höhere Preise durchzusetzen**
Einen Leistungsvorsprung ausbauen, den andere schwer einholen können. Beispiele sind Autos, Computer, Telefone, Mediaplayer – Massenprodukte; hier gilt: → Homogene Kundengruppen werden angesprochen. → Produkt ist standardisiert oder modularisiert (Baukastensystem). *Vorteil:* »massentauglich«; für markt-führende Unternehmen naheliegend *Nachteil:* permanenter Preisdruck als ständige Bedrohung	In bestimmten Bereichen einzigartige Leistungen bieten und dafür höhere Preise durchsetzen → Zielgruppen werden gezielt bearbeitet (Apple-Computer für die Kreativindustrie, iPods für Designbewusste, Nokia-Handy mit Edelsteinen für ...) → Spezielle Kundenwünsche werden erfüllt (alles aus einer Hand, Abholservice bei Defekten) *Vorteil:* geringerer Druck auf den Preise *Nachteil:* meist kopierbar, differenziertes Marketing erforderlich

Nischenstrategie: Konzentration auf spezielle Schwerpunkte, um unvergleichbar zu werden

Konzentration auf kleine/ausgewählte Kundengruppen und Teilmärkte
Beispiele:
→ Niedrigenergiehausbauer in der Region x
→ Innenausstattung durch qualifizierten Tischler
→ Vermögensverwaltung speziell für Ärzte, ...
Vorteil: oft von großen Anbietern nicht bedient
Nachteil: schmale Nischen, potenziell andere Nischenanbieter

> **Beispiel**

Im Falle unseres Beispielunternehmens NetHealth haben diese Überlegungen zu folgendem Ergebnis geführt:

→ **Kostenführerschaft** ist nicht relevant.
→ **Differenzierung** vom Mitbewerber ist wichtig, insbesondere durch hohe Redaktionsqualität und Unabhängigkeit von einzelnen Industrieinteressen, ferner durch Bündelung von Agenturleistungen und Webportal.
→ **Nischenstrategie:** relevant im Bereich der Fachgesellschaften: Konzentration auf aktive Fachgesellschaften wie Neurologen, um sie zu Verbündeten zu machen. Ausbau des Know-how im Bereich interaktiver Usergruppen.

Diese Überlegungen zur Strategiefindung in den Geschäftsfeldern sollten Ihnen Anregungen geben, um für Ihre Fragestellungen Strategieüberlegungen systematischer anzustellen. Sie können auch dazu dienen, eigene blinde Flecke zu erkennen (diese Chance haben wir noch nie bedacht ...). Es geht dabei weniger um das schematische Abarbeiten einer Methode als um eine fundierte Auseinandersetzung mit den potenziellen Möglichkeiten.

Spielen Sie daher nun für ein eigenes Geschäftsfeld oder für eine eigene Leistung mögliche Strategievarianten durch. In der Übung auf der nächsten Seite finden Sie die Leitfragen, anhand deren Sie vorgehen können.

Im zehnten Schritt werden übergeordnete (Dach-)Strategien und strategische Stoßrichtungen formuliert. Die Dachstrategien sind ein gemeinsamer Orientierungsrahmen für das gesamte Unternehmen. Sie bündeln die Teilstrategien zu einer stimmigen und attraktiven Gesamtstrategie, die ihrerseits eine stabilisierende Klammer um alle Geschäftsfelder darstellt. Solche Dachstrategien können sein:

→ Wachstum: Wir wollen wachsen in/bei ... (NetHealth: Pharmakunden)
→ Internationalisierung: Wir wollen auf folgenden Märkten präsent sein, weil ...
→ Kooperation: Wir arbeiten in enger Kooperation mit (den Fachgesellschaften; den Lieferanten x, y ...).
→ Wir treten als Gesamtanbieter von Medien- und Agenturleistungen auf ...

Bei den Dachstrategien ist insbesondere darauf zu achten, dass Synergien zwischen den Geschäftsfeldern genutzt werden und dass mögliche Konflikte erkannt und entsprechend gelöst werden.

Im elften Schritt werden die Strategien operationalisiert. Entscheidend ist letztlich die Umsetzung von Strategien! Leitfragen am Ende eines Strategieprozesses sind:

→ Wie können wir die entwickelte Strategie in den Arbeitsalltag überführen?
→ Wie können wir interne Prozesse und Projekte unter Berücksichtigung der Strategie steuern?

→ Wie können wir unseren Mitarbeitern die Strategie verständlich machen und ihnen die Konsequenzen für ihr Handeln zeigen?
→ Wie können wir den Überblick darüber behalten, ob unsere Maßnahmen im Sinne der Strategie erfolgreich waren?

Strategiecheck einer Leistung beziehungsweise eines Geschäftsfeldes

Leistung/Geschäftsfeld:

Wie ist Wachstum möglich?
→ Bekannten Markt besser bearbeiten.
→ Neue Produkte/Produktvariationen für bekannte Märkte entwickeln.
→ Neue Märkte erschließen.
→ Diversifikation – mit neuen Leistungen neue Märkte erschließen.

→ Wie lassen sich die Kunden zum Kauf bewegen?

→ Ist es möglich, Kostenführerschaft zu erreichen – und damit Preisführerschaft?

→ Differenzierung vom Mitbewerber möglich, um höhere Preise durchzusetzen?

→ Nischenstrategie: Ist eine Konzentration auf spezielle Schwerpunkte möglich, um unvergleichbar zu werden?

Als ein geeigneter Zugang, um Ziele und Strategien überprüfbar zu beschreiben, hat sich die Balanced Scorecard (s. S. 205 ff.) herausgestellt. Für diejenigen, die an der Erarbeitung der Strategie nicht unmittelbar beteiligt waren, ist die Strategie oft nur wenig greifbar. Mit der BSC werden ausgehend von der Vision die Ziele und die Strategien beschrieben und bis auf die Maßnahmenebene heruntergebrochen. Dabei werden nicht nur finanzielle Ziele berücksichtigt, sondern alle Faktoren, die für den Unternehmenserfolg relevant sind, aber nicht über monetäre Größen messbar sind. Üblicherweise werden vier Zielbereiche erarbeitet (es können aber auch mehr sein):

→ finanzielle Ziele,
→ geschäfts- und kundenbezogene Ziele,
→ interne Prozess- und Organisationsziele sowie
→ Ziele für Innovation, Mitarbeiter und Lernen.

In der folgenden Abbildung zeigen wir beispielhaft die schrittweise Operationalisierung von der Vision über die Strategien der Geschäftsfelder bis zur Konkretisierung der genannten Zielbereiche.

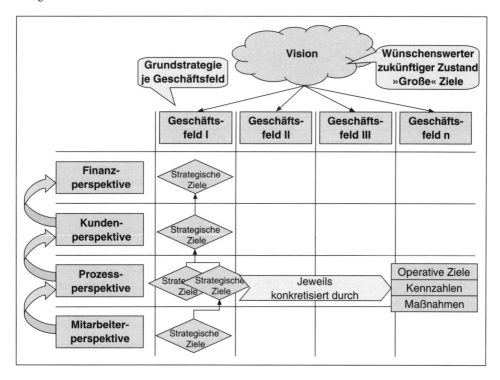

So entsteht zu jedem Geschäftsfeld oder auch zu einzelnen Strategien ein zusammenhängendes Gerüst von Zielen und daran orientierten Umsetzungsmaßnahmen. Dass dies nicht immer widerspruchsfrei sein kann, liegt in der Dynamik des Geschehens.

In der nächsten Abbildung wird ein Beispiel gezeigt, wie die Konkretisierung im Detail Schritt für Schritt erfolgt, sodass am Ende ein Maßnahmenplan vorliegt, der konkrete Verantwortlichkeiten und Zeitpläne für die Umsetzung definiert.

	Ziele bis 2012	Messgröße/ Indikatoren	Zielwert 2008	Maßnahmen 2008/9
Finanzielle Perspektive • Cashflow • Kapitalrendite • Deckungsbeiträge	Umsatzrendite steigern, Finanzkraft für Akquisition erhöhen	Deckungsbeitrag der einzelnen Leistungen	Absolutwert 10 Mio. €	Nachkalkulation Leistungen, Preisgestaltung im Vertrieb aktiver nutzen, Vertriebsoffensive und Cross-Selling
Kundenperspektive • Reichweite • Qualität • Unabhängigkeit • Zufriedenheit	Das beste Portal im deutschsprachigen Raum	Toprankings bei Google und bei unabhängigen Testinstituten	2 Toptestergebnisse	Umsetzung des neuen Redaktionskonzeptes, Kundenbefragungen
Prozesse • Technologie • Produktionsprozesse • Produktivität, Effizienz	Neue Webtechnologie einführen, stabile, ausfallsichere Systeme, Prozessverantwortliche	Umsetzung Technologiekonzept	Konzeptionsprojekt abgeschlossen, neue CMS-Lösung stabil	Projekt nach Plan umsetzen Auswahl CMS Qualifizierung
Mitarbeiter, Innovation • Mitarbeiterzufriedenheit • Qualifikation • Neue Verfahren/ Produkte	Stabile Kernmitarbeitergruppe, Innovationsführer im Bereich medizinische Portale	Fluktuation	Unter 15%	Neues Beteiligungsmodell

Im zwölften Schritt erfolgt die Integration der Strategieentwicklung in das laufende Geschäft. Das bedeutet: Strategieumsetzung und Umsetzungscontrolling. Am Ende eines erfolgreichen Strategieworkshops oder Strategieprozesses werden neben einem guten Gesamtentwurf die konkreten Arbeitsaufgaben stehen. Wie die BSC gut zeigt, wirkt sich die Umsetzung der Strategie auf alle Teilbereiche eines Betriebes beziehungsweise einer Abteilung aus. Für Einheiten und Funktionen und Prozesse sollte daher genau überlegt werden, mit welchen Teilzielen, mit welchen Maßnahmen und Änderungen kann das Erreichen der strategischen Hauptziele unterstützt werden!

Welche Hebel habe ich zur Strategieumsetzung?

➔ Direkte Maßnahmen zur Strategiedurchsetzung:
– Festlegung von Aktionsplänen, Projekten.
– Zuordnung von Ressourcen.
– Abstimmung des Führungssystems.
– Abstimmung von Aufbau- und Ablauforganisation.
– Abstimmung der Informationssysteme.

→ Indirekte (flankierende) Maßnahmen:
  – Information der Mitarbeiter.
  – Ausbildung der Mitarbeiter.
  – Aufbau einer entsprechenden Unternehmungskultur.
  – Einsatz und entsprechende Entlohnung der Mitarbeiter.
→ Zeitbezogene Maßnahmen
  – Maßnahmen zur Beschleunigung der Strategiedurchsetzung – Fokussierung auf wenige Prioritäten – Durchbruchsstrategien.

Die Umsetzung findet an vielen Stellen und mit unterschiedlicher Zeitperspektive statt. Der Zeithorizont reicht von Sofortmaßnahmen über kurzfristig zu mittelfristig zu realisierenden Maßnahmen und Projekten. Zur kraftvollen Umsetzung bedarf es auch eines guten Zusammenwirkens aller relevanten *Managementinstrumente*. Businesspläne konkretisieren neue Geschäftsideen, im Budget müssen sich die finanziellen Auswirkungen wiederfinden. Über Zielvereinbarungen wird für jeden Mitarbeiter und für jede Mitarbeiterin der spezifische Beitrag sichtbar. Ein regelmäßiger Controllingprozess, der mit entsprechenden Controllinginstrumenten hinterlegt ist, sorgt dafür, dass es nicht bei Vorsätzen bleibt, sondern über dynamische Soll-Ist-Vergleiche Abweichungen rasch sichtbar werden und entsprechende Maßnahmen ergriffen werden können. Bei der Umsetzung werden natürlich laufend Erfahrungen gewonnen, die zu Anpassungen von Plänen und Zielen führen können.

Integration der Managementinstrumente (s. Weiss, Vortragsunterlage 2006): Vielfach wird Strategie als abgehoben, aufwendig und unwirksam im Alltag beschrieben – warum ist das so? Die meisten Organisationen beschäftigen sich zumindest einmal jährlich mit dem Budget für das nächste Jahr beziehungsweise die nächsten Jahre. Das macht häufig das Controlling. Daneben finden oft Strategieklausuren statt, um den Herausforderungen der Märkte und Kunden Rechnung zu tragen; dies sieht meist die Geschäftsführung als ihre Aufgabe. Ferner werden zwischen Führungskräften und Mitarbeitern Mitarbeitergespräche geführt, die oft Zielvereinbarungen zum Inhalt haben; dafür ist oft die Personalabteilung verantwortlich.

Diese unterschiedliche Zuordnung von Verantwortung und nicht abgestimmten Prozessen im Rahmen einzelner Teilaufgaben führt dazu, dass Strategie-, Budget- und Zielvereinbarungsprozesse oft relativ losgelöst voneinander ablaufen – obwohl sie inhaltliche dieselbe Absicht verfolgen – Klarheit und Commitment, wohin es in Zukunft geht – für die Organisation und jeden Einzelnen.

Die Instrumente der Zukunftsgestaltung eines Unternehmens müssen besser verbunden werden!

→ Die qualitative Ausrichtung durch die **Strategie** muss die Grundlage für die
→ quantitative Abbildung im **Budget** und in der Mittelfristplanung sein. Die durch die Strategie- und Budgetarbeit entstehende Orientierung dient dann als Basis
→ für **Zielvereinbarungen** mit einzelnen Verantwortlichen.

Die folgende Abbildung zeigt schematisch, wie die Managementinstrumente zusammenwirken können.

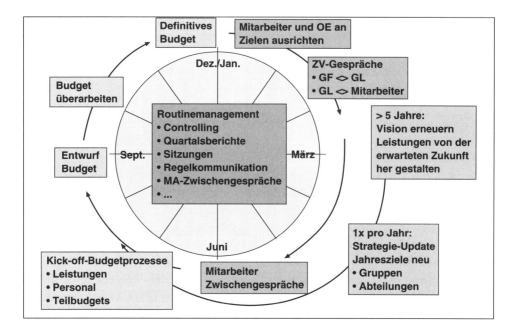

Dabei ist wichtig, dass die *unterschiedlichen Führungsebenen* einer Organisation bei der Zukunftsgestaltung zusammenarbeiten und zu einer gemeinsamen Orientierung kommen. Ferner müssen die *Linienaufgaben* des Managements mit den *Change-Aufgaben* verbunden werden, da diese Unterscheidung in vielen Fällen nicht mehr hilfreich erscheint. Es wird mit unterschiedlichen »Schärfegraden« geplant (zum Teil grundsätzliche Orientierungen, zum Teil detaillierte Maßnahmenpakete), die sich auch in unterschiedlichen Zeithorizonten ausdrücken.

Wenn es gelingt, die Managementinstrumente im genannten Sinne besser aufeinander abzustimmen, kann die Wirksamkeit der einzelnen Instrumente deutlich erhöht werden, und »Strategie« ist für die Mitarbeiter dann nicht mehr eine abgehobene Veranstaltung, sondern der Ort, wo die Zukunft des Unternehmens »erfunden« wird – mit klarem Bezug zu ihrem Tun im Alltag.

Anregung: Abteilungskonzept mit Mitarbeiterinnen und Mitarbeitern entwickeln

Wenn Sie eine Abteilung oder Organisationseinheit führen, könnten Sie überlegen, ob nicht wieder einmal eine strategische Standortbestimmung und Neuausrichtung fällig sind. Wenn ja, machen Sie daraus ein stimmiges kleines Projekt.

Zunächst werden für die Abteilung die strategischen Rahmenbedingungen geklärt! Mit dem Vorgesetzten werden übergeordnete Strategien und Anforderungen an die Abteilung durchgesprochen.

Anschließend kann in drei moderierten Treffen mit den Mitarbeiterinnen und Mitarbeitern die Abteilungsstrategie erarbeitet werden. Zwischen den Treffen können Arbeitsaufträge erledigt werden.

Die Inhalte dieser Treffen sind:

Erstes Treffen, Kernthema: »Wir und unser Umfeld«
Zunächst stellen sich folgende Fragen: Welche Rahmenbedingungen sind gegeben und welche müssen wir beachten? Welche für uns relevanten Trends und Entwicklungen stellen wir am Markt und im wirtschaftlichen Umfeld fest? In Kleingruppen können die Mitarbeiter Ideen zu diesen Fragen sammeln und kreativ zusammenfügen.

Gemeinsam werden die Erfolgsfaktoren herausgearbeitet und nach Wichtigkeit bewertet. Anschließend werden diese mit den Wettbewerbern verglichen. Ideen werden gesammelt, um die Stärken zu stärken und die Schwächen zu neutralisieren.

Zweites Treffen: Kernthema: »Unsere Zukunftsoptionen und -strategien«
In diesem Treffen kann über Szenarien, die Vision und die Leitziele der Abteilung gesprochen werden. Gemeinsam werden strategische Schwerpunkte und Teilziele formuliert. Anschließend wird ein Maßnahmenkatalog erstellt und – wo nötig – ein Projekt definiert. Für die jeweiligen Punkte oder Projekte werden Verantwortliche nominiert.

Drittes Treffen: Kernthema: »Strategieumsetzung und Aufbau von Fähigkeiten«
Bei diesem Treffen stehen folgende Fragen im Mittelpunkt: Wie müssen wir uns intern aufstellen, um die Strategie umzusetzen? Wo sind Organisation, Prozesse und Verantwortlichkeiten nachzujustieren? Was hat sich an Altlasten oder Unnötigem angesammelt und sollte entsorgt werden?

Ergebnisse erzielen – Führen mit Zielen und mit der Balanced Scorecard

»Als wir das Ziel aus den Augen verloren hatten, verdoppelten wir unsere Anstrengungen.« (Mark Twain)

Wozu Ziele?

> Beispiel

Situation 1: Jochen ist Logistikverantwortlicher einer Spezialdruckerei. Er atmet tief durch, nimmt seine sorgfältig aufbereiteten Unterlagen für das Zielgespräch und geht zum Geschäftsführer. Kaum sitzt er am Tisch, eröffnet dieser das Gespräch mit den Worten: »Wie Sie wissen, hat uns der Aufsichtsrat in der letzten Sitzung ein Kostensenkungsprogramm verordnet. Ihr Bereich Logistik wird ordentlich Federn lassen müssen … Ich habe mir überlegt, was Sie tun können: Sie sparen vier Mitarbeiter ein und können dafür Ihr Sachbudget im Wesentlichen beibehalten. Ich denke, das ist eine gute Lösung für Sie, seien Sie froh, dass es Sie nicht härter trifft! … Ja, das wär's dann wohl, wir haben uns ausgesprochen, und ich hoffe, dass Sie engagiert an die Umsetzung gehen!« – Das Gespräch ist nach sieben Minuten aus, Jochen hat das Gefühl, dass er jetzt gehen sollte.

Situation 2: Helga ist EDV-Verantwortliche eines Finanzdienstleisters. Der Geschäftsführer hat sie vor einer Woche zum Zielgespräch eingeladen und ihr bei dieser Gelegenheit ein Blatt übergeben mit drei Zielen, die aus seiner Sicht vorrangig sein werden. Besondere Priorität hat das Projekt »Sicherheit der Datenbestände«. Er ersucht Helga, diese Hinweise zu bedenken und ihm beim Gespräch einen Vorschlag für die Ziele des EDV-Bereichs zu machen. Das Gespräch dauert schließlich zwei Stunden und endet mit einer Vereinbarung von sechs wesentlichen Zielfeldern. Es wird ein quartalsweises Monitoring vereinbart.

Das Ziel ist nicht der Weg! Heute ist unbestritten, dass »Führen mit Zielen« dazugehört. Mitarbeiter brauchen Ziele – klar!? Nicht immer ist es gelungen, den Sinn des Führens mit Zielen zu erkennen und zu nutzen. Oft sind die Ziele nur die alten Kommandos und Vorgaben im neuen Kleid. Ist das Thema »Ziele« damit als Managementmode abzuhaken? Wir meinen: Nein, aber es braucht mehr als nur neue Worthülsen!

Nutzen von Zielen

Ziele sollen die Energie auf zu erreichende Ergebnisse in der Zukunft lenken. Ziele zu vereinbaren ist eine der wesentlichsten Aufgaben von Führungskräften, dem Zielvereinbarungsprozess kommt eine elementare Bedeutung zu. Davon hängt ab, ob innerhalb einer Organisationseinheit mit hohem Energie- und Motivationsniveau und strukturiert in eine gemeinsame Richtung gearbeitet wird, die mit dem Management abgestimmt ist und mit der Unternehmensstrategie übereinstimmt. Durch einen entsprechenden Zielfindungsprozess (insbesondere durch partizipative Formen der Zielvereinbarung) soll bei den Mitarbeitern Folgendes erreicht werden:

→ Orientierung: Wohin soll die Reise gehen? Ziele sind in diesem Sinne Leitsterne, um im Alltagshandeln immer wieder feststellen zu können, ob wir in die richtige Richtung gehen.
→ Motivation: Helft alle mit, dorthin zu gelangen! Der Wille, selbst gewollte, als sinnvoll erachtete oder zumindest akzeptierte Ziele zu erreichen, setzt Energien bei denen frei, die sie übernommen haben. Solche Ziele haben eine energetisierende Wirkung.
→ Überprüfung: Wie und wo sind wir angekommen? Gute Ziele sind so formuliert, dass sie verfehlbar sind! Warum? Weil sie anspruchsvoll sind und die vorhandenen Kräfte eben nicht ausgereicht haben oder weil sich die Bedingungen im Umfeld verändert haben. Führen mit Zielen hat viel mit Controlling, Abweichungsanalysen und Steuerungsmaßnahmen zu tun – und wenig mit Kontrolle im alten Sinne.

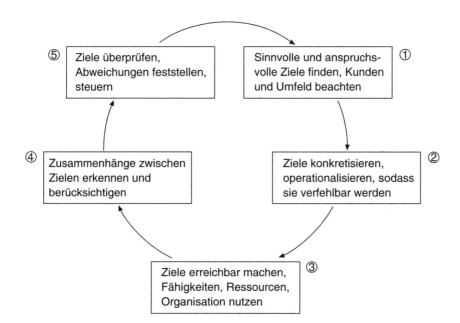

Die Abbildung zeigt die fünf Schritte des Zielvereinbarungskreises vom Finden bis zum Überprüfen von Zielen.

Ziele finden Sinnvolle und anspruchsvolle Ziele finden, Kunden und Umfeld beachten. Die Zielfindung ist ein unternehmerisch-kreativer Prozess. Die Zielquellen sind die mehr oder weniger deutlichen Hinweise von außen; Anforderungen von Markt und Kunden sowie von innen; Anforderungen intern, Qualitätsstandards, Kostenstrukturen und vieles mehr. Zum Teil werden alte (Routine-)Ziele fortgeschrieben (zum Beispiel: Reaktionszeit auf Kundenbeschwerden sollte unter einem Werktag liegen). Zum Teil werden bisherige Ziele angepasst und abgeändert. Die Zielfindung sollte auch innovative Einfälle beinhalten (Wir ändern unseren Reklamationsprozess fundamental).

Ziele konkretisieren, operationalisieren, sodass sie verfehlbar werden Ziele sind als Ergebnis zu formulieren, das in der Zukunft liegt (Wir haben 2015 einen Marktanteil von zehn Prozent bei Autokrediten in Slowenien). Es geht darum, die Ziele erreichbar und damit auch verfehlbar zu machen. Der Inhalt (Was?), das Ausmaß (Wie viel?), die Zeitkomponente (Bis wann?) und das Bezugsfeld (Wo genau?) sind zu klären. Große Ziele »Neueintritt im Markt Osteuropa« müssen in machbare Teilziele zerlegt werden, erst daraus ergeben sich Klarheit, Motivationskraft, Überprüfbarkeit. Wichtig ist dabei die Schriftlichkeit – Ziele nur auf das Erinnerungsvermögen aufzubauen ist fahrlässig.

Ziele erreichbar machen, Fähigkeiten, Ressourcen, Organisation nutzen Ziele müssen mit Anstrengung erreichbar sein. Ziele, die unerreichbar sind, motivieren nicht; daher ist es wichtig, realistische Etappen zum großen Ziel einzuplanen (Was ist in drei Monaten, was in sechs Monaten erreicht?). Wichtig ist auch, nur solche Ziele mit einer Abteilung, einem Bereich und den zuständigen Mitarbeiterinnen und Mitarbeitern zu vereinbaren, die diese auch beeinflussen können (Beispiel: Die Zahl der Beschwerden senken kann ich nur, wenn ich auf die Produktqualität beziehungsweise Produktverfügbarkeit Einfluss habe). Es hat sich bewährt, mit denen, die die Ziele erreichen sollen, zu reden, sie ernst zu nehmen, Bedenken nicht wegzuwischen, sondern sich damit auseinanderzusetzen. Führen mit Zielen erfordert Dialogfähigkeit. Wenn Menschen Verantwortung für Ziele übernehmen, müssen wir ihnen auch die Ressourcen und Kompetenzen geben, die zur Zielerreichung nötig sind. Wichtig für Führungskräfte ist auch, zu überprüfen: Gibt es Ziele, für die niemand verantwortlich ist? Gibt es Ziele, für die unabhängig voneinander mehrere verantwortlich sind? Wie werden Zielkonflikte gelöst?

Zusammenhänge zwischen den Zielen erkennen und beachten Die Regel ist, dass gleichzeitig mehrere Ziele zu verfolgen sind. Unter der Perspektive »Ziele« betrachtet, hat ein Unternehmen oder auch eine Abteilung ein komplexes Zielsystem. Folgende mögliche Beziehungen zwischen den Zielen sind zu beachten:

→ *Positive, einander verstärkende Beziehungen = Zielkomplementarität.* Verfolgung von Ziel A bedeutet gleichzeitig Verfolgung von Ziel B (zum Beispiel: Mit weniger Ressourceneinsatz aufgrund von Prozessoptimierung ergeben sich auch geringere Wartezeiten).
→ *Zueinander neutrale Beziehungen = Zielneutralität.* Verfolgung von Ziel A berührt nicht Verfolgung von Ziel B (zum Beispiel: Verfahren ist beschleunigt, aber die Qualität bleibt gleich).
→ *Negative, einander ausschließende Beziehungen = Zielkonflikt.* Verfolgung von Ziel A behindert Verfolgung von Ziel B (zum Beispiel: Ausbau der Beratungsleistung erfordert Abbau anderer Aufgaben).

Wichtig ist, die verstärkenden und konfligierende Kräfte gut zu erkennen und Wege zu finden, wie damit umgegangen wird. Dies ist besonders die Aufgabe der Führungskräfte; Mitarbeiter mit unlösbaren Zielkonflikten im Regen stehen zu lassen ist nicht förderlich. Die Lösung eines Zielkonfliktes kann wiederum eine Frage einer neuen Zielsetzung sein.

Ziele kontrollieren, Abweichungen feststellen, steuern Die Überprüfung setzt nicht am Ende an, sondern ist Teil des ganzen Prozesses. Schon bei der Formulierung muss ich überprüfen, ob das Ziel konkret genug ist. In der Umsetzung ist auch auf die Durchsetzbarkeit zu achten sowie auf die Ressourcenverfügbarkeit (Ist das Ziel unter diesen speziellen Umständen noch erreichbar?).

Die Zwischenkontrolle in periodischen Abständen setzt sich mit folgenden Fragen auseinander:

→ Sind wir auf dem richtigen Weg? Wenn Nein, warum nicht?
→ Können wir den richtigen Weg wieder erreichen? Wie?

Die Überprüfung im Sinne eines periodischen Soll-Ist-Vergleiches ist kein mechanischer, sondern ein höchst dynamischer Vorgang. Fragestellungen sind: Warum haben sich Abweichungen ergeben? War das Ziel falsch, die Strategie, der Einsatz der Instrumente? Haben wir Rahmenbedingungen falsch beurteilt? Sind unvorhergesehene Entwicklungen eingetreten? Bei positiven Abweichungen: Wie können wir den Verantwortlichen die gebührende Anerkennung geben? Insgesamt: Was heißt das Ergebnis für die Formulierung der neuen Ziele?

Übung: Ziele richtig formulieren

Ein Ziel sagt, *was* bis *wann* in *welchem* Ausmaß erreicht ist. Überprüfen Sie die folgenden Zielformulierungen und verbessern Sie sie, wenn das Ziel unvollständig ist.

Zielformulierung	Ihre Verbesserungsvorschläge
Ich will den Umsatz des Produktes X steigern.	
Der Umsatz des Produktes X ist am Ende des drittes Quartals um fünf Prozent gestiegen.	
Bei Produkt A ist der Anteil der von uns hergestellten Komponenten auf 40–42 Prozent gestiegen.	
Wir wollen die Kundenzufriedenheit steigern.	
Die Durchlaufzeit eines Auftrages wird drastisch reduziert.	
Ende des Jahres sind 95 Prozent der Erledigungen XY in weniger als drei Tagen abgeschlossen.	
Ende des vierten Quartals ist erreicht, dass für 90 Prozent der Aufträge für Produkt B die Durchlaufzeit kürzer als drei Wochen ist.	
Die Zufriedenheitsquote bei unseren Seminaren »XYZ« beträgt wenigstens 70 Prozent.	
Anwesenheit der Mitglieder bei der jährlichen Generalversammlung ist wenigstens 15 Prozent.	
Ich will zielbewusster arbeiten.	
Zum Ende des vierten Quartals ist der neue Weiterbildungskatalog druckreif.	
Der neue Prospekt wird rechtzeitig fertiggestellt.	
Ende des dritten Quartals sind die Kundenreklamationen weniger als zwei Prozent.	
Senkung der Heizkosten bis Ende des zweiten Quartals so weit wie nur irgend möglich.	
Reiseberichte sollen so kurz wie möglich sein.	
Bis zum 20. Februar liegt ein Bericht über die Ergebnisse einer Kundenbefragung vor.	

Nehmen Sie diese Übung zum Anlass, Ihre Zielformulierungen im Alltag bewusster zu gestalten; geben Sie sich nicht mit Schlagworten zufrieden.

Einen Bereich beziehungsweise Mitarbeiter mit Zielen führen

Führen mit Zielen setzt das Prinzip der Delegation in einem umfassenden Sinne um. Es werden nicht einzelne Arbeitsschritte angeordnet und kontrolliert. Die Führungskraft fordert Ergebnisse ein, lässt den Mitarbeitern aber viel Freiheit, den besten Weg zum Ziel selbst zu finden. Statt Kontrolle sichert Controlling das Erreichen des Ergebnisses. Wenn Sie andere konsequent mit Zielen führen wollen, müssen Sie eine Systematik einführen, die für alle auch jeweils ausreichend transparent ist. Wie kann eine solche Systematik aussehen?

Das System schaffen

Ein leistungsstarkes Zielvereinbarungssystem erfordert über das Arbeitsjahr verteilt einen regelmäßigen Zyklus von Zielvereinbarungen, periodischen Ist-Soll-Vergleichen, Steuerungsmaßnahmen und neuen Zielvereinbarungen. Ziele können sich, wie bereits ausgeführt, ableiten aus: übergeordneten Strategien und Planungen, aus Sachaufgaben und Zuständigkeiten sowie aus Projekten.

Ein formalisiertes Mitarbeitergespräch ist für das Führen mit Zielen nicht unbedingt erforderlich, aber sehr hilfreich. Die einzelnen Schritte im Jahresablauf eines Bereiches können wie folgt aussehen:

Schritt 1: Übergeordnete Ziele auf Bereichsebene »herunterbrechen« Querabstimmungen zu anderen Bereichen werden in Gesprächen und Workshops von den Führungskräften erarbeitet. Gibt es diese übergeordneten Ziele nicht, sind individuelle Zielvereinbarungen auch möglich, es besteht aber die Gefahr der Suboptimierung.

Schritt 2: Zielvereinbarungen mit den Mitarbeitern Ziele, Projekte und Aufgaben der einzelnen Mitarbeiterinnen und Mitarbeiter werden abgeleitet. Die Führungskraft trifft mit den ihr unterstellten Mitarbeiterinnen und Mitarbeitern eine Vereinbarung für das nächste Jahr (oder andere Zeiteinheit).

Schritt 3: Periodische Ist-Soll-Vergleiche Periodische Controllinggespräche (etwa vierteljährlich) stellen sicher, dass der jeweilige Mitarbeiter beziehungsweise die Organisationseinheit auf Zielkurs ist. Ist sie es nicht, werden Kurskorrekturen vorgenommen. Die Zwischenbilanz der Zielerreichung gibt Auskunft über den aktuellen Arbeitserfolg und vermittelt neue Motivation.

Schritt 4: Jährliche Standortbestimmung und neue Zielvereinbarung Jährlich werden die Ergebnisse den vereinbarten Zielen gegenübergestellt. Abweichungen, deren Begründung und deren Konsequenzen werden gründlich besprochen und als Lernchance genutzt. In die persönliche Leistungsbeurteilung dürfen nur solche Zielabweichungen einfließen, die der Mitarbeiter beeinflussen konnte.

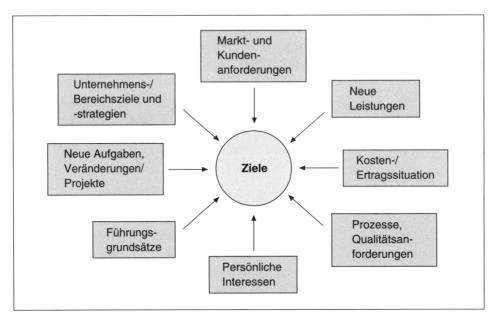

Überlegen Sie nun für Ihren Aufgabenbereich die zentralen Ziele. Nehmen Sie an, Ihre Führungskraft hat Sie gebeten, sich für das bevorstehende Mitarbeitergespräch zu überlegen, was Ihre Ziele für das Folgejahr sein könnten. Nutzen Sie das folgende Arbeitsblatt.

Arbeitsblatt: Ziele ihrer Organisationseinheit

Was sind aus Ihrer Sicht die wichtigsten Ziele für _____? (Jahreszahl bitte einsetzen)

Beachten Sie dabei folgende Zielarten:

Leistungsziele	Mengen, Qualitäten, Prioritäten?
Verhaltensziele	Umgang mit …, Verhalten zu …?
Innovationsziele	Welche Neuerungen?
Zeit (Termin, Dauer)	
Kosten (Aufwand)	

Formulieren Sie erst die Kernleistungen und dann das dazugehörige Ziel.

Meine Kernleistungen	Ziel (Die Leistung ist gut erbracht, wenn …)

Überprüfen Sie die Ziele auf folgende Kriterien:

→ **S**pezifisch
→ **M**essbar
→ **A**ktionsorientiert
→ **R**ealistisch
→ **T**ermingerecht

Erfolgsfaktoren des Führens mit Zielen

Um mit Zielvereinbarungen und Führung mit Zielen nachhaltig erfolgreich zu sein, sollten sie Folgendes beachten:

Vereinbaren Sie echte Ziele – nicht nur Tätigkeiten und Aufgaben Legen Sie Ihr Augenmerk darauf, dass es Vereinbarungen sind, nicht nur Vorgaben und Diktate. Ausgangspunkt werden zumeist übergeordnete Ziele sein – diese bilden den Rahmen für die Vereinbarung. Unterscheiden Sie zwischen Routinezielen, Veränderungszielen und Entwicklungszielen und achten Sie auf eine gute Balance zwischen qualitativen und quantitativen Zielen.

Setzen Sie anspruchsvolle, aber realistische, erreichbare Ziele Überprüfbare Ziele erfordern, sich bei der Vereinbarung bereits vorweg Kriterien zur Überprüfung zu überlegen und diese transparent zu machen. Bedenken Sie immer: Was helfen die schönsten Zielvereinbarungen, wenn diese nicht mit den zur Verfügung stehenden Ressourcen zusammenpassen. Sorgen Sie für die Stimmigkeit!

Sorgen Sie für Transparenz und Abstimmung zwischen Zielen Die horizontale Abstimmung der Ziele zwischen den jeweiligen Organisationseinheiten und Mitarbeitern ist unabdingbar. Dazu müssen übergeordnete Ziele und Prioritäten bekannt sein beziehungsweise kommuniziert werden.

Der Zielvereinbarungsprozess erfolgt koordiniert top-down Zielvereinbarungsinseln sind natürlich möglich, aber oft wenig befriedigend. Zur Sicherung der Wirksamkeit und Nachhaltigkeit der Wirkung von Zielvereinbarungen ist die Top-Ebene in die Pflicht zu nehmen. Auch obere Führungskräfte haben Ziele!

Verknüpfen Sie Zielvereinbarungen mit dem Anreiz- und Entlohnungssystem Zielvereinbarungen erfordern nicht unbedingt ein spezielles Anreizsystem! Aber wenn eines vorhanden ist, so muss es an das Zielvereinbarungssystem »angedockt« werden.

Fragen Sie sich abschließend, wie Sie in Ihrer Organisation diese Erfolgsfaktoren leben und beachten?

→ Welche der angesprochenen Erfolgsfaktoren treffen für Ihre Organisation in hohem Maße zu?
→ Welche werden vernachlässigt und was ist der Preis dafür?
→ Welche Erfolgsfaktoren erscheinen Ihnen über die beschriebenen hinaus noch wichtig?
→ Welche Entwicklungserfordernisse sehen Sie in Ihrem Verantwortungsbereich? Was werden Sie als Führungskraft tun?

In vielen Organisationen ist mittlerweile das Führen mit Zielen zu einer guten Routine geworden. Oft werden die Ziele aber recht einseitig gesehen. Vielfach sind wirtschaftliche Ziele dominant, hinzu kommen dann Qualitätsziele, Kundenziele, Mitarbeiterziele, Umweltziele usw. Was oft fehlte, war eine ausgewogene Ziellandkarte. Einen wichtigen Impuls hat dazu die Konzeption der Balanced Scorecard gegeben. Worum geht es dabei? Der Denkansatz der Balanced Scorecard kann einen wichtigen Beitrag zur Formulierung und Umsetzung eines ausgewogenen Sets von Zielen leisten und Ziele verschiedener Dimensionen miteinander in Beziehung setzen. Wir beschreiben im Folgenden diesen Ansatz und seine Anwendung beispielhaft.

Steuerung mit dem System »Balanced Scorecard«

↗ Beispiel

Ein fiktives Gedankenspiel: Sie steigen in ein Flugzeug, gehen an der Pilotenkabine vorbei und bemerken, dass diese nur ein Instrument hat, sagen wir eine Geschwindigkeitsanzeige. Das beunruhigt Sie ziemlich, und Sie fragen den Kapitän, warum er nur dieses Instrument habe. Er erklärt Ihnen, dass die Geschwindigkeit doch das Wichtigste beim Fliegen sei, wollen doch alle möglichst schnell von A nach B. Das sehen Sie zwar ein, aber ist die Flughöhe nicht auch wichtig? Was ist, wenn Sie zu tief über die Alpen fliegen? Der Kapitän erklärt Ihnen, dass er die Höhe ohnehin gut einschätzen könne, ein Instrument dafür sei unnötiger Luxus und würde das Flugzeug nur verteuern. Sie lassen nicht locker: Wie wird der Treibstoffvorrat kontrolliert, die Flugrichtung und …? Der Kapitän kann Ihren Argumenten durchaus folgen, gut wäre das schon, wenn all diese Geräte eingebaut wären, aber er könne sich ja doch nicht auf mehrere Instrumente konzentrieren, ich solle mich nur hinsetzen, es werde schon alles gut gehen …

Dieses Beispiel haben sinngemäß die Entwickler der Balanced Scorecard, R. Kaplan und D. Norton, beschrieben (Kaplan/Norton 1997). Es würde wahrscheinlich dazu führen, dass es im europäischen Luftraum wieder ruhiger wäre. Übertragen auf Unternehmen ist die Situation nicht unbedingt anders. Nur auf einen Wert (Umsatz, Gewinn) zu blicken kann fahrlässig sein! Wir müssen mehrere Perspektiven gleichzeitig beachten – das ist die Grundaussage! Für öffentliche Einrichtungen, für soziale Organisationen, Krankenhäuser ist das völlig klar. Auch für Wirtschaftsunternehmen werfen die zunehmende Bedeutung von Wissen als Produktionsfaktor sowie die enorme Bedeutung der Kundenakzeptanz die Frage auf, ob Unternehmen allein nach finanziellen Zielgrößen gesteuert werden können (Edvinson/Malone 1997). Alle finanzwirtschaftlichen Kenngrößen sind als Führungsinstrumente problematisch, weil sie den wesentlichen Ereignissen eines Unternehmens zeitlich oft weit hinterherlaufen.

Was ist eine Balanced Scorecard?

Die Grundidee der Balanced Scorecard (BSC) liegt darin, die wesentlichen, erfolgsrelevanten Leistungsdimensionen eines Unternehmens abzubilden und für die Steuerung verfügbar zu machen. Die BSC konkretisiert globale Ziele zu strategischen Teilzielen und stellt eine methodische Struktur bereit, die bis zur Formulierung konkreter Maßnahmen reicht. Sie repräsentiert die zentralen Schlüsselziele einer Organisation entlang von vier *Grundperspektiven* eines Unternehmens:

→ **Wirtschaftlichkeit und Finanzen:** Sie beinhaltet Informationen über die Erträge, die Kosten, die Finanzierung, den Unternehmenswert.
→ **Externe Kunden, Markt und Leistungsperspektive:** Wie werden die Leistungen vom Abnehmer bewertet? Kundenzufriedenheit, Kundengewinnung, Kundenbindung gehören in diesen Bereich.
→ Geschäftsprozesse und interne Organisation: Wie qualitativ und effektiv sind die Prozesse und die Arbeitsabläufe (Produktion, Logistik, Verfügbarkeiten, Durch-

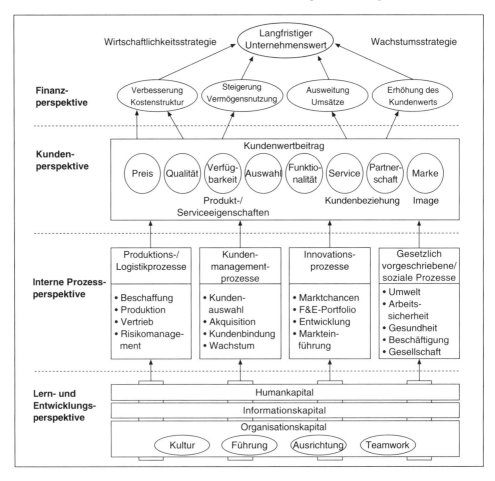

laufzeiten, Qualität ...). Beispielsweise: Wie rasch reagiert die Organisation auf veränderte Anforderungen?
→ **Wie gehen die Mitarbeiter des Unternehmens mit Lernen, Entwicklung und Innovation um?** Wie erfolgen Personalentwicklung, Ausbildung der Mitarbeiter, Wissensorganisation, Innovation und so weiter?

Darüber hinaus könnten weitere Perspektiven definiert werden, zum Beispiel in der Verwaltung oder in einer sozialen Betreuungseinrichtung die Perspektive: gesellschaftlicher/politischer Auftrag. Die nächste Abbildung zeigt die vier Standardperspektiven der Balanced Scorecard in ihrem Zusammenwirken (nach Kaplan/Norton 1984)

Der Nutzen der Balanced Scorecard liegt somit in der Unterstützung des Führungsprozesses, sie ist hilfreich zur Klärung und Konsensfindung im Rahmen von Strategieprozessen (siehe Teilkapitel »Strategie«, s. S. 189 ff.), ferner für die Kommunikation der Strategie und der Ziele in der Organisation. Darüber hinaus kann die BSC benutzt werden, um abteilungsspezifische und personenbezogene Ziele zu definieren und mit den übergeordneten Zielen und Budgets zu verknüpfen. Damit leistet sie einen wesentlichen Beitrag zur Integration der verschiedenen Managementinstrumente. Die folgende Abbildung zeigt schematisch, wie mithilfe der BSC die Zielfindung und -vereinbarung in einer Organisation systematisch in der Form und ausgewogen in den Zieldimensionen gestaltet werden können.

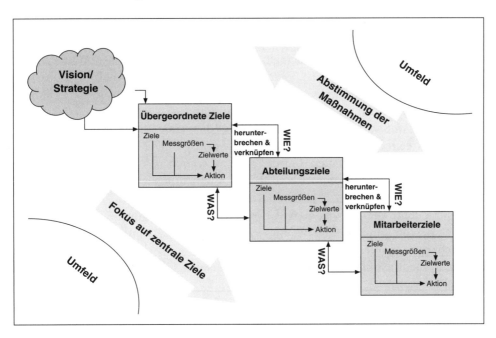

Nach diesen methodischen und theoretischen Ausführungen zu Sinn und Nutzen der BSC wenden wir uns wieder der Frage zu, wie dieses Instrument praktisch eingesetzt werden kann.

Wie kann eine BSC entwickelt werden?

Im Folgenden wollen wir die Erstellung einer Balanced Scorecard an einem Beispiel demonstrieren. Die Entwicklung der eigenen Balanced Scorecard ist eine Führungsaufgabe, die in mehreren Arbeitsschritten erfolgt. Sie erfordert vier Schritte:

→ *Schritt 1: Strategische Ziellandkarte erstellen.* Ausgehend von der Vision/der strategischen Grundaussage wird die Ziellandkarte für die Perspektiven (vier oder mehr) entwickelt und Vernetzungen und Abhängigkeiten sichtbar gemacht. Es ist zu bewerten, welche Ziele welchen Ergebnisbeitrag liefern können. Ferner ist zu klären, in welchem Zeithorizont welche Ergebnisse erwartet werden. Schließlich sind die kritischen strategischen Themen zu identifizieren, die die Erreichung der Ergebnisse besonders beeinflussen – zum Beispiel die Beherrschung bestimmter Prozesse.
→ *Schritt 2: Strategische Ziele je Perspektive konkretisieren und definieren.* In diesem Schritt erfolgt die Operationalisierung der strategischen Ziele. Was muss getan werden, um die Vision erfolgreich umzusetzen? Dazu sind die Ziele verbal zu beschreiben, dann die geeigneten Messgrößen und Kennzahlen zu definieren: Wie messen wir das Erreichen der strategischen Ziele? Zum Beispiel können wir die Kundenzufriedenheit an der Zahl der Beschwerden oder durch Kundenbefragungen messen. Geklärt werden muss auch, woher die notwendigen Informationen beschafft werden.
→ *Schritt 3: Ziel- und Sollwerte für die jeweilige Planungsperiode/Budgetperiode definieren.* Während die Kennzahl angibt, *wie* Erfolg gemessen wird, gibt der Zielwert an, *was* ein gutes Ergebnis ist. Wenn zum Beispiel Kundenzufriedenheit über Reklamationsquoten gemessen wird, dann könnte ein guter Zielwert für 2008 eine Senkung der Reklamationen um 20 Prozent sein.
→ *Schritt 4: Maßnahmen und Aktivitäten zur Umsetzung setzen.* Am Ende müssen die konkreten Schritte und Maßnahmen stehen. Welche Maßnahmen werden im Planungszeitraum ergriffen, um die Ziele zu erreichen. Wer tut was wann? Wer überwacht das Vorankommen und spricht Abweichungen an?

Die konsequente Bearbeitung der vier Schritte führt zu einer qualitativen und quantitativen Beschreibung und Festlegung der Ziele und Maßnahmen sowie der Verantwortlichkeiten für die Umsetzung.

Zur Verdeutlichung geben wir noch zwei Beispiele für die konkrete Bearbeitung von Schritt 1 und 2.

Beispiel für Schritt 1: Strategische Ziellandkarte erstellen

Die Ziellandkarte zeigt die wesentlichen Ziele in ihrem Zusammenhang. Was hier so geordnet und einfach aussieht, ist das Ergebnis intensiver Überlegungen und Diskussionen. Von der Qualität der Ziellandkarte ist aber letztlich abhängig, wie wirksam die BSC in der Praxis sein wird.

Die vorhergehende Darstellung zeigt den Weg von der Ziellandkarte zu messbaren Zielen, konkreten Zielwerten für die nächste Arbeitsperiode und den erforderlichen Maßnahmen zur Umsetzung. Auch hier gilt: Die schematische und tabellarische Darstellung ist als Zusammenfassung zu sehen. In der Praxis werden manche Ziele und Maßnahmen eine viel differenziertere Ausarbeitung im Detail erfordern.

Sie haben nun im Prinzip das Rüstzeug, um Ihre eigene Balanced Scorecard zu entwickeln. Versuchen Sie das einfach einmal! Einen ersten groben Entwurf kann man oft in erstaunlich kurzer Zeit leisten.

↗ Beispiel

Beispiel für Schritt 2: Strategische Ziele, operative Ziele und Maßnahmen je Perspektive konkretisieren.

- Was muss erreicht werden, um die Vision und die Strategie erfolgreich umzusetzen?
- Wie wird das Erreichen der strategischen Ziele gemessen?
- Wie ist der Zielerreichungsgrad in einem vorgegebenen Zeitraum?
- Welche Aktivitäten werden ergriffen, um die Ziele zu erreichen?

	Strategisches Ziel	Messgröße/ Messeinheit	Operativer Zielwert	Maßnahme
Finanzielle Perspektive	Verbesserung des Betriebsergebnisses	Deckungsbeitrag III	über 5 %	Senkung der Personaldurchschnittskosten in der Pflege.
	Behauptung am Markt	Umsatzerlöse	Auslastung über 99 %	Verträge über Zusammenarbeit mit Krankenhäusern abschließen
Kundenperspektive	Bewohner-/ Angehörigenzufriedenheit erhöhen	Anzahl der Beschwerden	Reduzierung um 50 % p.a. 2 Bewohner p.a.	Beschwerdemanagement implementieren
	Versorgungsqualität steigern	Anzahl und Ergebnisse der Pflegevisiten	Ergebnissteigerung um 10 % pro Pflegevisite	Pflegevisiten in den Abteilungsablauf integrieren
Prozessperspektive	Pflegeprozessqualität gemäß Pflegeleitbild erhöhen	Anzahl der neuen Pflegestandards	4 pro Jahr	AG Pflegestandard führt ein und kontrolliert
	Bezugspflege realisieren	Anteil der geleisteten Pflege durch Bezugspersonen	50 % Bezugspflegeanteil an der Gesamtpflege	Bezugspersonen den Bewohnern zuordnen
Mitarbeiter-/ Lernperspektive	Mitarbeiterzufriedenheit erhöhen	Prozentualer Anteil der Krankheitszeiten an Gesamtarbeitszeit,	unter 5 %	Rückkehrgespräche einführen
	Mitarbeiterqualifizierung erhöhen	Zahl der Fortbildungstage	10 pro Jahr	Dienstplanmäßige Freistellung

> **Übung: Entwickeln Sie Ihre eigene Balanced Scorecard**
>
> Nehmen Sie Folgendes an: Sie sind Leiter einer Serviceeinheit mit Kundenkontakt. Sie erhalten von Ihrem Vorgesetzten den Auftrag, eine Balanced Scorecard und ein Kennzahlensystem für Ihre Abteilung zu entwickeln. Insbesondere die Kundenperspektive soll gut erkennbar sein. Entwickeln Sie – abgeleitet von der übergeordneten Strategie/dem Auftrag – eine strategische Grundaussage für Ihren Verantwortungsbereich.
>
> **Vision:** Wie lautet die Vision/die strategische Grundaussage/der Auftrag? Was soll erreicht werden?
>
> **Ziellandkarte:** Formulieren Sie strategische Ziele für die vier BSC-Perspektiven und stellen Sie Zielzusammenhänge und -abhängigkeiten her.
> → Wirtschaftlichkeit,
> → Leistungen und Kunden,
> → Prozesse/Organisation und
> → Mitarbeiter/Lernen und Innovation.
> Sie können, wenn notwendig, noch eine weitere Perspektive ausarbeiten.
>
> **Operationalisierung der einzelnen Perspektiven:** Operationalisieren Sie die strategischen Ziele der Ziellandkarte, überlegen Sie, wie Sie die Zielerreichung messen werden, und legen Sie Sollgrößen fest (»Was soll bis wann in welchem Ausmaß erreicht werden?«). Überlegen Sie schließlich, welche Initiativen und Maßnahmen erforderlich sind, damit die Ziele erreicht werden. Was ist zu tun, wer tut es und bis wann?

Aus einem ersten Entwurf kann durch Diskussion mit Kolleginnen und Kollegen sowie mit den Führungskräften eine ausgereifte Balanced Scorecard entstehen, die wertvolle Hilfen für die Steuerung Ihrer Abteilung bieten kann.

Mit der Balanced Scorecard haben wir nun eine gute Methodik, um das Führen mit Zielen in den Gesamtzusammenhang von Vision–Ziele–Strategien zu stellen. Für die Einführung der BSC haben wir einen knappen Überblick gegeben. In der Literatur sind viele Hinweise und Tipps zu finden. Für die Umsetzung sind auch Softwarepakete verfügbar.

Optimierung von Geschäftsprozessen

Warum Prozessorientierung?

Wichtige Gründe dafür, sich mit Prozessen zu beschäftigen sind:

→ Sie wollen die Kundenorientierung stärken und den Kundennutzen in den Mittelpunkt stellen.
→ Sie wollen Kosten, Kostenstrukturen und Kostentreiber beeinflussen.
→ Sie wollen Schwachstellen und Prozesshindernisse aufzeigen und beseitigen.

> **Beispiel**
> Eine Referentin in der Anlagenabteilung, die ihre Arbeit exzellent erledigt, aber ohne entsprechende Qualität vor- und nachher (Eintritt, Ausfertigung, Bescheide, …), wird nur bedingt Begeisterung wecken können. Die Qualität einer Dienstleistung hängt wesentlich von der Qualität der Prozesse ab, die zu ihrer Erbringung ablaufen.

Eine durchgängige Qualität über alle Prozessschritte ist nötig. Festgelegte Ergebnisse dürfen sich nicht zufällig einstellen, sondern müssen mit hoher Wahrscheinlichkeit erreicht werden. Dazu ist es notwendig, die Prozesse zu beherrschen. Üblicherweise schauen wir auf eine Organisation aus der vertikalen Perspektive (Hierarchie). Wenn wir unseren Blick um 90 Grad drehen, sehen wir auf die Prozesse.

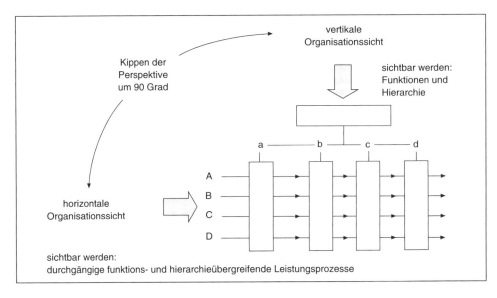

Wenn wir die heutige Realität in Unternehmen betrachten, finden wir viele Behinderungen für kundenorientierte Prozesse!

- Die *hierarchische Organisation* führt zu Kompetenzverlust und Ohnmacht bei denen, die die Arbeit tun. Sie verlangsamt Entscheidungen und blockiert Fähigkeiten und Potenziale von Mitarbeitern.
- Die *funktionale Bereichslogik* führt zu guten Ergebnissen, solange ein Prozess innerhalb eines Funktionsbereiches (etwa EDV, Kreditbearbeitung, Materialverwaltung) abläuft. Immer wenn Leistungen bereichsübergreifend geschehen (und das sind etwa 85 Prozent der Leistungen), stößt die Bereichslogik an ihre Grenzen. Sogenannte Schnittstellenprobleme häufen sich. Qualität, Geschwindigkeit und Kundenorientierung kommen dabei oft zu kurz.

Der Kerngedanke des Prozessmanagements ist, diese genannten Behinderungen des Prozessflusses zu beseitigen und den Kunden in den Mittelpunkt zu stellen – die Prozesse am Kunden auszurichten. In den letzten Jahren wird neben der Gestaltung der Strukturen der Gestaltung der Prozesse immer mehr Aufmerksamkeit geschenkt.

Beispiel Geldinstitut
Das Ziel des Geldinstituts ist eine optimale Betreuung des Kunden vom erstmaligen Anruf/Kontakt über den laufenden Service bis zur Nachbetreuung. Damit ein Kunde den bestmöglichen Service erhält, muss vieles »gut« laufen:
- Der Kunde ruft an, erhält erste Informationen, vielleicht ein Angebot, und vereinbart einen Termin.
- Der Kunde muss die Bank leicht erreichen können (Parkplatz vorhanden?).
- Der Berater am Schalter sollte den Bedarf des Kunden richtig erfassen können (Will er eine kurzfristige Anlagemöglichkeit oder eine längerfristige Vorsorge?).
- Der Berater muss die gewählte Leistung fehlerfrei erbringen (zum Beispiel Vertragsgestaltung, Stornobedingungen).
- Interne Dienstleistungen wie beispielsweise EDV, Verrechnung, Buchhaltung müssen bedarfsgerecht arbeiten und die Mitarbeiter mit Kundenkontakt unterstützen.
- Die Nachbetreuung muss stimmen (Information, Änderungen, Ergänzungen).
- Der Gesamteindruck und die Leistungen der Bank müssen so sein, dass der Kunde zumindest zufrieden, besser jedoch begeistert ist. Nur dann wird er zum Dauerkunden werden, der vielleicht weiter Leistungen in Anspruch nimmt.

Eine markt- und kundenorientierte Organisation erfordert eine Überwindung dieser »operativen Inseln« zugunsten bereichs- und hierarchieübergreifender Verantwortlichkeiten und Prozesse.

> **Beispiel:** Das könnte heißen, dass in einem Krankenhaus der Patient nicht von einer Station zur anderen geschickt wird und sechs bis sieben Stunden für eine kleine ambulante Behandlung aufwenden muss, sondern einen Betreuer erhält, der dafür sorgt, dass er die erforderliche Leistung in der bestmöglich aufeinander abgestimmten Form erhält und nach zwei Stunden fertig ist.

Was ist also ein Leistungsprozess?

Ein Prozess lässt sich gut mit einem Theaterstück vergleichen: Eine Folge von Handlungen einzelner Personen läuft strukturiert ab. Es sind mehrere Personen daran beteiligt, die (meist) wissen, wann ihr Auftritt ist und was sie zu tun haben.

Lange Stücke bestehen aus Teilprozessen = Akten. Das Drehbuch als »Prozessbeschreibung« dient dazu, den Prozess wieder reproduzieren zu können.

Wir möchten Ihnen den Ablauf eines Prozesses anhand unseres Beispiels verdeutlichen: Stellen Sie sich vor, Sie folgen unserem Bankkunden auf Schritt und Tritt, wenn er sein Geld anlegt. Sie können registrieren, welche Stationen er durchläuft und welche Leistungen für ihn erbracht werden. So haben Sie den Prozess »Geld veranlagen« kennengelernt.

> **Beispiel:** Der dargestellte Prozess »Geld veranlagen« läuft folgendermaßen ab:
> → Er wird durch ein *Ereignis ausgelöst* (zum Beispiel Kunde fragt an).
> → Er besteht aus einer Abfolge aufeinander bezogener *Tätigkeiten* (beispielsweise Bedarfsermittlung, Vertragserstellung, Einzahlung, Ausschüttung) und
> → hat ein *erkennbares Ende beziehungsweise Ergebnis* (jährliche Ausschüttung beziehungsweise Auflösung des Fonds).

Genau diese drei Punkte treffen auf jeden Prozess zu!

Übung: Skizzieren Sie Prozesse, an denen Sie maßgeblich mitwirken

Skizzieren Sie auf einem Blatt Papier Prozesse, die Sie als Kunde oder Mitarbeiter kennen und an denen Sie beteiligt sind! Zum Beispiel:
Privat: Planung Ihres nächsten Urlaubs, Krankenhausaufenthalt, Reparatur eines defekten Gerätes.
Firma: Erstellen eines Angebotes, Durchführen einer Veranstaltung, Versand.

Überlegen Sie, was Ihr Beitrag ist, wie routiniert und qualitätsvoll der Prozess abläuft, wie zufrieden Sie mit den Ergebnissen »Ihrer« Prozesse sind.

Drei Arten von Prozessen prägen jede Organisation

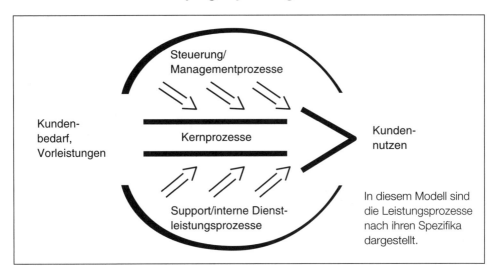

Kernprozesse (Prozess der direkten Wertschöpfung) Die Kernprozesse umfassen alle Tätigkeiten, die einen direkten Beitrag zum Kundennutzen liefern (customer value added). Sie stellen den Weg der Produkte und Leistungen in ihrem Entstehungsprozess bis hin zu den Kunden dar. Kernprozesse setzen sich aus einer mehr oder weniger großen Zahl von Teilprozessen zusammen (zum Beispiel Akquisition, Produktion, Montage, Inbetriebnahme).

Supportprozesse (Prozesse der internen Dienstleistung) Unter Supportprozessen werden Tätigkeiten und Maßnahmen verstanden, die die eigentliche Leistungserstellung im Unternehmen (Kernprozesse) und Managementprozesse erleichtern, entlasten und unterstützen. Die Kunden der Supportprozesse sind in der Regel die Mitarbeiterinnen und Mitarbeiter sowie die Führungskräfte in Kernprozessen und anderen Supportprozessen.

Die Bereiche, die die Supportleistungen erbringen, werden häufig auch als interne Dienstleister oder Stäbe bezeichnet. Dazu gehören jene Unternehmensaufgaben, die zur Aufrechterhaltung der Unternehmensinfrastruktur in administrativer, technischer wie sozialer Hinsicht beitragen, also zum Beispiel Rechnungswesen, technische Dienste, Marktforschung, EDV, Personalwesen, Hausverwaltung.

Managementprozesse Zu den Managementprozessen sollen hier folgende Aufgaben gezählt werden: Steuerung des operativen Geschäfts. *Gestalten der Zukunft:* Welche Anforderungen werden die Kunden in Zukunft an unsere Leistungen stellen, und was tun wir heute, um in Zukunft erfolgreich sein zu können? *Führen von Mitarbeitern:* Wie müssen wir die Entwicklung unserer Mitarbeiterinnen und Mitarbeiter unterstützen, um den technologischen Anforderungen und den Marktanforderungen der

Zukunft gerecht zu werden? *Management von Entwicklungsprozessen:* Wie gestalten wir Entwicklungsprozesse und damit Veränderung in unserer Organisation? Mit welchen Methoden gehen wir dabei vor?

Übung: Tätigkeit in Prozessen

Überlegen Sie für sich: In welchen Prozessen bin ich hauptsächlich tätig?
- → In der direkten Wertschöpfung für Kunden?
- → Im Support – meine Kunden sind die Kolleginnen und Kollegen intern?
- → In Management und Steuerung?

Wir haben nun einige Unterscheidungen, was ein Prozess ist, welche Arten von Prozessen in einem Unternehmen vorkommen und wo die Probleme der Prozessorientierung liegen. Im nächsten Schritt beschäftigen wir uns mit der Frage, wie wir Prozesse analysieren, verbessern und umgestalten können.

Prozessoptimierung – die Schritte zu guten Prozessen

Das Ermitteln und Umgestalten der Geschäftsprozesse erfolgt in den folgenden vier Schritten. Gearbeitet wird dabei in kleinen Teams mit den betroffenen Mitarbeitern und Führungskräften, bei Bedarf unter Moderation eines qualifizierten Beraters. Abbildung 50 zeigt die vier Schritte im Überblick. Im Folgenden demonstrieren wir diese Schritte beispielhaft und stellen Werkzeuge und Hilfsmittel vor.

4. Schritt: Prozess einführen/ Qualität messen/ Aufwand verbessern	1. Schritt: Prozess auswählen und Optimierungsauftrag formulieren
3. Schritt: Prozessoptimierung/ Soll festlegen	2. Schritt: Prozessanalyse, Kritik, Ideen für Verbesserungen

Schritt 1: Definition und Auswahl relevanter Prozesse. Verbesserungsbedürftige Prozesse werden identifiziert. Die dazugehörigen Input- und Outputgrößen werden erfasst und kritische Ereignissen und Fehler gesammelt. Anschließend werden Zielvorgaben für die Verbesserung formuliert und Messgrößen definiert.

Relevante Prozesse definieren

Notieren Sie Leistungsprozesse, an denen Sie beteiligt sind. Wählen Sie einen Prozess aus, der Ihnen verbesserungsbedürftig erscheint, beschreiben Sie ihn kurz, und begründen Sie die Auswahl. Formulieren Sie Verbesserungsziele und Messgrößen:

→ Was soll der verbesserte Prozess leisten?
→ Was soll besser oder anders sein, wenn die Verbesserung fertig ist?
→ Wird der Kunde mit seinen Anforderungen besser zufriedengestellt?

Schritt 2: Prozessdiagramm erstellen, kritische Muster erkennen. Stationen und Schnittstellen eines Prozesses werden benannt und dargestellt (zum Beispiel in einem Flussdiagramm). Bewährte Prüffragen werden angewendet, Plausibilitätsüberlegungen angestellt, Kreativitäts- und Problemlösungstechniken eingesetzt.

Übung: Prozess analysieren

Beantworten Sie die folgenden Fragen, und stellen Sie Ihren ausgewählten Prozess grafisch dar.

→ Wodurch wird der Prozess ausgelöst?
→ Wer macht was in welcher Abfolge?
→ Was ist das Ergebnis der einzelnen Prozessschritte?

Die folgende Abbildung zeigt beispielhaft einen solchen Prozess.

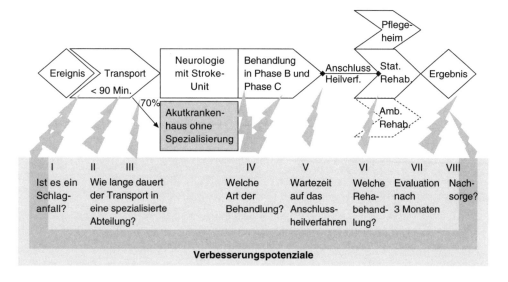

Übung: Prozess aufzeichnen

Zeichnen Sie nun »Ihren« Prozess vereinfacht auf. Konzentrieren Sie sich darauf, wie der Prozess heute ist, nicht, wie er sein sollte. Für diese Beschreibung und Darstellung reichen vorerst ein Flipchartbogen und eine einfache Liste, etwa in folgender Form. Vermeiden Sie Computerprogramme; die Arbeit mit ihnen kostet viel Zeit und bringt in dieser Phase wenig.

Was	Wer	Welche Hilfsmittel	Anmerkungen
(Schritte, Tätigkeiten)	(Beteiligte)*	(Listen, EDV)	

* Nach Art der Beteiligung können Sie unterscheiden:
D = Durchführung / M = Mitarbeit / I = wird informiert / K = Kontrolle

In der Darstellung des Prozesses werden Ihnen schon verschiedene Probleme und Unklarheiten auffallen, markieren Sie diese Stellen jeweils mit einem Blitz. Gehen Sie nun den beschriebenen Prozess mit dem kritischen Blick des Kunden durch: Welche kritischen Schnittstellen/Ereignisse kommen vor? Benutzen Sie dazu die Checkliste: »Kritische Muster und Schwachstellen erkennen« (s. folgende Übersicht). Zu allen kritischen Stellen notieren Sie Details. Beispielsweise: Was ist problematisch? Wann und wie oft tritt das Problem auf?

Kritische Muster		Lösungsmöglichkeiten
Mehrgleisigkeiten, parallele Formen von Leistungsprozessen		Zusammenlegen, vernetzen, standardisieren
Viele Schnittstellen, Prozesse fließen holprig, Staus an Schnittstellen		Aufgaben zusammenlegen, eine Person (ein Team) erledigt Aufgaben durchgängig, Mehrplatzfähigkeit
Nahtstellen statt Schnittstellen, mangelnde Anschlussfähigkeit		Vereinbarungen treffen, partnerschaftliche Kundenbeziehungen anstreben, Feedback, Feedforward
Prozessschritte ohne Wertschöpfung, ursprünglicher Sinn ist verloren gegangen		Prozessschritte ersatzlos streichen
Kontrollschleifen in der Hierarchie, die zu Scheinkontrollen geworden sind		Beseitigen, wo Kontrolle nur formal wahrgenommen wird, Leistungsprozesse online schalten
Sequenzielle Prozessschritte, zu lange Durchlaufzeiten		Parallele, überlappende Aufgaben erledigen, Simultaneous Engineering
Viele zeit- und kostenkritische Prozessschritte		Unterstützung durch Standardisierung, EDV, Suboptimierung vermeiden
Räumlich lange Wege zwischen einzelnen Prozessschritten (Maschinen, Arbeitsplätze), Anordnung nach funktionalen Kriterien		Arbeitsplätze und Geräte nach Kriterien der Leistungsprozesse anordnen, Prozesse als Gliederungs- und Gestaltungskriterien
Mitarbeiter kennen das Endergebnis des Prozesses, in dem sie tätig sind, nicht oder unzureichend		Beitrag zur fertigen Leistung bzw. zum Funktionieren des Ganzen jedem Mitarbeiter deutlich machen. Prozessbewusstsein und -vertrauen schaffen
Selbstbeschäftigung, unklare Aufgabenverteilung, erstes parkinsonsches Gesetz		An der Unternehmenskultur arbeiten, marktwirksame Ziele klarer herausstellen, klare Aufgaben- und Kompetenzverteilung

Schritt 3: Gestalten des verbesserten Sollprozesses. Es wird festgestellt, ob eine radikale oder graduelle Veränderung nötig ist. Neue Prozesse werden festgelegt und im Detail beschrieben. Verantwortliche werden benannt und ein Funktionendiagramm erstellt. Im Anschluss daran erfolgt das Festlegen von Zielen und Leistungen in der Prozesskette; Standards werden definiert, Messgrößen und -vorschriften formuliert. Wo notwendig, werden die entsprechenden Entscheidungen für die Umgestaltung herbeigeführt.

In der Analysephase entstehen meist schon viele Ideen zur Verbesserung. Diese werden nun zusammengefasst, ergänzt und zu einem Sollkonzept verdichtet.

➔ Beschreiben Sie den neuen Prozess und legen Sie Verantwortlichkeiten fest. Erstellen Sie ein Ablaufdiagramm nach dem Muster auf der Seite 217.
➔ Vereinbaren Sie an kritischen Schnittstellen (zwischen Abteilung A als Lieferant und Abteilung B als Kunde) die genauen Anforderungen (etwa Servicevereinbarungen).
➔ Klären Sie, inwieweit das Zusammenwirken mit anderen Prozessen neu festgelegt werden muss (zum Beispiel Außendienst mit interner Verrechnung).
➔ Definieren Sie Maßnahmen, und führen Sie, wo nötig, Entscheidungen herbei.
➔ Legen Sie Messgrößen für den neuen Prozess fest (Zeit, Kosten, Qualität …).

Die Grundsätze für die Gestaltung von Prozessen lassen sich wie folgt zusammenfassen:

Aufgabenintegration	Arbeitsteilige Abläufe werden zusammengefasst und deren Bearbeitung wenigen Personen übertragen.
Standard- und Spezialprozesse	80–90 Prozent der anfallenden Geschäftsfälle sind in der Regel mit sehr einfachen Abläufen (mit Generalisten) zu bewältigen. Der Rest ist speziell zu behandeln.
Dezentrale Entscheidungskompetenz	Mitarbeiter dürfen, sollen, müssen auch entscheiden.
Qualifizierung der Mitarbeiter	Mitarbeiterinnen und Mitarbeitern werden Anreize zur Höherqualifikation gegeben (Faustregel: One man – three jobs).
Selbst- statt Fremdkontrolle	Überwachungsaufwand reduzieren, Selbst- und Systemkontrolle. Mittelmanagement wird frei für anderes, Hierarchie flacher.
Ganzheitliche Erledigung am Ort des Geschehens	Unnötige Verwaltungsaufwendungen reduzieren, Abstimmungsarbeit minimieren.
Informationstechnologie richtig nutzen	Die Anforderungen des Prozesses unterstützen – aber kein »Overkill«.

Schritt 4: Neue Prozesse einführen, Mitarbeiter damit vertraut machen, ständige Verbesserung betreiben. Die Information, Qualifikation und das Training der Betroffenen vor beziehungsweise bei Einführung erfolgen Schritt für Schritt. Kritische Prozessschritte werden visualisiert, damit sie sicher gehandhabt werden können (zum Beispiel wird genau gezeigt, wie die Dateiablage in der EDV zu erfolgen hat, wie die Infusionspumpe anzuschließen ist und vieles mehr). Parallel dazu erfolgt der Aufbau eines prozessorientierten Controllings. Periodische Soll-Ist-Vergleiche werden durchgeführt.

Machen Sie eine Person konkret für die Einführung des neuen Prozesses verantwortlich: den sogenannten Prozesseigentümer.

Er sorgt dafür, dass der Prozess dokumentiert wird, er weist Mitarbeiter in den neuen Prozess ein und trainiert sie, wenn dies erforderlich ist. Er steht in laufender Verbindung zu Kunden und sorgt für die Verbesserung des Prozesses, entsprechend den sich ändernden Kundenanforderungen.

Tipps für die Einführungsphase:

→ Informieren Sie klar und umfassend alle Betroffenen.
→ Nutzen Sie die Möglichkeit, Abläufe zu visualisieren, sodass Mitarbeiter im Zweifelsfall nachsehen können (zum Beispiel Ablaufplan in der Schreibtischschublade, Anleitung für bestimmte Arbeitsschritte am Gerät usw.)
→ Beobachten Sie den Prozess genau: Werden die Ziele erreicht?
→ Sind die Prozessbeschreibungen und Standards aktuell, und werden sie eingehalten?
→ Regen Sie Qualitätszirkel an, um auftretende Schwachstellen zu beseitigen!

Standards stabilisieren Prozesse

Standardisieren von Prozessschritten verhindert eine unerwünschte Variabilität in der Durchführung bestimmter Tätigkeiten. Für erfolgskritische Prozessschritte können detaillierte Verfahrensanweisungen erstellt werden, die die Art der Ausführung genau regeln. Eine häufig verwendete Variante des Ablaufdiagramms ist folgende:

→ In der ersten Spalte zeigt ein Prozessflussdiagramm den Ablauf grafisch.
→ In der zweiten Spalte werden die Tätigkeiten je Prozessschritt grob beschrieben und eventuelle Hilfsmittel angeführt (zum Beispiel Checklisten, EDV-Maske und Ähnliches).
→ In der dritten Spalte wird das Ergebnis beschrieben.
→ In der vierten Spalte wird festgelegt, welche Personen wie beteiligt sind.
→ Dadurch ergibt sich eine sehr transparente Übersicht über die Stationen und Schnittstellen eines Prozesses. Wir zeigen Ihnen ein fertiges Ablaufdiagramm am Beispiel eines Beschaffungsvorganges.

Ablauf	Tätigkeit	Ergebnis	Verantwortliche Stelle
Start → Bedarf festlegen	Bedarf an Einkaufsprodukten festlegen	Dispo-Liste an Abteilungen, Bedarfsmeldung von Abteilungen	Einkauf (D) Diverse Stellen (M)
Offerten einholen? — nein / ja → Offerten einholen	Anhand der Beschaffungsunterlagen bei möglichen Unterlieferanten Offerten einholen	Offerten (Unterlieferant)	Einkauf (D)
U-Lieferant freigegeben? — nein / ja	Prüfen, ob der U-Lieferant für die Lieferung dieses Produktes freigegeben ist	(Einsicht in Liste)	Einkauf (D)
Maßnahmen einteilen	Lieferantenbeurteilung und/oder -bewertung durchführen und evtl. mit der Stelle Qualitätssicherung Maßnahmen einleiten	Lieferantenbeurteilung und/oder -bewertung Maßnahmenplan	Einkauf (D) QS (M) Produktion (M)
Produkte beschaffen	Auftrag erteilen	Bestellung	Einkauf (D)
Ende			**Legende zu Spalte 4:** D = Durchführung M = Mitarbeit I = wird informiert K = Kontrolle

Zusammenfassung: Wichtige Prinzipien des Prozessmanagements

Prozessoptimierung ist eine Daueraufgabe von Führungskräften. Die folgenden Grundsätze sind als Leitbild für die Prozessoptimierung zu sehen. Es besteht in der Praxis die große Gefahr, dass Prozessmanagement in eine neue Bürokratie mündet.

Lassen Sie sich durch Software und komplexe Techniken zur Prozessanalyse und Darstellung nicht irritieren. Im Kern geht es immer wieder um die folgenden Ziele:

Kundenorientierung stärken Einen zentralen Stellenwert nimmt der Kunde ein. Er soll immer zufriedengestellt werden. Prozessorientierung heißt: »Querdenken« zu bestehenden Bereichsstrukturen und eingefahrenen Denkmustern und echte Priorität für die »Ganzheitlichkeit«. Mitarbeiter mit Kundenkontakt werden intensiv trainiert. Kundenmanager (Key accounter) bündeln Leistungen des Unternehmens zum Kunden hin. Prozessmanager und Case-Manager sind für reibungslose Abläufe verantwortlich.

Aufgabenintegration prüfen Zusammenhängende Aufgaben werden, wo immer möglich, zusammengefasst und von einem Mitarbeiter beziehungsweise einem Team erledigt. Das erspart Übergabeprozeduren und Schnittstellen, die zu zeitlichen Verzögerungen, Fehlern und daraus resultierenden kostspieligen Folgen führen. Die Integration bisher getrennter Tätigkeiten hilft auch, Verwaltungskosten zu senken, da weniger Aufsicht, Kontrolle und unproduktive Arbeit anfallen.

Mitarbeiter befähigen und ermächtigen Die sachlich verantwortlichen Mitarbeiter sind mit einem Maximum an Entscheidungskompetenz ausgestattet und fällen Entscheidungen, die bislang übergeordneten Stellen vorbehalten waren. Weniger Hierarchie bedeutet weniger Kosten. Außerdem können Mitarbeiter innovative und kreative Vorschläge für eine Verbesserungen nicht nur melden, sondern sofort umsetzen.

Von Fremdkontrolle zu Selbstkontrolle Kontrollen sollen die Ergebnisqualität sicherstellen und den Missbrauch betrieblicher Ressourcen verhindern. Mit der Vergrößerung von Entscheidungsbereichen wird der Bereich der Eigenkontrolle größer. Überwachungs- und Kontrolltätigkeiten werden auf ein Mindestmaß verringert, Selbstkontrolle und Stichprobenkontrolle senken die Kosten und beschleunigen die Abläufe. Spielregeln und interne Kunden-Lieferanten-Beziehungen ermöglichen fehlerlose Prozesse.

Kundenmanagement: Das Einzige, was stört, ist der Kunde …

»Whenever you turn your face to your boss,
you turn your ass to the customer.«

Kundenorientierung wird heute von vielen Führungskräften und Mitarbeitern verbal stark befürwortet. In Wirklichkeit ist aber meist der Chef/die Chefin die wichtigste Person, dessen/deren Wünsche weit vor denen der Kunden rangieren. Ich möchte dem eine Vision gegenüberstellen. Was Sie hier unten sehen, ist die auf den Kopf gestellte Hierarchie (Carlzon 1990).

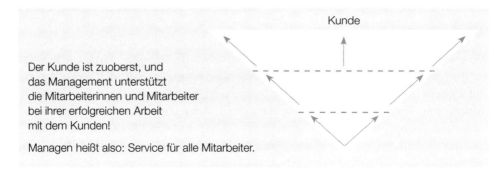

Der Kunde ist zuoberst, und das Management unterstützt die Mitarbeiterinnen und Mitarbeiter bei ihrer erfolgreichen Arbeit mit dem Kunden!

Managen heißt also: Service für alle Mitarbeiter.

Wohin müssen sich Unternehmen bezüglich Kundenorientierung entwickeln?

Weg von …	hin zu …
vielen Ansprechpartnern, wenn ein Kunde ein Problem hat	kompetenten Servicemitarbeitern, die 95 Prozent der Kundenfragen sofort lösen können
langen Wartezeiten bei Geschäftsvorgängen	radikaler Verkürzung der Durchlaufzeiten durch Verringerung der Liegezeiten
hohen internen Kosten, die letztlich der Steuerzahler/Bürger/Kunde trägt	effektiven, kostengünstigen Geschäftsprozessen
Mitarbeitern, die einen großen Teil ihrer Zeit für administrative Tätigkeiten verbrauchen	Eliminieren aller nicht wertschöpfenden Tätigkeiten, Konzentration auf den Kundennutzen und das Kerngeschäft

Kerngedanken der Kundenorientierung

Grundprinzip ist, den *Kunden ins Zentrum* des Handelns zu stellen: vom Erstkontakt bis zur Nachbetreuung! Die individuelle Problem- und Bedürfnislage des Kunden wird aktiv erfasst und die daraus resultierenden Anforderungen gehen in den gesamten Verwaltungsprozess ein.

In der Konsequenz heißt das: Der *Kunde definiert, was unter Qualität zu verstehen ist*. Nicht: Der Kunde bekommt das Beste, was wir leisten können, sondern: Wir leisten, was der Kunde braucht. Erwartungen werden erfragt, Anforderungen erfüllt. Qualitätskriterien und Standards sind messbar und überprüfbar. Standardabläufe sind festgelegt, beschrieben und visualisiert. Aus- und Weiterbildung befähigen die Mitarbeiter zu ständiger Verbesserung.

Um Kundenzufriedenheit zu erreichen, müssen *sämtliche Tätigkeiten und Prozesse auf die Anforderungen des Kunden ausgerichtet* werden. Zwischen Unternehmen und Kunden ergibt das einen Regelkreis: Aufgrund der Kundenanforderungen bieten wir Leistungen. Über ein Zufriedenheitsfeedback können wir unsere Leistungen ständig verbessern und anpassen.

Kundenorientierung muss auch innerhalb der Organisation gelten. Alle Prozesse müssen sich am Kunden orientieren, nicht an der inneren Logik von Informationstechnologie, Abteilungen usw. Die internen Dienstleistungen werden laufend überprüft, ob sie nach Art, Umfang, Qualität und Zeit den Anforderungen entsprechen. Interne Servicestandards werden festgelegt.

Selbstständige und entscheidungsbefugte Mitarbeiter sind die wichtigste Ressource zum Erfolg der Verwaltung. Aufgaben werden ganzheitlich von jener Person/ jenem Team erledigt, die/das sachkompetent und möglichst nah am Kunden ist. Ziel ist rasches und flexibles Handeln vor Ort ohne lange Entscheidungswege.

Führen ist Service am Mitarbeiter. Führen heißt heute fordern (Ziele einfordern und vereinbaren), fördern (die Mitarbeiter befähigen, ihre Ziele zu erreichen) und Feedback geben (im Dialog mit den Mitarbeitern sein). Die Mitarbeiter arbeiten nicht für den Chef, sondern für den Kunden. Aufgabe der Leitung ist es, sie in der Erfüllung ihrer Aufgaben bestmöglich zu unterstützen.

> **Beispiel**
>
> Eine Führungskraft aus einem Zürcher Spital erzählt über Veränderungen: Die Mitarbeiter, die nah am Patienten arbeiten, haben mehr Kompetenzen bekommen. Planungen und Leistungsvorgaben werden mit den betroffenen Mitarbeitern entwickelt. Abläufe werden am Ort des Geschehens geplant und verbessert. Fortschritt geschieht durch eine Vielzahl von einfachen Lösungen. Fehler werden sofort an der Wurzel abgestellt, Reibungsverluste dadurch beseitigt. Abteilungs- und Stationsleitungen verwenden mehr Zeit für das Entwickeln von Zielen, Strategien und Steuerungsinstrumenten sowie für die Kommunikation mit den Mitarbeitern.

> **Übung: Die Ausrichtung unserer Leistungen am Kunden**
>
> Erarbeiten Sie für Ihre Kundenzielgruppe ein Grobkonzept zur Stärkung der Kundenorientierung (Stärken, Defizite und vordringliche Maßnahmen und Veränderungen). Die folgenden Fragen können Ihnen als Orientierung dienen.
>
> Kundenorientierung – Basismodell
>
>
>
> Zu 1. Wie gut haben wir unsere Kundenzielgruppen definiert? (quantitativ und qualitativ) Abgrenzung/Zusammenfassung, Größe, Wachstumspotenzial, Kennzeichen und Merkmale, Marktanteil und so weiter.
>
> Zu 2. Wie genau kennen wir die Erwartungen der Kunden an uns? Versetzen Sie sich in die Lage der Kunden. Beurteilen Sie sich aus Kundensicht. Was ist wichtig? Welche Leistungen sind dem Kunden wie viel wert? Wie erheben/messen wir die Kundenbedürfnisse?
>
> Zu 3. Wie gut kennen unsere Mitarbeiter die Kunden, und wie setzen sie dieses Wissen um? Kontinuierliche Kundenbetreuer, Präsenz vor Ort, Kenntnis der Zielgruppe, Vertrautheit mit ihren Problemen, menschliche Akzeptanz, Gesprächsführung, …
>
> Zu 4. Wie gut bringen wir unsere Leistungen zum Kunden? Aktive Beratung, Vorschläge, Ansprechen, Mailings, Besuche, Veranstaltungen. Wie messen wir die Kundenzufriedenheit? Welche Verfahren, Messgrößen gibt es?
>
> Resümee: Welche Maßnahmen, Veränderungen, Aktivitäten halten wir in den nächsten x Monaten für vordringlich, um unsere Kundenorientierung zu stärken? Wenn Sie zum Schluss gekommen sind, dass Ihr Bild vom den Kunden und Ihren Anforderungen nicht klar genug ist, dann können Sie dies ändern, indem Sie sich mehr mit Ihren Kunden beschäftigen, sie beobachten oder in den Dialog mit ihnen treten.

Dialog mit Kundinnen und Kunden

In der Praxis hat es sich sehr bewährt, bei der Weiterentwicklung von Leistungen, Produkten oder Geschäftsprozessen Kunden (interne und externe) einzubeziehen, sie zu fragen. In sogenannten Fokusgruppen oder Kundenkonferenzen erhalten Sie wertvolle Verbesserungshinweise im Dialog. Im Folgenden ein Beispielformular einer schriftlichen Befragung von Kundinnen und Kunden als Vorbereitung zu einer Fokusgruppe/Kundenkonferenz.

Leistungsaspekte der Abteilung XYZ	Bewertung nach Schulnotensystem (1 = sehr gut, 5 = nicht genügend)						Bedeutung für Kunden		Handlungs-bedarf
	1	2	3	4	5	k.A.	wichtig	unwichtig	
Die Zuständigkeiten der Abteilung XYZ sind bekannt									
Dienstleistungen entsprechen dem Bedarf der Kunden									
Zeitliche Erreichbarkeit der Abteilung XYZ									
Freundlichkeit und Hilfsbereitschaft im Allgemeinen									
Fachkenntnisse der Abteilung XYZ									
Informationsfluss und Informationsbereitschaft									
Reaktionszeiten bei Anfragen									
Qualität der Serviceleistungen der Abteilung XYZ im Allgemeinen (zum Beispiel Fristgerechtigkeit)									
Benutzerfreundlichkeit und Verständlichkeit der Arbeitsbehelfe Formulare, Aussendungen									
Reaktions- und Lernfähigkeit (Anregungen, Probleme und anderes mehr werden ernst genommen und aktiv aufgegriffen)									

Welche Leistungen fehlen mir:

Aus Gesprächen und Befragungen von Kunden können Sie auf diese Weise sehr gezielt lernen und Ihre Prozesse und Leistungen verbessern. Wir werden uns nun speziell dem Thema Kundenprozesse zuwenden.

Kundenorientierte Gestaltung von Dienstleistungsprozessen

Bei Dienstleistungen ist sehr häufig – im Unterschied zur Produktion – der Kunde in den Leistungsprozess an verschiedenen Stellen direkt eingebunden. Der Prozess wird in vielen Schritten vom Kunden miterlebt und teilweise mitgestaltet. Das schafft eine ganz besondere Herausforderung für diejenigen, die die Dienstleistung erbringen: eine Verkäuferin, eine Anwältin beim Plädoyer vor Gericht, einen Berater beim Kunden. Sie stehen »in der Auslage« – wenn Fehler passieren, erlebt sie der Kunde hautnah mit; nichts kann ungeschehen gemacht werden, der »Film« lässt sich nicht zurückspulen. Um solche Leistungsprozesse zu analysieren und zu verbessern, ist die folgende Darstellung sehr hilfreich.

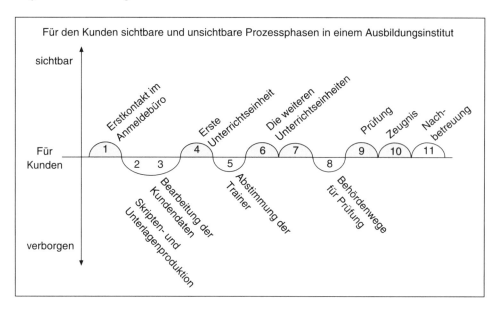

Für den Kunden sichtbare Schlüsselphasen sind »*Augenblicke der Wahrheit*«. Von deren Gestaltung hängt die Zufriedenheit von Kunden häufig ab (zum Beispiel der Erstkontakt beim Betreten des Unternehmens, das Prüfen von Projektunterlagen, die rasche Abwicklung einer Genehmigung und vieles mehr). Weil der Kunde »dabei« ist, stellen diese Situationen besonders hohe Anforderungen an die Dienstleister in fachlicher und kommunikativer Hinsicht. Es lohnt sich, diesen Schlüsselstellen besondere Aufmerksamkeit und Sorgfalt zu widmen. Detaillierte Qualitätsstandards und Ablaufpläne, Schulungen und Trainings können helfen, eine hohe Qualität zu sichern.

> **Beispiel**
>
> In einem Drogeriemarktunternehmen wurden in der Kundenbetreuung folgende Phasen als Schlüsselphasen definiert (eine Auswahl):
> → Die Reklamation eines (Kosmetik-)Produktes.
> → Der Aufenthalt an der Kasse und die Verabschiedung der Kundin.
> In Verkaufsschulungen haben die Verkäuferinnen dann diese Situationen genau analysiert und darauf aufbauend diese Phasen optimiert; Gesprächssituationen wurden trainiert, gute Argumentationsketten ausgearbeitet und durch wechselseitige Beobachtung Feedback organisiert.

Denken Sie nun an einen eigenen Prozess, bei dem Sie als Dienstleister mit Ihrem Kunden arbeiten, analysieren Sie ihn und suchen Sie nach Verbesserungen.

Übung: Kundenprozess optimieren

Nehmen Sie einen Prozess aus Ihrem Servicebereich und analysieren Sie ihn mit den Augen des Kunden. Machen Sie nach dem Muster der Abbildung auf S. 228 eine Prozessgrafik und beschreiben Sie:

→ Welche Phasen sind für den Kunden unsichtbar?
→ Welche Phasen sind sichtbar?
→ Welche davon sind »Schlüsselphasen« – warum?

Wenn Sie die Situation dargestellt haben, stellen Sie sich folgende Fragen:

→ Sollten Phasen für den Kunden sichtbar oder unsichtbar gemacht werden?
→ Wie kann ich die »Schlüsselphasen« noch besser und sicherer gestalten? Wer beherrscht diese Schlüsselphasen gut? (Zum Beispiel im Hotel die Rezeption.)
→ Was ist noch hilfreich, um eine hohe Qualität und Ablaufsicherheit in den Schlüsselphasen sicherzustellen (beispielsweise Hilfsmittel, Umgestaltung von Räumen)?

Ziehen Sie ein Resümee: Haben Sie neue Erkenntnisse gewonnen? Ließe sich diese Methode in weiteren Bereichen anwenden?

Wenden wir uns nun einer sehr speziellen Kundengruppe zu – den Mitarbeiterinnen und Mitarbeitern eines Unternehmens. Eingangs dieses Kapitels wurde J. Carlzon zitiert, der die Mitarbeiterinnen und Mitarbeiter klar als Kunden sieht. Mitarbeiter sind jedenfalls Kunden Ihrer Führungsarbeit. Durchdenken Sie Ihre Führungsarbeit unter dem Aspekt der Kundenorientierung mit der folgenden Übung:

Arbeitsblatt: Mitarbeiter als »Kunden« meiner Führungsarbeit

Welche Leistungen erbringe ich als Führungskraft für meine Mitarbeiter?

Vermutungen: Was wünschen sich die Mitarbeiter von mir mehr oder anders (häufiger, schneller, ausführlicher, in anderer Form, damit sie besser für ihre »Kunden« arbeiten können)?

Vermutungen: Was wünschen sich die Mitarbeiter von mir weniger? (Was nicht mehr tun oder weniger?)

Was wünschen sich die Mitarbeiter, was ich beibehalten sollte?

Was würde passieren, wenn ich als Chef einen Monat überhaupt nichts täte?

Ziehen Sie Ihre Bilanz: Sollten Sie an Ihrer Führung etwas verändern, den Mitarbeitern anders begegnen, sie als Kunden wahrnehmen?

Key-Kunden-Interview

Kundenbefragungen ohne persönlichen Kontakt haben oft eine fragwürdige Qualität. Sie wissen nicht, wer ihre Fragen wie beantwortet. Das Gespräch bringt vieles an die Oberfläche, was sie selbst durch umfangreiche Fragebögen nicht erfahren werden. Eine weitere Möglichkeiten, mit den Kunden in Kontakt zu treten, sind *Key-Kunden-Interviews*. Ziel dieser Interviews ist: systematisches Lernen von potenziellen Kunden, Stammkunden, Key-Accountern. Dabei wird folgendermaßen vorgegangen:

1. Entwicklung eines schriftlichen Interviewleitfadens Es sollten ausschließlich beziehungsweise vorwiegend offene Fragestellungen gewählt werden. Fragen können beispielsweise sein:

→ Was sind aus Ihrer Sicht die besonderen Stärken unserer Organisation im Vergleich zum Mitbewerb?
→ Was sind unsere besonderen Schwächen?
→ Welche besonders guten Erfahrungen haben Sie mit uns in den letzten Monaten gemacht?
→ Welche besonders schlechten Erfahrungen haben Sie mit uns in den letzten Monaten gemacht?
→ Worin sehen Sie die größten Stärken unserer Mitbewerber?
→ Worin sehen Sie die größten Schwachstellen unserer Mitbewerber?
→ Was sind Ihrer Meinung nach die wichtigsten Trends und Entwicklungen, denen Ihre/unsere Branche in den nächsten Jahren begegnen wird?
→ Was müssten wir Ihrer Meinung nach stärker, intensiver tun, um Sie besser zu bedienen?
→ Was sollten wir Ihrer Meinung nach weniger oft beziehungsweise gar nicht mehr tun?
→ Was sollten wir Ihrer Meinung nach in Zukunft unbedingt beibehalten?
→ Stellen Sie sich vor, Sie würden unsere Organisation erben: Was würden Sie unternehmen, um unsere Organisation erfolgreicher zu machen?

2. Aussendung eines Informationsbriefes an die Interviewpartner Den Kunden für das Gespräch interessieren, Absichten und Aufwand kurz beschreiben und Anruf ankündigen.

3. Persönliche, telefonische Vereinbarung des Interviewtermins Wichtig ist der Anruf beim Kunden. Der Kunde muss für das Gespräch gewonnen werden, das geht am ehesten dann, wenn Sie für ihn auch einen Nutzen bieten können. Dies sollten Sie sich vor dem Anruf gut überlegen.

4. Durchführung der Interviews. Dauer: je Interview etwa 30 Minuten Vor dem ersten »richtigen« Interview sollte es pilotmäßig mehrfach durchgespielt werden, beispielsweise mit einem Mitarbeiter, einem Freund/einer Freundin.

Die Meinungen der Interviewpartner werden sofort mitgeschrieben. Um bei den Interviews die nötige »Tiefe« zu erlangen, sollten die Aussagen des Interviewpartners durch weiterführende Fragen – insbesondere durch »W«-Fragen – vertieft werden. Zum Beispiel: »Wie könnten wir Ihnen da speziell helfen?«, »Wie kommt es zu dem von Ihnen geschilderten Problem?«.

5. Nach Durchführung aller Interviews wird eine Kurzdokumentation erstellt, in der pro Frage alle Aussagen der Interviewpartner vermerkt sind Zum Beispiel bei Frage 1: »Was sind unsere besonderen Stärken?«
– Aussage Partner 1: Zuverlässigkeit ist ausreichend.
– Aussage Partner 2: Produktqualität konstant hoch.
– Aussage Partner 3: Bei Problemen rasche Reaktion.

Der jeweilige Fragenkomplex sollte mit einer Kurzinterpretation abgeschlossen werden. Zum Beispiel kann es heißen: »Als die größten Stärken unserer Organisation werden aus der Sicht der Kunden vor allem die Zuverlässigkeit der Produkte und unseres Service angesehen.«

6. Bearbeitung der Ergebnisse in der eigenen Organisation – Entwicklung von Verbesserungsideen und Maßnahmen Die ganze Befragung ist letztlich nur so viel wert, wie Sie daraus machen. Konsequenzen müssen gründlich überlegt, aber zügig getroffen werden. Nach einigen Monaten sind die frischen Eindrücke und der Elan weg. Daher vor einer Kundenbefragung sehr genau planen, wie nachher damit gearbeitet wird. Wichtig ist auch, die Verantwortung dafür klar zuzuordnen.

7. Information der Interviewpartner über für sie wichtige Ergebnisse und eingeleitete Umsetzungsschritte Sie können Ihren Kunden beispielsweise mitteilen, dass Sie die Bearbeitung der Reklamationen aufgrund der Kundenanregungen künftig anders/schneller durchführen werden, Sie können neue Serviceangebote ankündigen oder auch den Wegfall von Leistungen, die von den Kunden nicht geschätzt werden. Wichtig ist hier: Versprechen Sie nur das, was Sie sicher halten können.

Wenn Sie konsequent an Ihrer Dienstleistungskultur arbeiten, wird das mittelfristig einen enormen Nutzen für Ihre Abteilung oder Ihr Unternehmen produzieren. Durch Produkte können sich Unternehmen immer weniger differenzieren – diese gleichen einander immer mehr.

Herausragende Dienstleistungsqualität entsteht durch die Kombination fachlich guter Leistung mit persönlicher Kompetenz, Beratungs- und Betreuungsqualität. Diese Kombination in hoher Qualität zu bieten ist offensichtlich auch heute noch nicht selbstverständlich und damit die Quelle nachhaltiger Wettbewerbsvorteile.

Teams aufbauen, entwickeln und führen

Die Entwicklung unserer Organisationen geht in die Richtung größerer interner Flexibilität, verschlankter Hierarchien und der Verlagerung von Kompetenzen in dezentrale Einheiten. Das wichtigste Element der dabei entstehenden neuen Organisationsmodelle ist das Team.

Stand hinter der im Rahmen der Human-Relation-Bewegung betriebenen Forcierung der Teamarbeit noch die Idee, in Verbindung mit höherer Arbeitszufriedenheit eine höhere Produktivität zu erreichen, so ist das Team heute zum unverzichtbaren Teil der modernen Organisation geworden. Auch wenn nach wie vor Manager des Jahres gekürt und Heldengeschichten aus den Vorstandsetagen verbreitet werden: Große unternehmerische Leistungen werden heute in teamförmigen Kooperationen erzielt. Teams werden besser mit komplexen Aufgabenstellungen fertig, sind aufgrund ihrer weichen Strukturen flexibler und zudem kreativer und klüger als Einzelpersonen oder hierarchisch strukturierte Organisationseinheiten. Wir finden Teams heute auf der Ebene des Managements, in den einzelnen Geschäftsfeldern, in Projektgruppen oder an den verschiedenen Nahtstellen, an denen die notwendige Abstimmung und Koordination zwischen weitgehend autonomen Einheiten geleistet werden.

Die beschriebenen organisatorischen Veränderungen und das Einsetzen von Teams sind aber noch kein Garant für Erfolg, denn sie erfordern einen hohen Aufwand an Kommunikation, eine große Kooperationsbereitschaft und starke Identifikation mit übergeordneten Unternehmenszielen, die sich nicht automatisch herstellen.

Das Potenzial der teamförmigen Kooperationsstrukturen entfaltet sich nur dann, wenn es gelingt, bisher geltende Organisationsprinzipien wie hierarchisch abgestufte Verantwortung, genaue Funktionsbeschreibungen und festgelegte Abläufe außer Kraft zu setzen. Zudem haben sich Teams konstruktiv mit Phänomenen auseinanderzusetzen, die sich in der traditionellen Organisation vorwiegend im informellen Bereich abgespielt haben, nämlich mit Konkurrenz, Autoritätskonflikten, Positionskämpfen, Bildung von Untergruppen und anderen gruppendynamischen Vorgängen. In Managementteams gibt es zusätzlich die Schwierigkeit, dass Persönlichkeiten aneinandergeraten, die gelernt haben, sich durchzusetzen, und so viel Machtbewusstsein erworben haben, dass sie mit die Forderung nach Zusammenarbeit und wechselseitiger Akzeptanz nur schwer zurechtkommen.

Es ist daher eine irrige Annahme, dass Teams von Beginn an arbeitsfähig sind. Die Fähigkeiten der Selbstorganisation und Kooperation müssen gezielt entwickelt und geübt werden, wozu gruppendynamische Trainings, Teamentwicklungsprozesse beziehungsweise Teamcoaching Anwendung finden.

Die Zusammensetzung von Teams

Eine der ersten Fragen gilt der richtigen Zusammensetzung eines Teams. Raymond Meredith Belbin (1993) stellte in seinem Buch »Managementteams« Forschungsergebnisse zur idealen Teamzusammensetzung vor. In seinen Experimenten wurden Teams entsprechend den Ergebnissen von Intelligenztests zusammengesetzt. Aus Personen, die besonders hohe mentale Fähigkeiten aufweisen, wurden sogenannte »Apollo-Teams« geformt. Daneben wurden gemischt zusammengesetzte Teams gebildet. Das überraschende Ergebnis der anschließenden Untersuchungen war, dass die Apollo-Teams gegenüber anders zusammengesetzten Teams schlecht abschnitten.

Belbin gibt als Grund dafür an, dass die Mitglieder der Apollo-Teams die Zeit damit verbrachten, sich wechselseitig von ihrer Meinung zu überzeugen, sich dabei in fruchtlose Diskussionen verstrickten und zu keinen gemeinsamen Ergebnissen kamen.

Gemischt zusammengesetzte Teams, in denen das Wissen und die Fähigkeiten der Mitglieder optimal genutzt werden konnten, erzielten die besten Ergebnisse. Belbin leitet daraus ab, dass es in der Verantwortung der Führungskräfte liegt, auf eine gute Zusammensetzung von Teams zu achten und einen teamadäquaten Führungsstil zu entwickeln.

Er unterschied nach den verschiedenen Verhaltensmustern in Teams ursprünglich acht verschiedene Rollen, die einander ergänzen, aber durchaus auch in einem produktiv zu nutzenden Spannungsverhältnis zueinander stehen. In einer späteren

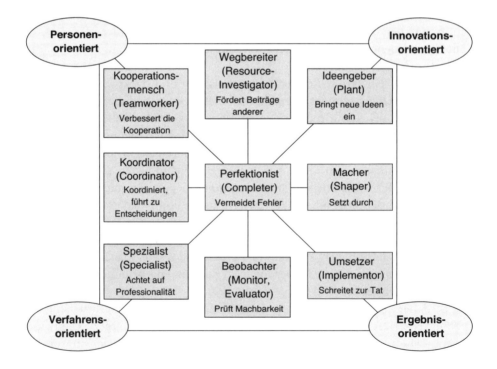

Arbeit ergänzte er die Rollen um eine zusätzliche neunte, den Spezialisten (specialist). Die Grenzen zwischen den verschiedenen Rollen sind fließend.

Mithilfe eines Fragebogens (Belbin 2003) kann nun ermittelt werden, welche Rollen von Teammitgliedern wahrgenommen werden. In der Regel werden bei diesen Tests Tendenzen in die Richtung mehrerer Rollen festgestellt, aber Erkenntnis Belbins ist, dass eine Person selten mehr als zwei Rollen in einem Team ausfüllen kann. Allerdings kann sich das Rollenprofil in einem anderen Team, das eine andere Dynamik aufweist, auch verändern.

Erfolgreiche Teams wiesen nach Belbins Untersuchungen noch weitere typische Merkmale auf:

→ Eine gemischte Rollenzusammensetzung (aus den acht von Belbin unterschiedenen typischen Rollen).
→ Eine geduldige, aber auf Entscheidung drängende, kooperative Leitung.
→ Ein bis zwei starke Ideengeber (Erfinder)!
→ Die Anerkennung aller Fähigkeiten.
→ Einsatz der Teammitglieder gemäß ihren Fähigkeiten.
→ Die Förderung des Selbstvertrauens.
→ Reflexions- und Kritikfähigkeit.

Wenn nun die entsprechend einer Aufgabe erforderlichen Kompetenzträger versammelt und auch Rollenprofile im Sinne Belbins berücksichtigt sind, geht es im nächsten Schritt um die Entwicklung des Teams. Eine erste Orientierung dazu gab B.W. Tuckman (1965), der die Entwicklungsphasen beschrieb, die zur Arbeitsfähigkeit eines Teams führen.

Phasen der Entwicklung von Teams

Die Phasen der Teamentwicklung nach Tuckman sehen folgendermaßen aus:

Forming (Ankommen, Beginnen) Die Mitglieder sind das erste Mal in einer neuen Gruppe oder treffen einander in einer neuen Zusammensetzung. Neben Neugierde und Spannung existieren Unsicherheiten, Hemmungen und das Gefühl von Fremdheit. In dieser neuen Situation reagieren die Mitglieder der Gruppe sehr unterschiedlich. Man beobachtet einander, tastet sich ab und sucht einander kennenzulernen. Erste Vorschläge zur Bearbeitung des Themas sowie der Versuch, Regeln einzuführen, machen sowohl Gemeinsamkeiten als auch unterschiedliche Vorstellungen deutlich. Die Leiter versuchen in der Regel, die Spannung zu überwinden, indem sie mehr reden, als sie vorhatten, und erzeugen damit auch ersten Widerstand, denn ihre Position in der Gruppe ist anfänglich keineswegs schon abgesichert.

Storming (Gärung, Strukturierung) Nach der durch Vorsicht gekennzeichneten Anfangsphase setzt nun die Suche nach einem Platz in der Gruppe ein. Langsam kristallisieren sich die einzelnen Rollen und die Beziehungen der Gruppenmitglieder untereinander heraus. Dabei kommen Sympathie und Antipathie zum Ausdruck und bewirken sowohl Bündnisse als auch Polarisierungen. In der Regel werden derartige Entwicklungen auf der Beziehungsebene und damit verbundene Gefühle nicht besprochen. Sie bestimmen jedoch die Form der Auseinandersetzung und verhindern so lange ein gemeinsames und fruchtbares Arbeiten, wie keine für alle befriedigenden Regelungen gefunden wurden. Auch Teamleiter müssen in dieser Phase in ihre Rolle finden und werden oft genug in ihrer Funktion angegriffen. Sie kommen in dieser Phase stark in Versuchung, einseitig Partei zu ergreifen und Entscheidungen mit Mehrheitsbildungen zu erreichen.

Norming (Klärung, Organisierung) Die Gruppe entwickelt das Bedürfnis nach Regeln und Normen des Umgangs miteinander. Widerstand und Konflikte werden abgebaut beziehungsweise bereinigt. Die Mitglieder identifizieren sich mit der Gruppe und unterstützen einander. Meinungen und Gefühle werden offen ausgetauscht. Es entstehen Kooperation und Arbeitsenergie. Leiter unterstützen diese Phase, indem sie zur Akzeptanz unterschiedlicher Vorstellungen führen, eine offene Aussprache fördern und alle Mitglieder bei Arbeitsvereinbarungen einbeziehen.

Performing (Entfaltung, Reife) Die Beziehungsklärung der Phase 3 versetzt die Gruppe in die Lage, eine Rollenverteilung zu finden, die ihren Mitgliedern und der gestellten Aufgabe entspricht. Die Vertrauensbildung ist so weit gediehen, dass den einzelnen Mitarbeitern auch Aufgaben zur selbstständigen Bearbeitung übertragen werden. Die Arbeit wird kreativ angegangen und macht immer mehr Spaß. Das entstandene Arbeitsklima befähigt die Gruppe, Rollen und Regeln flexibel zu handhaben, mit anderen Gruppen zusammenzuarbeiten und Zukunftsaufgaben wahrzunehmen.

1977 ergänzte Tuckman sein Modell durch die Einführung einer fünften Phase *Adjourning (Abschluss, Auflösung),* in der er die Vorgänge bei der Auflösung eines Teams beschreibt.

Tuckmans Phasenmodell ist einerseits ein theoretisches Konstrukt, das die Lebensphasen eines Teams beschreibt, andererseits soll es auch eine praktische Anleitung für die Entwicklung von Teams darstellen, indem es die verschiedenen Themen aufführt, die jeweils zur Klärung anstehen. Die Leitung hat in den verschiedenen Phasen jeweils spezifische Aufgaben zu übernehmen. Diese sind in der folgenden Übersicht dargestellt:

Phase	Themen	Emotionaler und sozialer Fokus	Aufgaben der Leitung
Ankommen, Beginnen	Orientierung, Kennenlernen; Ziele, Aufgaben, Inhalte, Regeln	Angst, Unsicherheit, Vorsicht, Unklarheit; Fremdheit, Bezug zur Leitung	Orientierung geben: Klärung der Ziele, des Rahmens, der Erwartungen; Kontrakt; Verflüssigung
Gärung, Strukturierung	Differenzierung: Auseinandersetzung mit inhaltlichen und sozialen Unterschieden	Kampf, Aggression (offen oder maskiert); Konkurrenz, Rivalität, Grenzen, Sinn;	Ausgleich schaffen zwischen Individuum und Gruppe; Ziele und Regeln verwalten
Klärung, Organisierung	Zielorientierte, sachliche Zusammenarbeit auf Basis geklärter Strukturen	Akzeptanz; Regeln für Nähe und Distanz und für Ordnung/Kontrolle und Freiheit	Dynamisches Gleichgewicht der Widersprüche halten, Aufmerksamkeit auf Ziele und Inhalte richten
Entfaltung, Reife	Inhaltliche Arbeit; Entwicklung von Lösungen, Kreativität, Innovation; Lust und Qualität; Interesse und Aktivität im Umfeld	Wir-Gefühl, Zusammenhalt; Zusammenarbeit auf Basis geklärter Beziehungen bzw. Fähigkeit zur Klärung neuer Situationen	Rahmen sichern Feedbackschleifen fördern; Arbeitsprozess und Produktivität fördern
Abschluss, Auflösung	Erfolgskontrolle, Transfer, Umsetzung	Abschied, Trennung	Bogen schließen, »vertagte« Themen abschließen, Ergebnisse sichern, Maßnahmen planen

Leiten in den Phasen der Teamentwicklung

Zum Modell ist anzumerken, dass nicht davon ausgegangen werden kann, dass jedes Team alle Phasen in der beschriebenen linearen Abfolge durchläuft und auch positiv abschließen kann. Es ist auch keineswegs sicher, dass es immer eine Konfliktphase geben muss, die vierte Phase überhaupt erreicht wird oder eine einmal erreichte Arbeitsfähigkeit auch erhalten bleibt. Abfolge, Ausprägung und Abschluss der Phasen sind vielmehr abhängig davon, wie gut sich die Mitglieder des Teams bereits kennen, welche Teamfähigkeit sie mitbringen, und selbstverständlich auch davon, wie sehr die Führung es versteht, die spezifischen Themen des Entwicklungsprozesses zu einer positiven Klärung zu bringen. Mit Sicherheit wird auch die Aufnahme eines neuen Teammitglieds viele der scheinbar abgeschlossenen Fragen wieder neu aufwerfen.

Letztlich ist anzumerken, dass viele der den vier Phasen zugeordneten Themen latent mitlaufen müssen, weil sie zur Reflexion der inhaltlichen Arbeit beitragen und die Selbststeuerung des Teams ermöglichen.

Fragen, an denen Teams kontinuierlich arbeiten sollten, sind:

→ Warum gibt es uns? (Sinn, Vision, Ziele)
→ Wer gehört zum Team? (Bedingungen der Mitgliedschaft)
→ Befinden wir uns noch auf dem richtigen Weg? (Controlling)
→ Wer arbeitet an was mit wem? (Arbeitsteilung /Beziehungsgestaltung)
→ Was ist mir wichtig? – Was kann jede/r? (Fähigkeiten und Bedürfnisse)
→ Was gilt, wie wird es getan? (Spielregeln und Strukturen)
→ Wer vertritt uns wie nach außen? (Gestaltung der Außenbeziehungen)

Die Leitung von Teams

Nicht nur Teams müssen entwickelt werden. Auch das Führen und Steuern von Teams wollen gelernt sein.

Was sind die Aufgaben einer Teamleitung?

Das Team koordinieren
Wichtigste Aufgabe einer Teamleitung ist es, dafür zu sorgen, dass die Zusammenarbeit im Team möglichst effektiv verläuft. Dazu gehören:
→ Die Teamziele klären und vereinbaren.
→ Die interne Arbeitsteilung und die Abläufe regeln und ständig verbessern.
→ Den Fortschritt der Arbeit evaluieren.
→ Konflikte klären und Lösungen finden.

Das Team moderieren
Mitarbeiter von Teams wollen volle Information und Mitwirkung an Entscheidungen. Damit die dafür notwendigen Gespräche beteiligungsorientiert und gleichzeitig effizient verlaufen, muss der Leiter die Rolle des Moderators ausüben. Dabei hat er dafür zu sorgen, dass
→ jeder zu Wort kommt und seine Meinung sagen kann,
→ jede Meinung ernst genommen wird,
→ Unterschiede und Gemeinsamkeiten in den Meinungen klar erkennbar werden,
→ Probleme der Kommunikation angesprochen und behoben sowie
→ Ergebnisse gesichert werden.
Die Aufgabe der Moderation erfordert, dass der Teamleiter sich vorübergehend aus der Sachdiskussion herausnehmen kann, um sich auf das Prozessgeschehen zu orientieren. Der Moderator muss »Metakommunikation« beherrschen, das heißt, er muss Beziehungsthemen und Verständigungsprobleme offen ansprechen können. Zudem sollte er im Einsatz von Visualisierungsmitteln (beispielsweise Flipchart oder Pinnwand) geübt sein.

Teamergebnisse präsentieren
Arbeitsprogramme, Entscheidungen und andere Ergebnisse der Teamarbeit müssen immer wieder in geeigneter Form präsentiert werden. Dazu ist es notwendig,

→ überzeugend aufzutreten;
→ geeignete Visualisierungsmittel einzusetzen;
→ mit Fragen und Einwänden richtig umzugehen.

Für das Team verhandeln
Der Teamleiter muss nicht nur Arbeitsauftrag und Rahmenbedingungen mit der Geschäftsleitung verhandeln, sondern auch sein »Verhandlungsmandat« mit den Teammitgliedern immer wieder abstimmen und konkretisieren. Dazu muss die Teamleitung
→ kompromissfähig sein, ohne substanzielle Forderungen aufzugeben;
→ freundlich in der Beziehung, aber hart in der Sache bleiben;
→ mit Einwänden und Abwehr strategisch umgehen und ergebnisorientiert verhandeln können.

Mitglieder des Teams beraten
Der Teamleiter muss sich bei Fragen und Problemen als Gesprächspartner anbieten. Beratung kann auf unterschiedlichen Ebenen notwendig sein:
→ Bei inhaltlichen Fragen oder auch Verfahrensfragen ist Know-how anzubieten beziehungsweise sind Wege aufzuzeigen, zu denen Antworten gefunden werden sollen.
→ Bei Beziehungsfragen im Team geht es darum, mit Fingerspitzengefühl die Problemstellungen zu erfragen und im Einzelgespräch oder im Kreis der Betroffenen Lösungen zu entwickeln.

Ob eine Führungskraft die Rolle der Teamleitung ausübt, ist an der Beziehung zu den Mitgliedern des Teams erkennbar. Einen großen Stellenwert haben die Beteiligung an Prozessen der Entscheidungsfindung und die Übertragung von Kompetenzen zur eigenverantwortlichen Aufgabenerledigung. Kurt Buchinger und Herbert Schober betonen in ihrem Buch »Das Odysseusprinzip« (2006) die Dienstleistungsfunktion von Teamleadership. Die Steuerung wird als ein Leistungsbeitrag für die Entwicklung einer weitgehenden Autonomie betrachtet. Teamleader haben dabei vorrangig unterstützende Aufgaben:

→ zuzuhören und nachzufragen,
→ zur (Selbst-)Beobachtung anzuhalten,
→ das Entstehen einer Außenorientierung zu fördern und
→ die Entwicklung von Autonomie zu unterstützen.

Die Autonomie des Teams wird erreicht, indem Führung und Steuerung zu einer Aufgabe des gesamten Teams erhoben werden. Als ein Weg dazu ist die Ausübung einer paradoxen Leitung anzusehen, die darin besteht, die Erwartungen der Teammitglieder so weit wie möglich nicht zu erfüllen und sie zu ermuntern, selbst die Steuerung für

→ die Sachaufgaben,
→ die Führung der Einzelnen sowie
→ die Führung der Gruppe

zu übernehmen. Der Teamleiter konzentriert sich seinerseits darauf, das Team zu beraten, für Reflexionsschleifen zu sorgen und Rückmeldungen zu geben. Er sorgt für die notwendigen Irritationen im Team, indem er eher gegen die vorherrschende Tendenz steuert.

Konflikte im Team als Chancen nutzen

Als Konflikt werden Auseinandersetzungen um Interessen und Bedürfnisse bezeichnet, die zwischen Menschen, Gruppen und Organisationen stattfinden. Sie sind in der Regel negativ konnotiert, werden aber letztlich nur dann zum echten Problem, wenn unvereinbare Aktivitäten gleichzeitig auftreten (Schmidt/Berg 2004, S. 315). Grundsätzlich jedoch sind Konflikte nicht nur als Störung, sondern auch als Quelle für Innovation und Entwicklung anzusehen. Aus unterschiedlichen Perspektiven wird mehr gesehen als von einzelnen Personen oder Systemen. Die Forderung nach widerspruchs- und konfliktfreien Teams ist also nicht zielführend und wohl auch nicht realistisch. In allen Organisationen und Gruppen bedarf es eines Wechsels zwischen Konflikt- und Harmoniephasen, um ein produktives Klima aufrechtzuerhalten.

Konflikte in Organisationen werden vor allem an den verschiedenen Systemgrenzen sichtbar.

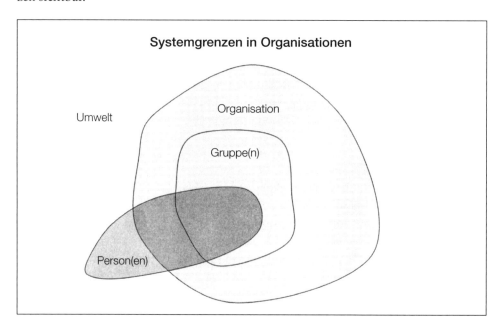

Systemgrenzen gibt es zwischen Einzelpersonen, zwischen Einzelperson und Gruppe, zwischen den verschiedenen Gruppen, Gruppe und Organisation, Organisation und Umfeldern.

Der Sinn von Konflikten

In Organisationen, insbesondere in komplexen Situationen, können Konflikte genutzt werden, denn sie haben in der Regel einen Sinn:

→ Sie zeigen Unterschiede auf und machen diese bearbeitbar.
→ Sie geben die Chance, über die Verschiedenheit der Sichtweisen zu einer Gemeinsamkeit zu gelangen, die einer Gruppe beziehungsweise einem Team entspricht.
→ Sie ermöglichen es, die Komplexität des Teams und dessen Umfeld zu erkennen und eine angemessene Antwort darauf zu finden.
→ Sie erzeugen Druck zu Veränderung und Innovation.
→ Sie ermöglichen Klarheit darüber, was bewahrt werden soll.

Auswirkungen nicht bearbeiteter Konflikte

→ Konflikte binden Ressourcen.
→ Es entstehen Stress und Unzufriedenheit bei den Teammitgliedern.
→ Das Klima wird schlecht, die Motivation und Leistungsbereitschaft sinken.
→ Es entstehen Störungen im Team, die Kommunikation und Kooperation werden schwierig.
→ Es entstehen Wahrnehmungsverzerrungen und Stereotypenbildungen.
→ Die Sachlichkeit bleibt auf der Strecke und destruktive Emotionalität nimmt zu.

Konflikte, die nicht sinnvoll bearbeitet werden, bilden den berühmten »Sand im Getriebe« und kosten viel Zeit. Investitionen in die Konfliktbewältigung lohnen daher fast immer.

Konflikte mit »schwierigen« Personen

In Teams wird häufig über Personen geklagt, die sich nicht einfügen, nörgeln, streitsüchtig sind, zu wenig mitarbeiten und so weiter. Der Ärger lässt bei der Teamleitung leicht die Vorstellung entstehen, dass es ohne diese Mitglieder viel leichter wäre. Das ist in den meisten Fällen ein Trugschluss. Probleme mit dem Arbeits- oder Sozialverhalten einzelner Mitglieder sind nämlich oft Ausdruck von Schwierigkeiten, die das Team hat. In Teams etwa, die eine starre, unflexible Arbeitsorganisation aufweisen, fallen Personen auf, die eine unkonventionelle Haltung an den Tag legen. Dasselbe Verhalten wird auch in unbewegten, ruhigen Phasen zum Problem. In Phasen der Veränderung fallen dagegen Personen auf, die sehr ordnungsorientiert und genau sind. Personen wiederum, die nicht immer anwesend oder unpünktlich sind, lenken den Blick auf den Umgang mit der Zeit. Wird der Zeitfaktor als Disziplinierungsmittel eingesetzt, oder wird im Team auch auf Effektivität im Umgang mit der Zeit geachtet?

Gibt es etwa zu viel Arbeitsdruck, dem zu stark belastete Personen auszuweichen suchen? Wird der Zusammenhang eines auffallenden individuellen Verhaltens mit der Beschaffenheit des Teams nicht erkannt, werden Einzelpersonen leicht zum Sündenbock gemacht.Führungskräfte brauchen daher einen guten diagnostischen Blick, um zu erkennen, ob individuelle Verhaltensauffälligkeiten Symptome für Teamprobleme darstellen.

Typische Konflikte in Gruppen und Teams

Ein wesentliches Kennzeichen von Gruppen ist die »emotionale Partizipation«, das ist der Versuch, die Gruppenmitglieder emotional auf eine gleiche Einstellung zu bringen. Dies bezieht sich vor allem auf Fragen der Zugehörigkeit, Loyalität und Gemeinsamkeit. Gruppen entwickeln Rituale, Belohnungs- und Bestrafungssysteme, eigene Werte oder sogar ein Leitbild. Gruppen haben gleichmachende Tendenzen, sie verabschieden sich von Langsameren und bremsen Schnellere.

Im Folgenden werden einige typische in Teams und Organisationen vorkommende Konfliktarten beschrieben:

Rollenkonflikte Die speziellen Rollen, die sich durch die (bewusste oder unbewusste) Abstimmung zwischen den Erwartungen im Team und den einzelnen Mitgliedern ergeben, sind als Stärke für das gesamte Team zu betrachten. Sie können im positiven Sinn von allen als ein spezifischer Beitrag der Einzelnen für das Gelingen des gemeinsamen Ganzen verstanden werden.

Merkmale konstruktiver Rollen sind die Lust und Neugier an der Mitarbeit und hohe Identifikation mit der Aufgabenstellung.

Rollenkonflikte können auftreten,

→ wenn die gegenseitige Rollenerwartung nicht übereinstimmt beziehungsweise zu weit abweicht;
→ wenn einmal eingeübte Rollenaufteilungen einseitig verändert werden;
→ wenn Rollen zugewiesen oder »zugeschrieben« werden, mit denen die Rollenträger nicht einverstanden sind;
→ wenn die Rollenziele unklar sind oder ein Rollenträger damit nicht einverstanden ist.

Zur Klärung eines Rollenkonflikts müssen die wechselseitigen Erwartungen an eine bestimmte Rolle offengelegt und neu vereinbart werden.

Nähe-Distanz-Konflikte Menschen haben unterschiedliche Bedürfnisse in Bezug auf Nähe und Distanz zu anderen Personen. Diese Bedürfnisse ändern sich auch in der Biografie von Menschen. Es gilt, die angemessene Nähe und Distanz in der Beziehung zwischen den Teammitgliedern herzustellen. Einige Menschen sprechen sehr schnell über persönliche Themen und haben keine Scheu vor körperlicher Nähe, während andere dieses Verhalten als distanzlos empfinden.

Es ist gut, sich über unterschiedliche Einstellungen zu Nähe-Distanz-Fragen auszutauschen. Es ist förderlich, Wünsche aneinander zu richten. Grundsätzlich sind unterschiedliche Einstellungen zu diesem Thema jedoch zu akzeptieren und nicht mit sozialen Normen gleichzuschalten.

Konkurrenzkonflikte Konkurrenz ist das Ergebnis einer arbeitsteiligen und marktorientierten Gesellschaft. Sie kann – im Rahmen von Spielregeln – als ein positiver Konflikt wahrgenommen werden, der auch zur Auslotung der eigenen Wettbewerbsfähigkeit führt. In Gruppen und Organisationen können sie sich jedoch zu Rangkonflikten entwickeln. Die Grundfrage ist immer: Wer ist der »Bessere« oder »Schlechtere«, wer hat recht oder unrecht?

Führungskräfte verhalten sich in diesem Fall am besten »allparteilich«, indem sie die Stärken und positiven Beiträge aller Mitglieder des Teams anerkennen und Hierarchisierungen nicht zulassen.

Territorialkonflikte Territorialkonflikte zählen neben den Rangkonflikten zu den häufigen Konflikten innerhalb von Gruppen. Territorien sind Symbole für die Frage des Einflusses. Über welches Territorium jemand »herrscht«, ist nicht unwesentlich, da Territorien die Bedingungen des »Überlebens« garantieren (Ressourcenzugang, Qualität der Ressourcen, Anzahl von Mitarbeitern und dergleichen mehr).

Territorialkonflikte werden häufig durch Regeln, die ausverhandelt werden müssen (oder vorgegeben werden), im Zaum gehalten.

Rangkonflikte Die Festlegung von Rangpositionen ist ordnungs- und stabilitätsbildend. Mit dem Rang werden auch Rollen zugeschrieben, womit Erwartungen in Bezug auf das Verhalten verbunden werden. Wird das erwartete Verhalten nicht gezeigt, kann es zu Konflikten kommen. Zum Beispiel wird von einem Projektleiter Leitungsverhalten erwartet. Zeigt er dieses nicht, kommt es zur Verunsicherung.

Der Rang wird entweder gegeben und mit äußerer Symbolik versehen (sehr deutlich zu sehen bei Militär oder Feuerwehr) oder er wird erarbeitet. In der Regel wird jenen Menschen ein höherer Rang beziehungsweise eine größere Autorität zugeschrieben, deren Verhalten der ganzen Gruppe den meisten Erfolg bringt. Probleme treten daher dort auf, wo die verliehene Autorität und die erarbeitete Autorität nicht in Deckung sind. Zum Beispiel wenn jemand, der nicht Gruppenmitglied ist, auf Dauer mehr Vorteile für die ganze Gruppe bringt als der Gruppenleiter.

Teamleiter sind gut beraten, sich auf Rangdiskussionen nicht einzulassen, weil sie dem Teamgedanken entgegenstehen. Wichtig ist hingegen, die Verhaltenserwartungen zu besprechen, die mit Rollen in Verbindung stehen. Erbrachte Leistungen sind anzuerkennen.

Führungskonflikte Die Kernfragen lauten: Wer führt? Wie wird geführt? Man kann zwei Typen von Führung unterscheiden: »Alle mir nach« (die eher väterliche Variante) und »Geh deinen Weg« (die eher mütterliche Variante). Häufig werden in Organisationen beide Führungstypen durch verschiedene Personen repräsentiert. Man kann diese beiden Typen auch als zielorientierte Variante und die gruppenorientierte Variante interpretieren. Konflikte treten dann auf, wenn die Vertreter der beiden Typen sich in die Haare geraten oder wenn zwei Führungskräfte den gleichen Führungstyp repräsentieren. Auch hier gilt als konfliktfördernd, wenn die formale und die informale Führung nicht deckungsgleich sind.

Führungskonflikten kann vorgebeugt werden, wenn im Team die Erwartungen an die Führung transparent sind und regelmäßiges Feedback eingeholt wird.

Veränderungskonflikte Veränderungskonflikte können als Aussage über Lernmuster von Gruppen oder Organisationen verstanden werden. Der Erfolg eines Systems kann daran gemessen werden, wie weit und rasch es sich in angemessener Weise veränderten Umweltbedingungen anpassen kann. Wie flexibel ist ein System in der Lage, innere Normen und Regeln den neuen Verhältnissen anzupassen? Konfliktfelder sind beispielsweise:

→ unterschiedliche Interpretation der Situation des Umfelds,
→ verschiedene Auffassungen über die Notwendigkeit von Veränderung (Bewahrung versus Veränderung),
→ kontroverses Deuten der Richtung des Anpassungsbedarfs,
→ die unterschiedlichen Wege der Anpassung,
→ die zu späte Anpassung,
→ die zu rasche Veränderung.

Veränderungsprozesse sind als Lernprozesse zu organisieren, in denen verschiedenen Sichtweisen zum Thema der Veränderung ausreichend Platz gegeben wird.

Es ist ein Merkmal von Konflikten, dass Emotionalität entsteht und die Konfliktpartner die Kontrolle verlieren. Daher ist es auch bedenklich, zu sagen: »Ich habe einen Konflikt mit jemandem.« Stimmiger ist es, zu sagen: »Der Konflikt hat mich.« Eine zentrale Intervention ist es, so früh wie möglich die Konfliktdynamik zu unterbrechen und für eine anschließende Klärung Strukturen und Regeln zu beachten, wie sie von Konfliktexperten vorgestellt wurden.

Die Phasen der Konfliktbehandlung

Friedrich Glasl unterscheidet in seinem Buch »Konfliktmanagement« (2004) in der Konfliktbehandlung drei große Phasen:

→ **Die Orientierungsphase:** In dieser Phase verschaffen sich die Konfliktparteien (eventuell mit ihrem Helfer) ein Bild der Situation, der Möglichkeiten und Grenzen der Konfliktbehandlung.
→ **Die eigentliche Konfliktbehandlungsphase:** In dieser Phase kann die Diagnose des Konflikts weiter vertieft werden, vor allem wird jedoch direkt an den gewünschten Zielzuständen (Lösungen) gearbeitet.
→ **Die Konsolidierungsphase:** In dieser Phase wird die gemeinsam entwickelte Konfliktlösung umgesetzt. Anhand der im Rahmen der Lösungsfindung getroffenen Regelungen wird der Erfolg der Vereinbarungen abgelesen. Gegebenenfalls werden neue zusätzliche Vereinbarungen getroffen.

Sechs Grundregeln für ein positives Konfliktgespräch (nach: Kellner 2000)

Erstens: Vermeide, dass dein Gegner »das Gesicht verliert«. Bleibe immer beim aktuellen Thema. Wärme nicht alle alten Fehler des anderen auf. Beleidige dein Gegenüber niemals persönlich.
Zweitens: Wahre Selbstachtung. Ziehe dich rechtzeitig aus einer Auseinandersetzung zurück, wenn du spürst, dass du die Selbstbeherrschung verlierst. Lass dich durch Provokationen nicht zu unbedachten Äußerungen hinreißen. Eine Pause trägt in der Regel zur Beruhigung bei.
Drittens: Versetze dich immer in die Lage des anderen. Versuche zu verstehen, was in dem anderen gedanklich und emotional vorgeht. Lasse dem anderen mehr Redezeit. Höre zu und beobachte.
Viertens: Verzichte darauf, andere Menschen ändern zu wollen. Nimm den anderen, wie er ist. Er wird ganz sicher so bleiben und sich nicht von dir umziehen lassen. Sage dem anderen nicht, wie er denken oder fühlen müsste.
Fünftens: Vertritt deinen Standpunkt konsequent und strategisch klug. Lege deine eigenen Interessen offen. Versuche immer, zu überzeugen. Überreden, moralische Erpressung oder sonstiger Druck ist nur kurzfristig erfolgreich.
Sechstens: Reduziere die Gefahr von Folgekonflikten. Lege einen geklärten Konflikt zu den Akten. Komme möglichst nicht mehr auf das Thema zurück. Ziehe möglichst keine Unbeteiligten hinein.

Abschließende Fragen zur Teamentwicklung

J.R. Katzenbach und D.S. Smith untersuchen in ihrem Buch »Teams« (2003) (amerikanisch: The Wisdom of Teams) die Arbeit von Teams in verschiedenen Unternehmungen und leiten aus ihren Fallbeispielen Merkmale ab, die ihrer Beobachtung nach gute Teamarbeit kennzeichnen. Ausgehend von diesen Merkmalen führen sie Fragen an, die als Checkliste für die Optimierung von Teams gelten können und die wir deshalb gerne abschließend anfügen.

Merkmale guter Teamarbeit und Fragen zur Analyse

1. Gruppengröße und -kommunikation
- → Kann die Gruppe sich leicht und oft versammeln?
- → Können Sie mit allen Mitgliedern leicht und häufig kommunizieren?
- → Sind die Diskussionen offen und können sich alle Mitglieder daran beteiligen?
- → Versteht jedes Mitglied die Rollen und Fähigkeiten der anderen?
- → Benötigt Ihre Gruppe mehr Mitglieder, um ihre Ziele zu erreichen?
- → Sind Subteams möglich oder nötig?

2. Adäquates Niveau einander ergänzender Fähigkeiten
- → Sind alle drei Fähigkeitsbereiche tatsächlich oder potenziell im Team vorhanden? (funktional/technisch, Problemlösung/Entscheidungsfindung, Umgang miteinander)
- → Verfügt jedes Mitglied in allen drei Bereichen über genügend Potenzial, um seine Fähigkeiten bis zu dem Niveau zu entwickeln, das der Existenzzweck des Teams und der Arbeitseinsatz erfordern?
- → Sind irgendwelche der für die Teamleistung erforderlichen Fähigkeiten nicht oder nicht ausreichend vorhanden?
- → Sind die Mitglieder einzeln und gemeinsam gewillt, die erforderliche Zeit zu investieren, um sich selbst und den anderen dabei zu helfen, die nötigen Fähigkeiten zu erlernen und weiterzuentwickeln?
- → Sind Sie imstande, bei Bedarf neue oder zusätzliche Fähigkeiten hinzuzufügen?

3. Wirklich sinnvolle Zielsetzung
- → Stellt sie eine weitreichende, über lediglich kurzfristige Ziele hinausgehende Ambition dar?
- → Ist sie eine Teamzielsetzung im Gegensatz zu einer für die Gesamtorganisation geltenden oder einer nur individuellen Zielsetzung (zum Beispiel der Führungsperson)?
- → Verstehen und beschreiben alle Mitglieder sie gleich? Und tun sie dies, ohne auf verschwommene Abstraktionen zurückzugreifen?
- → Verfechten die Mitglieder sie in Diskussionen mit Außenstehenden entschieden?
- → Nehmen die Mitglieder häufig Bezug darauf und erläutern ihre Implikationen?
- → Enthält die Zielsetzung Aspekte, die besonders sinnvermittelnd und bedeutungsvoll sind?
- → Haben die Mitglieder das Gefühl, der Zweck sei wichtig oder sogar mitreißend?

4. Spezifisches Ziel oder Ziele
- → Sind die Ziele klar definiert, einfach und messbar? Sofern sie nicht messbar sind: Kann ihre Erfüllung überprüft werden?
- → Sind sie realistisch und zugleich anspruchsvoll? Ermöglichen sie »Teilsiege«?
- → Verlangen sie eine Reihe konkreter Team-Arbeitsprodukte?
- → Sind ihre jeweilige Bedeutung und Priorität allen Teammitgliedern klar?
- → Sind alle Teammitglieder einverstanden mit den Zielen, mit ihrer relativen Bedeutung und mit der Art und Weise, in der ihre Verwirklichung gemessen wird?
- → Drücken alle Mitglieder die Ziele auf dieselbe Art und Weise aus?

5. Klarer Arbeitsansatz
- → Ist der Ansatz klar und konkret, wird er von allen Beteiligten verstanden und geteilt? Wird er dazu führen, dass die gesteckten Ziele erreicht werden?
- → Nutzt und stärkt er die Fähigkeiten aller Mitglieder optimal? Deckt er sich mit den anderen Anforderungen an die Mitglieder?

> → Verlangt er von allen Mitgliedern, echte Arbeit zu gleichen Teilen beizutragen?
> → Ermöglicht er offene Interaktion, sachliche Problemlösung und ergebnisorientierte Bewertung?
> → Ermöglicht er Modifikationen und Nachbesserungen im Laufe der Zeit?
> → Werden systematisch neue Anregungen und Perspektiven gesucht und aufgenommen?
>
> **6. Gefühl wechselseitiger Verantwortlichkeit**
> → Sind die Mitglieder individuell und gemeinsam verantwortlich für Existenzzweck, -ziele, Ansatz und Arbeitsergebnisse des Teams?
> → Können sie die Fortschritte an den spezifischen Zielen messen und tun sie es?
> → Fühlen sich alle Mitglieder für alle Maßnahmen verantwortlich?
> → Sind sich die Mitglieder darüber im Klaren, wofür sie individuell und wofür sie gemeinsam verantwortlich sind?
> → Herrscht die Einschätzung vor, dass alle Beteiligten »nur als Team scheitern können«?
> (Aus: Katzenbach/Smith 2003, S. 92–93)

Als Teams mit hoher Autonomie gelten Projektgruppen. Für ihre Entwicklung und die Selbststeuerung ihrer Arbeit kommt im Projektmanagement ein ausdifferenziertes Instrumentarium zum Einsatz, das im nächsten Abschnitt vorgestellt werden soll. Zunächst aber noch als Abschluss ein Fragenbogen, mit dessen Hilfe Sie feststellen können, ob Sie ein guter Teamleiter sind.

Übung: Sind Sie ein guter Teamleiter?

Kreuzen Sie für jede Frage Ihre Selbsteinschätzung an:

| 1 | trifft nicht zu | 2 | trifft selten zu | 3 | trifft oft zu | 4 | trifft meistens zu |

Frage	1	2	3	4
Teile ich meine Meinungen und Ideen offen mit?	□	□	□	□
Verzichte ich auf Konkurrenzdenken?	□	□	□	□
Bin ich offen für anderen Meinungen?	□	□	□	□
Achte ich darauf, dass jeder Mitarbeiter seine Meinung aussprechen kann?	□	□	□	□
Bin ich zu allen fair?	□	□	□	□
Bin ich stressstabil?	□	□	□	□
Verzichte ich auf Kritik gegenüber Abwesenden?	□	□	□	□
Denke ich positiv und strahle Zuversicht aus?	□	□	□	□
Reagiere ich überlegt?	□	□	□	□
Pflege ich regelmäßigen Kontakt zu allen Mitgliedern meines Teams?	□	□	□	□
Kann ich das Team für neue Ziele begeistern?	□	□	□	□
Denke ich zukunftsorientiert?	□	□	□	□
Besitze ich und handle nach festen Wertvorstellungen?	□	□	□	□
Beteilige ich mich aktiv an der Arbeit im Team?	□	□	□	□
Fokussiere ich das Team auf die Kunden, den Beitrag nach außen?	□	□	□	□
Sorge ich für gute Kommunikation mit anderen Teams der Organisation?	□	□	□	□

Ergebnis

16–32 Punkte
Sie wissen noch nicht richtig, welche Rolle Sie im Team spielen sollen. Trainieren Sie Ihre Fähigkeiten sorgfältig.

33–44 Punkte
Sie zählen zu den guten Teammitgliedern. Doch Sie sollten Ihre Teamleiterfähigkeiten regelmäßig überprüfen.

49–64 Punkte
Sie haben gute Voraussetzungen zum Teamleiter und werden auch als solcher akzeptiert.

Projektmanagement als Führungsaufgabe

Projekte und Projektmanagement sind heute in vielen Organisationen eine Selbstverständlichkeit. Projekte sind dort angebracht, wo die Improvisation zur effektiven Erledigung einer Aufgabe nicht mehr ausreicht, es sich jedoch auch nicht um eine auf Dauer angelegte Routineaufgabe handelt, die einer Organisationseinheit übertragen werden kann. Die folgende Darstellung macht die Unterscheidung von Improvisation, Projekt und Routineaufgabe grafisch deutlich.

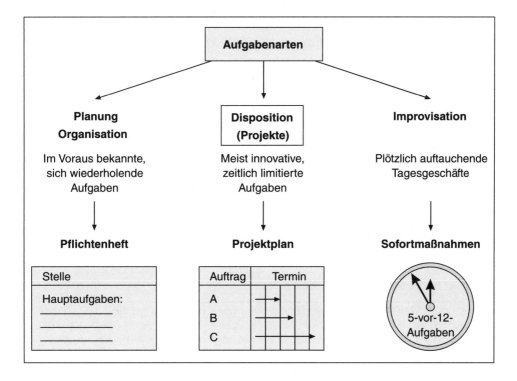

Eine Führungskraft sollte fähig sein, zu erkennen, wann eine Aufgabe als Projekt organisiert werden soll. Sie soll klare und durchführbare Projektaufträge erteilen und in der Lage sein, auch selbst in Projekten als Teammitglied oder Leiter wirkungsvoll mitzuarbeiten.

Wann machen wir Projekte?

Ein Beispiel soll Ihnen verdeutlichen, welche Aufgaben in Projektform abgewickelt werden sollten:

↗ Beispiel

Sie arbeiten in der Marketingabteilung einer Firma, die Kraftwerke baut. Ihr Chef hat Sie gebeten, eine Studienreise nach China vorzubereiten. Es sollen auch Lieferanten mitkommen. Vor Ort sind Firmenbesuche, Besichtigungen und Sondierungsgespräche mit möglichen Partnern vorgesehen. Die Veranstaltung kostet eine Menge, und es steht viel auf dem Spiel!

Wie werden Sie die Aufgabe angehen? Sie können sie natürlich mit Mut und Improvisationsfähigkeit angehen – allerdings stellt sich die Frage, ob das reicht. Es scheint eher ein Fall für Projektmanagement zu sein! Eine Aufgabe sollte dann als Projekt abgewickelt werden, wenn es darum geht:

→ eine *zeitlich befristete, einmalige Aufgabe* zu lösen; nach der Realisierung löst sich das Projektteam auf;
→ ein *vorgegebenes Ziel* zu erreichen; Vorhaben, bei denen Ziele nicht präzisiert werden können, eignen sich nicht für Projektmanagement;
→ mit *begrenzten Ressourcen* auskommen zu müssen; Budget und Personalkapazitäten werden zu Beginn festgelegt;
→ *interdisziplinär zusammenzuarbeiten*; etwa ein Team von Spezialisten aus unterschiedlichen organisatorischen Einheiten;
→ eine *Vielzahl von Aktivitäten* zu koordinieren und diese vorausschauend aufeinander abzustimmen.

Daraus können wir folgende Definition von ableiten:

Projekt und Projektmanagement

Unter Projekt verstehen wir die Lösung beziehungsweise Umsetzung von zeitlich begrenzten, abteilungsübergreifenden Aufgaben mithilfe eines Teams. Dabei werden spezielle Organisationsformen (Projektorganisation) und Vorgehensweisen (Projektmanagement) angewendet.

Projektmanagement ist die Planung, Steuerung, Koordination und Überwachung des Projekts. Es gibt eine Reihe von Werkzeugen und Vorgehensweisen für die Projektarbeit, die wir Ihnen im Folgenden vorstellen. Projektarbeit spielt sich immer auf zwei Ebenen ab:
→ Auf der *Sachebene* geht es um Ziele und Ergebnisse, um systematisches Vorgehen, um die Strukturierung des Projektes und um den richtigen Einsatz von Methoden und Instrumenten;
→ Auf der *psychosozialen Ebene* geht es um Teambildung, Kooperation und Konfliktlösung, um fach- und bereichsübergreifende Kommunikation und wechselseitige Akzeptanz.

Grundprinzipien der Projektabwicklung

Für die systematische Abwicklung von Projekten hat sich Folgendes bewährt:

→ *Strukturierung in vier Lebensphasen.* Die meisten Projekte können in folgende Phasen gegliedert werden: Initiierung und Definition, Planung, Ausarbeitung und Realisierung sowie Projektabschluss.
→ *Vom Groben zum Detail als Arbeitsprinzip.* Häufig wird schon bei Projektbeginn an der Lösung gearbeitet und alles bereits durchgeplant. Das führt oft zu Enttäuschungen, weil die Planung nicht hält. Ein Projekt muss ähnlich wie ein Werkstück zuerst grob bearbeitet und dann Schritt für Schritt verfeinert werden, bis es fertig ist.
→ *Den Problemlösungszyklus anwenden.* Der Problemlösungszyklus beschreibt die Schrittfolge, wie Sie Ihr Ziel erreichen können. Die fünf Schritte sind: Situationsanalyse – Zielsetzung – Lösungssuche – Lösungsauswahl – Entscheidung. Der Problemlösungszyklus ist ein sich wiederholender Prozess, der in jeder Lebensphase neu durchlaufen wird.

Wir gehen nun mit Ihnen die Strukturierung eines Projektes nach den vier Lebensphasen detailliert durch. Zur Illustration verwenden wir das eingangs angeführte Beispiel der Studienreise nach China.

Die vier Phasen im Projektablauf

Phase 1: Initiierung und Definition
Phase 2: Planung von Arbeitsschritten, Ablauf und Terminen
Phase 3: Durchführung des Projekts
Phase 4: Projektabnahme und Abschluss

Phase 1: Initiierung und Definition

Projekte können durch das Management oder auch durch Mitarbeiter angeregt werden. Die Ziele und Rahmenbedingungen werden grob beschrieben, und ein Projektleiter wird gesucht. Dem Projektleiter obliegt es dann (wenn erforderlich, in Absprache mit dem Auftraggeber und anderen Personen), die Ziele zu konkretisieren und die Rahmenbedingungen zu klären. Folgende Punkte sollten beantwortet werden:

→ Was soll erreicht werden (Projektziele)?
→ Welche Mitarbeiter sind einzubeziehen (Projektteam)?

→ Wie soll vorgegangen werden?
→ Abschätzen von Kosten, Zeitbedarf, Terminen und allen Rahmenbedingungen.
→ Durchführen von weiteren Vorerhebungen, falls erforderlich.

Das Ergebnis dieser Phase wird oft in einem Projektauftrag schriftlich festgehalten und von der verantwortlichen Führungskraft unterschrieben (s. Checkliste).

Checkliste Projektauftrag

Projektbenennung:

Projektleiter:

Zielsetzung:

Problemstellung:

Vorgehensweise und Zwischenergebnisse:

Budget und Kosen:

Randbedingungen:

Termine, Meilensteine:

_____   _____
Unterschrift Auftraggeber   Unterschrift Projektleiter

Phase 2: Planung von Arbeitsschritten, Ablauf und Terminen

In dieser Phase formiert sich das Team. Projektleiter und Team planen gemeinsam den Ablauf des Projektes im Detail. Dabei sind folgende Punkte zu beachten:

→ Startmeeting durchführen, Teambildung fördern.
→ Ziele gemeinsam formulieren (siehe Zielformulierung).
→ Festlegen der Aufgabenpakete und der Verantwortung dafür (siehe Projektstrukturplan).
→ Planung der erforderlichen Ressourcen (Zeit, Geld, Sachmittel).
→ Ablauf- und Zeitplanung (siehe Terminplan).

Nun wenden wir uns den Arbeitsmethoden der Phase zwei im Detail zu.

Zielformulierung gemeinsam erarbeiten. Drei Ziele bestimmen ein Projekt:

→ Art und Qualität des Ergebnisses,
→ Terminziele und
→ Kostenziele, Ressourcenziele.

Diese drei Ziele bilden das magische Dreieck des Projektmanagements. Der Projektleiter ist gleichzeitig der Zielmanager. Er muss im Dialog mit dem Auftraggeber und dem Projektteam gute Ziele entwickeln und diese gegebenenfalls im Projektverlauf neuen Erkenntnissen anpassen.

> ↗ Beispiel
>
> Im Beispiel Studienreise könnten die Ziele sein:
> *Ergebnisziel:* Alle Informationen für die Entscheidung über eine Firmengründung in China sind erhoben und aufbereitet.
> *Terminziel:* Innerhalb von vier Monaten ist die Studienreise durchgeführt, nach weiteren zwei Wochen liegt der Auswertungsbericht dem Vorstand vor.
> *Kostenziele:* Das Projektbudget von 50.000 Euro ist einzuhalten. Der interne Ressourcenbedarf darf drei Monate nicht überschreiten.

Weitere Tipps für Ihre Zielformulierung: Formulieren und überprüfen Sie Ziele mithilfe des Akronyms **SMART**; das heißt, ein Ziel soll **s**pezifisch; **m**essbar; **a**ttraktiv; **r**ealisierbar; **t**erminbezogen sein.

Es kann auch hilfreich sein, zwischen Musszielen und Kannzielen zu unterscheiden. Zur Abgrenzung dessen, was Sie keinesfalls wollen, können Nichtziele formuliert werden.

Den Projektstrukturplan erstellen. Der Projektstrukturplan (PSP) stellt die Aufgaben eines (Teil-)Projektes in systematischer und hierarchischer Gliederung dar. Er beschreibt, was zu tun ist, und umfasst:

→ die Hauptaufgabe,
→ die Teilaufgaben,
→ die Arbeitspakete (detailliert beschriebene Tätigkeiten für einzelne Projektmitarbeiter).

Der Projektstrukturplan ist auch die Basis für die folgende Zeit- und Kostenplanung. Mit folgenden Fragen können Sie den Projektstrukturplan auf Vollständigkeit und Durchführbarkeit des Projektes prüfen:

→ Führt die Bearbeitung aller Arbeitspakete zum fertigen Projekt?
→ Ist jedes Arbeitspaket hinsichtlich zu erbringender Leistung, Kosten, Terminen und Bearbeiter eindeutig definiert?

Der Projektstrukturplan wird am Beginn nur grob sein, im Laufe der Projektbearbeitung wird seine Detaillierung zunehmen.

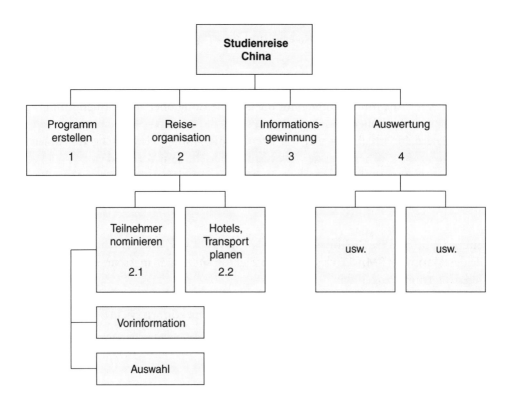

> **Beispiel**
>
> Wenden wir uns wieder unserem Beispiel »Studienreise« zu: Hauptaufgabe ist die Durchführung der Studienreise insgesamt.
>
> Teilaufgaben könnten sein: Programm erstellen, Reiseorganisation, Informationsgewinnung vor Ort und Auswertung. Jede dieser Teilaufgaben kann wieder in Arbeitspakete untergliedert werden. Wir haben das hier nur für die Teilaufgabe 2 getan. Daraus können wir nun einen grafischen Projektstrukturplan erstellen, der uns die Planung in übersichtlicher Form zeigt.

Den Terminplan erstellen. Nachdem Sie festgelegt haben, welche Teilaufgaben beziehungsweise welche (detaillierten) Arbeitspakete im Rahmen des Projektes erledigt werden müssen, können Sie nun die zeitliche Abfolge der Aktivitäten bestimmen. Der Terminplan gibt Auskunft, wann von wem welche Arbeitsergebnisse vorliegen müssen. Sie ermitteln für jedes Arbeitspaket:

→ den Verantwortlichen und eventuelle Beteiligte,
→ den Anfangs- und Endtermin sowie den Zeitbedarf.

Diese Daten tragen Sie in eine tabellarische Terminliste ein, oder Sie machen ein Balkendiagramm.

Nun können Sie auch überprüfen, ob bestimmte Aktivitäten parallel angegangen werden können, um Zeit zu sparen, ob die personelle Kapazität des Projektteams ausreicht, wann Arbeitsspitzen auftreten, und anderes mehr.

Am Beispiel der Studienreise nach China finden Sie nachfolgend eine Terminliste und als Alternative einen Termin-Balkenplan.

Nr. im PSP	Arbeitspaket/ Tätigkeit	Verantwortlich	Mitarbeiter von	Dauer (Tage)	Start am	Ende am
1	Programm planen	Müller	Wagner	2	15.1	25.1
2.1	Teilnehmer akquirieren	Wagner	Hofer	5	15.1	30.3
2.2	Hotels und Transport planen	Wagner	–	3	26.1	30.3
	usw. …					
	…………					
	…………					
	…………					

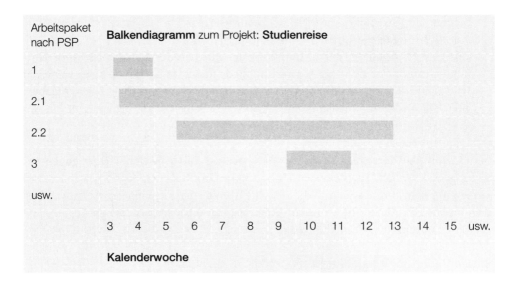

Wir haben nun die Projektplanung abgeschlossen und wenden uns der Phase drei, der Durchführung, zu.

Phase 3: Durchführung des Projektes

Hierbei handelt es sich um die Hauptphase des Projektes. Es geht darum, dem Auftraggeber die Ergebnisse zu liefern, die vereinbart wurden. Bei einem Projekt, dessen Ergebnis ein Konzept, ein Vorschlag ist, werden die Ergebnisse Informationen, Entscheidungsgrundlagen, Empfehlungen sein, bei einem Projekt, dessen Ergebnis eine betriebsbereite Anlage (zum Beispiel ein Kraftwerk) ist, werden die Ergebnisse Gebäude, Maschinen, Software sowie Einschulung und Inbetriebnahme sein. Die Methoden, die in dieser Phase zum Einsatz kommen, sind stark von Art und Größe des Projekts abhängig. Sie reichen von Planungswerkzeugen, Fachgutachten, Problemlösungsworkshops bis zu technischen Entwicklungswerkzeugen und Methoden (etwa Erstellen einer elektronischen Steuerung mit zugehöriger Hard- und Software).

Jetzt zeigen sich die Qualität der Planung und die Arbeitsfähigkeit des Teams. Folgende Themen sind in dieser Phase wichtig:

→ Abarbeiten der Arbeitspakete.
→ Projektcontrolling (Fortschritt, Zeit, Kosten).
→ Meetings des Projektteams zur Abstimmung von Teilergebnissen.
→ Meilensteinmeetings mit dem Auftraggeber.
→ Information und Projektmarketing.

Wenden wir uns wieder dem Beispiel Studienreise zu:

> **Beispiel:** Die einzelnen Arbeitspakete werden nun bearbeitet. Die Programmplanung und die Reiseplanung erfordern keine außergewöhnlichen Hilfsmittel. Die Informationsgewinnung in China vor Ort wird hingegen schon schwieriger sein: Als Methoden kommen Interviews, Gruppengespräche und Dokumentenstudium in Betracht. Zweisprachige Leitfäden für die Gespräche werden eingesetzt, Die Dolmetscher müssen mit den Themen und Fachtermini vertraut gemacht werden usw. Für die Auswertung als letzten Schritt könnten Sie die Protokollierung der Einzelgespräche (schriftlich oder mit Diktiergerät), Präsentationen der einzelnen Reiseteilnehmer im Rahmen eines Workshops usw. vorsehen. Die Auswertung ist abgeschlossen, wenn alles, was der Auftraggeber für seine Entscheidung zur Firmengründung in China benötigt, sachlich richtig und nachvollziehbar dargestellt ist.

Phase 4: Projektabnahme und Abschluss

Nach getaner Projektarbeit ist nun der Projektabschluss an der Reihe. Ist das Projektergebnis ein Konzept, werden die Projektergebnisse präsentiert, Entscheidungen getroffen und die Umsetzung in Angriff genommen. Themenbereiche sind:

→ Abschlusspräsentation, Entscheidung über die Umsetzung.
→ Dokumentation der Ergebnisse.
→ Schlussbesprechung des Teams und Auflösung der Projektgruppe.

Ist das Projektergebnis ein installiertes Kraftwerk, eine Firmengründung, die Durchführung eine Produktmesse usw., werden die Auswertung, die Dokumentation und der Abschluss entsprechend anders aussehen.

> **Beispiel:** Dem Vorstand wurde eine Entscheidungsvorlage präsentiert. Die Dokumentation liegt vor, das Projektteam trifft sich zu einer Abschlussbesprechung, unser Projekt »Studienreise nach China« ist damit beendet.

Wir wenden uns nun abschließend noch einer grundsätzlichen Frage der Projektarbeit zu: Wie muss ein Projekt im Rahmen eines Unternehmens organisiert sein, damit Projektleiter und Projektteam effektiv und ergebnisorientiert arbeiten können?

Projektorganisation und Rollen im Projektmanagement

Um in Projekten wirklich professionell arbeiten zu können, wird eine für alle Beteiligten verständliche und möglichst durchschaubare Projektorganisation benötigt. Elemente der Projektorganisation sind:

- → Das *Projektteam* wird aus Mitarbeitern der Organisation für die geplante Projektdauer zusammengestellt. Diese sind für ihre Projektaufgabe nur dem Projektleiter verantwortlich. Zu Teilaspekten können Subarbeitsgruppen gebildet werden.
- → Der *Projektleiter* wird vom Auftraggeber ernannt. Er führt das Projekt, wie eine Führungskraft etwa eine Abteilung führt. Er beziehungsweise sie ist Motor, Steuerungszentrale und Seele des Projektes.
- → Der *Auftraggeber* ernennt den Projektleiter, gibt den (schriftlichen) Auftrag, stellt die Ressourcen bereit und fordert Ergebnisse ein.
- → Ein zusätzliches *Projektsteuerungsgremium* wird dann eingerichtet, wenn in einer Organisation mehrere Projekte gleichzeitig laufen oder wenn ein großes Projekt mit vielen Teilprojekten läuft (zum Beispiel gesamte EDV-Umstellung). Es wird mit ausgewählten Fach- und Führungskräften besetzt und entscheidet über Projektaufträge, setzt Prioritäten, koordiniert die Projekte untereinander und sorgt auch für die Durchsetzung der Ergebnisse.

Projektmanagement als Widerspruchsmanagement

Projekte bewegen sich meist in einem doppelten Spannungsfeld:

- → Im *Unternehmen* geraten Projektteams bei ihrer Arbeit oft in Konflikt mit der etablierten Hierarchie, weil die Projektorganisation ganz bewusst nicht der hierarchischen Logik folgt. Ein Beispiel: Ein Projektteam wird beauftragt, den chinesischen Markt zu erschließen, was von der Vertriebsabteilung als Angriff auf ihre ureigenste Aufgabe empfunden werden könnte. Projekte werden oft von den »Linienleuten« als Bedrohung aufgefasst, was dazu führen kann, dass etwa Abteilungen die Kooperation verweigern.
- → Zum *Umfeld* (Kunden, Lieferanten usw.) hin stehen Projekte oft unter großem Erfolgsdruck. Etwa wenn ein Entwicklungsteam eine neue Gerätegeneration im Wettlauf mit dem Konkurrenten als Erster »hervorbringen« soll.

Wenn es sich nicht um Alibiprojekte handelt, dann ist die Projektdurchführung fast immer mit Druck und Konflikten verbunden (Verteilung von Ressourcen und Chancen, Zeitaufwand von Mitarbeitern, Druck des Marktes usw.). Projektleiter müssen daher mit dem auftretenden Druck, mit Widersprüchen und Konflikten gut umgehen können.

Die nachstehende Grafik verdeutlicht nochmals die Spannungsfelder, in die Projektmanagement eingebettet ist und die es zu beachten gilt.

Tipps zur praktischen Projektarbeit

Zur Erleichterung Ihrer eigenen Projektarbeit fassen wir nochmals alle Tipps und Hinweise zur Projektpraxis in einer kompakten Übersicht zusammen.

Tipps zur praktischen Projektarbeit

Voraussetzungen für Projektarbeit:
- → Klarer Auftrag mit überprüfbaren Zielen.
- → Qualifizierter Projektleiter.
- → Ressourcen (Budget, Zeit).
- → Teamarbeit quer über organisatorische Einheiten hinweg.

Projektarbeit ist mehr als eine Arbeitsgruppe einsetzen!

Der Projektauftrag ist ein wichtiges Element jedes Projektes und enthält mindestens:
- → Konkrete Zielsetzung.
- → Budget.
- → Termine.
- → Projektleiter und -team.

Ohne schriftlichen Projektauftrag kein Projekt!

Das Projektteam macht durch die professionelle und engagierte Mitarbeit den Projekterfolg erst möglich. Zu seinen Aufgaben gehören:
- → Mitarbeit an der Planung.
- → Übernahme von Arbeitspaketen.
- → Kritische Prüfung aller Aktivitäten.

Das Projektteam ist somit der Know-how-Träger jedes Projektes!

Die Projektplanung erfolgt mit dem Team! Wesentliche Schritte sind:
- → Auflistung und Beschreibung der Arbeitspakete im Projektstrukturplan.
- → Festlegen der Bearbeitungsreihenfolge und Zeitplanung (Balkendiagramm).

Gute Planung ist der erste Schritt zum Projekterfolg!

Der Auftraggeber beauftragt das Projekt und stellt Ressourcen (Personal, Budget) bereit.
- → Er wählt den Projektleiter aus und stattet ihn mit Kompetenzen aus.
- → Er unterstützt den Projektfortgang, fordert Ergebnisse ein und setzt sie um.

Der Auftraggeber ist die Verbindung zwischen Projekt und Linienorganisation!

Der Projektleiter trägt die Verantwortung für das Projekt. seine Kompetenzen umfassen unter anderem:
- → Gestaltung der Projektplanung und Projektorganisation.
- → Führung des Projektteams und Konfliktlösung.
- → Projektcontrolling und -marketing.

Mit dem Projektleiter steht und fällt das Projekt!

Projektmarketing und Kommunikation schaffen die Akzeptanz des Projektes in der Organisation.
- → Kommunikation wird nicht dem Zufall überlassen, sondern planmäßig durchgeführt.
- → Wie ein Produkt muss auch ein Projekt professionell vermarktet werden!

Auftraggeber, Projektleiter und Projektteam sind für Projektkommunikation und -marketing verantwortlich!

Projektarbeit hilft uns, übergreifende Aufgaben effizient, sicher und erfolgreich im Team zu lösen.

Innovation in der Organisation verankern[3]

»Ich kannte einmal einen kleinen Jungen, der seinen Vater fragte: ›Wissen Väter immer mehr als Söhne?‹ Der Vater sagte: ›Ja.‹ Die nächste Frage war: ›Papi, wer hat die Dampfmaschine erfunden?‹ Der Vater sagte: ›James Watt.‹ Darauf der Sohn: ›Aber warum hat sie dann nicht James Watts Vater erfunden?‹«
Aus: Bateson, Gregory: Ökologie des Geistes. Metalog: Wie viel weißt du?

In Organisationen steckt ein hohes Potenzial zur Lösung komplexer Aufgabenstellungen, gleichzeitig bilden sich auch sehr wirksame Barrieren gegen Veränderung und Innovation aus. Oft wird die Organisation von den beteiligten Menschen als einengend erlebt. Die Kernfrage lautet: Wie können wir Organisationen als Orte von Wissen und Fähigkeiten und weniger kraftraubend gestalten? Innovation wird gerne mit »Technologie« gleichgesetzt, aber viele »Hightech«-Schmieden von gestern sind heute biedere Bürokratien ohne Innovationskraft. Das einmal vorhandene Veränderungspotenzial ging in der Regel nicht aus Desinteresse an Technologien verloren, sondern häufig gerade durch Verliebtheit in die eigene Technik und alte Erfolgsrezepte. Die Erkenntnis daraus ist, dass Erneuerungsfähigkeit auf Dauer nicht aus der Produkt- und Technologieentwicklung allein hervorgeht, sondern das Ergebnis einer guten Balance zwischen Innen- und Außenorientierung darstellt. Innovationen entstehen nur durch die Entwicklung der gesamten Organisation, ihrer »Selbstüberschreitung« in Richtung einer Nutzung neuer Möglichkeiten, beispielsweise

→ bei Produkten, Dienstleistungen und Systemen,
→ bei Verfahren, Prozessen und Strukturen,
→ bei neuen Strategien, Geschäftsmodellen und Vertriebskonzepten sowie
→ bei der Gestaltung sozialer Beziehungen innerhalb und außerhalb der Organisation.

Innovation lebt von kreativen Menschen, die in ihrer Organisation ausreichend Raum für ihre Ideen, ihr Engagement und ihren Mut bekommen.
    Im Rahmen einer zukunftsorientierten Organisationsentwicklung sind bewusst »Innovationsräume« zu schaffen. Sie müssen als unkomplizierte, legitime Spielfelder konzipiert sein, auf denen sich jedermann kreativ austoben kann, wo Ideen generiert und ausprobiert werden können.

---

3   Detaillierte Überlegungen zu diesem Thema finden Sie in Glatz/Steindl 2005.

Zur Überprüfung der Innovationsfreundlichkeit Ihrer Organisation können Sie folgende Fragen heranziehen:

Test: Wie innovationsfreundlich ist Ihr Unternehmen?

0 Punkte = trifft gar nicht zu, 5 Punkte = trifft voll zu.   Punkte 0–5

Innovation gehört zu unserem Alltag. Viele Mitarbeiter sehen die Entwicklung innovativer Produkte, Leistungen und Prozesse als wichtigen Teil ihres Jobs.

Führungskräfte ermuntern Mitarbeiter, erste Ideen weiterzuentwickeln. Innovative Mitarbeiter erhalten viel Anerkennung.

Für das Ausarbeiten und Entwickeln von Ideen werden Ressourcen zur Verfügung gestellt. (Arbeitszeit, Gesprächsrunden, Cash, …)

Entwicklung und Vertrieb arbeiten in enger Abstimmung. Unsere Entwicklung steht im intensiven Kundenkontakt.

Wir sprechen mit Kunden systematisch über deren Interessen, Pläne und künftige Problemstellungen. Wir arbeiten proaktiv an Lösungen für die Zukunft.

Menschen, die neue Ideen haben, nehmen mit uns Kontakt auf, weil sie hoffen, diese mit uns realisieren zu können. Wir haben das Image eines Innovationsführers.

Wir stellen vorzugsweise Mitarbeiter ein, die mit neuen Ideen und eigenständigen Vorstellungen zu uns kommen. Wir sind für unternehmerische Mitarbeiter attraktiv.

Wir pflegen Kontakte zu interessanten Persönlichkeiten und Institutionen auch über unser »eigentliches« Geschäft hinaus. Wir sind überzeugt, dass neue Geschäftsideen der Auseinandersetzung mit ungewöhnlichen Perspektiven entspringen.

Unsere Führungskräfte investieren selbst viel Zeit in die Entwicklung und Gestaltung der Zukunft. Sie gehen nicht im Tagesgeschäft, in Verwaltung und Kontrolle auf.

Wir gehen aktiv auf die Mitarbeiter bei Verbesserung und Erneuerung von Prozessen, Produkten und Services zu. Wir involvieren viele Mitarbeiter in Innovationsprozesse, weil wir sicher sind, dass sie wesentliche Impulse einbringen werden.

Wir passen unsere Organisation häufig Leistungs- und Kundenerfordernissen an. Die Mitarbeiter betrachten dies als selbstverständlich und reagieren nicht verunsichert.

Unsere Kommunikation ist direkt, offen und fair. Wir pflegen den Dialog vor allem mit Blick auf neue Chancen und Lösungen.

Wir haben über unsere künftige Entwicklung ein klares Bild. Unsere Strategieentwicklung läuft systematisch, transparent im Dialog. Die Ergebnisse sind für unser Handeln unmittelbar relevant.

Wir haben eine Reihe von Methoden im Unternehmen entwickelt, die das Bewusstsein und die Möglichkeiten zur Innovation fördern. Diese Methoden werden intensiv genutzt und liefern hohen Output.

Wir haben Freude an unserer Arbeit, die Energie ist hoch und unsere Ergebnisse stimmen.

Auswertung:
0–25 Punkte: Die Organisation hat erheblichen Nachholbedarf.
25–50 Punkte: Gute Ansätze sind vorhanden, die es zu stärken gilt.
50–75 Punkte: Der Innovationsgeist im Unternehmen ist deutlich spürbar.

Damit eine Organisation innovativ werden kann, müssen die in ihr tätigen Menschen als Kompetenzträger, als Personen mit einem spezifischen Wissen und bestimmten Fähigkeiten, ihre Kompetenzen innerhalb der Organisation entfalten können. Diese Erkenntnis bedeutet vor allem eine Umorientierung für das Management. Es muss nämlich zur Kenntnis nehmen, dass es nicht mehr allein über das in der Organisation erforderliche Wissen verfügt, sondern dass das relevante Wissen auf die einzelnen Beschäftigten, Teams, Kooperationspartner und externe Stellen verteilt ist. Die Zusammenführung, Weiterentwicklung und Nutzung dieses verteilten Wissens ist Gegenstand des Wissensmanagements.

Wissensmanagement – der Versuch, als Organisation klug zu werden

Spätestens seit der Studie von Daniel Bell »The Coming of Post-Industrial Society. A Venture in Social Forecasting« (1973) ist anerkannt, dass Wissen die wichtigste Ressource der postindustriellen Gesellschaft darstellt und die Faktoren Arbeit, Rohstoffe und Kapital in ihrer zentralen Bedeutung abgelöst hat. Diese Sichtweise mag sich heute, in Zeiten hoher Dauerarbeitslosigkeit und verknappter Rohstoffe, etwas relativiert haben, aber Tatsache ist, dass der Wissensanteil an Dienstleistungen und Produkten immer höher wird, man denke nur an die Programme, die selbst einfache Küchengeräte ausführen, oder die Paketlösungen, die mit einem Produkt verknüpft werden und von der Finanzierung, dem Service bis zur Entsorgung eine Reihe intelligenter Dienstleistungen beinhalten. Nun ist zwar anzumerken, dass dem Wissen schon früher als sogenanntem »dispositivem Faktor« (Gutenberg) oder im Bereich der Forschung und Entwicklung (F&E) Bedeutung eingeräumt worden ist, aber mittlerweile wird es als entscheidender Wettbewerbsvorteil, ja als Bedingung für das längerfristige Überleben von Unternehmen schlechthin angesehen, und es werden mannigfaltige Bemühungen angestellt, Wissen systematisch zu vermehren und organisatorisch zu nutzen.

Nun sind Wissenserwerb und Wissensnutzung ursprünglich jedoch individuelle Kompetenzen, und die Vorstellung, diese Leistungen direkt und ungebrochen auf Organisationen zu übertragen, ist problematisch. Zu berücksichtigen ist, dass sich das Wissen in den Köpfen der einzelnen Mitarbeiter befindet und nicht automatisch davon ausgegangen werden kann, dass es kommuniziert wird – was allerdings die Voraussetzung dafür wäre, dass Wissen organisationsrelevant wird.

> **Beispiel**
> Ein bekanntes Beispiel dafür, dass es nicht immer im Interesse der Betroffenen ist, berufliches Wissen zu kommunizieren, ist die Zunft der Diamantenschleifer. Ihre Angehörigen sehen ihre Arbeit als Kunst und als Ergebnis langjähriger Erfahrung an. Sie arbeiten mit wertvollem Material, und haben sie erst einmal den Status international bekannter Experten, genießen sie ein hohes Ansehen und erhalten auch ein hohes Einkommen. Die Weitergabe ihres Wissens bedeutet aus ihrer Sicht, dass sie sich selbst ihre Konkurrenz schaffen und damit ihre eigene Stellung gefährden.

Wir kennen auch Beispiele für Organisationen, in denen sich viele Wissende tummeln, die selbst aber als »dumm« anzusehen sind. Dieser scheinbare Widerspruch ist etwa an Universitäten zu beobachten. Ihre Angehörigen zählen zur geistigen Elite, aber dennoch erweist sich ihre Organisation angesichts dessen, dass der gesellschaftliche Wandel auch vor dem Universitätsideal alter humboldtscher Prägung nicht haltgemacht hat, als erstaunlich veränderungsresistent.

Im Zusammenhang mit der Forderung nach Kommunikation von Wissen im organisatorischen Umfeld werden noch weitere Ablehnungsmotive gesehen. Dirk Baecker sieht heikle Asymmetrien entstehen: »Jede Wissenskommunikation erhebt einen Wissensanspruch, der andere in die mehr oder weniger unangenehme Situation bringt, sich mit ihrem Wissen für Nichtwissende oder auch nur: Nichtrichtigwissende halten zu müssen« (Baecker 1999, S. 78). Unter diesen Umständen ist es durchaus nicht selbstverständlich, dass individuelles Wissen in Organisationen vergemeinschaftet wird.

Festzuhalten bleibt, dass die Kommunikation von Wissen in einem heiklen Zusammenspiel zwischen Individuen und Organisation stattfindet. Wissen kann nicht gemanagt werden wie jede andere Ressource, und deshalb ist es auch nicht ausreichend, im Wissensmanagement ausschließlich auf technische Lösungen, zum Beispiel die Einrichtung einer Wissensdatenbank, zu setzen und zu erwarten, dass damit auch die Frage des Austauschs von Wissen beantwortet ist. Personen können nicht gezwungen werden, mit eigenem oder fremdem Wissen in einer bestimmten, von oben her verordneten Form umzugehen. Wer Wissensmanagement etablieren möchte, wird daher zuallererst einen Kulturwandel einleiten müssen, in dessen Verlauf Mitarbeiter dazu motiviert werden, ihr eigenes Wissen anzubieten und fremdes Wissen aufzugreifen und zu nutzen. Wenn diese Motivation vorhanden ist und Wissen ausgetauscht wird, besteht die Chance, dass Organisationen intelligenter werden als die Summe ihrer Mitglieder und Leistungen vollbringen, die kein Einziger ihrer Experten allein schaffen könnte.

Motivation, an Prozessen des Wissensmanagements teilzunehmen, entsteht, wenn

→ diejenigen, die Wissen abgeben, auch einen Nutzen davon haben, indem sie vor allem im Austauschprozess mehr Wissen erhalten, als sie abgegeben haben;

- → die Führung Wissenserwerb und -nutzung in das Organisationsleben integriert;
- → die von Wissen ausgehende Irritation in einer guten Balance zur Arbeitsroutine steht;
- → Wissensmanagement wahrnehmbar zur Steigerung der Innovationsfähigkeit des Unternehmens beiträgt;
- → eine Kultur der Fehlerfreundlichkeit vorhanden ist – weil das Lernen aus Fehlern eine wichtige Wissensquelle darstellt;
- → Nichtwissen keiner Abwertung unterliegt, weil in diesem Fall komplementär auch eine negative Beziehung zu Wissen entstehen kann;
- → neben Strukturen für Wissensprozesse auch Freiräume für ungerichtetes Lernen vorhanden sind.

Das Entstehen von kollektivem Wissen ist die Voraussetzung dafür, dass eine Organisation auch lernt, aber zur Einführung von Wissensmanagement ist eine Reihe weiterer wichtiger Fragen zu beantworten: Wie geschieht die notwendige Unterscheidung von relevanten und irrelevanten Informationen beziehungsweise Wissen? Um der allseits beklagten Informationsflut und möglichen Überforderungen durch Wissensprozesse zu begegnen, wird es notwendig sein, zu überprüfen, »wozu das vorhandene Wissen dient und welche Wissensziele noch zur strategischen Ausrichtung der Organisation passen« (Willke 2004, S. 111).

Wie entstehen aus Information Wissen und Handeln? Informationen sind über Datenverarbeitungssysteme rasch zu Verfügung zu stellen, aber Wissensmanagement hat dafür zu sorgen, dass der für Wissen kennzeichnende Zusammenhang von Theorie und Praxis und vor allem die Bereitschaft zum Umsetzen entstehen.

Wie erfolgt das angesichts verkürzter Halbwertszeiten von Wissen (beruflichem Fachwissen wird eine Gültigkeitsdauer von fünf Jahren zugeschrieben) notwendige Entlernen? Wissen aufzugeben ist schmerzhaft, weil es auch als Bestandteil der Identität von Personen und sozialen Systemen anzusehen ist.

Schritte der Einführung von Wissensmanagement

Generell geht es bei der Einführung von Wissensmanagement darum, vorhandenes Wissen zu identifizieren, im Fluss des operativen Geschehens periodische Schleifen einer Selbstreflexion einzubauen und ausgehend von der Unternehmensstrategie Wissensziele zu formulieren.

Jede Einführung von Wissensmanagement setzt voraus, dass die Entscheidungsträger die Frage, wozu der Aufwand notwendig ist, positiv beantworten können. Es muss auch unter allen beteiligten Organisationsangehörigen Einigkeit darüber herrschen, dass Wissensmanagement die Antwort auf zentrale Problemstellungen darstellt.

In einer *Diagnose der Ausgangssituation* wird beschrieben, welche Art des Wissens in der Organisation von Bedeutung ist, wie bisher mit Wissen umgegangen wurde und wo Ansatzpunkte für Maßnahmen eines Wissensmanagements sind.

Wichtige Fragen dazu sind:

→ Welches Wissen ist an welchen Stellen angesiedelt?
→ Welcher Art ist dieses Wissen? Handelt es sich um implizites, einzelnen Personen zuzuordnendes Wissen, oder gibt es explizites, allen zugängliches Wissen?
→ Entsteht neues Wissen zufällig oder in gezielter Form?
→ Gibt es »blinde Flecken« oder strukturelle Hindernisse für Wissenserwerb und -austausch in der Organisation?
→ Was sind zentrale, den Kernkompetenzen zuzuordnende Wissensbestände?
→ Wie wird Wissen über das relevante Umfeld und die Stakeholder eingeholt und intern verarbeitet?
→ Welche Formen/Medien der Vermittlung von Wissen werden genutzt?

Existiert in der Organisation ein vergemeinschaftetes Bild der Stärken und Schwächen im Umgang mit Wissen, kann in einem nächsten Schritt geklärt werden, was gelernt werden soll und in welcher Form das geschehen soll. Für die Klärung dieser Fragen stellen Probst, Raub und Romhardt (2006) ein Konzept vor, das sechs Kernprozesse unterscheidet. Diese Prozesse werden in einer Abfolge von Phasen angeordnet und durch das Bestimmen von Wissenszielen und das Durchführen einer Wissensbewertung in einen Managementregelkreis eingebettet.

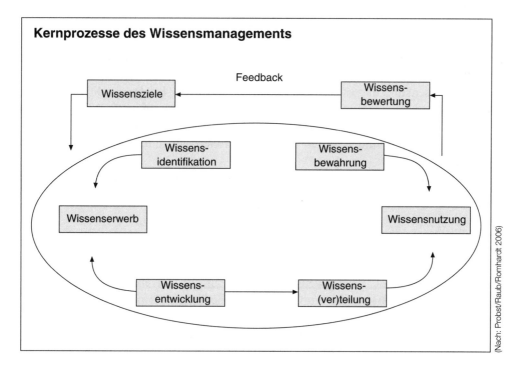

Das Festlegen der Wissensziele. Wissensziele sind grundsätzlich von den Unternehmenszielen abzuleiten. Hier gilt es mehrere Ebenen zu unterscheiden. Strategische Wissensziele enthalten Entwicklungsrichtungen und geben Auskunft über den Bedarf an künftig notwendigen Kompetenzen. Operationale Wissensziele sind von den laufenden Geschäftsprozessen abgeleitet. Sie bewirken ein Lernen in und für die Praxis. Sind diese Wissensziele über Feedbackprozesse in Verbindung, erfolgt nicht nur ein Controlling der Wissensarbeit im operativen Geschehen, sondern auch ein Lernen für strategische Entscheidungen.

Zu den Kernprozesse gehören folgende:

→ Die **Wissensidentifikation** führt zur Feststellung vorhandener Wissensbestände und zur Lokalisierung der internen und externen Wissensquellen. Ausgehend von den Wissenszielen erfolgt eine Bewertung, und das Wissensmanagement übernimmt die Aufgabe, für die notwendige Transparenz des identifizierten Wissens zu sorgen.
→ Der **Wissenserwerb** regelt die Nutzung der internen und externen Wissensquellen und bestimmt die dafür erforderlichen Instrumente.
→ Die **Wissensentwicklung** soll den Ausbau der Kernkompetenzen unterstützen und hat die Verbesserung von Geschäftsprozessen, die Entwicklung neuer Produkte und Fähigkeiten und überhaupt den konstruktiven Umgang mit neuen Ideen zum Ziel.
→ Die **Wissens(ver)teilung** geht von der Erkenntnis aus, dass Wissen durch Teilen nicht weniger, sondern mehr wird. Es geht also um das Installieren interaktiver Formen des Erfahrungs- und Wissensaustausches und die Auswahl geeigneter Medien.
→ Die **Wissensnutzung** ist ein wesentliches Kriterium für Erfolg oder Misserfolg des Wissensmanagements. Sie ist daher Gegenstand einer Regelung. D. Baecker (1999, S. 93) schlägt in diesem Zusammenhang vor, Entscheidungen jeweils an Wissensbegründung zu binden, sodass auf diese Art Geschäft und Wissensnutzung eine Einheit bilden.
→ **Wissensbewahrung** hat die Dokumentation und ständige Aktualisierung von wichtigen Wissensbeständen zum Thema.

Helmut Willke (2004) sieht Wissensmanagement als eigenen Geschäftsprozess einer Organisation, fordert jedoch, dass es sich nahtlos in das allgemeine Management einfügt. Er schlägt ein systemisch fundiertes Modell vor, das ergänzend zum Prozess des Wissensmanagements einen zweiten Kreislauf einführt, der eine Überprüfung und Ausrichtung der Wissensziele am Organisationsbedarf und damit auch das wichtige »Entlernen, Verlernen und Vergessen« gewährleisten soll.

Zu Beginn wird eine Bestandsaufnahme des vorhandenen und des fehlenden Wissens gemacht (in die Topografie des Wissens wird also auch der Bedarf, das Nichtwissen aufgenommen). Im zweiten Schritt erfolgt das Beschaffen des Wissens, indem es neu entwickelt oder übernommen wird (»steal ideas shameless«, Willke 2004).

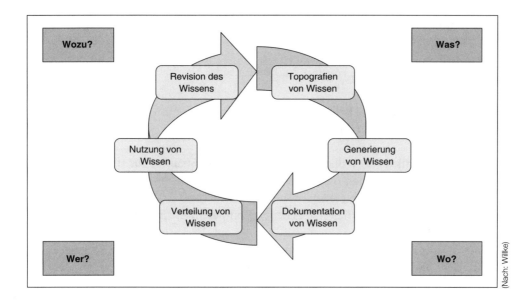

Daraufhin wird eine Dokumentation angefertigt, die »die Einspeisung, Nutzung und Kommentierung anreizt und fördert« (Willke 2004, S. 110). Bei der Verteilung des Wissens geht es um Entscheidungen über Zugangsberechtigungen. Im fünften Schritt ist eine Regelung zur Nutzung angesagt. Im letzten Schritt geht es um den wichtigen Vorgang der Revision, der auch das »organisierte Entlernen« einleiten soll.

Die Fragen Wozu? Was? Wie? Wer? Und Wozu? sollen Hinweise darauf geben, welcher organisationelle Mehrwert durch welches Wissen erreicht wurde beziehungsweise zu erwarten ist und welche Beteiligten über welche Kommunikationsformen damit zu befassen sind.

Methoden und Instrumente von Wissensmanagement

In der Literatur sind mitunter lange Listen von Methoden und Instrumenten aufgeführt, die zeigen sollen, wie die Identifikation, Entwicklung, Dokumentation und Nutzung von Organisationswissen initiiert werden kann. Dazu gehören viele Vorschläge für Vorgehensweisen, die in anderen Kontexten bereits ihren Platz haben, wie

→ regelmäßige Arbeitsklausuren zur Standortüberprüfung,
→ Evaluierung von Projekten und Veränderungsprozessen,
→ Einsatz der Balanced Scorecard,
→ Prozesse der Qualitätssicherung (EFQM),
→ Mitarbeitergespräche und Zielvereinbarungen,
→ Nutzung moderner Kommunikationstechnik (beispielsweise Intranet, Diskussionsforen, Workflowsysteme),

→ Durchführung von Strategieworkshops,
→ Großgruppenkonferenzen für eine unternehmensweite Kommunikation über Zukunftsthemen,
→ Kundenkonferenzen und vieles mehr.

Daneben gibt es auch eine Reihe von Instrumenten, die genuin dem Wissensmanagement zugerechnet werden können, wie:

→ den **Mikroartikel** (H. Willke), der eine bestimmte Struktur für die Aufarbeitung von interessanten Fällen und die Vermittlung damit verbundener Lernerfahrungen (lessons learnt) anbietet,
→ der **Wissensbaum,** der die verschiedenen Kompetenzen einer Person im Bild eines Baumes darstellt,
→ die **Wissenslandkarte,** die die verschiedenen Kompetenzen einer Organisation darstellt und über die Herstellung eines Bezugs auf die Wissensstrategien der Organisation ihre spezifischen Stärken und Schwächen erkennen lässt.

Die Wissenslandkarte

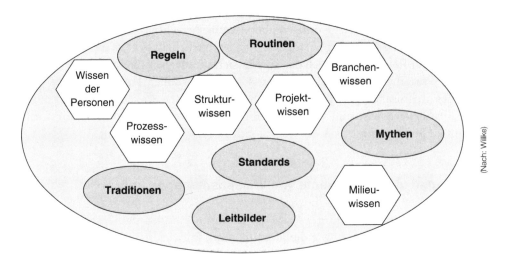

Die Sichtung vorhandener Instrumente kann jedoch nur eine Anregung darstellen, weil es höchst problematisch ist, auf eine fertige Toolbox zurückzugreifen. Geht es doch darum, dass Wissensmanagement nicht als isolierter Prozess betrieben, sondern mit anderen Unternehmensbereichen wie beispielsweise Personalentwicklung oder Führung verschränkt wird. Wie das genauere Konzept des Wissensmanagements selbst können also alle Methoden und Instrumente nur maßgeschneidert in einem auf die Besonderheiten der Organisation Rücksicht nehmenden Entwicklungsprozess festgelegt werden.

Grundgedanke aller Maßnahmen muss sein, dass in Zeiten großer Beschleunigung gezielte Auszeiten zur kreativen Auseinandersetzung eingerichtet werden müssen, weil in der Routine der Arbeitsprozesse selbst immer weniger Zeit dafür vorhanden ist.

Die lernende Organisation

Wenn Wissen öfter erfolgreich angewendet wurde, entsteht keine Veranlassung zum Hinterfragen, und Wissen wird damit Bestandteil von Routine. Deshalb kann nicht davon ausgegangen werden, dass dort, wo viel Wissen ist, auch gelernt wird. »Wissen und Lernen sind Gegensätze. Wo Wissen bewahrt wird, wird Lernen verhindert« (Simon 1997, S. 156).

Es kann wohl gut ausgehen, wenn auf neue Situationen mit altem Wissen reagiert wird, muss aber nicht, weil das Bewältigen neuer Situationen oft Lernprozesse erfordert. Organisationen, die sich in zunehmend dynamischen, schnelllebigen Umwelten zu behaupten haben, sind daher darauf angewiesen, von eingespielten Lernmechanismen Abschied zu nehmen und das Lernen neu zu lernen. Chris Argyris spricht in diesem Zusammenhang vom Double-Loop-Lernen, das darin besteht, dass Personen oder soziale Systeme jeweils ihre Grundannahmen und Verhaltensdispositionen hinterfragen und gegebenenfalls ändern.

Große Beachtung fand das von Peter Senge in der »Fünften Disziplin« (Senge 2006) vorgestellte Modell der lernenden Organisation, zu dem fünf Disziplinen gehören.

Die fünf Disziplinen der lernenden Organisation

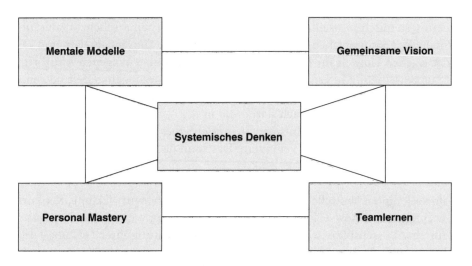

(Nach: Senge 2006)

Die fünf Disziplinen der lernenden Organisationen sind:

Systemdenken Das Systemdenken ist die zentrale Disziplin. Sie verbindet alle anderen Disziplinen und ist Grundlage für eine ganzheitliche Theorie und Praxis. Mit dem Systemdenken sind wir in der Lage, Zusammenhänge und Wechselwirkungen im Auge zu behalten, und fokussieren nicht allein auf isolierte Wahrnehmungen.

Personal Mastery Personen müssen ihre persönliche Vision klären, um zu erkennen, was in ihrem Leben wirklich wichtig ist. Erst dann sind sie fähig, ihre Energien zu bündeln und Effektivität zu entwickeln. Organisationen müssen das Wachstum ihrer Mitglieder in dieser Hinsicht fördern, wenn sie ihre Ressourcen nutzen wollen.

Mentale Modelle Mentale Modelle sind tief verwurzelte Annahmen und Bilder, die Einfluss darauf haben, wie wir die Welt wahrnehmen. Aufgabe des Managements ist es, mentale Modelle zu klären, kritisch zu hinterfragen und an gemeinsamen Wirklichkeitsbildern zu arbeiten, die zur Basis einer erfolgreichen Zusammenarbeit werden können.

Gemeinsame Vision Gemeinsame Zukunftsvisionen bringen Menschen dazu, über sich selbst hinauszuwachsen und aus eigenem Antrieb zu lernen. Führungskräfte müssen lernen, gemeinsame »Zukunftsbilder« freizulegen, wenn sie die Verwirklichung großer Ziele anstreben.

Teamlernen Die Disziplin des Teamlernens beginnt mit dem »Dialog«. Er lässt hinderliche Interaktionsstrukturen erkennen und führt zu einem gemeinsamen Denken. Entwickelte Teams haben außerordentliche Fähigkeiten und vollbringen Leistungen, zu denen Einzelpersonen nicht imstande sind.

Neuere systemische Auseinandersetzungen mit dem Thema sehen organisationale Lernfähigkeit dann gegeben, wenn Organisationen, »die Unwägbarkeiten und Zufälle in der eigenen Umwelt für die Weiterentwicklung der systemeigenen Antwortfähigkeit zur Bewältigung interner und externer Herausforderungen gezielt nutzen.« (R. Wimmer: »Wie lernfähig sind Organisationen?«, OSB-Reader 2000, S. 101) Die große Herausforderung besteht danach darin, die in der Vergangenheit eingespielten, oft »naturwüchsigen« Lernmechanismen zugunsten eines neuen, an strategischen Zielen ausgerichteten Lernens zu verändern. Das kann nach R. Wimmer dann gelingen, wenn Unternehmen

→ ihre relevanten Umwelten (Kundenverhalten, Branchenentwicklung, Konkurrenz, wichtige Know-how-Felder, …) sorgsam beobachten,
→ für eine Wissensbasis sorgen, die zur Aufrechterhaltung ihrer Leistungsfähigkeit benötigt wird,
→ ihre Fehler als Lernquellen zu nutzen verstehen,

→ Führungs- und Kooperationsstrukturen entwickeln, in denen Lernimpulse aufgegriffen und umgesetzt werden können,
→ fachübergreifende und projektbezogene Formen der Zusammenarbeit pflegen,
→ periodische Schleifen der Selbstreflexion einbauen,
→ ein innovationsförderndes Personalmanagement einsetzen und
→ Probleme nicht personalisieren, sondern für kollektives Lernen nutzen.

Kurzum: Wenn Organisationen nicht nur Wissen sammeln, sondern das Lernen lernen, das heißt auch auf die Form und den Inhalt ihres Lernens Einfluss nehmen, erwerben sie die Beweglichkeit und Innovationsfähigkeit, die zum Bewältigen der heute typischen Dauerirritationen aus dem Umfeld notwendig sind.

Resümee zum zweiten Kapitel

Neue Managementkonzepte geben Mitarbeitern die Autonomie, die sie benötigen, um im Rahmen der Unternehmensziele ihre Aufgabenbereiche eigenverantwortlich auszufüllen. Es wird darauf verzichtet, Anordnungen zu treffen und andere Formen direkter Einflussnahme anzuwenden, stattdessen werden vonseiten des Managements Angebote formuliert und Rahmenbedingungen geschaffen, die Selbstorganisation ermöglichen und fördern.

Und was ist Ihr persönliches Resümee? Hat Ihr Bild von Management, das wir zu Beginn des ersten Kapitels erfragt haben, eine Veränderung erfahren?

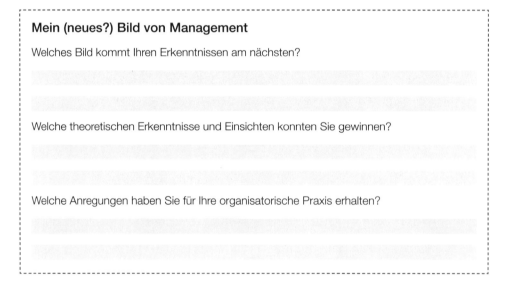

Mein (neues?) Bild von Management

Welches Bild kommt Ihren Erkenntnissen am nächsten?

Welche theoretischen Erkenntnisse und Einsichten konnten Sie gewinnen?

Welche Anregungen haben Sie für Ihre organisatorische Praxis erhalten?

Schon im ersten und zweiten Kapitel ist immer wieder auf die Veränderungsfähigkeit als ein zentrales Merkmal moderner Organisationen verwiesen worden. Verstärkt wurde das Thema im letzten Abschnitt, der mit »Innovation in der Organisation verankern« übertitelt war und zuletzt die Idee der »lernenden Organisation«, also eines auf Selbstveränderung zielenden Konzepts, vorgestellt hat.

Das dritte und letzte Kapitel widmet sich der Frage, wie Veränderungen in Organisationen herbeigeführt und gestaltet werden.

Kapitel 3

Veränderungen in Organisationen herbeiführen und gestalten

Lust auf Veränderung?

*»Der Fortschritt ist halt immer nur halb so groß,
wie er ausschaut.«* J. Nestroy

Wollen sich Menschen verändern?

Die meisten Menschen haben Lust auf Veränderung und Entwicklung! Diese Behauptung kann an vielen Stellen unserer Gesellschaft und Wirtschaft täglich überprüft werden. Menschen suchen sich Arbeit, die sie befriedigt und herausfordert, sie gründen Unternehmen, starten innovative Projekte und sind bereit, oft große Anstrengungen dafür in Kauf zu nehmen. Wogegen sich Menschen aber häufig wehren, ist, gewandelt und verändert zu werden! Dies kann verschiedene Gründe haben:

→ Veränderungen erzeugen grundsätzlich eine Spannung – das Neue ist immer auch ein Stück ungewiss – das kann auch Angst machen.
→ Die Betroffenen der Veränderung können die Ziele und Hintergründe der Maßnahmen nicht verstehen – oft hat man sie ihnen auch gar nicht erklärt.
→ Die Betroffenen haben zwar verstanden, worum es geht, aber sie glauben nicht, was man ihnen sagt.
→ Die Betroffenen haben verstanden, sie glauben auch, was gesagt wird, aber sie wollen dennoch nicht mitmachen – weil sie sich von den vorgesehenen Veränderungen keine positiven Konsequenzen versprechen!

Diese letzte Reaktion auf Veränderungen ist wohl eine der häufigsten und gleichzeitig schwierigsten. Negative Erwartungen können nicht durch mehr Information aus der Welt geschafft werden.

Menschen erleben häufig, dass die Dinge sich zwar verändern, aber nicht unbedingt verbessern. Es ist häufig ein »mehr vom selben« und seltener eine wirklich spannende Geschichte. Bei Umstrukturierungen erleben viele, dass die gleichen Typen wie vorher den Ton angeben – vielleicht an einer anderen Stelle, qualitativ hat sich oft nichts geändert! Zur Verdeutlichung eine Analogie: Eine Raupe hat die Fähigkeit, sich in einen Schmetterling zu transformieren, also über ihre Form hinauszuwachsen. In vielen Organisationen wird mit Veränderung aber nur eine bessere Raupe angepeilt: schneller, genügsamer, bunter, aktiver, aber eben weiterhin Raupe. Solange eine Veränderung nicht ein Transformationsprozess ist, werden die angestrebten Ziele meist nicht erreicht. Das Problem vieler Veränderungen sind die Veränder selbst! Sie sind oft ungeduldig bis ignorant, ihre Wahrnehmung ist in vielen Fällen sehr selektiv, das Einfühlungsvermögen begrenzt. Wenn jemand nicht sofort begeistert ist, wird das als Widerstand, Resignation oder sogar Unfähigkeit gedeutet. Unternehmen und Organisationen müssen daher mit dem Thema Veränderungen intelligenter, innovativer und menschlicher umgehen, wenn sie die Energie und die Herzen der Menschen für kraftvolle Veränderungsprozesse gewinnen wollen.

Organisationen nur verändern oder auch entwickeln?

Die meisten Unternehmen, Verwaltungsbetriebe und sozialen Einrichtungen entsprechen in ihrer gegenwärtigen Form nicht in vollem Umfang den Anforderungen, die an sie gestellt werden. Dies ist leicht zu erklären: Kunden- und Marktbedürfnisse verändern sich rasch, neue Technologien schaffen neue Möglichkeiten, und auch die veränderten Einstellungen und Bedürfnisse der Mitarbeiter fordern Veränderungen in Organisationen heraus. Die Organisationen selbst hingegen – wir haben das im ersten Kapitel deutlich ausgeführt – neigen dazu, ihre Strukturen, Reglements und Prozesse zu konservieren. Knut Bleicher (1994) hat das sehr treffend ausgedrückt:

> »Wir arbeiten in Strukturen von gestern mit Methoden von heute an Problemen von morgen vorwiegend mit Menschen, die die Strukturen von gestern gebaut haben und das Morgen innerhalb der Organisation nicht mehr erleben werden.«

Die Leistungsfähigkeit von Organisationen ist oft durch eine Reihe von Reibungsverlusten beeinträchtigt:

→ fehlende Kundenorientierung, kostspielige Fehler und Pannen,
→ komplizierte Dienstwege, überbordende Bürokratie,
→ Taktieren statt Zusammenarbeit, verschleppte Entscheidungsprozesse,
→ Krankenstände und hohe Fehlzeiten,
→ Verlust von Know-how durch Personalfluktuation,
→ Widerstand gegen jede Veränderung.

Es ist nicht eine Frage, ob, sondern in welchem Umfang ein Unternehmen von solchen Erscheinungen betroffen ist. Wenn ein Unternehmen heute mit tief greifenden Veränderungen konfrontiert ist, kann es diesen Druck intern unterschiedlich verarbeiten.

→ **Radikal:** Das heißt, dass oft überfallartig neue Strukturen eingeführt, Führungskräften und Mitarbeitern gekündigt und drastische Kostensenkungen durchgeführt werden. Das System hat überlebt, aber hat es auch gelernt?
→ **Entwicklerisch:** Das bedeutet, das Management schafft die Veränderung aus eigener Kraft und unter Beteiligung der Mitarbeiter. Die Intelligenz und ihre Motivation zur Zukunftssicherung des Betriebes werden herausgefordert, Interessen

einbezogen, und gemeinsam wird eine Reorganisation durchgeführt. Die erfolgreich bewältigte Veränderung hat auch die Fähigkeit zu künftigen Problemlösungen gesteigert.

Wir vertreten die Meinung, dass für die Bewältigung immer neuer Herausforderungen grundsätzlich eine Entwicklungsstrategie der richtige Weg ist. Das *Selbstveränderungspotenzial* der jeweiligen Organisation muss gestärkt werden. Unternehmen müssen lernen, Veränderungen selbst zu gestalten und sich proaktiv, zeitgerecht und angemessen den Veränderungen anzupassen, sie müssen diese als Chancen nützen. Solche rasch lernenden Unternehmen werden selbst zu Vorreitern für Innovationen am Markt (zum Beispiel durch überlegene Servicequalität, durch Vertriebsinnovationen usw.), an die sich andere anpassen müssen.

Wenn Veränderungen langfristig zu mehr Erfolg führen sollen, dann kann es nicht nur darum gehen, Kosten zu senken. Das ist heute oft das Verständnis von Veränderung und Sanierung. Es geht darum, die Organisationen effektiver zu machen (Kosten, Qualität, Tempo), aber genauso, sie menschengerechter zu machen (interessante, herausfordernde Arbeit ohne totale Überforderung, Mitgestaltungsmöglichkeiten, Sinnfindung, Anerkennung und Erfolgsbeteiligung). Ohne Wirtschaftlichkeit lässt sich keine humane Arbeitswelt gestalten – aber ohne humane Arbeitswelt wird es auch keine längerfristige Wirtschaftlichkeit geben. Beispiele organisatorischer Veränderung sind:

↗ Beispiel

Der **Hersteller von Büromöbeln,** lange Zeit schwerpunktmäßig auf die Produktion von Tischen, Sesseln und Schränken verschiedener Designs und Qualität konzentriert, erkennt in intensiven Kundengesprächen einen starken Bedarf an Raumsystemen und Komplettlösungen. In einem halbjährigen Veränderungsprozess wird ein neues Geschäftsmodell entwickelt. Nach größeren Investitionen in neue Fertigungsstätten und dem Ausbau eines qualifizierten Beraterstabs verkauft das Unternehmen heute nicht nur Büromöbel, sondern komplette Ausstattungen für Bürohäuser sowie Beratung und Service. Mit dem neuen Kerngeschäft wird der Betrieb auch im Ausland aktiv, was in Summe zu einer 30-prozentigen Auftragssteigerung führt.

Mehrere kleinere Beratungsfirmen, die ihrerseits jeweils Spin-off-Gründungen von größeren Unternehmen waren, kooperierten mehrere Jahre erfolgreich bei anspruchsvollen Kundenprojekten. Daraus entwickelte sich neben freundschaftlichen Kontakten auch der Wunsch, enger zusammenzurücken. Es wurde im ersten Schritt eine Bürogemeinschaft gegründet, die gut funktionierte. Daraus entstand der Wille, ein gemeinsames Unternehmen mit einem gemeinsamen und stärkeren Außenauftritt zu schaffen. In der Umsetzung dieser Ideen zeigten sich aber tief greifende Unterschiede in der Auffassung, was ein »gutes« Unternehmen ist, ob und wie expandiert werden soll, wie die Eigentümerstruktur konkret aussehen soll und viele andere Fragen. Die Gründung, die zuerst als eine primär gesellschaftsrechtliche Veränderung gesehen wurde, warf viel Fragen der Identität, der Strategie, der Führung, des Verständnisses von Mitarbeitern und deren Beteiligung auf. Erst in einem längeren, strukturierten Prozess konnten all diese Fragen geklärt werden.

In einer **Schule mit nahezu 600 Schülern,** davon die Mehrzahl mit Migrationshintergrund, wurde ein Punkt erreicht, an dem die Lehrerinnen und Lehrer gemeinsam feststellen mussten, dass eine radikale Veränderung geschehen muss, um wieder zu einer sinnvollen, auf das Lernen konzentrierten Arbeit zu kommen. Gemeinsam mit dem Schulleiter konzipierten sie einen Veränderungsprozess und befragten in einem ersten Schritt die Schülerinnen und Schüler nach ihren Verbesserungsvorschlägen. Im weiteren Verlauf wurden auch die Eltern einbezogen und die Arbeit an anderen Schulen untersucht. Anschließend wurden Schritt für Schritt Veränderungen eingeleitet.

In der Schule wurde eine Reihe von Maßnahmen entwickelt, die insgesamt zu einer Klimaänderung führten. Dazu wurden Vorgehensweisen zur Aufrechterhaltung der Disziplin erarbeitet, und auch der Unterricht wurde verändert: Er wird heute schülerzentriert und sehr flexibel gestaltet. Wichtig war den Lehrerinnen und Lehrern die Einführung von Lernformen, die den Schülern Gelegenheit zur Selbsterarbeitung des Lernstoffes geben. Für die Lehrer war jedoch rückblickend die wichtigste Veränderung, dass sie die heterogene Zusammensetzung der Schüler nicht mehr primär als Belastung sehen, sondern als Chance zu nutzen verstehen.

Übung: Reflektieren Sie Ihre Erfahrungen

Denken Sie an Veränderungen, die Sie in letzter Zeit selbst als Betroffener miterlebt oder als Beobachter mitverfolgt haben.

→ Was waren die Auslöser dieser Veränderungen?
→ Wie wurden die Veränderungen in die Wege geleitet?
→ Welche Ergebnisse hat der Veränderungsprozess gebracht und wie wurden sie aufgenommen und umgesetzt?
→ Was wurde als positiv, was als schwierig erlebt?
→ Wo ist für Sie dabei Entwicklung sichtbar geworden, eine neue Qualität?
→ Was ist Ihre persönliche emotionale Haltung zu »Veränderung«?

Welche Bilder für organisatorische Veränderung drängen sich Ihnen angesichts Ihrer Erfahrungen auf:

Konstrukteure beim Bau einer neuen Maschine

278 Veränderungen in Organisationen herbeiführen und gestalten

Bergsteigergruppe auf dem Weg zum Gipfel

Wanderer im Gewitterregen

Forscher in unbekannten Gebieten

Oder haben Sie ein Bild, das Ihren Erfahrungen mehr entspricht?

Zehn Minuten persönliches Veränderungsmanagement

Um Ihnen einen zusätzlichen Zugang zum Thema Veränderung zu eröffnen, möchten wir Sie anleiten, für Ihre aktuelle Situation eine Verbesserung zu entwickeln. Zehn Minuten und nicht länger sollen Sie nun über Ihre gegenwärtige Situation nachdenken und sie ändern. Wenn Sie alle vier Schritte durchgeführt haben, ist Ihr »Veränderungsprojekt« abgeschlossen!

Übung: Persönliches Veränderungsmanagement

Orientierung/Was ist meine Lage hier … (3 Minuten)
Welche Informationen über Ihre gegenwärtige Situation hier und jetzt sind verfügbar? (Nur beobachten und sammeln, nicht beurteilen oder bewerten!) Was ist die Art Ihrer Tätigkeit oder Zusammenarbeit mit anderen? Wie werden Sie durch die Tätigkeit beeinflusst? Gedanken? Gefühle? Körperliche Empfindungen? Was sehen, riechen, hören Sie? Wie stehen Sie im Verhältnis zu anderen? Notieren Sie sich Stichpunkte auf einem Blatt Papier.

Diagnose (2 Minuten)
Was bedeutet für Sie das in der Orientierung Festgestellte? Gibt es eine Lücke zwischen Ihren Wünschen und der tatsächlichen Lage? Was möchten Sie verändern? Analysieren Sie Ihre aktuelle Situation, die Probleme und Möglichkeiten der Veränderung genauer.

Veränderung planen und Aktion (3 Minuten)
Wie können Sie »eingreifen«, um die Situation gleich jetzt zu verbessern, Ihre Wünsche stärker zu berücksichtigen? (Eingriffe sind bei Ihnen selbst oder bei anderen möglich, wenn diese einverstanden sind!) Schreiben Sie Ihre Verbesserungsvorschläge hier nieder, und führen Sie einen oder zwei davon möglichst gleich durch.

Veränderten Zustand bewerten/ Erfolgskontrolle (2 Minuten)
Wie gut ist es Ihnen gelungen, die Veränderungen umzusetzen? Wie haben bestimmte Maßnahmen gewirkt? Wie hat sich die Situation nun verändert? In welcher Weise hat die von Ihnen investierte Zeit geholfen, den Unterschied zwischen »Orientierung«, »Diagnose«, »Aktion« zu verstehen? Meinen Sie, dabei etwas gelernt zu haben? Wenn ja, woraus (aus welchen Informationen oder Anzeichen) lässt sich das schließen?

Sie haben mit der Schrittfolge, in der Sie Ihr »Veränderungsprojekt« entwickelt haben, Phasen kennengelernt, die typisch für die Abfolge in Veränderungsprozessen sind. Eine nähere Beschreibung finden Sie auf Seite 285 und Seite 303 ff..

Wir hoffen nun, dass Sie aufgrund Ihres persönlichen Veränderungsprozesses in einem bequemen Sessel sitzen, ein Getränk auf Ihrem Lesetisch haben, das Leselicht eingeschaltet ist oder dass Sie andere Verbesserungen vorgenommen haben und sich dem folgenden Text entspannt zuwenden können.

Was ist Veränderungsmanagement in Organisationen?

Veränderungsmanagement ist die bewusste und professionelle Gestaltung einer Veränderung, um einen hohen Grad an Zielorientierung, Effizienz, Umsetzungsstärke und Akzeptanz durch die Betroffenen zu erreichen. Gutes Veränderungsmanagement ist dann wichtig, wenn größere organisatorische, technische oder wirtschaftliche Veränderungen zu bewältigen sind. Typische Veränderungsprojekte hier am Beispiel eines Krankenhauses sind:

→ Stärken der Patienten-/Kundenorientierung.
→ Neupositionierung (medizinisches Profil, regionale Arbeitsteilung).
→ Reorganisation intern (Bereiche, Zentren, Auslagern).
→ Prozessoptimierung (Aufnahme, OP, Stationsbelegung).
→ Führungs- und Unternehmenskultur entwickeln.
→ Zusammenführen von Krankenhäusern (Fusionen).

In Veränderungsprozessen ist immer wieder zu beobachten, dass Anspruch und Wirklichkeit auseinanderklaffen, Planung und Umsetzung nicht übereinstimmen, organisatorische Veränderungen und menschliches Verhalten nicht zusammenpassen.

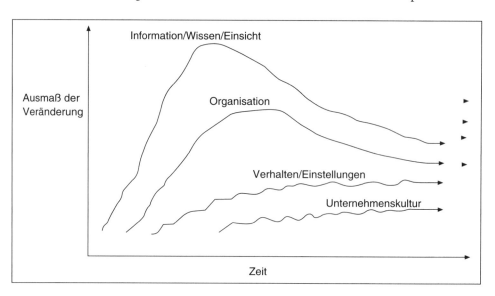

Die Abbildung macht Folgendes deutlich:

→ **Neue Information, Systeme, Konzepte** können sehr leicht erarbeitet werden, ohne Umsetzung haben sie wenig Wirkung und sind bald wieder vergessen. Veränderungen folgen dem Wissen um gute Lösungen oft später und auch »inkonsequent«: Verwässerte Konzepte und faule Kompromisse sind häufig.

→ **Formale Organisationsveränderungen** sind relativ leichter herbeizuführen (trotz aller Rückschläge und »Nachbesserungen«) als echte Verhaltens- und Einstellungsänderungen.
→ Am anspruchsvollsten ist die Veränderung des täglich gelebten Verhaltens, der **Unternehmenskultur,** weil es hier um Verhaltens- und Einstellungsänderungen vieler Menschen in verschiedenen Bereichen auf unterschiedlichen Ebenen geht. Rückfälle, schlechte Beispiele, inkonsequentes Voranschreiten, Unterschiede in der Entwicklungsgeschwindigkeit sind normal.

Ansätze der Veränderung – ein Streifzug durch Theorie und Geschichte

Die Geschichte der Auseinandersetzung mit dem Thema »Veränderung von Organisationen« ist noch nicht alt, aber dennoch bunt und reich an Erkenntnissen. Wir zeichnen im Folgenden einige der wichtigsten Entwicklungslinien grob nach, die zu den heute bekanntesten Veränderungsansätzen führen, und stellen zentrale theoretische Bausteine des Veränderungsmanagements dar. Auf diese Weise sollen die wichtigsten Koordinaten sichtbar gemacht werden, die zur Unterscheidung der Ansätze und Methoden sowie zur Einschätzung ihrer spezifischen Stärken und Schwächen herangezogen werden können.

Verändern als technisch-mechanischer Vorgang

Werden Organisationen als zielorientierte, rational zu gestaltende Gebilde betrachtet, stellt sich Veränderung dar wie der Umbau einer Maschine durch ihren Konstrukteur (siehe Maschinenbild S. 22). Eine neue Anforderung wird als Funktion begriffen, und nachdem in einem Plan eine technische Lösung dafür ausgearbeitet wurde, erfolgt der Bau des Maschinenteils und wird nach einem erfolgreichen Probelauf in den Betrieb übernommen. Von diesem Verständnis geleitet sind betriebswirtschaftliche und technische Veränderungsansätze. Sie wurden früher von »Industrial Engineers« vertreten, die sich auf das Verbessern von Arbeitsproduktivität und Produktionsabläufen konzentrierten und heute die Vorgehensweisen der Managementberatung vieler meist großer Consultingfirmen prägen. Ausgehend von Marktanalysen, Stärken-Schwächen-Profilen, Benchmarks und Best-Practice-Untersuchungen entwickeln die Berater Unternehmensstrategien, Geschäftsprozesse, Organisationsformen und andere Konzepte, die dem Management zur Umsetzung empfohlen werden.

Die großen Beratungshäuser entwickelten ein sehr weitreichendes Spezialwissen und haben ein großes Repertoire an verschiedenen Lösungsmodellen zur Verfügung. Ihre Vorgehensweisen erweisen sich auch als sehr zweckmäßig in Situationen, in denen die Fragestellung eindeutig ist und der Zeitfaktor eine große Rolle spielt, vor allem bei Unternehmenskrisen und überhaupt in Zeiten sprunghafter, schneller Veränderungen. Da ihre Konzepte »von der Stange« kommen, sind sie auch schnell zur Hand. Da Veränderung dieser Art jedoch nur über Druck des Topmanagements umsetzbar ist, zeigen sich die Tücken erst hinterher. Mittlerweile ist bekannt, dass sehr wenige

Ansätze der Veränderung – ein Streifzug durch Theorie und Geschichte

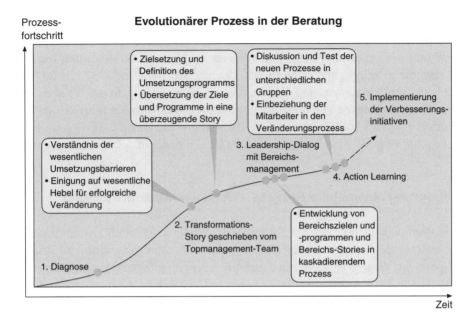

der von den Beratungshäusern in den 1990er-Jahren propagierten Fusionen, Reengineering-Prozesse oder »Verschlankungen« den versprochenen Erfolg hatten. Viel zu sehr wurde in Kosten und weniger in »etwas unternehmen« gedacht. Oft genug auch verschwanden die teuer eingekauften Fachkonzepte bei den ersten gröberen, im Zuge der Umsetzung auftretenden Schwierigkeiten in der Schublade, teils weil berechtigte

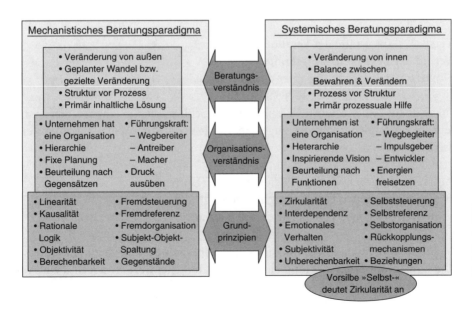

Einwände vorgebracht wurden, teils weil der Widerstand gegen die Maßnahmen und die Form ihrer Einführung zu massiv waren.

Anhand des expertenorientierten Ansatzes (s. Abb. auf S. 283 unten lins) zeigt sich, dass die gängigen, apriori gültig zu scheinenden Beratungsziele, die da heißen Beschleunigung, Verschlankung, Verkürzung, Verknappung, nicht der Weisheit letzter Schluss sind. Gelungene Veränderung ist eher als evolutionärer Prozess zu erkennen und erweist sich als komplexer Vorgang, der maßgeschneiderte Lösungen und wohldurchdachte Wege zu ihrer Umsetzung erfordert (s. Abb. auf S. 283 unten rechts).

Veränderung als sozialer Prozess – Organisationsentwicklung

Die Notwendigkeit, sich mit der Komplexität geplanten Wandels auseinanderzusetzen, bewirkte, dass ausgehend von einem Verständnis von Organisation als einem sozialen System, Wege gesucht wurden, um mit umweltbedingtem Veränderungsdruck einerseits und organisationsinternen Veränderungsdynamiken beziehungsweise vorhandenen Beharrungskräften andererseits einen guten Umgang zu finden. Einer der ersten Forscher, der sich dieses Themas annahm, war Kurt Lewin, der als Gründungsvater der Organisationsentwicklung gilt. Er ging davon aus, dass der Status quo einer Organisation sich als eine Beziehung von veränderungsorientierten (Driving Forces) und beharrenden Kräften (Restraining Forces) beschreiben lässt. Nach seiner Auffassung muss jede Organisation, die auf die Sicherung ihrer Existenz achtet, auf das Wechselspiel zwischen den auf Veränderung und den auf Bewahrung drängenden Elementen achten. Ein Wandel kann grundsätzlich nur dann eingeleitet werden, wenn ein gegebener Gleichgewichtszustand zuerst einmal aufgebaut wird. Dafür stehen grundsätzlich drei Strategien zur Verfügung:

→ Verstärken der Kräfte der Veränderung.
→ Vermindern der Beharrungskräfte.
→ Umkehrung der Richtung einer der Kräfte.

Lewin zieht aus seiner Theorie den praktischen Schluss, dass in einem Unternehmen, in dem ein erfolgreicher Wandel eingeleitet werden soll, drei Aspekte beachtet werden müssen:

→ Auftauen des gegenwärtigen Gleichgewichts (Unfreezing).
→ Bewegen zum neuen Gleichgewicht (Moving).
→ Einfrieren des neuen Gleichgewichts (Freezing).

Diese Ideen wurden zu einem Phasenmodell von Veränderung weiterentwickelt, das für die Organisationsentwicklung einen zentralen Stellenwert erhielt und eine wichtige Grundlage für die Beratung in Veränderungsprozessen wurde.

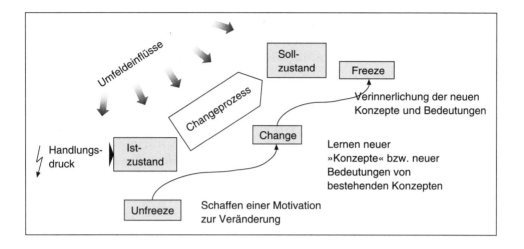

Veränderung als kollektive Aktion – Action-Research

Kurt Lewin lieferte noch einen weiteren wichtigen methodologischen Beitrag, der großen Einfluss auf Maßnahmen geplanter organisatorischer Veränderungen bekam: die *Aktionsforschung*. Dieser Forschungsansatz hebt die Trennung zwischen beobachtendem Wissenschaftler und beforschtem Klienten sowie zwischen Forschung und Veränderung weitgehend auf. Das Revolutionäre an diesem Schritt war, dass die die Wissenschaft traditionell begleitende Vorstellung einer objektiven Forschung aufgegeben und der Anspruch erhoben wurde, auf die Praxis einzuwirken. Die Aktionsforschung lädt die Objekte ihrer Forschung, das heißt die betroffene Personengruppe, zur Selbsterforschung ein in der Erwartung, dass auf dem Weg der Reflexion über sich selbst neue Einsichten entstehen, aus denen wiederum praktisches Tun resultierte. Die Verfahren der Datensammlung und -auswertung unter Beteiligung der Betroffenen erhielt in der Organisationsentwicklung (OE) einen wichtigen Stellenwert, so zum Beispiel für den Kontingenzansatz (P. R. Lawrence, J. W. Lorsch), für den Survey-Feedback-Ansatz (K. Bowers, R. Likert und R. Mann) oder für die Konfrontationssitzung (R. Beckhard, W. G. Bennis).

Von der Fachberatung zur Prozessberatung

Im Kontext der Erweiterung des Organisations- und Beratungsverständnissen ist ein weiterer wichtiger Baustein die *Prozessberatung*, die 1969 von E. H. Schein in seinem Buch »Process consultation: Its role in organization development« vorgestellt wurde. Prozessberatung meint das bewusste Gestalten von Kommunikations- und Entscheidungsprozessen als reflexiver Bestandteil von Veränderungsvorhaben. Große Beachtung finden dabei die Auswahl der Teilnehmer, die alle für den Kunden wichtigen Perspektiven repräsentieren sollen, die Designs der einzelnen Treffen und ihre zeitliche

Aufeinanderfolge. Die Vorstellung ist, dass über die Prozessberatung Unternehmen die auftretenden »Widersprüche und insbesondere die Energie der dahinterliegenden potenziellen Konfliktfelder so konstruktiv … kanalisieren, dass daraus neue Kreativität und Energie entstehen« (Königswieser/Cichy/Jochum 2001, S. 52).

Eine höchst spannungsreiche Kontroverse entspann sich in der Organisationsentwicklung zum Thema der Strategien des Wandels. Die Frage war, ob Veränderungen geschehen sollten mit Mitteln der Vernunft (umfassende Information, Forschung, Ausbildung und Ähnliches), mit Mitteln der Macht (beispielsweise durch Anordnungen, ökonomische, soziale Sanktionen) oder aus der Einsicht und mit Beteiligung der Betroffenen (Berücksichtigung unterschiedlicher Perspektiven, gemeinsames Lernen).

Davon ausgehend wurden von L.W. Porter und anderen Strategien nach der Interventionsebene in der Hierarchie unterschieden:

- top down,
- bottom up,
- from middle both ways.

W. H. Staehle entnimmt den Aussagen zeitgenössischer OE-Experten, dass der »Top-down-Ansatz« insofern als wirksam eingeschätzt wurde, als er mit Unterstützung des Topmanagements arbeitete. Wenn allerdings Breitenwirkung und Akzeptanz erreicht werden sollen, könne der Wandel auch auf unterer oder mittlerer hierarchischer Ebene begonnen werden, vorausgesetzt, dass ein solches Vorgehen die Unterstützung des Managements finde (Staehle 1994, S. 673).

Veränderung mit den Betroffenen

Die Organisationsentwicklung nahm in dieser Frage im deutschen Sprachraum eine andere Entwicklung als in den USA und in Großbritannien. In Deutschland und auch in Österreich wurde mit dem Konzept der OE der Anspruch auf Beteiligung der Arbeitnehmer an Veränderungsprozessen in Unternehmen verbunden. Zentrale Forderungen waren die Demokratisierung und Humanisierung der Arbeitswelt. Ihre Einlösung versprach man sich davon, dass die Bedürfnisse der arbeitenden Menschen in den Vordergrund gestellt und mittels der »Sprengkraft« von Teams die Machtverhältnisse in Unternehmen gerechter geordnet werden könnten. Das Selbstverständnis der Organisationsentwicklung war somit hierzulande eindeutig politisch und charakterisiert durch ihr entschiedenes Eintreten für den Menschen in der Organisation.

Die Entwicklung der OE im englischen Sprachraum verlief hingegen wesentlich pragmatischer. Ihre Theoretiker hatten weniger gesellschaftliche Werte als das Funktionieren der Organisation selbst im Auge, wiewohl auch sie einen Zusammenhang mit der Berücksichtigung menschlicher Bedürfnisse sahen. Großen Einfluss gewann der – im ersten Kapitel bereits kurz vorgestellte – soziotechnische Systemansatz, der

Anfang der 1950er-Jahre im Tavistock Institute of Human Relations in London entstand. Seine Autoren (E. J. Miller, A. K. Rice, E. I. Trist) betonen gleichermaßen den Stellenwert der technischen wie auch der menschlichen Seite der Organisation. Insofern sie die Einrichtung autonomer Arbeitsgruppen befürworteten, trugen sie auch stark zu einer Neubestimmung der Beziehung von Mensch und Arbeitstechnologien bei, in der bisher nur das vereinzelte Individuum gesehen wurde und als Anhängsel von Maschinen gegolten hatte. Typisch für den Ansatz ist die Betonung der Aufgabenorientierung von Teams, die verhindern sollte, dass Gruppen zum Selbstzweck werden und, getrieben von ihrer emotionalen Dynamik, sich von den Zielen der Organisation entfernen.

Auch Harold Leavitt sieht die Organisation als ein Zusammenspiel von Mensch und Sache und nimmt davon ausgehend eine Unterscheidung von vier interdependent zu begreifenden Elementen vor: Struktur, Aufgabe, Technologie, Mensch.

Diese vier Elemente werden gleichzeitig als mögliche Ansatzpunkte für organisatorische Veränderungsprozesse gesehen. Leavitt unterscheidet demgemäß bei gegebener Aufgabe zwischen

→ strukturellen Ansätzen,
→ personalen Ansätzen
→ und technologischen Ansätzen.

Leavitt sieht die Gefahr, dass eine einseitige Beachtung eines Elements zu Problemen in den beiden anderen Dimensionen führt, sodass der Blick immer auf das Ganze gerichtet bleiben muss. Die von ihm vorgenommene Unterscheidung von Variablen gab einen wichtigen Impuls zur Differenzierung der OE-Ansätze, innerhalb derer bald umfassende Methodenrepertoires entstanden. Das Thema wurde weiterverfolgt und so kam etwa das »NPI-Institut für Organisationsentwicklung« in Zeist (Niederlande) seinen anthroposophischen Grundannahmen entsprechend auf die Unterscheidung von insgesamt sieben Elementen (vorgestellt auf S. 44) oder später der systemische Ansatz, auf die verringerte Anzahl von drei Elementen (Struktur, Strategie und Kultur).

Die OE entwickelte sich insgesamt trotz ihrer verschiedenen Ausprägungen, wie sie vor allem im deutschen und englischsprachigen Bereich zu beobachten war, zu einer fundierten »sozialwissenschaftlichen Strategie der Organisationsveränderung« (French/Bell 1994).

Die Ziele dieses Ansatzes definieren W. L. French und C. Bell in ihrem Anfang der 1970er-Jahre erschienenen Klassiker folgendermaßen: »Die Ziele der OE sind es, die Organisationen wirksamer und lebensfähiger zu machen und es ihr zu ermöglichen, die Ziele sowohl der ganzen Organisation als auch ihrer einzelnen Mitglieder zu erreichen« (French/Bell 1994). Die dabei verfolgten Strategien verstehen sie als »normativ-reedukative Maßnahmen«, die langfristig angelegt sind, einer Problemorientierung folgen und dem Konzept der Aktionsforschung (Sammlung, Analyse und Auswertung von Daten) verpflichtet sind. Das große Wissen und das umfassende Methodenrepertoire, das die OE zum Thema Veränderung bereitstellt, werden im Buch »Change Management: den Unternehmenswandel gestalten« von Klaus Doppler und Christoph Lauterburg sehr eindrucksvoll zusammengefasst (2005).

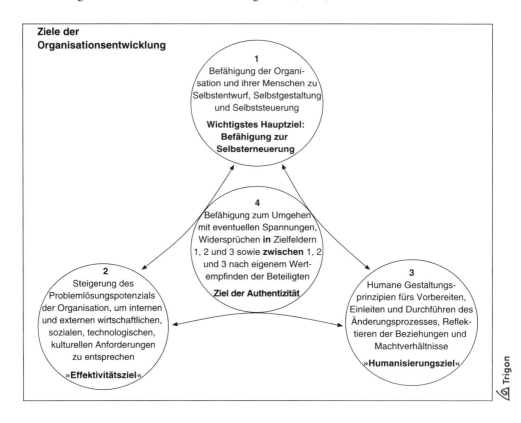

Die Verdienste des OE-Ansatzes werden in der rückblickenden Bewertung vor allem darin gesehen, dass sie zur »Korrektur eines technischen zugunsten eines sozialen Verständnisses von Organisation« (Baecker 2003, S. 137) beigetragen und die Kommunikation wieder in die Organisation eingeführt haben. Organisationsentwicklung ist heute zu einer Daueraufgabe des Managements geworden. Funktionsfähige Führungsstrukturen und funktionsfähige Organisationsstrukturen sind die zwei Seiten einer Medaille.

Für die Organisationsentwicklung als externe Beratungsleistung fällt die Prognose eher pessimistisch aus. Ihr wird vorgeworfen, dass sie blind sei gegenüber den Entwicklungen, die in der Unternehmenslandschaft heute stattfinden, und neue Anforderungen nicht sehe, mit denen Unternehmen heute aus der Umwelt konfrontiert sind. OE muss für die Notwendigkeit rascher Wandlungsprozesse, die rasches Handeln, flexible Organisationsformen und wirkungsvolle Strategien erfordern, neue Antworten und Interventionen finden (vgl. Wimmer 2004).

Die systemische Sicht auf Veränderung – wider den Veränderungsoptimismus

Ein jüngerer erfolgreicher Ansatz ist die systemische Organisationsberatung. Sie ist ein Sammelbegriff für eine Reihe von Beratungskonzepten, die von der Systemtheorie geprägt wurden (s. Kapitel 1). Die Kernaussagen lauten: Organisationen sind soziale Systeme mit autopoietischem (griech. autos »selbst«, poiesis »das Machen«) Charakter (Maturana/Varela 1990). Weil sie nicht auf alle Impulse aus ihrem Umfeld reagieren können, koppeln sie sich von ihrer Umwelt ab, indem sie Selektionsmechanismen und eine Eigenlogik ausbilden, die sie vor Überforderung schützen und ihre Identität im Umfeld erhalten helfen.

Soziale Systeme grenzen sich auch von ihrer Umwelt ab, indem sie sich gegenüber anderen Systemen einen bestimmten Sinn geben. Der Sinn findet sich in dem Nutzen wieder, den Organisationen gesellschaftlich beanspruchen und den auch alle Beteiligten in ihrer Mitwirkung in Organisationen sehen. Er wird über Kommunikation in der Organisation hergestellt und hat auch für die Einleitung von Veränderungsprozessen – zum Beispiel im Rahmen einer Leitbildentwicklung – eine große Bedeutung.

Organisationen sind für die Systemtheorie im Gegensatz zur OE oder zu betriebswirtschaftlichen Beratungsansätzen operational geschlossene Systeme. Da unter diesen Bedingungen angenommen werden muss, dass Organisationen auf Beeinflussung von außen auf nicht eindeutig vorhersehbare Weise reagieren, mutiert auch die Beraterrolle zum Experten für organisationsinterne Wahrnehmungs- und Lernprozesse. Fach-Know-how und die wichtige Außensicht bleiben zwar zentrale Beiträge, haben aber »Angebotscharakter« – das System entscheidet, ob es diese annimmt.

Dazu kommt eine weitere für den systemischen Ansatz einflussreiche Theorie: der *radikale Konstruktivismus* (F. v. Glasersfeld). Er lehrt, dass soziale Wirklichkeit nicht objektiv erfasst werden könne, so dass auch die Expertensicht bei Veränderungsvorhaben nur eine neben anderen relevanten Perspektiven sein könne. In einem Veränderungsprojekt muss es daher darum gehen, einen Prozess einzuleiten, der unter Einschluss der verschiedenen Perspektiven zur Herstellung neuer, Veränderung auslösender Sichtweisen in der Organisation führt.

Wenn es gelingt, durch die Einspeisung abweichender Sichtweisen die Organisation zu irritieren, besteht auch die Chance auf Veränderung. Im Unterschied zur expertenorientierten Beratung erwarten systemische Berater keine Veränderung in eine präzis bestimmbare Richtung, sondern sie erkennen an, dass nur das beratene System selbst bestimmen kann, ob überhaupt, und wenn, in welcher Weise Veränderung stattfindet. Sie leisten also Hilfe zur Selbsthilfe.

Lernende Organisation und Transformationsmanagement

Als wesentlicher Baustein soll hier die von P. Senge in der »Fünften Disziplin« (Senge 2006) vertretene *Idee der lernenden Organisation* angeführt werden. Sie trägt dem Umstand Rechnung, dass Veränderung nicht mehr wie etwa in Scheins Modell als eine jeweils im Rahmen des Auftauens, Bewegens und Wiedereinfrierens zeitlich beschränkte Phase begriffen werden kann, sondern ein Dauerzustand sein muss, dem ein Unternehmen nur mit einer umfassenden Lernkultur gerecht werden kann. Unternehmen haben sich nämlich darauf einzustellen, kontinuierliche Anpassungen und radikale Veränderungen zu bewältigen. Für diese neue Anforderung wurde in der systemischen Beratung neuerdings der Begriff *Transformation* (Janes/Pramer/Schulte-Derne 2001) geschaffen. Es handelt sich dabei um ein Veränderungsmanagement, das die Vorteile von OE und Change-Management vereint und einen Zugang sowohl für Kontinuität als auch Brüche, Integration und »Durchziehen«, Tiefe und Geschwindigkeit (2001, S. 8) verspricht.

Der lösungsfokussierte Beratungsansatz

Die lösungsfokussierte Beratung (Steve de Shazer/Insoo Kim Berg) ist eine Innovation der modernen therapeutischen Arbeit und ein das systemische Beratungsverständnis und -repertoire weiterführender Ansatz, der es ermöglicht, Beratungsprozesse inhaltlich hochwirksam, klimatisch »leicht« und in der Regel auch kurz zu gestalten. Das spezifische Know-how des lösungsfokussierten Zugangs liegt in der ungewöhnlichen und hochwirksamen Vorgehensweise zur Transformation schwieriger Situationen und Problemzustände: Anstelle vergangenheitsorientierter Analysen, des Aufrollens der Problemgeschichte, des Suchens nach Ursachen wird ein radikal zukunftsorientierter Prozess eingeleitet, der es den Beteiligten ermöglicht, sich inhaltlich und emotional vom Problem zu lösen.

Darüber hinaus werden mittels lösungsfokussierter Fragen und Interventionen sehr schnell das Lösungswissen und die Lösungsenergie der beteiligten Personen aktiviert. So werden in sehr kurzer Zeit Sichtweisen und Handlungsspielräume in Bewegung gebracht und erweitert.

Ziele, Vereinbarungen und Maßnahmen werden ausschließlich aus dem Lösungswissen und der Lösungsenergie heraus entwickelt und haben daher eine besonders nachhaltige Qualität der Umsetzung.

Der lösungsfokussierte Beratungszugang wird weltweit bei allen Fragen der Organisations- und Unternehmensentwicklung, der Aufgaben- und Zielplanung bis hin zur Strategieentwicklung des Gesamtunternehmens angewandt.

In der neueren Diskussion finden wir vermehrt Beiträge, die die angesichts einer zunehmend dynamischen Umwelt beschworene Notwendigkeit einer ständigen Beschleunigung der Veränderungsprozesse in Kombination mit radikalen Schnitten kritisch kommentieren. Angemerkt wird, dass bei den permanenten Appellen zu kontinuierlicher und beschleunigter Veränderung auch an die Sicherung der Routineaufgaben in Organisationen zu denken wäre.

G. Becke (2007, S. 18 ff.) erinnert auch daran, dass »Stabilitätsanker« zu beachten sind, die aufseiten der Umwelt vor allem in der Verlässlichkeit, der Rechenschaftspflicht und zentralen Strategie sowie im Innern durch Vertrauen, Identifikationsmöglichkeit und organisatorische Loyalität bestehen.

Auch muss gefragt werden, wie lange die Betroffenen das sich ständig beschleunigende Veränderungskarussell mitmachen werden, wenn einseitig die immer massivere Beschwörung des Veränderungsdrucks im Vordergrund steht und nicht gleichzeitig die Lust und Freude an der Veränderung geweckt werden können.

Die folgenden Thesen zur systemischen Veränderung zeigen wichtige Grundprinzipien der systemischen Veränderungsberatung in einer gut verständlichen und pointierten Form auf (nach Passavant 1992).

Denken und Handeln in Zusammenhängen und Wechselbeziehungen sind für Veränderungsprozesse förderlicher als Denken und Handeln in Begriffen von Ursache und Wirkung.	Ursache-Wirkungs-Beziehungen oft nicht eindeutig und wahrnehmungsgesteuert. Linearität ist in komplexen Systemen nicht mehr aufgehoben. Schuld und Nichtschuld sind in Organisationen wenig hilfreiche Unterscheidungen.
Alle Systemteile stehen miteinander in Wechselwirkung, Veränderungen in einem Teil haben Wirkungen in anderen Teilen.	Für Beratung und Veränderung bedeutet das: Interventionen wirken über beabsichtigte Teile hinaus. Veränderung soll dort ansetzen, wo die besten Chancen dafür gegeben sind, nicht, wo die Ursache vermutet wird. Berater agieren nicht neutral, sie sind Teil des Spiels – und müssen allparteilich im Sinne der verschiedenen Beteiligten agieren.
Wahrnehmbar ist nur, was unterscheidbar ist (Bateson: »der Unterschied, der den Unterschied macht«).	Der weiße Punkt auf der weißen Wand ist nicht sichtbar! Berater und Veränderer müssen den Unterschied wagen, sie müssen verschiedene Perspektiven einnehmen können und Betroffene zum Perspektivenwechsel anregen.
Veränderung geschieht über das Schaffen neuer Realitäten.	Das Mittel zur Veränderung ist nicht die kognitive Einsicht, sondern das Erleben des Neuen in Form neuer Strukturen, Beziehungen, Verantwortlichkeiten …
Die Macht liegt in den (Beziehungs-)Regeln.	Nicht die Personen zählen (neue Personen zeigen in der alten Konstellation das gleiche Verhalten, das sie früher angriffen), die Regeln ihres Zusammenwirkens sind neu zu definieren.
Nicht die Probleme sind das eigentliche Problem, sondern die Tatsache, dass die Lösungen nicht vollzogen werden.	Viele erkennen mit bloßem Hausverstand das »Problem« – aber es bleibt hartnäckig ungelöst. Mehr vom Selben ist in so einem Fall nicht die Lösung, sondern ein Ausbrechen aus dem »Circulus vitiosus«. Das Problem zwar ernst nehmen – aber nicht die vorgeschlagenen Lösungen ungefragt übernehmen.
Problemdefinitionen sind nicht wahr, sondern eine Übereinkunft der Beteiligten.	Das Problem und die Lösungen sind oft mit gesundem Hausverstand vielen geläufig – dennoch passiert nichts. Probleme werden häufig so formuliert, dass diese Formulierung für die jeweilige Person »tragbar« ist. Daher die Botschaften verschiedener Problemdefinitionen deuten lernen und durch verschiedene Sichtweisen eine bessere Definition erreichen.

Es gibt keine unsinnigen Systemprozesse – nur solche, deren Funktion wir noch nicht erkannt haben.	Soziale Systeme haben ihre Überlebensstrategien entwickelt, die sie nur ungern aufgeben. Wichtig ist, darauf zu kommen, welche Funktion ein Prozess, ein Verhalten hat, und sich auf die Suche nach einem alternativen Weg zu machen, wie diese Funktion erfüllt werden kann.
Die vertikale Linie einer Organisation (Generationen in einem Familienunternehmen) ist prägender als die horizontale – das Gegenwartssystem, die Peer-Ebene	Durch unbewusste Loyalitäten zum Beispiel im vertikalen System wird das Gegenwartssystem gestört und zum Teil gefährdet. Das Aufspüren solcher Bindungen an Personen, Werte, Zugehörigkeiten kann sehr wichtig sein, um gegenwärtige Phänomene zu verstehen und Wege der Veränderung zu erreichen.

Die Methoden der systemischen Beratung sind nicht von vorneherein festgelegt und vielfältig. Das heißt, dass grundsätzlich auch Fachberatung stattfinden kann, wenn sie als Intervention in ein soziales System mit all seinen Besonderheiten begriffen wird. Die Kunst der Beratung ist, die Intervention zu wählen, durch die das System angeregt wird, sich zu verändern.

Wichtig ist vor allem, dass die Wirkung der Intervention beobachtet wird, weil sie selbst wiederum eine wichtige Information über das System darstellt, die für das Lernen im System von Bedeutung ist (»Kybernetik zweiter Ordnung«, Heinz von Foerster). In der folgenden Abbildung sind beispielhaft Methoden und »Interventionen« aufgelistet, die speziell im systemischen Veränderungsmanagement häufig Anwendung finden.

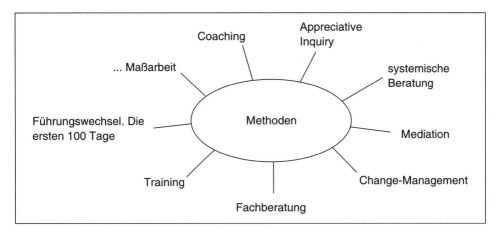

Vergleich gängiger Veränderungsansätze

Wir stellen drei grundlegende Zugänge zu Veränderungen vor, die heute in der betrieblichen Realität dominieren:

→ Klassisches Change-Management.
→ Organisationsentwicklung.
→ Transformationsmanagement.

Der Ansatz des Change-Managements

Wie bereits beschrieben, ist der Ansatz des klassischen Change-Managements expertenorientiert und top-down gerichtet. Die zentrale Stellung im Change-Management haben ökonomisch orientierte Experten, die nach eingehenden Analysen und Vergleichen meist bestimmten Moden folgende Konzepte vorlegen und der Unternehmensführung zur Umsetzung nahelegen. Die vorgeschlagenen Veränderungen sind in der Regel radikal, und ihre Umsetzung obliegt dem Management.

Logik des Veränderns	Externe Logik ist dominant, Veränderungsideen von außen werden eingebracht, geprüft und übernommen. Schwerpunkt liegt bei der Implementierung neuer Systeme, Prozesse, Richtlinien und bei der Einschulung der Mitarbeiter.
Mitwirkung der Betroffenen	Punktuelle Einbeziehung, hauptsächlich zur Informationsgewinnung. Ergebnis wird durch externe Berater erarbeitet, Entscheidungen werden durch das Management, auch gegen den Willen der Betroffenen.
Prozess der Veränderung	Schnell, auch sprunghaft und auch mit Brüchen. Ergebnis ist vorab definiert, Zeitstruktur und Ressourceneinsatz sind geplant und bekannt.
Gestaltungskraft	Vorgabe der Veränderungsziele vom Management beziehungsweise von externen Experten. Entscheidend sind die Gestaltungskraft der externen Beratung und die Umsetzungskraft des Managements.
Beispiel	Geschäftsprozessoptimierung in der Fertigung eines Kraftwerksbauers; die Aufgaben der einzelnen Standorte in Europa und Asien wurden neu definiert und die entsprechenden Prozesse angepasst.

Der Ansatz der Organisationsentwicklung

Organisationsentwicklung erfordert eine *neue Denkhaltung bei Vorgesetzten und Mitarbeitern.* Der Mitarbeiter muss lernen, sachliche und emotionale Konflikte offenzulegen und arbeitshemmende Probleme offen anzusprechen. Der Vorgesetzte muss die Informations- und Entscheidungsprozesse in seiner Organisationseinheit zielorientierter und transparenter gestalten.

OE muss *traditionelles Hierarchiedenken überwinden*. Die Problemlösungen werden von der Hierarchie unabhängig gemacht, indem die Probleme zur Lösung an die Stelle mit der höchsten Fachkompetenz delegiert werden, was wiederum zu einer Versachlichung beiträgt. OE schafft damit die Voraussetzung für die verantwortungsvolle Einbindung leistungsbereiter Mitarbeiter, indem sie ihnen echte Mitgestaltungsmöglichkeiten bietet.

Mitarbeiter und Führungskräfte brauchen ein *Gleichgewicht von Sach- und Sozialkompetenz*. Erfolgreiche Organisationsentwicklung setzt voraus, dass sach- und sozialkompetent vorgegangen wird. Das bedeutet, dass sich Mitarbeiter und Führungskräfte ein Grundverständnis von psychologischen Prozessen und Gruppenprozessen aneignen müssen. Sie müssen sich Methoden aneignen, um in und mit Gruppen ergebnisorientiert zu arbeiten.

Logik des Veränderns	Eigenlogik des Systems dominant, Veränderungsideen entstehen von innen, von Management und Mitarbeitern, internen Experten. Schwerpunkt liegt beim Lernen, der Kulturentwicklung und im Prozessdesign.
Mitwirkung der Betroffenen	Aktive Integration, am Veränderungsprozess in allen Phasen, auch an den Entscheidungen, beteiligt.
Prozess der Veränderung	In Stufen, über Einsicht, evolutionär; offener Rahmen bezüglich Zeit für die Veränderung als auch den Ressourceneinsatz; Prinzip der rollierenden Planung. Ergebnis ist offen.
Gestaltungskraft	Internes Reflexionsvermögen, Fachwissen, Kunden- und Marktwissen; Beratung primär auf Methodeneinsatz- und Prozessgestaltung ausgerichtet. Lernen über Reflektieren und eigene Erfahrung.
Beispiel	Entwicklung des Servicebereichs einer Universität; neue Positionierung als Dienstleister und Vollzug des entsprechenden mentalen Wandels bei den Mitarbeiterinnen und Mitarbeitern.

Der Ansatz des Transformationsmanagements

Bei der Transformation geht es um die Verbindung der Problemlösungsfähigkeit von klassischem Change-Management mit entwicklungsorientierten und systemischen Ansätzen. Durch proaktives Herangehen wird der potenziellen Krise in der Zukunft zuvorgekommen, neue Geschäftsmodelle werden entwickelt, obwohl die bestehenden noch wertschaffend sind. Wachstum und Rationalisierung werden zeitgleich angestrebt, Innovation und Qualitätsmanagement müssen parallel vorangebracht werden. Kulturarbeit und Vernetzung mit Kunden und Lieferanten werden vorangetrieben und dem Managementnachwuchs werden hohe Herausforderungen gestellt.

Transformation ist *radikal*, weil sie das Bestehende im Sinne von Schumpeters »schöpferischer Zerstörung« infrage stellt und auf Veränderung zweiter Ordnung zielt. Sie ist auch *umfassend* und involviert das ganze System und die Ausrichtung des

Unternehmens auf allen erforderlichen Ebenen (Identität, Vision, Strategie, Strukturen, Führung, Mitarbeiter, Kunden, Stakeholder, Prozesse). Sie geht auch auf jene *Tiefe der Veränderung,* die notwendig ist – von der Anpassung über die Strukturveränderung bis zur Veränderung der mentalen Modelle (vgl. Scharmer 2007).

Transformation braucht das bewusste Schaffen und Inszenieren von Spannungsfeldern und »unbalancierten« Zuständen in der Normalität. Künftige Krisen werden vorweggenommen, nahezu Unerreichbares wird als Ziel postuliert (Heitger/Doujak 2002). Durch die Inszenierung des Ungleichgewichts wird die Organisation in Bewegung gebracht, der Change-Leader muss eine Welle erzeugen, die das Schiff aus den ruhigen Gewässern heraustreibt. Veränderungen zweiter Ordnung werden angestrebt – nicht mehr vom Selben, sondern das Geschäft neu erfinden, ein Geschäftsmodell einführen, das bisher kein Wettbewerber hatte (Hamel 2002). Das kann in der Hightechindustrie sein, aber auch in einem ganz traditionellen Bereich wie der Holzwirtschaft, wo ein Leitunternehmen mit Erfolg nicht mehr Holz verkauft, sondern der Holzindustrie das Holz zu der Zeit, wenn es gebraucht wird, bereitstellt und die ganze Logistikkette beherrscht.

Logik des Veränderns	Aktive Verknüpfung von interner Logik und Problemlösungsfähigkeit mit externem Know-how von Experten. Schwerpunkt liegt beim Design des Beratungsprozesses, Konzeption neuer Organisationsstrukturen, Systeme.
Mitwirkung der Betroffenen	Differenzierte und unterschiedlich breite Einbindung der Betroffenen je nach Phase des Projektes; Umsetzung zum Teil mit, zum Teil auch gegen den Willen der Betroffenen.
Prozess der Veränderung	Kombination von Entwicklungsschritten mit harten Schnitten: »unbalanced transformation«. Das Ergebnis ist definiert, die Zeitstruktur des Prozesses ist offen für prozessbedingte Anpassungen, ebenso sind im Ressourceneinsatz Reserven für Optionen vorgesehen.
Gestaltungskraft	Vorgabe der Veränderungsziele vom Management, Nutzung interner und externer Expertise, Austragung der Konflikte als Aufgabe der Gestalter (Management und Berater). Auch bei Verweigerung oder Versagen der internen Gestaltungskräfte kommt ein Ergebnis zustande.
Beispiel	Die umfassende Reform einer Universität erforderte ein kaskadenförmiges Vorgehen in mehreren Phasen: Topentscheidungen zu Evaluierung, Positionierung und Strukturreform wurden auf der Ebene der Fakultäten mit deutlich erweiterter Beteiligung konkretisiert und in Entwicklungspläne gegossen.

In der nachstehenden Abbildung sind die drei unterschiedlichen Zugänge des Veränderungsmanagements in ihrer spezifischen Bedeutung dargestellt. Je nach Veränderungsnotwendigkeit und Veränderungsfähigkeit einer Organisation kann einer der Ansätze besonders geeignet sein.

Ansätze der Veränderung – ein Streifzug durch Theorie und Geschichte

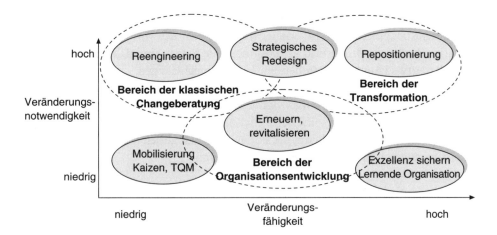

Klassische Change-Beratung ist bei *Reengineering* und *Sanierungsprojekten* gefragt. Es geht ums Überleben, rasche Lösungen sind erforderlich. Das Management ist oft nicht in der Lage, die erforderlichen Veränderungen aus eigener Kraft zu bewältigen. Oft wird in Sanierungsfällen ja das Management überhaupt ausgetauscht.

↗ Beispiel

Ein gutes Beispiel ist ein Telekom-Unternehmen, bei dem durch den Markteintritt von Konkurrenten die Marktanteile einbrechen. Es bleibt nicht viel Zeit für eine erfolgreiche Sanierung – der beste verfügbare Sanierer wird »eingeflogen«, ein großes internationales Beratungsunternehmen, ausgestattet mit allen Vollmachten zu einer radikalen und rasch greifenden Lösung.

Organisationsentwicklung ist beim Mobilisieren der Veränderungsenergie und Veränderungsfähigkeit und -bereitschaft der handelnden Personen ein wichtiger Zugang. Ein typisches Beispiel ist das Stärken der *Kundenorientierung* einer traditionellen Serviceorganisation, die zunehmend unter Druck gerät. Aber: Kundenorientierung lässt sich nicht verordnen, die Betroffenen müssen gewonnen werden. Ein idealer Fall für einen organisationsentwicklerischen Zugang. Auch für die Einführung von Qualitätsmanagement, Total Quality Management ist ein organisationsentwicklerischer Zugang empfehlenswert.

Auch für die Stärkung der Lernfähigkeit der Organisation ist Organisationsentwicklung ein wichtiger Zugang. Ziel ist, im Alltagsgeschäft höchste Qualität und Perfektion zu erbringen und diese beständig weiterzuentwickeln. Kundennähe: Hier ist das proaktive Element ebenfalls stark, eine Vision, die trägt, und »Dreamteams«, die die Grenzen des heute Möglichen ausloten.

↗ Beispiel

Typische Beispiele für diesen Ansatz sind Beratungsunternehmen, Forschungsstätten und Kliniken mit höchstem Qualitätsniveau und hoher Exponiertheit im Wettbewerbsfeld.

Transformationsmanagement verbindet beide vorgenannten Ansätze. Transformationsmanagement bedeutet »proaktiv erneuern« – aus dem Schwung des Erfolges heraus innovative Wachstumsfelder und Erfolgspotenziale nutzen und dabei die Kontinuität und Weiterentwicklung des Bestehenden nicht vernachlässigen.

↗ Beispiel
Ein gutes Beispiel dafür ist ein erfolgreiches Internet-Medienunternehmen im Gesundheitsbereich, das sich eine beachtliche Reichweite und Bekanntheit erarbeitet hat und nun darangehen kann, die Potenziale noch gezielter zu nutzen und seine Leistungen auch preislich höher zu positionieren.

Wenn eine deutliche *Neupositionierung* oder ein strategisches Redesign des Geschäfts erforderlich und die Veränderungsfähigkeit gegeben ist, sind sowohl Elemente einer völligen Neugestaltung als auch entwicklerische Elemente im Change-Vorgehen wichtig. Die Organisation muss in die richtigen Bahnen gelenkt werden und gleichzeitig soll an ihrer Selbsterneuerungsfähigkeit gearbeitet werden.

↗ Beispiel
Ein gutes Beispiel ist eine Universität, die am Markt für Forschung und Lehre ein deutlicheres Profil zeigen muss, wenn sie mittelfristig attraktiv für Studenten, Lehrer und Forscher bleiben will. Hochschulrankings zwingen sie dazu, sich dort verstärkt zu positionieren, wo sie vordere Plätze erreichen kann, und andere Bereiche anderen zu überlassen.
Oder: Ein weltweit führender innovativer Verpackungsmittelhersteller leitete einen Prozess ein, der das Thema Verpackung in eine völlig neue Dimension bringen sollte. Der geeignete Ansatz ist Transformationsmanagement.

Welche Veränderung brauchen wir?

Einen anderen Blick auf die Veränderungserfordernisse wirft die folgende Abbildung (nach Scharmer 2007) Die geringste Veränderungstiefe erfordern kleine Umfeldveränderungen. Je tiefer die Veränderung gehen soll, umso anspruchsvoller ist die Aufgabe. Klassische Change-Beratung kann diese nur zum Teil erfüllen. Organisationsentwicklung wird vielfach ergänzend zur klassischen Change-Beratung treten müssen, wenn es zum Beispiel um die Veränderung der mentalen Modelle geht. Transformationsmanagement wird hilfreich sein, um raschen Wandel mit Tiefgang zu verbinden und wenn es darum geht, eine Organisation dabei zu unterstützen, sich völlig neu zu »erfinden«.

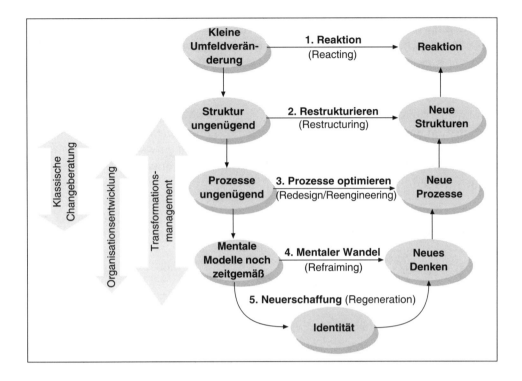

Grundlegende Wege zur Veränderung

Folgende idealtypische Wege zur Veränderung können wir in der Praxis beobachten:

Muddling-through Laufende kleine Anpassungen im Alltag als Strategie. Es gibt kein Gesamtkonzept und keinen starken artikulierten Willen zur Veränderung. Veränderung passiert: manchmal harmonisch, oft chaotisch und widersprüchlich. Solche Veränderungsdynamiken sind bei Parteien und Non-Profit-Organisationen (NPO) sichtbar, wenn ein Führungs- und Machtvakuum herrscht. Teilweise auch bei Familienunternehmen, wenn sich die Familie uneins ist. Manchmal kündigt sich in so einem Veränderungsszenario der Niedergang an.

Neben dem Weg der sporadischen, kleinen Veränderungen gibt es Strategien, die auf einem Gesamtkonzept beruhen:

Machtstrategien Die Macht kann durch eine Einzelperson (Unternehmer, Patriarch) oder strukturell ausgeübt werden (Shareholdergruppe, Fonds, Unternehmensgruppe, Regierungen usw.). Machtstrategien sind häufig erkennbar, besonders bei Fusionen (»unfreundliche Übernahme«), aber auch in Parteien, Krankenhäusern und Einrichtungen, die sich nicht am Markt ausrichten müssen und Energie für »Machtspiele« haben.

Expertenstrategien Große, internationale Beratungsfirmen verkörpern diese Strategien idealtypisch. Sie erscheinen einfach und klar: Externe Berater entwickeln das optimale Konzept, die Führung »verkauft« es den Mitarbeitern – oder sie drückt es ihnen aufs Auge.

Entwicklungsstrategien Sie haben den Anspruch, dass Management und Mitarbeiter die Situation und die Ursachen von Problemen diagnostizieren und aus eigener Kraft neue, wirksame Konzepte und Veränderungsoptionen zu entwickeln vermögen. Die Fähigkeiten der Mitarbeiter auf allen Ebenen können für notwendige Veränderungen genutzt werden.

In der folgenden Übersicht sind die Voraussetzungen, Kosten und Nutzen der drei Strategien gegenübergestellt.

Drei Wege der Veränderung und ihre Konsequenzen

	Expertenstrategie	Machtstrategie	Entwicklungsstrategie
Menschenbild und Beteiligung	Rationalistisches Menschenbild; Mensch als vernünftiges Wesen – ist primär logischen Argumenten offen.	Menschen können beliebig durch Macht gebogen werden; sind an Machterhalt interessiert.	Mensch als wertvollste Ressource; sachliche und emotionale Seite werden wichtig; Lernfähigkeit vorausgesetzt.
Gewählter Beratungsansatz	Experten analysieren den Veränderungsbedarf, schlagen Lösungen vor. Gutachten haben einen hohen Stellenwert.	Mächtige ordnen selbst Veränderungen an oder holen sich ihre Vertrauten (Experten). Lösungen werden verordnet.	Fachexperten und Betroffene arbeiten gleichberechtigt an Veränderungen. Berater stellen auch Methoden-Know-how bereit.
Motivation für Veränderungen	Motivation über logische Argumente, Einsicht ins Unvermeidliche wird erwartet; Mensch als Nutzenmaximierer.	Zwang und Belohnung mit eigenem Machtzuwachs. Angst vor Nichtmitmachen.	Eigene Entwicklungsmöglichkeiten im Unternehmen; Sinn der Arbeit ist wichtig; Selbstbewusstsein durch Leistung.

Konfliktlösungsstrategie	Konflikte sind sachliche Auffassungsunterschiede und daher durch geeignete Bewertungstechniken lösbar.	Anordnung und Vorgaben werden durchgesetzt. Widerstand wird gebrochen.	Aktiver Einbezug in Veränderungsprojekte; offene Information, begründete Entscheidungen; Sachgegner werden nicht eliminiert, sondern integriert.
Vorteile des Ansatzes	Gute Systematik von Gesamt- und Teillösungen; schnell, keine Friktionen, Experten bringen Know-how ein.	Einfach und rasch zu »Lösungen«, weil wenige Beteiligte und wenig Rücksicht auf Argumente und Widerstände genommen wird.	Nutzung des kreativen Potenzials aller Mitarbeiter; Beteiligte sehen eigene Veränderungsnotwendigkeit ein, Zusammenarbeit wird gestärkt; das Unternehmen »lernt«.
Nachteile des Ansatzes	Betroffene sind schwer ins Boot zu holen; Verhaltensänderungen bleiben oberflächlich; Betroffene lernen nicht.	Veränderungen bleiben äußerlich, werden sabotiert, unterschwelliger Widerstand; Menschen lernen nicht, selbst tätig zu werden.	Dauert oft länger; Umwege werden nötig, Systematik leidet, unpopuläre Entscheidungen oft schwieriger zu treffen.

In Verbindung mit der Unterscheidung von Change-Management, Organisationsentwicklung und Transformationsmanagement ergeben sich folgende Kombinationen:

	Machtstrategien	**Expertenstrategien**	**Entwicklungsstrategien**
Klassisches Change-Management	Gehen Hand in Hand	Weitgehend identisch	Weniger bedeutsam
Organisationsentwicklung	Klarer Gegensatz	Ergänzend möglich und sinnvoll	Weitgehend identisch
Transformationsmanagement	Partiell möglich	Wichtiger Teil der sachlichen Veränderung	Wichtiger Ansatz zu tief greifendem Wandel

Veränderungen in Gang setzen

Wie wird in einem konkreten Veränderungsprojekt vorgegangen?

Veränderungsprozesse, die erfolgreich sein sollen, müssen umsichtig geplant, gelenkt und auf ihre Auswirkungen überprüft werden. Das Management der Veränderungsprozesse umfasst Folgendes:

- → Lenkungsorgane (»Steuergruppe«) bilden und personell besetzen;
- → eine Projektorganisation aufbauen und mit Geld, Zeit, administrativer Unterstützung usw. ausstatten;
- → Entscheidungswege definieren, Entscheidungen einfordern;
- → Kommunikationsbeziehungen aufbauen (zu Entscheidern, Stakeholdern);
- → Veränderungsaktivitäten kontrollieren und evaluieren;
- → Auswirkungen auf das Ganze im Auge zu behalten.

Wichtige Entscheidungen des Veränderungsmanagements sind unter anderem das Beschleunigen beziehungsweise Bremsen sowie das Ausweiten oder Eindämmen der Aktivitäten, die Verankerung in der bisherigen Organisation und das Überführen von Neuerungen in die Routineorganisation. Dafür muss die Verantwortung grundsätzlich bei der Klientenorganisation liegen.

Wir stellen nun die zentralen Veränderungsprozesse und dazugehörige Instrumente vor, die bei Veränderungen Anwendung finden.

Sieben Prozesse stehen hinter Veränderungsprojekten

Damit Veränderungen gelingen und eine neue Qualität entsteht, ist es hilfreich, sich der verschiedenen Dimensionen und Anforderungen bewusst zu sein, die eine echte Veränderung erfordern. In der Übersicht auf S. 303 unterscheiden Glasl und Jäckel (1996) sieben Dimensionen von Veränderungsprozessen. Einzelne davon werden jeweils im Verlauf eines Entwicklungsprojektes besonders in den Vordergrund treten. Beispielsweise spielt am Beginn die Diagnose der Situation eine große Rolle, bei der Umsetzung liegt der Schwerpunkt auf Lernen und professioneller Realisierung. Wichtig ist, die Anforderungen der zentralen Prozesse im Auge zu haben und nicht in verkürzte Veränderungen zu schlittern. Die Kenntnis der Basisprozesse kann Ihnen helfen, die Schritte eines Änderungsprojektes bewusster zu gestalten.

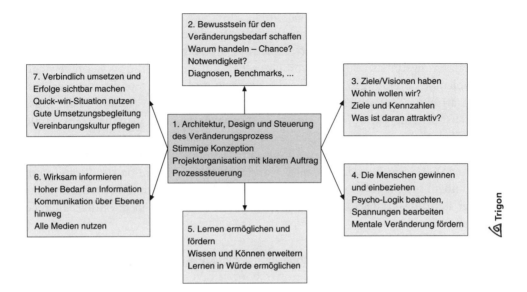

Prozess 1: Die Veränderung gestalten Häufig werden Change-Prozesse aufgrund ihrer Charakteristik (Einmaligkeit, Komplexität, Innovation) nach einer Projektorganisation verlangen. Dies bedeutet nicht, dass die Veränderung einem Projektleiter oder einem Team überlassen wird, sondern dass sich die Führung einer professionellen Projektarbeitsweise bedient, dass in fachlicher, methodischer und psychosozialer Hinsicht kompetent gearbeitet wird. Durch die Projektorganisation kann der Prozess den Anforderungen der jeweiligen Phase des Veränderungsprozesses maßgeschneidert angepasst werden: Wer ist in dieser Phase aktiv einbezogen (Mitarbeiter, Stakeholder und andere)? Wie wird informiert? Was sind die Meilensteine?

Projekte stehen für zeitlich limitierte Vorhaben. Veränderungen müssen zwar meist schnell gehen, aber sie brauchen auch »ihre« Zeit! Vergleichbar einem Theaterstück ist ein Drehbuch erforderlich, das die erforderlichen Schritte in einen sinnvollen Ablauf bringt. Theaterstücke beginnen auch nicht mit dem Finale – das haben sie mit Change-Projekten gemeinsam. Für die Betroffenen und Beteiligten ist es wichtig, dieses Drehbuch ausreichend zu kennen und zu wissen, was wann passiert und wo sie sich einbringen können oder müssen.

Prozess 2: Veränderungsbedarf »diagnostizieren«; »wir müssen handeln« Defizite, Probleme, Schwächen im Vergleich zu Mitbewerbern müssen entsprechend realistisch wahrgenommen werden. Neben Markt, Kunden, Kosten und Erträgen geht es um Strukturen und Prozesse sowie um Menschen (s. S. 44). Mentale, kulturelle Faktoren wie Einstellungen, Glaubenshaltungen, Konfliktkultur, unternehmerisches versus verwalterisches Handeln sind einzubeziehen. Diagnose ist Erkenntnisgewinnung. Sie soll daher sowohl von Experten als auch von Betroffenen erfolgen. Methoden sind Interviews, Gruppengespräche mit Mitarbeitern, Kunden- und Stakeholder-Feedback.

Prozess 3: Zukunft sichtbar machen; Vision, Ziele; »wir können handeln« Ausreichende Zuversicht in die Veränderungsmöglichkeiten und den Sinn und Nutzen der Veränderung ergänzen die Problemperspektive und schaffen so die Basis für eine kraftvolle Veränderungsinitiative. Bilder, wohin es gehen soll, sind wichtig als Gegengewicht zu Problembeschreibungen, sie sollen die Energien und Kräfte mobilisieren (wir haben eine attraktive Zukunft, wir können es schaffen usw.). Diese Zukunftsbilder müssen herausfordernd, gut überlegt, einfach kommunizierbar und glaubhaft sein. Konkretere Ziele sollen die Kräfte kanalisieren und bei Ausdauer und Anstrengung erreichbar sein (beispielsweise Märkte erschließen, Prozesse beschleunigen, Kunden zurückgewinnen). Als Ergebnis der Prozesse 1 und 2 sollte eine Koalition der Veränderungsbetreiber entstehen. Die Koalition muss natürlich im Topmanagement beginnen und über Führungskräfte, Fachleute und informelle Leader bis in die Mitarbeiterebene reichen.

Prozess 4: Veränderung als psychosozialer Lernprozess Bei Veränderungen, die bei allen Begeisterung auslösen, werden psychosoziale Vorüberlegungen überflüssig sein. Meist aber sind wir damit konfrontiert, Veränderungsprozesse mit ihren positiven, aber auch mit ihren weniger angenehmen Seiten erfolgreich zu gestalten. Die Kenntnis und Berücksichtigung wichtiger psychischer und gruppendynamischer Aspekte sind gefordert.

Prozess 5: Lernen und Qualifizierung, Empowerment Neue Anforderungen rechtzeitig auf die Arbeitsebene übersetzen. Folgende Fragen sind relevant: Welche neuen Kenntnisse müssen sich Mitarbeiter aneignen? Was muss verlernt werden? Wie können ausreichend Ressourcen für Qualifizierung bereitgestellt werden? Wie kann Lernen erwachsenengerecht organisiert werden? Wie unterstützt die Organisation die Rollenfindung der Mitarbeiter? Neben guter Führung (braucht auch Zeit) sind Unterstützungsangebote in verschiedener Form denkbar.

Prozess 6: Informations- und Kommunikationsprozesse gestalten Diese Prozesse müssen frühzeitig einsetzen und über den Verlauf des Veränderungsprojektes mit unterschiedlicher Intensität betrieben werden. Wichtig ist die *Ereignisnähe*: Bereits im Vorfeld oder bei wichtigen Meilensteinen informieren, nicht erst dann, wenn alles geklärt ist, wie dies viele Manager gerne tun. Sie werden in der Regel ohnehin von zuverlässigen Informationskanälen wie dem »Flurfunk« überholt. Es sollte auf ausreichend breiter Ebene informiert werden. Das bedeutet: sich die relevanten Zielgruppen genau überlegen und auf sie aktiv zugehen, um Verunsicherung und Stille-Post-Effekte zu minimieren. Offenheit ist ebenfalls wichtig: auch die schlechten Nachrichten ansprechen, bereits Bekanntes und Entschiedenes nicht in Abrede stellen. Mit einer gehen Klarheit und Interaktion: mit den Betroffenen verständlich sprechen, Diskussionen zulassen, ausreichende Auseinandersetzungsmöglichkeit schaffen.

Prozess 7: Veränderungen erfolgreich umsetzen Die Umsetzung beginnt bei vielen Veränderungen bereits am ersten Tag! Quick-Wins etwa in Form eines Prozesses, der sofort verbessert werden kann, sollen nicht warten, bis das ganze Change-Vorhaben im Detail entwickelt ist. Ergebnismeilensteine stellen sicher, dass Zwischenziele erkennbar erreicht worden sind, Kennzahlen können den Fortschritt messbar darstellen. Wichtig sind Erfolge in absehbarer Zeit – das motiviert für die größeren Brocken!

Führung, Monitoring und Controlling sind in Veränderungen wichtig. Erfolge belohnen, Abweichungen erkennen und gegensteuern, aus dem Prozess lernen und diese in die nächsten Prozessschritte im Sinne einer rollierenden Planung einfließen lassen. Nicht nur harte Kennzahlen zugrunde legen, auch weiche Faktoren (verändertes Führen, unternehmerisches Verhalten, Kundenorientierung) beobachten.

Ein wichtiger Aspekt ist das Verankern von Veränderungen. Ziel der meisten Organisationen ist es doch, eine kalkulierbare, qualitativ hochstehende Leistung zu erbringen. Dies verlangt nach ausreichender Stabilität. Daher muss sehr genau darauf geachtet werden, dass neue Prozesse, Strukturen und Verhalten auch gelebt werden. Dazu können verschiedene Hilfsmittel dienen: Führung generell, Anleitungen und Handbücher, niedergeschriebene neue Rollen- und Jobbeschreibungen, Strategiedokumente, ein Leitbild und vieles mehr. Und bei alldem soll die Wahrnehmung wach bleiben, wo neue Veränderungen anstehen.

Prozess 1: Die Veränderung gestalten – Architektur, Design & Co

Veränderungsprojekte werden ins Leben gerufen, weil die bestehende Organisation ihre Aufgabe nicht (mehr) zufriedenstellend erfüllt. Das heißt, es werden der »normalen« Organisation ihre eigenen Defizite vor Augen geführt. Das ist konfliktträchtig. Beharrende Kräfte werden versuchen, das Organisationsentwicklungsprojekt zu behindern.

Damit OE-Projekte für die Organisation neue Werte, Ziele und Maßnahmen entwickeln können, brauchen sie einen klaren Auftrag, klare Rollen der am Projekt Beteiligten und eine von der traditionellen Kultur und Hierarchie deutlich abgegrenzte eigenständige Arbeitsform. Wichtige Erfolgsfaktoren für die OE-Projektarbeit sind:

→ klar definierte Aufgaben und Ziele,
→ transparente Vorgehensweisen (Arbeitsplan, Etappen),
→ klare Rollen im Projekt (Wer ist wofür verantwortlich?),
→ Klarheit, wie und von wem nötige Entscheidungen getroffen werden,
→ Raum und Zeit für die beteiligten Mitarbeiter,
→ kontinuierliche Umsetzung von Ergebnissen in der »Normalorganisation«,
→ Investitionen in Lernen, Training und Reflexion,
→ Unterstützung durch qualifizierte OE-Berater, falls keine internen Spezialisten zur Verfügung stehen.

Einen Veränderungsprozess zu gestalten ist eine »soziale Kunst«. Für die Gestaltung sind die sieben Teilprozesse (s. S. 303) so zu kombinieren, dass am Ende eine Entwicklung von Menschen, Gruppen und den Organisationen gelungen ist.

Abhängig von der Ausgangssituation und den beobachteten Auswirkungen der Veränderungsaktivitäten werden Interventionen der Basisprozesse so kombiniert, dass sie einander stützen und ergänzen. Dadurch sind die Vorgehensschritte des klassischen Reorganisierens grundsätzlich überholt, die besagen: »Erst Analyse – dann Zielsetzung – danach Umsetzung und Kontrolle!«

Das professionelle Umgehen mit den Basisprozessen erfordert immer das Zusammenwirken sowohl rationaler als auch nichtrationaler Fähigkeiten und vieler Sinneswahrnehmungen: Was sehe ich? Was höre ich? Was ist »schmackhaft« oder »schal«? Wo geht es »kalt oder heiß« zu? Wo spüre ich Stillstand – wo Bewegung? Wo nehme ich Energielosigkeit wahr und wo Energie? Nur wo viele lebendige Sinne zum Einsatz kommen, kann im Ergebnis Lebendiges und Sinnvolles herauskommen.

Die Architektur von Veränderungsprozessen gestalten

So wie der Architekt einen Hausplan entwirft, hat auch ein Beratungsteam in Zusammenarbeit mit seinen Klienten für den Ablauf eines Veränderungsprozesses (Makroebene) einen Plan zu entwickeln. Ausgehend von den Zielstellungen, die das Veränderungsprojekt verfolgt, muss überlegt werden, welche Inhalte in welcher Form bearbeitet werden, in welcher Reihenfolge die einzelnen Teilprojekte durchgeführt werden, wer bei welchen Schritten wie beteiligt werden muss, wie die Steuerung des Gesamtprozesses organisiert wird und so weiter. Wie R. Königswieser und M. Hillebrand anmerken, haben architektonische Elemente eine paradoxe Funktion: »Sie schaffen fixe Rahmen für Freiräume« (Königswieser/Hillebrand 2005, S. 59). Die Planung soll das Einführen neuer Perspektiven erleichtern, neue Sichtweisen und Feedback einführen, Raum für Reflexion schaffen und damit förderliche Bedingungen für den Veränderungsprozess gewährleisten.

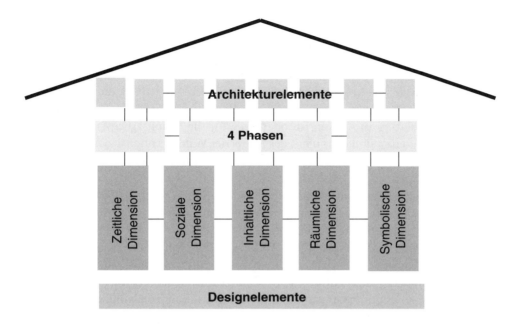

Die fünf Dimensionen von Veränderungsprojekten

Zu Beginn des dritten Kapitels ist auf Seite 279 bereits das Makrodesign eines Veränderungsprozesses nach dem klassischen OE-Modell vorgestellt worden. Zur Planung eines Beratungsprojekts werden allerdings konkretere Festlegungen zu treffen sein, die üblicherweise fünf Dimensionen berücksichtigen.

1. Die inhaltliche Dimension Für jedes Veränderungsprojekt sind Ziele zu definieren, Aufgaben festzulegen und inhaltliche Schwerpunkte zu setzen. Inhalte werden als Daten beziehungsweise Informationen ausgetauscht, sie sind auch Ansatzpunkte für Reflexion und sollen in jedem Fall dazu beitragen, in der Organisation über neue Perspektiven und alternative Sichtweisen zu einer Irritation üblicher Wahrnehmungs- und Deutungsmuster beizutragen. Gleichzeitig ist daran zu denken, dass geeignete Schritte zur Selektion von Inhalten und Prioritätensetzungen eingeplant werden, um Entscheidungen zu ermöglichen.

2. Die soziale Dimension Im Veränderungsprojekt sind Entscheidungen zu treffen, welche Personen in welchen Rollen zu welchen Interaktionen eingeladen werden. Schon die Frage, wer vonseiten der Berater und der Klienten in das Beratungssystem eingebunden wird, erweist sich für viele Projekte als sehr folgenreich. Für Berater etwa ist immer wichtiger, für den Prozess relevantes Geschäfts-Know-how mitzubringen, aber dennoch nicht in die Gefahr zu geraten, in die Rolle der besseren Manager zu kippen. Entscheidend ist auch, in welcher Form zentrale Entscheidungsträger eingebunden sind, um dem Veränderungsprojekt organisationsintern das notwendige Gewicht zu verleihen. Weitere Fragen sind, an welchen Stellen Außenperspektiven, zum Beispiel Experten oder Kunden, wichtig sind, wie Belegschaftsvertreter eingebunden werden, an welchen Stellen Betroffene zu Wort kommen und so fort. Zur sozialen Dimension gehört letztlich auch, welche Interaktionsformen gewählt werden. Jede Interaktionsform bietet spezifische Möglichkeiten, weist aber auch Grenzen auf, die beachtet werden müssen. Großgruppen etwa eignen sich sehr gut für die Startphase, in der Energie für die Veränderung zu wecken ist, oder auch für die Visionsarbeit (in Form einer Zukunftskonferenz), sind aber nicht das Mittel der Wahl für intensive Arbeitsphasen. Dafür eignen sich wiederum besser Gruppen-, Kleingruppen- oder Einzelarbeiten.

3. Die zeitliche Dimension Die zeitliche Planung betrifft die Dauer des Gesamtprozesses, seiner einzelnen Phasen, die verschiedenen Meilensteine und das Fixieren eines klaren Endtermins. Sie schließt die Festlegung des »richtigen Zeitpunkts« für Interventionen genauso ein wie Entscheidungen über bestimmte Rhythmen und Pausen. Zum Beispiel sollten Projekttermine während eines Veränderungsvorhabens Rücksicht auf die sonstigen zeitlichen Verpflichtungen der beteiligten Personen nehmen, sollten aber in jedem Fall in gewissen Abständen erfolgen, um den Bezug zum laufenden Prozess zu gewährleisten. Einzukalkulieren ist auch, dass Projekttreffen in einer zeitlichen Nähe zu bestimmten Schlüsselereignissen beziehungsweise wichtigen Zwischenergebnissen stattzufinden haben. Ein wichtiger Anhaltspunkt für die zeitliche Planung sind die Unternehmenskultur und Arbeitsgeschwindigkeit vor Ort.

4. Die räumliche Dimension Die Auseinandersetzung mit räumlichen Fragen bezieht sich auf so wichtige Entscheidungen, wo die Veränderungsarbeit stattfindet, in Räumlichkeiten des Unternehmens oder eher in dafür ausgestatteten Seminarhotels, in denen für gewöhnlich komfortabler und auch ungestörter gearbeitet werden kann. Überlegt werden müssen nicht nur die Einrichtung und Ausstattung der Räume, sondern auch die Anordnung von Sesseln und Tischen. All diese Fragen haben nicht nur Bedeutung hinsichtlich der Funktion, die Räumlichkeiten erfüllen müssen, sondern auch hinsichtlich der Symbolik, die damit verbunden ist. Ein Sesselkreis etwa betont die Gleichheit der anwesenden Personen, während eine Kinobestuhlung deutlich macht, dass das Zentrum des Geschehens an der Front des Raumes anzusiedeln ist. Diese Überlegungen führen uns zur fünften Dimension.

5. Die symbolische Dimension Der symbolischen Dimension wird im Allgemeinen wenig Aufmerksamkeit geschenkt, aber dennoch gehen von ihr wesentliche Signale aus, die zur Sinnstiftung beitragen und der Veränderungsarbeit ein bestimmtes Image und Gewicht verleihen.

Eine Veränderung, die zum Beispiel die Entwicklung eines neuen Geschäftsfeldes zum Ziel hat, in deren Verlauf eine Reihe offener Fragen zu klären ist, sodass der Prozess von Ungewissheit geprägt ist, kann sich der Symbolik alter Entdeckungsfahrten bedienen. Das Bild beinhaltet Assoziationen wie »Risiko«, »Durststrecken«, »Helden« oder »günstige und weniger günstige Winde«, mit denen verschiedene Ereignisse im

Projekt veranschaulicht werden können. Ein passender Projekttitel dazu kann sein: »Aufbruch zu neuen Ufern«.

Eine wichtige Funktion können auch Rituale erfüllen, indem etwa mit einem Blick in die Vergangenheit gemeinsam erreichte Erfolge gewürdigt werden und damit eine stärkere Zuversicht herrscht, auch künftige Herausforderungen zu meistern.

Symbole und Rituale wirken eindringlicher als Worte oder Zahlen. Weil sie immer eine bestimmte Aussage mit einem sinnlich erfahrbaren Bild verbinden, sprechen sie auch die Gefühle an. Sie sind bei allen angeführten Dimensionen von Bedeutung: Umfassende Information während des Veränderungsprozesses signalisiert »Wir wollen Transparenz«, die Einbeziehung von Betroffenen besagt »Wir entscheiden nicht über die Köpfe hinweg«, die Anwesenheit und Mitwirkung des Topmanagements besagen »Uns ist das Veränderungsprojekt wichtig« und so fort.

Die vier Phasen der Veränderung

Wer ein Veränderungsprojekt beginnt, braucht eine Orientierungshilfe, wie Veränderungen idealtypisch ablaufen und worauf im Ablauf besonders geachtet werden muss. Im Allgemeinen werden in Veränderungsprozessen vier Phasen unterschieden. Die konkrete Gestaltung dieser Phasen ist sehr variabel, es ist jedoch wesentlich, ein Verständnis zu entwickeln, worum es in der jeweiligen Phase geht und was erreicht werden soll. Selbstverständlich haben die Phasen je nach konkretem Prozessverlauf ein unterschiedliches Gewicht und unterschiedliche Ausgestaltung. Es wird auch geschehen, dass es einmal mehr und ein anderes Mal weniger Phasen gibt, abschnittsweise werden Phasen auch einmal parallel verlaufen. Ein bereits kurz vorgestelltes Modell, nach dem Sie in der Einleitung des dritten Kapitels vielleicht auch ein persönliches Veränderungsprojekt durchgeführt haben, ist das auf Kurt Lewin zurückgehende Vier-Phasen-Modell auf der nächsten Seite. Die Phasen sind nicht streng linear hintereinander zu sehen, sondern können sich überlappen, auch kann in einem konkreten Projekt eine »Rückkehr« zu einer früheren Phase nötig sein, weil sich wichtige Bedingungen geändert haben. In den einzelnen Phasen sind die Teilprozesse zu gestalten (vgl. Abb. S. 307), die wir im Folgenden genauer vorstellen werden.

Elemente der Veränderungsarchitektur

Die bestehende Alltagsorganisation ist oft nicht ohne Weiteres in der Lage, die Probleme, die sie zumeist verursacht hat, auch in der gleichen Konstellation zu lösen. Temporär müssen neue Elemente einer Veränderungsorganisation eingeführt werden, die einen kreativen Spannungsaufbau im System fördern. Eine Veränderungsorganisation wird bevorzugt in Form eines Projektes eingerichtet. Sowohl klassische Change-Beratung als auch OE und systemische Beratung bedienen sich der Projektorganisation, aber mit unterschiedlichen Perspektiven:

Phase	Themen und Schwerpunkte	Wege und Instrumente
Orientierungsphase »Ist etwas zu tun?«	Situation aus verschiedenen Blickwinkeln betrachten, bei Bedarf Veränderung einleiten.	Analysieren, spüren, mit jemanden sprechen, Ideen für Verbesserung entwickeln.
Situationsdiagnose, »Unfreezing«	Genaueres Analysieren der Situation, Handlungsbedarf erkennen, erste Ansatzpunkte für Veränderungen finden.	Selbstdiagnose, Beobachtung des Umfeldes, Analyseinstrumente einsetzen.
Veränderungen planen und Entscheidungen herbeiführen, »Moving«	Visionen entwickeln, angestrebten Sollzustand erarbeiten, Veränderungsziele ableiten, Realisierung planen.	Kreative Prozesse, Gespräche, Reflexion, gute Praxis anderswo studieren.
Veränderungen umsetzen, Erfolgskontrolle, »Refreezing«	Realisierung der Maßnahmen, Kontrolle und Nachjustierung. Gutes beibehalten.	Neues Verhalten zeigen, Training von Fähigkeiten, Reflektieren.

→ Die Expertenberatung stellt Projekte so zusammen, dass sie die erforderliche Veränderung in der Organisation bewerkstelligen können (zum Beispiel eine neue IT-Infrastruktur installieren oder die Fertigungsstrecke umbauen).

→ Die OE und die systemische Beratung stellen die Gruppe so zusammen, dass diese die erforderlichen Change-Impulse geben und organisieren kann.

Wie viel Struktur ein Veränderungsprojekt braucht, hängt ganz entscheidend von der Komplexität des Vorhabens ab. Sie soll weder zu simpel sein – dann entsteht zu wenig Differenz zum System –, noch soll sie überbordend angelegt sein, denn dann bindet sie zu viele Kräfte und spiegelt am Ende in der Zusammensetzung oft das System wider. Eine professionelle Projektorganisation für ein OE-Projekt sollte etwa folgendermaßen aussehen:

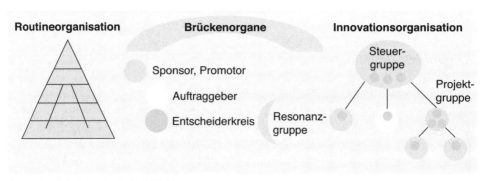

Organe der Veränderung (nach: Glasl 2000b)

Ein Auftraggeber steht hinter dem/vor dem Projekt Eine Einzelperson oder ein Gremium kann formal dazu befugt sein und verbindlich veranlassen, dass ein Veränderungsprojekt durchgeführt wird: Linienvorgesetzte, Gremien, politische Entscheider, Aufsichtsorgane.

Die Auftraggeber formulieren die Problemstellungen und Ziele, beauftragen die Personen, die aus dem Kreis der Trägerpersonen in Erneuerungsorgane bestellt werden sollen, und lassen sich über Etappenziele und Ergebnisse berichten. Sie haben auch Vorbildfunktion. Die Kernaufgaben liegen in Folgendem:

→ Problemstellung, Zielsetzung, Termine definieren,
→ den Ressourcenrahmen (Zeit, Geld, Personen) geben,
→ Auftrag und eventuelle Auftragsanpassungen bestätigen,
→ Zwischenberichte und Endbericht entgegennehmen,
→ über die weitere Behandlung der Projektvorschläge entscheiden,
→ Bildung der Entscheidungsinstanz anregen.

Eine Projekterklärung beziehungsweise ein konkreter Projektauftrag schaffen klare Orientierungen für ein Veränderungsvorhaben Gerade interne Projekte werden häufig nicht nach den grundlegenden Gesichtspunkten des Projektmanagements aufgesetzt und durchgeführt. Klare Projektaufträge und Projektstrukturen sollen die Basis sein.

Eine Steuerungsgruppe oder ein Lenkungsausschuss ist eingerichtet Eine Steuerungs- oder Lenkungsgruppe ist im Auftrag der Entscheidungsinstanz beziehungsweise der Auftraggeber verantwortlich für die Planung der Veränderungsstrategie, für den Projektfortschritt (Kosten, Termine, Ressourceneinsatz, inhaltliche Abstimmung) und für die Koordination mit anderen Projekten und den Linienstellen. Ein Lenkungsausschuss (Steuergruppe) empfiehlt sich, wenn ein Projekt äußerst komplex ist beziehungsweise wenn mehrere Projekte gleichzeitig laufen und Vernetzungen erfordern können. Kernaufgaben sind:

→ Planen der Vorgehensstrategie, der Schritte und Etappenziele, des Umfangs und Tempos der Vorgehensweise.
→ Einrichten von Projektgruppen und Vorschläge für Projektleitungen.
→ Informationsaustausch und Koordination zwischen Projekten.
→ Verknüpfungen mit anderen Projekten herstellen.
→ Weiterleiten von strategischen Fragen an zuständige Entscheidungsinstanzen.
→ Aufsicht über laufende Projekte (inhaltliche Ergebnisse, Kosten, Termine).
→ Nahtstelle zum formalen Management.
→ Nötigenfalls Schutz geben für laufende Projekte, wenn diese durch innere und äußere Faktoren gefährdet sind.
→ Informationskampagnen für die übrigen Mitarbeiterinnen und Mitarbeiter in der Organisation, um sie vom Projekt in Kenntnis zu setzen.

Eine »Resonanzgruppe« oder ein Beirat sorgt für Rückmeldungen und Breitenwirkung
Wenn zu viele Stellen ihre Interessen bei Entscheidungen einbringen wollen, besteht die Gefahr, dass die Entscheidungsinstanz zu groß wird und deshalb nicht mehr arbeitsfähig ist. Die Bildung einer beratenden »Resonanzgruppe« beziehungsweise eines »Beirates« kann dieses Problem lösen helfen.

Die eigentliche inhaltliche Entscheidung wird der Entscheidungsinstanz übertragen, die rasch und unkompliziert Urteils- und Entscheidungsfindung betreiben kann, wobei jedoch vor der Entscheidung der Beirat beziehungsweise die Resonanzgruppe konsultiert wird (beratende Kompetenz). Durch die breite Zusammensetzung können die verschiedenen Führungsebenen und Bereiche wie Disziplinen repräsentiert werden, die sich in der Organisation finden. Kernaufgaben sind:

→ Entscheidungsinstanz in inhaltlichen Fragen beraten.
→ Durch Abbildung der Kompetenz der Organisation Vorschläge beurteilen und überprüfen.
→ Durchführungskonsequenzen von Entscheidungen prüfen.
→ Kommunikation der Entscheidungskriterien in die Organisation hineintragen.

Ein »Sponsor« übernimmt die moralische Schutzfunktion In komplexen Organisationen ist es sehr ratsam, auf die Suche nach einer Person zu gehen, die in der Organisation einen untadeligen Ruf genießt und durch ihre Integrität als Garant für die moralische Rechtmäßigkeit der Veränderungsvorhaben gesehen wird.

Diese Person muss eine anerkannt hohe Stellung haben und durch ihr bisheriges Verhalten bewiesen haben, dass sie sich nicht vor den Karren beschränkter Gruppeninteressen spannen lässt. Durch regelmäßige Informationen an diese Schutzperson kann diese in schwierigen Situationen mit Rat und Tat zur Seite stehen und bei Gelegenheit das Gewicht ihrer Persönlichkeit in die Waagschale werfen. Kernaufgaben sind:

→ Den Vorhaben ein moralisches Gewicht verleihen.
→ Wichtige Kontakte zu anderen einflussreichen Personen herstellen.
→ Sich in schwierigen Zeiten hinter das Projekt stellen.
→ Anstoß geben für das Bearbeiten auftretender Spannungen und Konflikte.
→ Durch gezieltes Symbolhandeln Signale geben für die Öffentlichkeit.

Großgruppenkonferenzen entwickeln Veränderungsenergie Steht ein schneller, das ganze System umfassender Wandel bevor, werden in jüngster Zeit gerne moderierte Großgruppenveranstaltungen durchgeführt. Großgruppenkonferenzen geben die Gelegenheit, alle Beteiligten an einem Ort zu versammeln und auch Organisationsangehörige einzubeziehen, die ansonsten keine Möglichkeit der Mitgestaltung haben. Großgruppenveranstaltungen haben noch eine Reihe weiterer Vorzüge:

→ Durch die Teilnahme an den Diskussionsprozessen, Präsentationen und verschiedenen Arbeitsgruppensequenzen werden wichtige Informationen und ein vertieftes Verständnis für das geplante Vorhaben vermittelt.
→ Durch die Offenheit und Transparenz, die Großgruppenveranstaltungen auszeichnen, entstehen auch Glaubwürdigkeit und Akzeptanz, die eine gute Voraussetzung für das Gelingen einer tief greifenden Veränderung sind.
→ Wird die Veranstaltung dazu genützt, an gemeinsamen Zukunftsbildern zu arbeiten, entsteht darüber hinaus positive Energie (»das Feuer großer Gruppen«, s. Königswieser/Keil 2000), die für den nötigen Optimismus und Schwung im Veränderungsvorhaben sorgt.
→ Es entsteht Raum, um auch Gefühle zu äußern. Ein Umstand, der potenzielle Veranstalter oft verunsichert, aber Bestandteil des respektvollen und konstruktiven Umgangs miteinander ist.
→ Großgruppenveranstaltungen führen zu neuen Kooperationserfahrungen und tragen zur Herausbildung einer Gruppenidentität bei.

Bei Veränderungsvorhaben häufig gebrauchte Formen von Großgruppenveranstaltungen mit jeweils unterschiedlicher Form und Wirkung sind:

→ Die **RTSC-Konferenz** (Real Time Strategic Change) nach Kathleen Dannemiller hat zum Ziel, Veränderungsvorhaben der Geschäftsleitung gemeinsam zu überarbeiten und alle Mitarbeiter dafür zu gewinnen. Der strategische beziehungsweise kulturelle Wandel soll auf breiter Basis, simultan in Gang gesetzt werden.
→ Die **Zukunftskonferenz** nach Marvin Weisbord hat zum Ziel, in zweieinhalb Tagen mit Angehörigen unterschiedlicher Anspruchsgruppen zu einem Thema eine gemeinsam getragene Vision zu entwickeln und Maßnahmenpläne zu ihrer Umsetzung zu erarbeiten
→ Die **Open-Space-Technology** nach Harrison Owen hat zum Ziel, einen förderlichen Raum zu bieten, in dem die eingeladenen Personen selbstorganisiert und selbstverantwortlich ihre Anliegen gemeinschaftlich beraten und Lösungen ausarbeiten können.
→ **Appreciative Inquiry (AI)** nach David Cooperrider hat zum Ziel, einzelne Leistungen oder die Zukunft einer gesamten Organisation zu entwerfen und neu zu gestalten. Das Kernelement von AI ist das »wertschätzende Interview«.

Weitere Elemente von Veränderungsprozessen sind, Workshops, Trainings, Coaching, Info-Märkte, Dialoggruppen und anderes.

Design von Veränderungen

Während mit Architektur gerne die Grobplanung von Veränderungsprozessen bezeichnet wird, meint Design speziell die Gestaltung der einzelnen Prozessschritte und

Elemente. Anzumerken ist, dass die Unterscheidung akademischen Charakter hat, weil in der Praxis auch Architekturen Designüberlegungen folgen beziehungsweise Designs von Architekturen beeinflusst sind. Der Begriff Design ist bewusst gewählt und wäre nur schwer durch Bezeichnungen wie Programm- oder Ablaufplanung zu ersetzen. Auch seine Assoziation mit Kunst hat ihre Berechtigung. Die Gestaltung der einzelnen Elemente von Veränderungsprozessen ist nämlich durchaus vergleichbar mit künstlerischer Arbeit. Sie lässt sich sehr stark von der Erfahrung und Intuition der Berater leiten, wiewohl sie auch auf Wissen und einer gründlichen Reflexion des jeweiligen Entwicklungsstandes der Veränderung beruht. Das Design darf allerdings nicht allein selbst gesetzten Regeln und Intentionen folgen, sondern muss sich vor allem mit den Interessen jener Gruppen oder Personen auseinandersetzen, denen das Design dienlich sein soll.

Konkret meint Design die Gestaltung eines einzelnen Architekturelements unter Berücksichtigung der sachlichen, sozialen, zeitlichen, räumlichen und symbolischen Dimension.

Da die Einzelelemente einen sehr unterschiedlichen Charakter haben und ihre Designs im konkreten Prozess situativen Anforderungen folgen, ist es unmöglich, ein allgemeingültiges Modell vorzustellen, aber immerhin ist es möglich, einige wichtige Grundsätze und Erfahrungswerte zusammenzufassen.

Auswahl von Schlüsselpersonen für Veränderungsprojekte

→ Die Teilnehmerauswahl ist abhängig von der Thematik und der Zielstellung des jeweiligen Elements. Neben Vertretern der verschiedenen Organisationsbereiche, des Managements, des Betriebsrats oder der Eigentümer sind fallweise auch wichtige Umfeldgruppen (beispielsweise Kunden, Zulieferer, Kooperationspartner) beziehungsweise Experten einzuladen.

→ Die vier zentralen Kriterien für die Zusammensetzung der Teilnehmer in den einzelnen Architekturelementen sind in der folgenden Abbildung zusammengefasst.

Entscheidungs-macht	Know-how-Prozess (inhaltlich)
Informeller Einfluss	Betroffen-heit

Es stellen sich folgende Fragen:

→ Wer bringt das entsprechende Spezialwissen und die notwendigen Prozesskompetenzen ein (beispielsweise Experten oder Berater)?
→ Wer bringt die notwendigen Entscheidungsbefugnisse mit (Führungskraft oder andere)?
→ Wer wird von der Veränderung direkt betroffen, muss die Umsetzung mittragen, bringt notwendiges Handlungswissen ein (Betroffene, Umsetzer)?

→ Wer hat wesentlichen, vielleicht auch informellen Einfluss auf die Veränderung und sollte daher einbezogen werden (zum Beispiel sozial einflussreiche, anerkannte Mitarbeiter, Skeptiker, Betriebsrat, Informationsträger, Multiplikatoren)?

Für die Zusammenarbeit in den verschiedenen beschriebenen Settings lassen sich die folgenden Grundsätze zusammenfassen:

→ Die Teilnehmer müssen Gelegenheit finden, sich einander vorzustellen und ihre Erwartungen zu deponieren. Ziele, Ablauf, Methoden und Zeiten sind zu Beginn bekannt zu machen, um für die Teilnehmer Orientierung zu schaffen.
→ Jedes einzelne Element hat Ziele und Themenschwerpunkte, die mit dem Auftraggeber besprochen sind, aber dennoch mit den Teilnehmern abgestimmt werden müssen, um allfällige Klärungen, Schwerpunktsetzungen und Ergänzungen vorzunehmen.
→ Die Thematik und Zielstellung des einzelnen Elements sind auch ausschlaggebend für die Wahl der Interaktionsform. Jede Interaktionsform hat bestimmte Merkmale und Wirkungen und darf weder über- noch unterfordert werden.
→ Die Anwesenden sind in ihren Rollen und Kompetenzen zu berücksichtigen. Daraus ergeben sich unterschiedliche produktiv zu nutzende Perspektiven und Sichtweisen.
→ Sollen Entscheidungen getroffen werden, müssen Sitzungen der Entscheidungsträger eingeplant werden.
→ Theoretische Inputs sind angebracht, wenn neue Sichtweisen daraus entstehen können und Selbsterarbeitung im Sinne des Aktionsforschung nicht möglich ist. Langweilige Referate und Gruppenberichte sind zu vermeiden. An ihre Stelle können kurzweilige und anregende Methoden wie Interviews, Sketches, Informationsmärkte und so weiter treten.
→ Brisante Themen sind zu Beginn vonseiten der Berater anzusprechen, um zu signalisieren, dass nicht vorgesehen ist, um Schwierigkeiten einen Bogen zu machen. Ihre Bearbeitung setzt jedoch Vertrauen in die Kompetenz und Neutralität der Berater voraus, weshalb sie nicht gleich am Anfang eines Prozesses erfolgen sollten.
→ Ein zentrales Element der Arbeit mit Gruppen ist die Visualisierung.
→ Ein wichtiger Stellenwert kommt der Raumgestaltung zu. Sie muss so flexibel sein, dass für die verschiedenen Interaktionen wie Erfahrungsaustausch, Bericht, Reflexion in Gruppen und so fort schnell die erforderliche räumliche Adaptierung vorgenommen werden kann. Zum Beispiel: Sesselkreis, freier Raum für Aufstellung, mehrere Tischgruppen für Gruppenarbeit, Theaterbestuhlung für Plenum.

Interventionen – die Werkzeuge des Beraters

Intervention ist eine zielgerichtete Kommunikation zwischen Beratungs- und Kundensystem mit dem Ziel, bestimmte Wirkungen zu erzielen. Die Ziele von Interventionen sind:

→ **Langfristig** – die Lebensfähigkeit des Systems stärken.
→ **Mittelfristig** – Lebendigkeit, Wandel zweiter Ordnung, Veränderung dysfunktionaler Muster.
→ **Kurzfristig** – Krisenmanagement, Kontexte anders sehen lernen, zum Beispiel »das Gute im Schlechten« (Reframing), Zusammenhänge und Vernetzungen sehen lernen.

Ein Berater hat ein großes Repertoire an Interventionen zur Verfügung, die sich je nach Beratungsschule unterscheiden, aber kaum schulmäßig streng, sondern nach Maßgabe der jeweiligen Situation zur Anwendung kommen. Die wichtigsten Interventionen sind im Schaubild unten zusammengefasst:

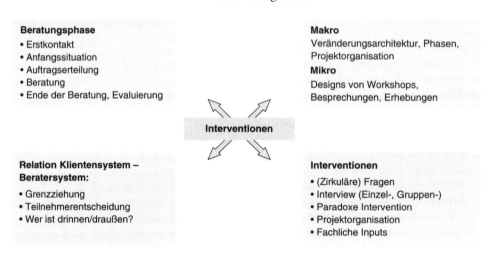

Worauf richten sich Interventionen? Interventionen setzen nicht bei Personen an, sondern bei Handlungen, Wirkungsgefügen, Mustern. Sie sind der Versuch, Blockierungen von Informations- und Energieflüssen zu lösen. Interventionen sind Impulse, um das System zu anderem Verhalten zu bewegen. Sie können Muster und Spiele beschreiben, um sie bewusster zu machen. Sie sollen zu Nachdenken und Metakommunikation anregen. Sie richten sich auf Widersprüche, um die Lebendigkeit des Systems zu erhöhen. Sie fokussieren nicht einzelne Probleme, sondern dysfunktionale Zustände eines Systems. So können sie auch Latentes berühren, sprechen es aber behutsam und nicht aufdeckend an. Interventionen setzen auf dosierte Diskrepanz zwischen Fremd- und Selbstbild. Sie sind oft für das Kundensystem überraschend. Dabei können sie durchaus auch bildhaft und künstlerisch sein.

Was sind Voraussetzungen von Interventionen? Ausgangspunkt von Interventionen sind Hypothesen, die der Berater sich in der Situation bildet. Die Hypothesenbildung geschieht ausgehend von Informationen, Beobachtungen und »Resonanzen«, die der Berater im System sammelt. Sie beruht also nicht auf einseitigen Annahmen des

Beraters, sondern ist Ergebnis eines gemeinsamen Prozesses mit der Klientenseite. Interventionen müssen anschlussfähig sein (in Bezug auf die Sprache und Art der Wirklichkeitskonstruktion des Kunden).

Berater und Beratersystem haben eine Haltung, die sich im Folgenden widerspiegelt:

→ Bemühung um Neutralität (im Sinne von Allparteilichkeit).
→ Neugierde, sorgfältige Beobachtung.
→ Lösungsorientierung.
→ Fragehaltung.
→ Akzeptanz und Wertschätzung.

Zentrale Interventionstechniken Zu den zentralen Interventionstechniken gehören: Interviews, Fragen stellen, paradoxe Interventionen sowie Reframing (Umdeutung).

Interviews

Interviews sind lebendiger als lange Inputs oder Berichte. Sie sollen die Funktion, Sichtweisen und Positionen beziehungsweise bestimmte Faktenlagen für andere Personen erschließen und verständlich machen. Eine zentrale Rolle spielen im Interview offene Fragen, die das Wirklichkeitsbild, die Werte und die Erfahrungswelt eines Interviewten erschließen helfen. Für die Konkretisierung beziehungsweise zur Ermittlung von Fakten sind die sogenannten W-Fragen, geschlossene Fragen, beziehungsweise Ergänzungsfragen erforderlich.

Fragen stellen

Fragen gehört zum wichtigsten Handwerkszeug eines Beraters. Sie dienen nicht nur dazu, Informationen zu sammeln und die Sichtweisen verschiedener Personen zu erschließen, sondern sie leiten gemeinsame Lernprozesse ein, indem sie zum Beispiel irritieren, den Blick auf Bereiche lenken, die außerhalb der bisherigen Aufmerksamkeit liegen, und Zusammenhänge sichtbar machen. Es bedarf der Übung und einer hohen Sensibilität, um die für die Situation richtigen und wichtigen Fragen stellen zu können, um die Personen oder Gruppen in ihrer schöpferischen Weiterentwicklung zu unterstützen. Wichtig ist es, sich über unterschiedliche Arten des Fragens und die damit erzielten Wirkungen klar zu werden. Beispiele für Frageformen in der Beratung sind:

Offene und geschlossene Fragen:	Offene Fragen können nicht mit einem bloßen »Ja« oder »Nein« beantwortet werden, sondern zielen auf eine umfassende Antwort, die Sichtweisen und Interpretationsrahmen zugänglich macht Zum Beispiel: »Wie sieht Ihre Terminplanung für dieses Projekt aus?« Diese Frage regt eher zu einer Darstellung an als die verwandte geschlossene Fragestellung: »Haben Sie schon einen Terminplan für das Projekt?« Geschlossene Fragen haben ihre Funktion vor allem dort, wo die allgemeinen Positionen und Bewertungen schon bekannt sind und für Annahmen Bestätigung eingeholt werden soll. Offene Fragen hingegen stimulieren und eröffnen Gespräche. Sie sind zur Aktivierung geeignet, weil sie ein breites Antwortspektrum zulassen.
Zirkuläre Fragen	Eine wichtige Methode der systemischen Beratung ist das zirkuläre Fragen. Mit dieser aus der systemischen Familientherapie übernommenen Methode werden Wirkungsgefüge in einer Organisation sichtbar gemacht. Zum Beispiel: »Wie reagieren die Betroffenen, wenn die Situation X eintritt, was sagen die Führungskräfte dazu?«, und so weiter. Das zirkuläre Fragen ist vor allem dann hilfreich, wenn eingespielte, sich wiederholende Muster und damit verbundene, als problematisch empfundene Zustände untersucht und neue Sichtweisen entwickelt werden sollen.
Zukunftsfragen	Sie sollen von der Ist-Betrachtung wegführen und skizzieren Bilder der künftigen Situation. Zum Beispiel: »Was ist ein positives Zukunftsbild …?« »Wenn Sie sich drei Jahre in die Zukunft versetzen, wie würde das aussehen?« »Woran erkennen Sie, dass eine Entwicklung in diesem Sinn stattfindet?«
Hypothetische Fragen	Sie sollen neue Sichtweisen ermöglichen, Ungewöhnliches möglich scheinen lassen, einladen zu ganz neuen Gedankengängen. Zum Beispiel: »Angenommen, es bleibt alles beim Alten, wie wird die Abteilung in einem Jahr dastehen?« »Was könnten Sie tun, damit alles noch schlimmer wird?« »Wenn der momentane Problemzustand verschwände, woran würden Sie das bemerken?« »Angenommen, Sie hätten Erfolg, was wäre dann anders?« »Wenn Sie ein Jahr in Urlaub gingen, was würde dann geschehen?« »Wenn Sie tun und lassen könnten, was Sie wollen, und alle spielten mit, was käme heraus?«
Wunderfrage	Die Wunderfrage wird eingesetzt, wenn Personen auf den Problemzustand fixiert sind. Zum Beispiel: »Wenn über Nacht ein Wunder geschieht und Ihre Situation hat sich zum Positiven verändert, was ist dann anders?«

Alternativfragen	Häufig ziehen Gruppen sehr schnell in Richtung einer Lösung. Aufgabe des Moderators ist es dann, den Blick für andere Lösungswege wieder zu erweitern. Zum Beispiel: »Die jetzt beschriebene Strategie haben wir klar beschrieben und festgehalten. Welche Alternativen gibt es dazu?«
Skalierungs-fragen	Skalierungen dienen dazu, Wahrnehmungen, Überzeugungen und Stimmungen zu konkretisieren, indem zu Einstufungen eingeladen wird. Zum Beispiel: »Auf einer Skala von 0 (nicht vorhanden) bis 10 (überwältigend) wie ernst ist aus Ihrer Sicht die Krise, die Sie beschreiben?«

Beim Stellen von Fragen gibt es noch einige in der Praxis bewährte Grundregel, die beachtet werden müssen.

→ In der Kürze liegt die Würze. Wählen Sie unkomplizierte Formulierungen.
→ Bereiten Sie wichtige Fragen gut vor. Auf Präzision und Klarheit kommt es an.
→ Je konkreter Sie die Frage formulieren, desto besser.
→ Fragen sind kein Verhör. Geben Sie der Gruppe Zeit, selbst Fragen zu formulieren.
→ Geben Sie Zeit für die Antwort und halten Sie auch einmal eine längere Pause aus.
→ Jede Frage hat ihre Zeit. Die beste Frage kann – ein paar Sekunden zu spät oder zu früh gestellt – vollkommen deplatziert sein.
→ Fragen kann nur, wer selbst loslassen kann. Darin liegt die Chance, sich einlassen zu können auf das, was ist.

Paradoxe Interventionen

Diese Intervention wird bei Personen angewandt, die hartnäckig auf ihren Positionen beharren und alle Versuche, diese zu hinterfragen beziehungsweise Alternativen zu eröffnen, abwehren. In diesen Fällen wirken paradoxe Interventionen irritierend und erzeugen die Bereitschaft, sich mit alternativen Sichtweisen auseinanderzusetzen, weil ein eingefahrenes Kommunikationsmuster nicht fortgesetzt wird. Zum Beispiel: »So wie Sie die Vergeblichkeit aller bisherigen Versuche beschreiben, scheint es für Ihren Fall tatsächlich keine Lösung zu geben.« Bei dieser Intervention ist darauf zu achten, dass sie nicht als Zynismus erlebt wird.

Reframing (Umdeutung)

Mit dieser Methode werden Meinungen und Positionen in einen anderen Rahmen (Kontext) gestellt, um alternative Sichtweisen zu ermöglichen und Situationen zu entdramatisieren. Zum Beispiel: Die Beschreibung einer zurückhaltenden, passiven Führung wird umgedeutet in eine Führung, die Verantwortung delegiert und Freiräume lässt. Umgekehrt lässt sich eine autoritäre Führung umdeuten in die Bereitschaft, viel Verantwortung zu übernehmen, und anderes mehr.

Zum Abschluss stellen wir Ihnen noch eine Checkliste mit wichtigen Fragen vor, mit denen Sie sich vorbereitend zu Beginn eines Veränderungsprojektes auseinandersetzen sollten.

> **Checkliste: Fragen am Beginn von Veränderungsprojekten ...**
>
> Was würde passieren, wenn Sie jetzt nicht handeln würden?
> Ist das Veränderungsziel wirklich klar? Auch Ihren Mitarbeitern?
> Wie soll der Zustand nach erfolgreicher Umsetzung aussehen?
> Wer sind mögliche Gewinner und Verlierer?
> Welche Schlüsselpersonen müssen auf jeden Fall gewonnen werden?
> Wie werden die Mitarbeiter in der Konzipierungsphase beteiligt?
> Werden Arbeitsteams gebildet? Welche? Mit welchen Aufgaben? Wer leitet sie?
> Was kann der Nutzen für die Mitarbeiter sein?
> Welche Barrieren und Blockaden vermuten wir?
> Wie wird die Aktion nach innen und außen kommuniziert?
> Wie wird der Betriebsrat eingebunden?
> Bis wann sollen die Veränderungsziele erreicht sein?
> Wer ist der Motor für den Gesamtprozess?
> Wer sind mögliche Multiplikatoren?
> Wie gestalten wir das Controlling des Umsetzungsprozesses?
> Welche Frühindikatoren zeigen uns erste Erfolge?

Prozess 2: Den Veränderungsbedarf »diagnostizieren«

Ohne vertiefte Einsicht in die Ausgangssituation besteht die Gefahr, dass Veränderungsmaßnahmen nur an den Symptomen herumlaborieren. Eine gute Diagnose führt bei den beteiligten Menschen zu einem Durchschauen ihrer eigenen Situation. Sie erkennen ihre eigenen Stärken und Schwächen und werden zu »Problemeigentümern«. Je nach Interesse, Fähigkeit und Belastbarkeit der Betroffenen kann deren Mitwirkung unterschiedlich weit gehen.

Die Instrumente der Diagnose sind vielfältig und reichen von betriebswirtschaftlichen Analysen bis hin zu Kundenbefragungen. Wichtig in der Auswahl der Instrumente ist, eine Mischung von Expertenanalysen und Analysen zu finden, die mit Beteiligung ausgewählter Mitarbeiter und Führungskräfte durchgeführt werden können. Durch die Beteiligung der Mitarbeitenden entsteht vertieftes Verständnis und eine bessere Akzeptanz der Situation.

Leitfaden für ein Diagnosegespräch mit Mitarbeitern und Führungskräften

Eine notwendige Veränderung kündigt sich oft durch eine diffuse Unzufriedenheit von Mitarbeitern, Kunden oder Partnern an. Um die Sichtweisen verschiedener Betroffener kennenzulernen und Anhaltspunkte für die Problemlage und Veränderungsbereitschaft der Betroffenen zu erkunden, haben sich Einzel- und Gruppengespräche bewährt. Die nachstehenden Fragen geben Ihnen Anhaltspunkte für die Gestaltung eines solchen Einzel- oder Gruppengesprächs. Fassen Sie die Ergebnisse mehrerer Einzel- und/oder Gruppengespräche zusammen und diskutieren Sie die Ergebnisse mit relevanten Gruppen von Mitarbeiterinnen und Mitarbeitern sowie mit zahlreichen Führungskräften.

Leitfaden für ein Diagnosegespräch	
Welche Problemsichten gibt es?	Wer sieht das Problem wie? Was wird ausgeblendet?
Welche relevanten Umwelten der Organisation(seinheit) gibt es?	Wie sehen sie das Problem? Was sehen sie nicht?
Wodurch wird das Problem aufrechterhalten?	Welche Muster gibt es?
Von welcher Seite gibt es Veränderungsdruck?	Von welcher Seite gibt es Veränderungsenergie? Welche positiven Vorstellungen von einem »problemlosen« zukünftigen Zustand gibt es? Welche Personen/Gruppen werden der Veränderung positiv, welche ablehnend gegenüberstehen?
Was passiert, wenn alles so bleibt, wie es ist?	Wofür ist es gut, dass es das Problem gibt? Was wird dadurch erreicht, was wird vermieden? Für wen hat das Problem Vorteile, für wen Nachteile?
Wie viel Zeit steht zur Verfügung?	Aus der Sicht der Marktlage, der Kunden? Aus der Sicht des Managements?

Die hier vorgestellten Fragen eignen sich sehr gut für erste Interviews und Gespräche, in denen die verschiedenen vorhandenen Problemsichten und Einschätzungen ausgetauscht und gesammelt werden. Die Ergebnisse der Gespräche werden zur Gestaltung des Veränderungsprozesses herangezogen.

Im Beratungsprozess selbst werden gerne Diagnoseinstrumente herangezogen, mit denen wichtige Dimensionen der Ausgangssituationen ermittelt und einander gegenübergestellt werden können. Zentrale Instrumente zur Diagnose der Ausgangssituation eines Veränderungsprozesses sind die SPOT- und die Kräftefeld-Analyse:

Die SPOT-Analyse

Die SPOT-Analyse eignet sich als Diagnoseinstrument im Marketingbereich, in Teams, bei Qualitätszirkeln und in der Organisationsentwicklung in der Diagnosephase. Durchgeführt wird sie als moderiertes Kleingruppengespräch. Zu jedem Feld (S-P-O-T) wird zunächst ein Brainstorming gemacht, anschließend einigt sich die Gruppe auf die drei bis vier bedeutsamsten Faktoren. Wenn alle vier Felder bearbeitet sind, stellt sich die Gruppe folgende Fragen: ((doppelten Text gestrichen + Fragen zusammengeführt))

➔ Wie können aus den drei bis vier Problemfaktoren Satisfactionfaktoren werden?
➔ Wie können wir unsere Stärken auf Chancen richten? (S ➔ O)
➔ Wie können die Threatfaktoren zu Opportunityfaktoren werden?
➔ Wie begegnen wir erkennbaren Problemen und Gefahren?

SPOT-Analyse

Gegenwart	**Zukunft**
S **Satisfactions/Stärken**	**O** **Opportunities/Chancen**
Was läuft gut? Worauf können wir uns verlassen? Was stellt uns zufrieden? Was gibt uns Energie? Worauf sind wir stolz? Was sind unsere Stärken?	Wozu wären wir noch fähig? Was sind die Zukunftschancen? Was können wir im Umfeld nutzen? Was liegt noch brach? Was könnten wir ausbauen? Welche Möglichkeiten haben wir?
P **Problems/Schwächen**	**T** **Threats/Gefahren**
Was ist schwierig? Welche Störungen behindern uns? Was fehlt uns? Was fällt uns schwer? Wo liegen unsere Fallen?	Wo lauern künftig Gefahren? Schwierigkeiten, die auf uns zukommen? Womit müssen wir rechnen? Was sind unsere Befürchtungen?

Der Nutzen der SPOT-Analyse liegt darin, dass nicht nur die Innensicht über die in der Organisation aktuell wahrgenommenen Stärken und Schwächen gesammelt wird, sondern auch die für die Zukunft erkennbaren Chancen und Gefahren thematisiert werden. Die Gegenüberstellung kann sichtbar machen, dass zum Beispiel eine aktuelle Stärke für die Nutzung zukünftiger Chancen keine Bedeutung mehr hat, sondern neue Kompetenzen ausgebildet werden müssen. Umgekehrt kann eine aktuell konstatierte Schwäche angesichts des Blicks in die Zukunft dramatische Züge annehmen oder sich auch in Nichts auflösen.

Die Kräftefeld-Analyse

Ein weiteres oft eingesetztes Diagnoseinstrument ist die Kräftefeld-Analyse. Der Grundgedanke hinter der Kräftefeld-Analyse ist folgender: Eine soziale Situation ist durch ein Feld von Kräften gekennzeichnet, die in der Regel ein dynamisches Gleichgewicht darstellen. Die gegebenen Kräfte wirken fördernd oder hindernd auf die Personen, die in dieser Situation stehen. Wenn derjenige, der verändern möchte, sich einseitig auf die Verstärkung oder Reduktion bestimmter Kräfte richtet, muss er damit rechnen, dass die entsprechenden »Gegen«-Kräfte sich adäquat verstärken.

Die erste Orientierung bei der Kräftefeld-Analyse sollte daher zunächst bei der Nutzung der »fördernden« Kräfte liegen. Wie kann ich diese Kräfte nutzen beziehungsweise verstärken? Zu beachten ist nämlich: Der Kampf gegen die »hemmenden« Kräfte verstärkt diese in der Regel! Aber: Wenn man sich auf die hindernden Kräfte einlässt und sie verstehen lernt, gewinnt man die Möglichkeit, ihnen den Wind aus den Segeln zu nehmen beziehungsweise sie umzuwandeln.

Die Analyse des Kraftfeldes in einer gegebenen Situation oder bei einem Vorhaben erfolgt folgendermaßen: Die in der Frage auftretenden Kräfteverhältnisse werden zunächst in ihrer Wirkungsrichtung (Was fördert und was hindert mich, uns oder das Thema?) und in ihrer Stärke eingeschätzt. Diese werden anschließend bildlich dargestellt.

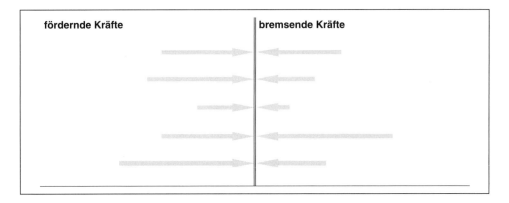

Nachdem die Analyse erstellt wurde und die Auswertung erfolgte, kann zur Planung der Maßnahmen übergegangen werden. Dabei sind die beiden folgenden Fragen hilfreich:

→ Wie kann ich die **unterstützenden Kräfte** nutzen? Wie kann ich die unterstützenden Kräfte fördern beziehungsweise in ihrem Bestehen sichern?
→ Wie kann ich mit den **hindernden Kräften** so umgehen, dass ihre Wirkung nicht gegen mich zielt? Kann ich sie als nutzbringende Kräfte ansehen und einsetzen?

Das Motto der Kräftefeld-Analyse lautet: Widerstände nicht mit Kraft und Gewalt überwinden, sondern mit den Kräften arbeiten lernen (Judo-Prinzip). Die Anwendung des Instruments soll dazu anleiten, Schwierigkeiten möglichst energiesparend zu überwinden.

Die Kulturdiagnose

Da es in der Kultur eines Unternehmens ebenfalls förderliche beziehungsweise hinderliche Aspekte für geplante Veränderungen gibt, sollte auch darauf ein Blick geworfen werden. Neben den bereits im ersten Kapitel aufgeführten Fragen zur Untersuchung der Unternehmenskultur kann zudem das kreative Instrument »Kulturdiagnose« genutzt werden. Dazu wird zunächst ein Steckbrief zur eigenen Organisation erstellt.

Übung: Kulturdiagnose-Steckbrief: Unsere Organisation als Persönlichkeit

Stellen Sie sich vor, dass Ihre Organisation durch eine einzelne Person verkörpert wird, zum Beispiel durch »Herrn …« oder »Frau …«. Welche Eigenschaften wären dann – im übertragenen Sinne! – charakteristisch für diese fiktive Persönlichkeit?

Sammeln Sie im Gruppen- oder Einzel-Brainstorming zu den Punkten 1 bis 9 die charakteristischen Bilder, auch wenn sie untereinander widersprüchlich sind. Vielleicht kommen Sie gemeinsam auf ein stimmiges Bild, wenn nicht, lassen Sie die Widersprüche ruhig stehen!

Herr/Frau (Name der Organisation)
1. … wohnt in folgendem Haus (beschreiben Sie es bildhaft, nicht bloß in abstrakten Kategorien, sondern auch die Form, die Art des Materials, die Farbe, Größe usw.)
2. … hat das Haus auf die folgende Weise eingerichtet
3. … hat folgende Freunde (Typen, Charaktere)
4. … hat folgende Arbeitsgewohnheiten
5. … hat folgende Interessen
6. … hat folgende Informationskanäle
7. … hat folgenden Gründungsväter/-mütter
8. … hat das Haus auf folgende Art und Weise erweitert beziehungsweise verkleinert
9. … pflegt folgende Umgangsformen

Die Kernidee dieser Methode ist, dass eine Organisation im übertragenen Sinne wie eine Einzelpersönlichkeit beschrieben werden kann. Bei diesen Beschreibungen geht es also zum Beispiel bei dem Punkt »Haus oder Wohnung von Herrn/Frau Firma X« nicht darum, das wirkliche Gebäude der Firma zu beschreiben, sondern darum, Bilder zu finden, die von den Gruppenmitgliedern als »typischer Ausdruck« der wesentlichen Charakteristika dieses personifizierten Unternehmens erlebt werden.

Prozess 3: Die Zukunft sichtbar machen – vom Ist zum Soll

Veränderungen werden dann von den betroffenen Menschen getragen, wenn diese grundsätzlich dazu befähigt und angeregt werden, sich im Rahmen ihres Verantwortungshorizonts für die künftigen Ziele und Konzepte der Organisation auszusprechen und diese wirksam mitzugestalten.

Es geht nun um die Bestimmung der Zukunft, der gewünschten Veränderungsrichtung: künftige Leistungsangebote für Kunden, eine neue Organisationsstruktur und Ähnliches. Oft stehen am Anfang nur globale Richtungsaussagen, die später zu Visionen und Zielen und Strategieaussagen konkretisiert werden. Je nach Ebene wird das Management dazu unterschiedliche Beiträge liefern: Die oberste Ebene wird sich auf das Bestimmen der langfristigen Ausrichtung konzentrieren; die mittlere Ebene auf mittelfristige Ziele und Modelle für Teilbereiche; die Teamleiter werden an der Gestaltung der Arbeitsabläufe ihrer Einheiten mitwirken.

Veränderungen werden dann von Menschen gut getragen, wenn sie im Rahmen ihres Verantwortungshorizonts die künftigen Ziele und Konzepte der Organisation mitgestalten können.

Übung: Vision erstellen: Warum soll es uns in zehn Jahren noch geben?

Erarbeiten Sie den Existenzgrund Ihrer Organisation mit folgender Leitaussage und den entsprechenden Fragen: Angenommen, wir könnten die Firmen/die Einrichtung ohne nachteilige wirtschaftliche Konsequenzen für Angestellte und Eigentümer schließen:

Warum sollten wir dies nicht tun?
Was würde wer verlieren, wenn es uns nicht mehr gibt?

Wenn es Gründe gibt, warum das Unternehmen weiterbestehen soll:

Was ist die Vision, das positive Zukunftsbild für 2021?
Für wen sind wir da?
Was leisten wir?
Wie arbeiten wir?

Die Zielrichtung einer geplanten Veränderung formulieren

Es ist wichtig, den Ausgangspunkt und die Zielrichtung einer Veränderung klar vor Augen zu haben. »Richtungsaussagen« sind Wegweiser in einem Veränderungsprojekt, an denen die Beteiligten ablesen können, ob die Richtung noch stimmt – um gegebenenfalls Korrekturen einzuleiten.

> **Beispiel**

Mit der Veränderung wollen wir … (hier am Beispiel Qualität)

… weg von:	… hin zu:
… unklaren Anforderungen	…einem eindeutigen Qualitätsversprechen
… schwankenden Ergebnissen	… beherrschten Prozessen mit höchster Zuverlässigkeit

Nicht immer fällt es leicht, sich unbefangen mit der Zukunft zu befassen.

Eine Vision entwickeln

Wer eine Vision entwickeln möchte, muss sich von der Gegenwart, seinen aktuellen Problemlagen und Gefühlen lösen. Dazu einige Empfehlungen:

→ Schauen Sie auf eine Zeitspanne von zwei bis fünf Jahren voraus.
→ Fassen Sie größere Zusammenhänge ins Auge, lösen Sie sich von Details und »Wenn und Aber«.
→ Stellen Sie sich vor, Sie befinden sich in einem Hubschrauber und schauen mit Abstand auf die heutige Situation.
→ Beschreiben Sie Ihre Vision, als ob Sie bereits gegenwärtig wäre, in möglichst lebendigen, anschaulichen Bildern.
→ Sprechen Sie möglichst viele Sinne an, beschreiben Sie, was man sehen, hören, fühlen, riechen, schmecken kann.
→ Entgleiten Sie nicht in Regionen der Unwirklichkeit.

Prozess 4: Veränderung als psychosozialer Lernprozess

Menschen für die Veränderung gewinnen

Dringend nötige Veränderungen kommen in vielen Organisationen nur schleppend voran. Häufig werden dafür Widerstand, mangelnde Führung und dergleichen verantwortlich gemacht. Hinter dieser undifferenzierten Benennung von Widerstand stehen oft verständliche Reaktionen der Betroffenen.

Im Veränderungsfortgang werden sich immer wieder Spannungen zwischen den beteiligten Menschen ergeben. Diese Spannungen sind keineswegs kontraproduktiv, sondern zeigen, dass in der Organisation Interesse und Energie vorhanden sind. Es fragt sich nur, ob sie in eine Richtung zusammenfließen, die den Veränderungszielen entspricht, oder ob sich diese Kräfte gegenseitig bremsen und blockieren.

Jede Veränderung läuft parallel auf zwei Ebenen ab:

> **Übung: Persönliche Vision**
>
> Erster Schritt: Fantasiephase (Musik, Entspannung, Zeit). Lassen Sie einfach die kommenden Ideen an sich vorüberziehen.
>
> Zweiter Schritt: Notieren Sie Ihre Gedanken, fertigen Sie dazu eine Zeichnung an, und schreiben Sie einen Brief aus der Zukunft heraus (Was sehe ich 2003? Was ist erreicht?).
>
> Dritter Schritt: Konkretisieren Sie für die nächsten zwei bis fünf Jahre Ihre Ideen, formulieren Sie strategische Leitziele (Was werde ich 2003 erreicht haben?).

→ Auf der **sachlichen Ebene** greifen Veränderungen in bestehende Strukturen und Einflussbereiche ein. Sie haben oft existenzielle Auswirkungen, insofern sie Laufbahnplanungen verändern, Aufwertung, Abstufungen und Umsetzungen, Versetzungen oder Personalabbau zur Folge haben, also immer Gewinner und Verlierer hinterlassen.

→ Auf die **emotional-persönliche Ebene** hat es einen großen Einfluss, in welcher Art und Weise Entscheidungen für betriebliche Veränderungen fallen und wie sie kommuniziert werden. Dies beeinflusst daher enorm, wie Betroffene sich im Veränderungsprozess verhalten und wie sie überhaupt in der weiteren Zukunft dem Unternehmen gegenüberstehen.

Entsprechend ihrer Betroffenheit werden die Beschäftigten in Unternehmen sehr unterschiedlich auf Veränderungsvorhaben reagieren. Einige mit großer Begeisterung und grenzenlosem Engagement, andere mit großer Ablehnung bis offenem Widerstand.

Emotionen im Visier: Wie reagieren Menschen auf Veränderungen, die plötzlich auf sie zukommen?

Eine große Herausforderung für Change-Manager ist der Umgang mit den Gefühlen der Betroffenen, ihren Unsicherheiten, ihren Ängsten, ihrem Ärger und auch ihrer Trauer. In jeder Phase des Veränderungsprozesses entstehen typische Gefühlszustände, auf die Führungskräfte konstruktiv einzugehen haben. Die hier gebotenen Methoden erfordern keineswegs, dass man psychologisch geschult ist. Sie beruhen auf elementarer Menschenkenntnis, sollten zum Können von Führungskräften gehören und können dazu beitragen, dass sich Menschen von bisherigen Gewohnheiten und Haltungen lösen.

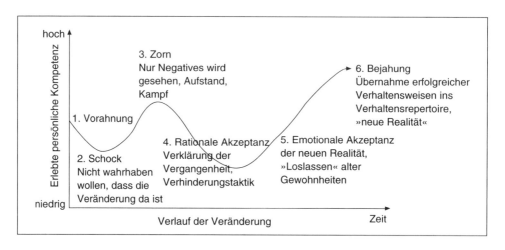

Versuchen Sie, sich anhand der Abbildung an eine Situation zu erinnern, in der Sie unvorbereitet mit etwas Neuem, das Sie nicht nur freute (zum Beispiel Versetzung, Abteilungsauflösung, Kündigung, Änderungen im Privatleben), konfrontiert waren. Woran erinnern Sie sich? Was blieb besonders im Gedächtnis haften? Gab es im Vorfeld Hinweise?

Veränderungen fallen selten vom »heiteren Himmel«, sie kündigen sich meist durch – manchmal schwache – Signale an. Sorge wäre eine angemessene Reaktion, das Risiko erkennen und sich stellen. Oft ist die erste Reaktion bei sich ankündigenden Veränderungen die *Verdrängung* – nicht wahrhaben wollen, negieren, wegschauen! Meist lässt sich das aber nicht lange durchhalten. Dann folgt die nächste Phase: der *Schock!* Wird eine Reorganisation von der Leitung bekannt gegeben oder eine Kündigung ausgesprochen, ist die Notwendigkeit des Wandels definitiv! Hoffnungen oder Befürchtungen können überwiegen. Bei negativer Betroffenheit stehen Menschen oft wie im Nebel, Stressreaktionen erfolgen.

Nach einer kurzen Orientierungsphase (»Ist das Neue gefährlich oder unangenehm?«) kommt es in der Regel zu spontanen Sofortreaktionen *(Zorn)*. Es wird geschimpft, alles Neue erhält das Etikett »schlecht«, das Alte wird plötzlich im schönsten Licht gesehen – obwohl man sich vor nicht langer Zeit darüber viel kritischer äußerte! Die Veränderungsnotwendigkeit wird negiert. Zorn mobilisiert Kraft und Energie und kann in Auflehnung und Kampf münden, und manchmal siegt die »Auflehnungsfront« sogar. Eine Reorganisation im OP wird gestoppt, die Einführung einer neuen Zeiterfassung fallen gelassen, viele weitere Beispiele lassen sich anführen. Die Motive sind meist mehr Angst und Unsicherheit gegenüber dem Neuen als echte Verweigerung.

Ist die Auflehnung nicht erfolgreich, kühlt der Zorn ab und mündet bei den Mitarbeitern in eine Phase der *rationalen Akzeptanz* (»Es führt ja doch kein Weg daran vorbei«), die häufig mit emotionaler Opposition verbunden ist. Nochmals werden in der Kaffeeküche die »guten alten Tage« beschworen, die nun bald zu Ende gehen werden. Dabei entwickeln sich nicht selten differenzierte Formen von *Widerstand*. Manche Menschen werden kämpferisch (verbale Auseinandersetzung) andere fliehen (Rückzug, Verweigerung).

Wenn die Veränderung unvermeidlich ist, werden die Menschen nach einiger Zeit offener für das Neue, der rationalen folgt nun die *emotionale Akzeptanz*. Bisweilen ist das mit Trauer und einem Gefühl der Auswegslosigkeit verbunden. Diese Trauer muss vom Management akzeptiert werden, sie ist mit Motivationsparolen nicht zu unterbinden, eher hilft verständnisvolles Zuhören.

Ist dieses Tal erfolgreich durchschritten, beginnen Menschen, sich mit der Situation neu auseinanderzusetzen *(Öffnung)*. Hier muss derjenige, der Veränderungen will, wach und zur Stelle sein, er muss gut informieren und für konstruktive Diskussion Zeit haben. Für die Betroffenen müssen Chancen und Erfolgsmöglichkeiten herausgearbeitet werden. Neugier entsteht und macht den Weg frei für die Mobilisierung der Kraft.

So wird der Weg frei für das *Bejahen* des Neuen und die tatkräftige Mitarbeit. Durch Erfolge und Erfahrungen wird Selbstbewusstsein getankt; und das Neue wird langsam zum Gewohnten. Nach einer bestimmten Zeit können sich dieselben Menschen, die vor Monaten noch zu den Gegnern des Neuen gehörten, sich die alte Arbeitsweise, den alten Arbeitsplatz kaum mehr vorstellen. Das ist gut für die Treiber der aktuellen Veränderung. Für die nächste Veränderung wird sich erneut dieselbe Herausforderung stellen.

Change-Management ist weitgehend »Emotionsmanagement«. Nicht in dem Sinne, dass alle Gefühle quasi maschinell angestoßen oder gesteuert werden könnten, sondern in dem Sinne, dass es eine Notwendigkeit gibt, sich gerade auch mit jenen Gefühlsprozessen und Erlebnisphänomenen zu beschäftigen, die nicht in das offizielle Wunschbild von erfolgreichen Veränderungsprozessen passen.

Wer diese Aspekte ignoriert, gefährdet den Erfolg. Nur wer sich aktiv, bewusst und konstruktiv damit auseinandersetzt, kann letztendlich erfolgreich durch die offenen oder morastigen, undurchsichtigen, dementierten und verleugneten emotionalen Stromschnellen an das angestrebte Ufer gelangen.

Gerade der geschickte und glaubwürdige Umgang mit den hier angesprochenen Gefühlen der beteiligten Menschen (seien es Projektmitglieder oder Betroffene, Beteiligte oder scheinbar bloße Zuschauer) kennzeichnet einen guten Veränderungsmanager. Nicht reine Sacharbeit, Logik, klirrendes Argumentations- und Durchsetzungsvermögen sind hier gefragt, sondern Empathie, Metakommunikations- und Konfliktbewältigungsfähigkeiten, eine Moderatorenhaltung und die Sensibilität für schwache Signale im Vorfeld krisenhafter Entwicklungen. Dazu gehören weiterhin eine große innere Unabhängigkeit und die Fähigkeit, anderen gerade in Zeiten der fehlenden Orientierung oder emotionaler Belastung Mut zu machen und an sich selbst glauben zu können. Hier werden Coachingfertigkeiten verlangt, die den Betroffenen Halt und Unterstützung sowie die Chance zur eigenen persönlichen Entwicklung geben.

Und doch gibt es in jedem neuen Fall, bei jeder neuen Anwendung die Möglichkeit, dass alles anders ist als bisher. Die Wirklichkeit ist eben etwas komplexer als die Modelle. Und weil dem so ist, werden wir weiterlernen müssen. Wir werden zum Beispiel lernen müssen, wie sich die »virtuellen Unternehmen« entwickeln und sich auf Führung und Zusammenarbeit auswirken werden. Wir werden lernen müssen, ob und wie sich aus den bisherigen »Palastorganisationen« künftig jene »Zeltorganisationen« herausentwickeln werden oder welchen anderen Organisationsformen die Zukunft gehören wird. Jene, die am meisten wagen, werden überwiegend vorne mit dabei sein.

Widerstand im Veränderungsprozess

Grundsätzlich erfolgt kaum eine Veränderung ohne Widerstand. Wenn bei einer Veränderung keine Widerstände auftreten, bedeutet dies oft, dass von vornherein niemand an ihre Realisierung glaubt. Nicht das Auftreten von Widerständen, sondern deren Ausbleiben sollte uns beunruhigen! Widerstand enthält immer eine wertvolle »verschlüsselte Botschaft«. Wenn Menschen sich gegen etwas sinnvoll oder sogar notwendig Erscheinendes sträuben, haben sie irgendwelche Bedenken, Befürchtungen oder Angst. Die Ursachen für Widerstand liegen im emotionalen Bereich. Wir müssen sie herausfinden und entkräften.

Mit dem Widerstand gehen, nicht gegen ihn, das bedeutet, die Energie des Widerstandes wird produktiv umgelenkt. Die unterschwellige emotionale Energie muss aufgenommen – zunächst einmal ernst genommen – und sinnvoll kanalisiert werden. Wege dazu sind:

→ Druck wegnehmen und dem Widerstand Raum geben.
→ Antennen ausfahren, in Dialog treten, Ursachen erforschen.
→ Gemeinsame Absprachen anstreben und Vorgehen neu festlegen.

Widerstand zeigt an, dass die Voraussetzungen für ein Vorgehen im geplanten Sinne noch nicht gegeben sind. Verstärkter Druck führt lediglich zu Gegendruck. Besser ist es daher, Nachdenkpausen einzuschalten und sein Vorgehen eventuell zu verändern.

Mögliche Ursachen für Widerstand – und wie wir damit umgehen können:

Ursache		Handlungsmöglichkeit
Geringes Problembewusstsein, mangelnde Betroffenheit, Leidensdruck.	⇨	Involvieren, fragen, hinhören, Information geben, über Konkurrenzlage informieren.
Wenig Hoffnung, weil die Person sich ohnmächtig und/oder die Organisation übermächtig erlebt.	⇨	Diagnosen mit Betroffenen machen, gelungene Modelle studieren, erste Veränderungen umsetzen.
Angst vor dem Wandel: Werde ich überleben? Was wird es mir bringen?	⇨	Schaffen von Transparenz über Folgen; Sicherheitsnetze errichten, klare Kommunikation der Vorteile.
Zu wenig Vertrauen in die eigenen Fähigkeiten und Entwicklungspotenziale	⇨	Beraten, trainieren, einen Mentor/Coach anbieten, Lernstätten einrichten.
Zu wenig oder zu viele Herausforderungen für Personen.	⇨	Differenziert einbinden beziehungsweise in Ruhe lassen, Incentives schaffen, extremen Druck vermeiden.
Mangelndes Vertrauen in die Führungskräfte; Aggression oder Rückzug.	⇨	Einbinden der Misstrauischen, Aufgaben übertragen. Glaubwürdige Handlungen der Initiatoren.

Effektives Change-Management bedarf deshalb eines eigenständigen und angemessenen Instrumentariums, mit dem Widerstand und Veränderungsenergie aufgenommen und sinnvoll kanalisiert werden können. Der »Logik der Gefühle« muss ebenso Rechnung getragen werden wie der Sachlogik.

Lässig und Frey (2005) beschäftigten sich mit den psychologische Hintergründen für das Verhalten von Menschen in Veränderungsprozessen und benannten folgende Einflussgrößen und Wirkungsmechanismen:

Wahrnehmung von Sinn und Notwendigkeit Menschen wollen das Warum und Wozu wissen. Sie wollen das, was sie tun und erleben, als sinnhaft empfinden. Das gilt prospektiv und retrospektiv. Am Anfang von Veränderungen bedeutet das: Problembewusstsein schaffen, später die Einsicht in Ziele erreichen, Maßnahmen und Konsequenzen ergreifen. Je tiefgreifender, unerwarteter und aus der Sicht des Betroffenen negativer ein Wandel ist, umso wichtiger ist dieser Faktor. Neben dem Klären von Sachfragen ist insbesondere auch die Verbindung mit der Werteebene wichtig. Wenn die Menschen den Sinn nicht erkennen, werden sie sich nicht identifizieren und engagieren – eher werden sie in Opposition gehen.

Transparenz und Vorhersehbarkeit Menschen suchen Transparenz, um adaptiv auf unsichere und komplexe Situationen zu antworten und zu reagieren. Sie wollen die Kontrolle über ihr Handeln behalten. Viele Veränderungssituationen signalisieren den

Menschen den Verlust dieser Kontrolle. Dies produziert Stress und Ängste. Der eigene Arbeitsplatz wird als gefährdet erlebt, das erlernte Wissen ist von Entwertung bedroht, errungene Positionen sind gefährdet. Dies kann zu Motivationsverlust, Leistungsabfall und psychosomatischen Beschwerden führen. Durch Herstellen von Transparenz und relativer Sicherheit (klarstellen: Was bleibt auf jeden Fall konstant?) werden die individuellen Bewältigungsstrategien unterstützt und eine produktive Auseinandersetzung mit den individuellen Konsequenzen gefördert. Prozesssicherheit, Transparenz und Kommunikation sind die Mittel der Wahl.

Beeinflussbarkeit und Kontrolle Menschen wollen das für sie relevante Geschehen beeinflussen und kontrollieren können. Sie wollen über eigene Handlungsmöglichkeiten verfügen. Ein Weg dazu ist die Einbindung in das Geschehen. Mitwirkung stärkt das Erleben: »Ich kann es beeinflussen.« Mitwirkung kann in sehr vielen Formen geschehen: Mitentscheidung, Ideen einbringen, an der Umsetzung beteiligt sein. Für das Change-Management ist besonders zu überlegen, welche Entscheidungen einer Mitwirkung unterworfen werden können, ohne dass Qualität und Dauer in Mitleidenschaft gezogen werden.

Zielklarheit erkennen Die Zieltheorie von Locke und Latham (1990) schreibt Zielen eine informierende und motivierende Funktion zu. Verständliche und akzeptierte Ziele steigern die Motivation und führen durch mehr Gerichtetheit der Aktionen zu besseren Ergebnisse. Visionen müssen daher kommuniziert werden, Ziele müssen individualisiert werden und für die jeweilige Person als erreichbar angesehen werden – nur dann entfalten sie ihre produktiven Kräfte.

Gerechtigkeit und Fairness Gerechtigkeit in Organisationen besteht aus drei Teilfaktoren; Verteilungsgerechtigkeit zielt auf »Fair Play« (»Wird mit gleichen Maßstäben gemessen?«). Wenn nicht, kommen »Auszahlungsmechanismen« zum Zuge, wie mehr Krankheitstage, lässiger Umgang mit Qualität und anderes mehr.

→ **Prozedurale Fairness:** Die Kriterien des Verfahrens und des Prozesses müssen transparent sein, und es muss die Möglichkeit geben, selbst die Stimme zu erheben (voice). Bedenken, Gegenargumente müssen die Chance erhalten, gehört zu werden. Prozedurale Fairness kann fehlende Ergebnisfairness kompensieren.

→ **Kommunikative Fairness:** Ehrliche, verständliche und gut begründete Erklärungen für jeweilige Entscheidungen werden gefordert. Bad News werden so erträglicher, die Motivation bricht nicht vollständig weg. Wichtig im Veränderungsgeschehen: die schlechten Nachrichten auf den Tisch und Auseinandersetzung erlauben statt vertuschen.

→ **Interpersonelle Fairness:** Menschen erwarten, mit Respekt und Wertschätzung behandelt zu werden. Besonders wichtig im Umgang mit Verlierern: nicht als »abgeschrieben« aussortieren und wegstellen, sondern gute Formen der Versetzung, Trennung, des Ausscheidens finden.

Nutzen der Veränderung transparent machen Als »Homo oeconomicus« sind Menschen natürlich an persönlichen Vorteilen und Verbesserungen interessiert. Wichtig ist daher, den Nutzen für die Person verständlich zu machen, individuelle Ziele und Maßnahmen zu vereinbaren, relative Sicherheiten zu vermitteln, Anreize zu schaffen, durch die erwünschte neue Fähigkeiten, Verhaltensweisen, Handlungen belohnt werden. Quick-Wins sind in diesem Zusammenhang besonders wichtig: Der Nutzen soll nicht erst am Ende einer langen Durststrecke sichtbar werden.

Vertrauen aufbauen Es stellt einen der wichtigsten Faktoren dar. Vertrauen in die Geschäftsführung, in das Projekt und die Vorgehensweise reduziert den individuellen »Kontrollbedarf« und Kontrollaufwand. Vertrauen ist wie ein Konto: Es ist durch Einlagen in der Vergangenheit aufgebaut worden, wirkt als Polster bei negativen Erfahrungen und schafft eine positive Erwartungshaltung gegenüber dem, dem vertraut wird. Auch durch gelegentliches Abbuchen wird das Vertrauenskonto nicht sofort gekippt. Wichtig: vorher aufbauen und im Change-Prozess nicht zu stark belasten (= abbuchen).

Widerstand und »Beratungsresistenz«

Warum ist Beratung nicht immer erfolgreich? Manchmal sind Berater oder Beratener überfordert. Sie finden keine gute Lösung, oder das Problemfeld blockiert alle Aktivitäten. Ein Schlüssel ist der professionelle Umgang mit dem »*Widerstand*« des Kunden: Der Kunde will rational sehr wohl am Beratungsthema arbeiten, aber im Verlauf der Beratung erkennt er, wo er selbst Teil des Problems ist, welche schwierigen Entscheidungen und unpopulären Handlungen erforderlich sind, wo er sich selbst verändern muss. Das führt zu Formen des Widerstandes, die sich nicht primär gegen den Berater als Person richten, aber von diesem leicht so erlebt werden können. Es ist nicht immer leicht, den Widerstand zu erkennen und ihm professionell zu begegnen. Was ist zu tun?

Die Aufgabe des Beraters ist es nicht, den Widerstand zu bekämpfen, sondern ihn zu erkennen, in einer wertschätzenden Form zu benennen (zum Beispiel: »Ich sehe momentan bei Ihnen wenig Engagement zur Fortführung dieses Projektes!«) und dem Kunden die Gelegenheit geben, zu reagieren und sich des Widerstandes bewusst zu werden (»Ich werde von X subtil blockiert und traue mich nicht, die nötige Entscheidung zu treffen …«). Durch eine gute Aussprache ist jedenfalls die Beziehung Kunde–Berater wieder entlastet. Oft entstehen dadurch beim Kunden auch mehr Klarheit und Entschlossenheit.

Denkbar ist auch »*Beratungsresistenz*«: Nicht jeder Ratsuchende sucht wirklich Rat. Andere Motive spielen – bewusst oder unbewusst – ebenfalls eine Rolle für das Aufsuchen eines Beraters, zum Beispiel die Hoffnung auf Bestätigung der eigenen Sichtweise. Der Ruf nach Beratung kann als taktischer Schachzug dienen, um die eigene Position im Unternehmen zu unterstützen. Gelegentlich spekulieren »Ratsuchende« auf Zeitgewinn und auf den »Cooling-out-Effekt« – heiße Eisen sollen im Laufe langer Beratungszeiten abkühlen und damit an Brisanz verlieren. Verzweifelte suchen in der Beratung die Bestätigung, dass bei ihnen wirklich nichts mehr hilft. Manchmal soll der Berater stellvertretend andere Personen bloßstellen oder bestrafen. Auch der Berater selbst kann eine »Lektion« abbekommen, indem man ihn »ins Leere laufen lässt« und ihm damit seine Grenzen aufzeigt. Mit »Beratungsresistenz« ist auch dann zu rechnen, wenn alle denkbaren Lösungen empfindliche Zonen oder Tabubereiche des Beratenen berühren, sodass er sie (im Augenblick) nicht erkennen, geschweige denn akzeptieren kann.

Verbündete gewinnen und mit Konflikten produktiv umgehen

In einer Organisation werden Veränderungen nur dann wirksam umgesetzt, wenn die entscheidenden Menschen aktiv mitmachen und sich nicht querlegen. Nur: Wer ist »entscheidend«?

→ Ganz sicher sind dies die Vorgesetzten, die mit der Richtung und der Wirkung der Veränderung einverstanden sein müssen.
→ Die eigenen Mitarbeiterinnen und Mitarbeiter sind entscheidend.
→ Entscheidende Personen sind natürlich auch externe und interne Kunden, die gleichfalls von einer Änderung in meinem Verhalten beziehungsweise in der erbrachten Leistung betroffen sind.
→ Darüber hinaus gibt es in einer größeren Organisation noch viele Menschen, die mit Interesse oder mit Argwohn verfolgen, was aus den Veränderungsvorhaben wird. Sie beobachten neugierig, was passiert, weil ihnen ähnliche Veränderungen ins Haus stehen könnten (Nachbarbereiche, Personalvertretung, Stabsstellen und anderes mehr).

Der richtige Umgang mit den betroffenen Menschen ist eine wichtige Voraussetzung, damit Sie Veränderungen erfolgreich umsetzen können. Drei Aspekte, die uns wichtig erscheinen, werden wir hier beleuchten:

→ Wie kann ich Mitspieler und Verbündete für mein Veränderungsvorhaben gewinnen?
→ Wie gehe ich mit Widerständen um, die bei Veränderungen auftreten?
→ Wie kann ich Konfliktsituationen produktiv lösen?

Wie kann ich Mitspieler und Verbündete für mein Veränderungsvorhaben gewinnen? Veränderungsprojekten stehen nach Erfahrungswerten etwa 20 Prozent der Mitarbeiter aufgeschlossen gegenüber, 20 Prozent eher ablehnend. In der Mitte »steht« die schweigende Mehrheit. Von dieser gilt es möglichst viele zu Mitträgern zu machen. Dazu müssen Sie herausfinden, wer die Mitspieler und Gegenspieler bei Veränderungsvorhaben sind. Es ist hilfreich, einen Blick auf das eigene soziale Umfeld zu werfen und zu untersuchen, wo man mit Unterstützung rechnen kann und wo mit Widerstand. Weil wir bei Veränderungsvorhaben mit unserer Zeit und Energie immer sparsam umgehen müssen, lohnt sich die Überlegung, welchen Menschen wir mehr Zeit und Energie widmen als anderen. Denn dies hat Auswirkungen auf das Vorgehen. Daraus lässt sich dann eine Strategie ableiten.

Peter Block (1993) unterscheidet nach dem Grad inhaltlicher Übereinstimmung und persönlichen Vertrauens vier Typen von Mit- beziehungsweise Gegenspielern:

→ **Gleichgesinnte** und **Verbündete** (beide sind sogenannte »Mitspieler«),
→ **Gegner** und **Opponenten** (beide sind eher »Gegenspieler«).

Die unten stehende Matrix verdeutlicht diese Zuordnung und hilft herauszufinden:

→ Wie stehen relevante Gruppen/Personen zu einem bestimmten Veränderungsvorhaben?
→ Wie gewinne ich Mitspieler und Verbündete?

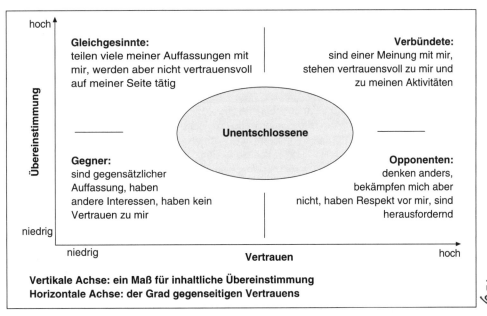

Personen oder Gruppen, die möglicherweise von ihrem Projekt betroffen sind, können dazu unterschiedliche Haltungen und Rollen einnehmen. Weitere Mitspieler gewinnen: Durch Informationsweitergabe und Gespräche sollen Neutrale beziehungsweise Unentschlossene gewonnen werden!

Wie kann ich Konfliktsituationen produktiv lösen? Wenn wir etwas bewegen und verändern wollen, werden Konflikte auftreten. Wir sollten uns der positiven und negativen Kräfte von Konflikten bewusst sein und durch unser Verhalten dazu beitragen, Konflikte nicht unnötig eskalieren zu lassen, sondern kreativ und produktiv zu lösen. Wir haben drei idealtypische Wege, wie wir agieren können:

Gewinner-Gewinner-Situationen schaffen.
Die widersprechenden Meinungen werden diskutiert, gegeneinander abgewogen und neu formuliert. Es wird kooperativ eine Problemlösung angestrebt, die für alle Beteiligten annehmbar ist. Voraussetzung für eine konstruktive Konfliktlösung sind: gegenseitiges Vertrauen, ungezwungene Meinungsäußerung, freier Zugang zu den erforderlichen Informationen und partizipative Entscheidungsfindung.

Wenn sie Konflikte konstruktiv lösen wollen, müssen Sie aktiv etwas unternehmen! Versuchen Sie, die Betroffenen in die Lösungsfindung frühzeitig einzubeziehen.

Gewinner-Verlierer-Spiele vermeiden.
Der Gewinn der einen »Partei« führt zu einem Verlust für die andere Partei. Bei der Machtanwendung setzt eine Partei auf Kosten der anderen ihren Standpunkt durch. Die Machtanwendung ist nur dann vertretbar, wenn die Konfliktbewältigung in kürzester Zeit erfolgen muss. Im Normalfall sind Möglichkeiten für eine gemeinsame Lösungssuche gegeben.

Wer als Gewinner eines Konfliktes einen Verlierer zurücklässt, ist früher oder später selbst der Verlierer. Nur Gewinner sind produktive Leistungsträger.

Verlierer-Verlierer-Spiele zerstören Motivation und Klima.
Wenn keine Partei erreicht, was sie erreichen wollte, weil man sich gegenseitig »das Wasser abgräbt«, entstehen Frust und Aggression. Der schlechteste Ausweg ist die Flucht. Das zerstört eine Organisation. Ein gangbarer Weg wird sein, in der konkreten Situation faire Kompromisse zu finden (selbst wenn der bittere Nachgeschmack entsteht: »Ich habe nicht bekommen, was ich wollte«) und zukunftsorientiert nach neuen Chancen für beide Konfliktparteien zu suchen.

»Konflikte sind schädlich und müssen daher vermieden werden!« Diese Haltung ist gefährlich: Wegsehen löst keine Konflikte, es lässt sie bestenfalls einschlafen.

Tipps für Ihre Konfliktgespräche

Um Konfliktgespräche werden wir in einer Organisation nicht herumkommen, die Kunst besteht darin, zu führen. Die Grundregeln lauten:

→ Ich-Botschaften formulieren statt Du-Botschaften.
→ Die eigenen Ziele nennen und die des Gegenübers ernst nehmen.
→ Wertschätzung der Person, trotz unterschiedlicher Positionen.
→ Schrittweise zu Vereinbarungen kommen und kompromissfähig sein.

Die folgende Checkliste hilft Ihnen, Konfliktgespräche besser vorzubereiten oder Gespräche zu analysieren, um daraus zu lernen (nach Stürzl 1993).

Checkliste für Ihr persönliches Konfliktgespräch		
Thema: Konfliktbewältigung		Stichworte
Stufe 1	Konflikt auf den Tisch legen (Konfrontation): → Die Ernsthaftigkeit der eigenen Störung muss dem anderen deutlich werden, also nicht »durch die Blume« sagen. → Ich-Botschaften senden statt Du-Botschaften.	»Mich stört ...«
Stufe 2	Nennen des eigenen Ziels.	»Ich möchte ...«
Stufe 3	Feststellung des Ziels des anderen: → durch direkte Fragen, → Kontrollfrage zum eigentlichen Ziel, → durch aktives Zuhören, → Akzeptanz seines Ziels als seines Ziels.	»Was möchten Sie?« »Wie sehen Sie das?« »Was sagen Sie dazu?«
Stufe 4	Suche nach Gemeinsamkeit.	»Was wollen wir beide?«
Stufe 5	Ideen suchen, akzeptieren, bewerten, wie das Problem gelöst werden kann.	»Worauf können wir uns einigen?«
Stufe 6	→ Vereinbarung: → konkret, detailliert, zeitlich befristet, → nach vereinbarter Zeit überprüfen, ob sich die Vereinbarung in die Praxis umsetzen lässt und ob wir damit zurechtkommen. → Wenn Lösung nicht möglich: → Vertagen (festen Termin vereinbaren). → Sinnfrage (»Halten Sie es für sinnvoll ...?«). → Es gibt Probleme, die können wir nicht → lösen – aber wir können aufhören, uns von ihnen faszinieren zu lassen.	»Was vereinbaren wir?«

Konflikte zwischen Personen und Gruppen durch »Rollenverhandeln« lösen

In jedem Arbeits- oder Projektteam kommt es, selbst bei bestem Wollen und Können, zu Spannungen und (unterschwelligen) Konflikten und Auffassungsunterschieden. Werden diese gut bearbeitet, wird neue Energie für die gemeinsame Arbeit frei. Wir beschreiben hier eine Vorgehensweise, die zu überprüfbaren Vereinbarungen zwischen Personen/Gruppen führt.

Vorgehen bei zwei Konfliktpartnern (nennen wir sie A und B):

A und B formulieren auf einem Blatt Papier wechselseitig Wünsche an den jeweils anderen.

→ – Ich wünsche mir, dass du in Zukunft mehr tust …
→ – Ich wünsche mir, dass du in Zukunft weniger tust …
→ – Ich wünsche mir, dass du weiterhin tust …

Nun tauschen sie die Blätter aus. Jeder liest die Wünsche des anderen durch und überlegt, auf welche Wünsche er gerne eingehen möchte.

Die beiden beginnen ihre Verhandlungen. Dies ist ein Prozess des Gebens und Nehmens: Wenn A einem Wunsch von B entspricht, muss auch B einem Wunsch von A entsprechen (zum Beispiel: »Ich (A) bin bereit, dich (B) bei deinem Projekt zu unterstützen, wenn du mich regelmäßig und unaufgefordert über die Verhandlungen mit dem Kunden informierst!«).

Eine dritte Person kann in schwierigen Fällen als Beobachter fungieren und eingreifen, wenn die Verhandlungen unfair werden.

Die Runde ist abgeschlossen, wenn beide Partner schriftliche Vereinbarungen bezüglich ihres Verhaltens getroffen haben. Das Ergebnis wird von beiden unterschrieben und ein Termin für die Überprüfung festgelegt.

Bei mehreren Personen werden weitere Verhandlungsrunden geführt, bis alle Unstimmigkeiten bereinigt sind.

Diese Methode kombiniert Diagnose und Soll-Entwurf und ist gut geeignet, betriebliche Abläufe (Bestellung, Planung, Produktion, Vertrieb) und Prozesse (Entscheidungsprozesse, Informationsprozesse, Delegieren, Projektbeauftragung usw.) zu untersuchen.

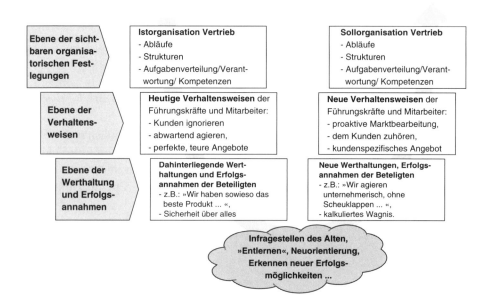

Prozess 5: Lernen und Qualifizierung, Empowerment

Wenn der Veränderungsprozess erfolgreich sein soll, dann gilt es auch eine entsprechende Qualifizierungsoffensive zu starten, die dazu geeignet ist, auf die unterschiedlichen Zielgruppen spezifisch einzugehen. Betrachtet man beispielsweise die unteren beziehungsweise mittleren Hierarchieebenen, so müssen diese rechtzeitig die Gelegenheit bekommen, sich mit ihrer neuen Rolle als Coach vertraut zu machen und sich die entsprechenden Fähigkeiten und Fertigkeiten anzueignen. Wird das nicht von Anfang an gefördert, so fühlen sich die betroffenen Führungskräfte so, als würde man sie »ins kalte Wasser« werfen. Es entsteht das Gefühl der Überforderung, wodurch solche entwicklungshemmenden Phänomene wie Unsicherheit, Angst und Widerstand nur noch weiter verstärkt werden.

Zu den neuralgischen Aspekten des Qualifizierungsbedarfes gehören vor allem solche Aspekte wie »Sozialkompetenz« und »Kommunikationsfähigkeit«, die auch ganz gezielt entwickelt werden müssen. Das ist naturgemäß aber mit bedeutend größeren Problemen verbunden als die Vermittlung fachlicher Kompetenz. Und zwar deshalb, weil die neuen sozial-kommunikativen Anforderungen in ganz anderer Weise an die gewachsenen Persönlichkeitsstrukturen der betroffenen Personen gebunden sind. Man lernt nicht einfach etwas Neues, sondern man lernt um. Damit rückt aber die ganze »betriebliche Sozialisation« ins Blickfeld der Betrachtung (vgl. Faust 1995).

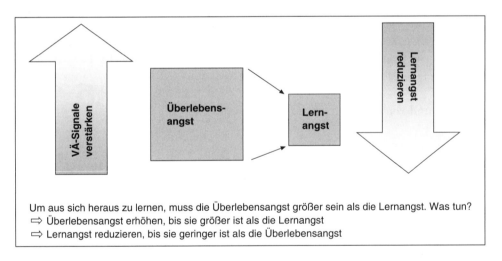

Um aus sich heraus zu lernen, muss die Überlebensangst größer sein als die Lernangst. Was tun?
⇨ Überlebensangst erhöhen, bis sie größer ist als die Lernangst
⇨ Lernangst reduzieren, bis sie geringer ist als die Überlebensangst

Wird nun eine Qualifizierungsoffensive gestartet, so signalisiert das nicht nur eine Aufforderung zur Verhaltensänderung, sondern es signalisiert auch Aufmerksamkeit und Zuwendung. Die genannten Effekte – aber auch die Treffsicherheit der verschiedenen Qualifizierungsmaßnahmen – werden vor allem dann noch weiter verstärkt, wenn die Betroffenen in die Erhebung der Qualifizierungsanforderungen eingebunden werden. Wenn sie also auch selbst die Gelegenheit dazu haben, sich darüber zu äußern, wo sie sich unsicher fühlen und Unterstützung brauchen.

Qualifizierungsmaßnahmen erfolgreich durchzuführen bedeutet jedoch nicht, dass es ausreicht, entsprechende Workshops und Verhaltenstrainings abzuhalten. Auch wenn solche Veranstaltungen wichtig sind, reichen sie erfahrungsgemäß nicht aus, um auch all jene Lernprozesse in Gang zu setzen, die erforderlich sind. Denn dazu ist es stets notwendig, dass die Betroffenen im Verlauf dieses Entwicklungsprozesses die permanente Möglichkeit haben, die gemachten Erfahrungen – aber auch das zukünftige Vorgehen – gezielt (zum Beispiel in Gesprächen) zu reflektieren. Externe Prozessbegleiter können hier einen wichtigen Beitrag leisten. Sie sind neutral (was hilft, Abschließungstendenzen zu vermeiden) haben gelernt, solche Reflexionsprozesse zu initiieren und in eine fruchtbare Richtung zu lenken.

Veränderungsprojekte setzen zeitlich begrenzt an größeren Veränderungen an. Das allein ist nicht genug, es braucht einen kontinuierlichen Lern- und Verbesserungsprozesses. Aus dieser Notwendigkeit entstand die Idee der lernenden Organisation: Die Organisation soll auf zwei Ebenen lernen:

→ Auf der **kognitiven Wissensebene**. Das heißt: Fehler als »Schatz« (General Motors) sehen. Systematische Beschaffung von Umfeldwissen (Kunden, Markt, Konkurrenz) durch Mitarbeiter und Umsetzung in Verbesserungen. Mitarbeiter und Teams werden angeregt, »selbstgesteuert« zu lernen, mit eigener Schwerpunktsetzung (zum Beispiel Lernprojekte, Experimente …).
→ Auf der **kulturellen und Wertebene**. Durch Austausch mit fremden Weltbildern und Kulturen, um das eigene »Sinnmodell« und die tragenden Leitvorstellungen weiterzuentwickeln. Argyris (1997) spricht auch von Double-Loop-Learning. Es führt zur Überwindung des bestehenden Sinnmodells, etwa der Hierarchie zugunsten einer horizontalen Netzwerkorganisation.

Auslöser und Verstärker für solche Lernprozesse sind:

→ Problemdruck.
→ Sogwirkung von Chancen.
→ hohe Reflexionsfähigkeit im Unternehmen.
→ Suche nach übergreifenden Kontexten im Wertschöpfungsstrom.
→ In halbjährlichen Klausuren wird die strategische Ausrichtung gemeinsam überprüft und laufend angepasst.
→ Regelmäßige Mitarbeiterbefragungen in den Geschäftsfeldern fördern permanent Verbesserungsmöglichkeiten zutage.
→ Kundenbefragungen, Kundenkonferenzen, Einbeziehen von Kunden in Projektteams.
→ Mitarbeiter sammeln Erfahrungen bei anderen Firmen.

Gebote für ein lernendes Unternehmen

Die im Folgenden aufgezählten neun Gebote beinhalten Merkmale, die ein lernendes Unternehmen auszeichnen. Sie können die Gebote wie auch die anschließende Kurzdiagnose dazu heranziehen, zu überprüfen, inwieweit Ihre Organisation bereits einem lernenden Unternehmen entspricht.

Gebot 1	Nichts ist so beständig wie der Wandel. Das lernende Unternehmen hat den Veränderungsprozess institutionalisiert. Es entwickelt sich ständig weiter.
Gebot 2	Die meisten Unternehmen lernen nur in der Krise. Der clevere Manager versteht es jedoch, auch in ruhigen Zeiten einen stetigen Lernprozess am Leben zu erhalten.
Gebot 3	Der Mitarbeiter ist der Motor des Wandels. Die Führungsspitze delegiert so viel Kompetenz wie möglich nach unten. Teamarbeit ersetzt den autoritären Führungsstil.
Gebot 4	Das lernende Unternehmen ist nicht mehr in voneinander isolierte Abteilungen organisiert, sondern nach Geschäftsprozessen. Diese gilt es zu verbessern, nicht einzelne Funktionen.
Gebot 5	Der Kunde ist König, auch im Unternehmen. Die einzelnen betrieblichen Stellen stehen in einem Kunden-Lieferanten-Verhältnis zueinander.
Gebot 6	Die Kunden – egal ob externe oder interne – sind an der Entwicklung des Produktes beteiligt.
Gebot 7	Die Mitarbeiter kommunizieren direkt und gut miteinander. Ideen werden schnell ausgetauscht und diskutiert.
Gebot 8	Der Vergleich macht Sie sicher. Das lernende Unternehmen misst sich mit seinen Konkurrenten, einzelne Töchter vergleichen sich untereinander.
Gebot 9	Risiko wird belohnt. Nicht der Fehler ist das Problem, sondern den Fehler immer wieder zu machen.

(Nach: H. Wildemann und Beratergruppe Neuwaldegg)

Mithilfe der Kurzdiagnose können Sie feststellen, ob Ihre Organisation zu den lernenden Unternehmen gehört.

Training und Coaching als Lernunterstützung

Die Begriffe Training und Coaching stammen aus dem Sport. Während der Trainer dafür sorgt, dass der Spieler alle erforderlichen Techniken und Strategien kennt (beim Tennis beispielsweise: einen kräftigen und platzierten Aufschlag beherrscht, eine Rückhand ebenso sicher schlägt wie eine Vorhand, ausreichende Kondition und

Kurzdiagnose: Sind wir ein lernendes Unternehmen?

    Ist-Zustand
    Handlungsbedarf

Strategieprozess als Lernprozess
Neue Strategien und Ideen werden in Pilotversuchen erprobt, ständiges Experimentieren in kleineren Bereichen ist selbstverständlich; in der Umsetzung wird konsequent auf Frühwarnsignale geachtet und Feedback eingeholt.

Beteiligung an unternehmenspolitischen Entscheidungen
Entscheidungen werden mit Eigentümern, Mitarbeitern, Kunden diskutiert, um Konsens zu entwickeln, bessere Entscheidungen zu erhalten und die Umsetzung zu erleichtern.

Offene Information und Kommunikation
Information fließt offen und schnell, insbesondere zu den Mitarbeitern an der Kundenfront; die eingesetzte Informationstechnologie ist benutzerfreundlich und leicht zu bedienen.

Rechnungswesen als Feedback-Instrument
Das Rechnungswesen liefert aktuellste Informationen, die dem Mitarbeiter helfen, aus den Konsequenzen seiner Entscheidungen zu lernen; es unterstützt ihn in seiner Rolle als »interner Unternehmer«.

Interne Kunden-Lieferanten-Beziehungen
Abteilungen und Gruppen des Unternehmens verstehen sich als Kunden und Lieferanten und handeln Leistung und Gegenleistung zum Beispiel hinsichtlich Dienstleistung, Qualität und Preis untereinander aus.

Flexibles Entlohnungssystem
Es gibt individuell unterschiedliche Entlohnungsmöglichkeiten; das Belohnungssystem fördert Engagement für Lernen, Experimentieren und Innovation.

Entwicklungsfördernde Strukturen
Die Strukturen des Unternehmens sind flexibel und können rasch verändert werden; Rollen- und Aufgabenverteilungen sind nur grob festgelegt und an den Kundenbedürfnissen ausgerichtet.

Mitarbeiter als Marktforscher
Alle Mitarbeiter, insbesondere die an der Kundenfront, sammeln Informationen insbesondere von Kunden und Lieferanten: Diese Daten sind im Unternehmen willkommen, werden analysiert und verwertet.

Lernen von anderen Unternehmen
Alle Möglichkeiten, von anderen Unternehmen zu lernen (zum Beispiel von Geschäftspartnern, Mitbewerbern, »Branchenbesten«), werden genützt.

Lernklima
Es gibt eine »Kultur der dauernden Verbesserung«, Fehler werden nicht bestraft, sondern als Lernchance gesehen.

Selbstentwicklung für alle Mitarbeiter
Am Arbeitsplatz werden Lernmöglichkeiten bewusst geschaffen. Kurse, Seminare, Workshops stehen allen offen: Jeder Mitarbeiter lernt eigenverantwortlich.

(In Anlehnung an: Pedler/Burgoyne/Boydell 1994)

Geschwindigkeit besitzt), unterstützt der Coach den Spieler bei der Umsetzung und Anwendung des Gelernten im Wettkampf (bei welchem Gegner und in welcher Spielsituation an der Grundlinie bleiben, wann mehr Netzangriffe starten usw.).

Das Zusammenwirken beider Rollen veranschaulicht die folgende Darstellung, die nochmals die Analogie zum Sport bemüht:

Trainer ...	Coach ...
... schafft Grundlagen in der physischen (und psychischen) Wettkampfvorbereitung.	... setzt den Trainingszustand des (der) Sportler(s) mit der größtmöglichen Effizienz im Wettkampf um.
... arbeitet Defizite auf, die sich in der Wettkampfsituation gezeigt haben.	... greift kurzfristig ein, reagiert flexibel, psychisch schnell und richtig.
... gibt Anregungen, die er im Training aufnimmt, an den Coach weiter.	... ist fähig, Konfliktsituationen zu steuern beziehungsweise zu verschieben.
... bietet Konzepte zur Leistungsverbesserung an.	... erkennt in der Wettkampfsituation Defizite.
... kann durchaus spezialisiert sein (Kondition/Technik/Position).	... »bestellt« beim Trainer spezielle Trainingsmaßnahmen.
	... versucht durch seine Einflussnahme Spieler vor unfairen Attacken nicht nur im Wettkampf, sondern auch in der Öffentlichkeit zu schützen.
	...steht für Erfolg oder Misserfolg bei der Vereinsführung oder in der Öffentlichkeit gerade.
	... ist die entscheidende Person bei der Diskussion über den Zugang neuer Spiele.

Training und Coaching sind wichtige Angebote der Personalentwicklung zur Unterstützung von Veränderungsmaßnahmen. Nicht ohne Grund hat sich für den Leiter von Aus- und Weiterbildungsveranstaltungen auch der Begriff Trainer durchgesetzt. Er schafft gewissermaßen die Grundlage an Kenntnissen und Fertigkeiten. Der Coach hat zudem die Aufgabe, in der Anwendungssituation Anwendungs- und Umsetzungsunterstützung zu leiten.

Trainings in Veränderungsprozessen

Trainings sind traditioneller Bestandteil der betrieblichen Aus- und Weiterbildung zur Qualifizierung von Beschäftigten, haben aber auch in anspruchsvollen Veränderungsarchitekturen einen fixen Platz, weil sie neben dem individuellen und Gruppenlernen auch das organisationale Lernen unterstützen. Wir können im Rahmen von Veränderungsprojekten drei verschiedene Trainingsangebote unterscheiden:

Training individueller Qualifikationen In individuellen Trainings geht es um das Vermitteln von Wissen, zum Beispiel Arbeitsrecht, Arbeitstechniken oder Zeitmanagement, aber auch um die Entwicklung und Steigerung von Fähigkeiten wie Business-English oder Anwendung von EDV-Programmen. Individuelle Trainings sprechen Einzelpersonen an und haben den Transfer insofern vor Augen, als sie anwendungsbezogene Übungen einplanen. Sie überlassen es jedoch den Personen, was von ihrem erworbenen Wissen und ihren neuen Fähigkeiten sie in den beruflichen Alltag übernehmen und was nicht.

Training sozialer Kompetenzen In dieser Trainingsform liegt der Schwerpunkt auf dem sozialen Lernen, das durch Selbsterfahrung und Feedback durch den Trainer und andere Gruppenteilnehmer eingeleitet wird. Wissen spielt zwar eine Rolle, es wird jedoch hauptsächlich induktiv aus der Trainingserfahrung der Teilnehmer selbst abgeleitet. Trainings sozialer Kompetenzen verfolgen das wichtige Ziel, die Teilnehmer in ihrem Rollenverständnis und ihren Verhaltensmustern zu irritieren und zur Übernahme neuer Einstellungen und Verhalten anzuregen. Der Transfer dieser Trainings ist nur dann gesichert, wenn die Lernergebnisse in einer neuen kulturellen Umgebung und durch neue Rollendefinitionen (zum Beispiel durch neue Führungsgrundsätze) eine Bestätigung erfahren. Auch die Unterstützung durch ein begleitendes Coaching ist bedeutsam. Beispiele für Trainingsangebote im Rahmen von Veränderungsprojekten sind Team-, Führungs-, Moderationstrainings und Ausbildungen für interne Berater und Coaches.

Organisationsorientiertes Training Organisationsorientierte Trainings sind ein fixer Bestandteil von OE-Projekten, weil sie Lern- und Entwicklungsprozesse einleiten, die Voraussetzung für eine gelungene und nachhaltige Veränderung sind. Dazu gehören Strategieworkshops, Projektmanagement-Trainings, Reflexionsgruppen, Dialoggruppen und andere. Diese Trainings führen zu Ergebnissen, die den Veränderungsprozess qualitativ beeinflussen. Es liegt im Interesse der Organisation, Transferprozesse einzuplanen, die das Lernen von Einzelpersonen und Gruppen mit dem organisationalen Lernen verknüpfen.

Coaching in Veränderungsprozessen

Eine besondere Bedeutung haben Coachings zur individuellen Unterstützung bei der in Veränderungsprozessen so wichtigen Entwicklung neuer Orientierungen.

Der Coach setzt voraus, dass der Mitarbeiter bereits das für seine Funktion notwendige Potenzial an Fähigkeiten, Kenntnissen und Bereitschaft mitbringt. Er geht nicht als »Verfolger« auf die Suche nach Versäumnissen und Unvollkommenheiten, sondern versteht sich als Entwicklungshelfer. Ein ganz entscheidendes Merkmal dieses Entwicklungshelfers ist es, dass er danach strebt, sich und seine Funktion überflüssig zu machen. Aus diesem Grund tut er alles, was Selbstständigkeit fördert und vermeidet das, was seinen Klienten unselbstständig und auch von seinem Helfer abhängig macht. In diesem Sinn strebt Coaching eine Unterstützung des Klienten (Coachee) an und will:

→ Hilfe zur Selbsthilfe leisten.
→ Berufliche Entwicklung und persönliche Entwicklung fördern.
→ Lernen und Verhaltensänderung aus Einsicht initiieren.
→ Selbstkritische Haltung fördern.
→ Wahrnehmungsblockaden auflösen.
→ Selbstorganisationsprozesse in Gang setzen.
→ Helfen, Fähigkeiten bei der Lösung von Problemen und bei der Bewältigung von Arbeitsabläufen besser einzusetzen.

Coaching ist ein Beratungsprozess, der zum Ziel hat, mithilfe geeigneter Interventionen beim Coachee (= derjenige, der gecoacht wird) Wahrnehmungsblockaden zu lösen und Selbstorganisationsprozesse in Gang zu setzen, die es dem Coachee ermöglichen, seine Fähigkeiten bei der Lösung von Problemen und der Bewältigung von Arbeitsanforderungen effizienter zu nutzen.

Die Haltungen und Verhaltensweisen eines Coachs resultieren aus dem Ziel der Hilfe zur Selbsthilfe. Anders als ein Fachberater ist der Coach nicht der Problemlöser, sondern leitet den Coachee zum eigenständigen Finden von Lösungswegen an. Es gilt oft herauszufinden, was eine Person daran hindert, sich in bestimmten Situationen ebenso kompetent zu verhalten wie in anderen.

Der Coach spiegelt dem Coachee durch Feedback seine Wahrnehmungen und Beobachtungen und hilft ihm so, seine »blinden Flecken« nach und nach zu erkennen und zu überwinden. Er ist dabei ein behutsamer Begleiter, der darauf setzt, die positiven Seiten des Coachee zu stärken.

Wie geschieht Coaching?

Die Basis jedes Coachings ist das Gespräch. Um es zu beeinflussen und zu steuern, stehen dem Coach verschiedene Interventionsformen zu Verfügung, die er je nach Bedarf, Situation und eigener Kompetenz einsetzen kann. Die folgenden Gesprächsformen bieten sich für ein Coaching an, das vorrangig auf berufliche Kompetenzen und weniger auf Persönlichkeitsentwicklung gerichtet ist.

Frage- und Gesprächsformen im Coaching

Nehmen wir an, eine Stationsleiterin eines Krankenhauses sucht einen Coach auf, um mit ihm ihre aktuellen Führungssituationen und -probleme zu besprechen. Was werden zentrale Fragen und Gesprächsformen sein?

- → **Fragen:** Der Coach fragt zum Beispiel die Stationsleiterin, wie sie ihre Situation sieht, welche Besonderheiten ihr aufgefallen sind, wo sie ihre Schwächen sieht, welche Verbesserungen sie plant.
- → **Spiegeln:** Der Coach spiegelt Gedanken, Gefühle, die er als Mitarbeiterin der Stationsleiterin im Gespräch möglicherweise gehabt hätte. Er spiegelt bestimmte Passagen, Aussagen, die ihm besonders positiv oder negativ aufgefallen sind.
- → **Reframing:** Der Coach stellt einen neuen Bezugsrahmen dar, lässt sie beispielsweise Vorteile in scheinbar ausschließlich negativen Verhaltensweisen suchen (zum Beispiel pedantischer Mitarbeiter).
- → **Perspektivenwechsel:** Er lässt die Stationsleiterin gedanklich auf dem Stuhl der Mitarbeiterin Platz nehmen und das Gespräch aus deren Sicht schildern.
- → **Verbalisieren/Doppeln:** Er spricht auch das aus, was im Gespräch nur mitschwingt, zum Beispiel verhaltenen Ärger, Ungeduld, Befürchtungen.
- → **Paraphrasieren:** Er wiederholt Aussagen der Stationsleiterin in eigenen Worten, um sie auf den Punkt zu bringen und zu präzisieren.
- → **Antizipieren:** Er lässt die Stationsleiterin neue Situationen vordenken und ermutigt sie, neues, zielförderndes Verhalten auszuprobieren.

Und wenn es nötig ist:
- → **Provozieren!** Wenn der Coach große, aber unausgesprochene Widerstände bei seinem Gegenüber zum Beispiel gegen alle Maßnahmen zur Herausbildung eines partnerschaftlichen Führungsstils spürt, provoziert er eine Diskussion über diese unausgesprochenen Widerstände. Nur Ausgesprochenes kann bearbeitet werden! Seine Legitimation dazu: Er ist Auslöser und Begleiter von gewollter Entwicklung!

Coaching ist eine sehr anspruchsvolle Form der Gesprächsführung, die gelernt sein will. Gleichzeitig kann aber jede Person, die reflektiert kommunizieren kann, Coachingunterstützung geben. Die folgende Struktur ist eine Anregung für ein entsprechendes Vorgehen in kurzen Gesprächen mit Kollegen, Freunden, Mitarbeiterinnen.

Der Coach führt mit dem Gecoachten ein Gespräch in folgender Form.

1. Das Anliegen (maximal 3 Minuten):
- → Wo erkennen Sie Handlungsbedarf?
- → Was erleben Sie als problematisch oder als eine besondere Chance, die Sie gerne ergreifen wollen?
- → Welche Vorfälle oder Tatsachen können das Problem oder die Chance illustrieren?
- → Welche Umstände geben Ihnen zu denken/ beschäftigen Sie?

2. Angestrebtes Ergebnis (maximal 3 Minuten):
- → Wie wird die Situation aussehen, wenn das Problem gelöst ist beziehungsweise Sie die Chance genutzt haben?

> **Übung: Coaching-Kurzgespräch**
>
> Oft ist rasche Unterstützung angesagt. Sie können anderen behilflich sein, um eine momentane Blockade zu überwinden und in weiterführendes Tun zu kommen. Wenn Sie wenig Zeit haben und doch den anderen nicht im Stich lassen wollen, versuchen Sie es mit »Coaching ganz kurz«. So können Sie kompakt und zügig in 10–20 Minuten ein Coachinggespräch führen.
>
>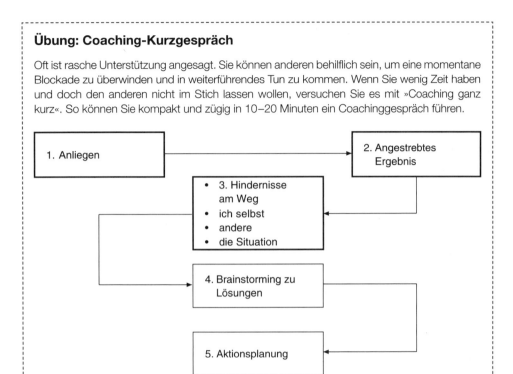

→ Beschreiben Sie dies in den Einzelheiten!
→ (Beachten Sie: Beschreiben Sie den Zielzustand, nicht den Weg dorthin! Der Gecoachte soll angeregt werden, sich den Zielzustand möglichst plastisch vorzustellen – so, als ob er ihn schon erreicht hätte.)

3. Hindernisse am Weg zum Ziel (maximal 5 Minuten):
→ Steht sich der Gecoachte selbst im Wege durch Auffassungen und Einstellungen, selbst auferlegte Normen, Mangel an Fähigkeiten, anders gelagerte Motivationsschwerpunkte?
→ Steht ihm jemand anderer im Wege, wodurch der Gecoachte sein Ziel nicht erreichen kann, ein gestresster Chef, ein unerreichbarer Kunde oder andere Personen?
→ Enthält die Situation Bedingungen, welche die Zielerreichung erschweren oder schier unmöglich machen, zum Beispiel mangelnde Liquidität, Vorverlegung einer Deadline?

4. Brainstorming zu Lösungsmöglichkeiten (maximal 5 Minuten):
→ Wie könnten bestimmte Hindernisse beseitigt oder umgangen werden?
→ Was kann der Gecoachte selbst dabei tun?
→ Wo braucht er die Mitwirkung anderer?
→ Worin könnten die Beiträge der anderen bestehen?

5. Aktionsplanung (maximal 4 Minuten):
→ Was genau wird verändert – gegenüber dem gegenwärtigen Zeitpunkt?
→ In welchen Etappen?
→ Welche Schritte sind dazu erforderlich?
→ Wie soll die zeitliche Gliederung der Aktivitäten aussehen (Phasen, »Milestones« und so weiter)?

Zum Abschluss fasst der Coach die Ergebnisse zusammen (oder lässt den Gecoachten zusammenfassen). Der Gecoachte notiert sich konkrete Schritte für die Umsetzung.

Prozess 6: Informations- und Kommunikationsprozesse gestalten

In einer Organisation werden niemals alle Menschen in gleichem Maße an den Veränderungsaktivitäten mitwirken. Dadurch können immer wieder Informationslücken entstehen oder Fehlinformationen zirkulieren. Das begünstigt die Gerüchtebildung. Deshalb sollten schon bei der Vorbereitung gezielte Informationen gegeben werden:

→ Um welche Probleme geht es?
→ Welche Veränderung wird angestrebt?
→ Welche Vorgehensschritte sind geplant?
→ Wie werden die Mitarbeiterinnen und Mitarbeiter aktiv mitwirken können?

Besser als Einweg-Informationsmedien sind immer dialogische Formen, wie zum Beispiel »Informationsmärkte«, um Informationen und Erfahrungen auszutauschen. Durch den Einsatz moderner Medien kann es sogar bei Großveranstaltungen mit vielen Hundert Personen zu einem lebendigen und anregenden Informationsaustausch kommen.

Informieren Sie!

Information
→ gibt Orientierung.
→ schafft Basis für Akzeptanz.
→ reduziert Ängste.

Leitidee
Top-down und bottum-up!
Und: Lassen Sie sich informieren!

Leitfrage
Wer muss (gegebenenfalls in welcher Abfolge)
→ wann, bis wann und wie oft,
→ worüber (Inhalt, Prozeduren),
→ in welcher Form,
→ durch wen
informiert werden?

Schon bei der Vorbereitung von Veränderungen sollten die Mitarbeiterinnen und Mitarbeiter informiert werden, wie die Veränderungen vor sich gehen sollen, welche Zeit dafür veranschlagt wird und vieles mehr. Und dann wird periodisch über den Stand der Dinge kommuniziert mit Fragen wie: Was ist geplant? Was ist erreicht worden? Wen betrifft es? Wie wird vorgegangen?

Die Aufgaben und Ziele von Information und Kommunikation aus *Führungssicht* sehen folgendermaßen aus:

→ Rasche und umfassende Information über geplante Aktivitäten und deren Auswirkungen.
→ Orientierung für die Mitarbeiterinnen und Mitarbeiter schaffen.
→ Zur Mitgestaltung motivieren.
→ Betonung der positiven Aspekte und Chancen des Veränderungsprojektes.
→ Ehrliche Auskunft über mögliche Risiken und erwartete negative Auswirkungen geben.
→ Mut machen, Hilfestellung bieten.
→ Möglichkeiten des Dialogs mit den Mitarbeitern schaffen.

Die Aufgaben und Ziele von Information und Kommunikation aus der *Sicht der Mitarbeiterinnen und Mitarbeiter* lauten:

→ Sich über den Informations- und Kommunikationsprozess auf dem Laufenden halten.
→ Bereit sein, neue Wege der Information und Kommunikation zu beschreiten (Veränderung braucht oft neue Wege).
→ Vermittlung von Fakten (Ziele, Projektschritte, Termine) über die geplante Veränderung.
→ Eingehen auf die emotionale Betroffenheit der Mitarbeiter.
→ Schaffung der Möglichkeit des Dialoges mit dem Management.

Einsatz verschiedener Informations- und Kommunikationsmethoden

Die Wahl einzelner Informations- und Kommunikationsmethoden und Instrumente ist abhängig von der Zielgruppe, der Phase des Veränderungsprozesses und der Größe der betroffenen Einheit. Eine Kombination von mehreren Instrumenten und Methoden ist in der Regel notwendig. Wesentlich ist, dass neben technisch dominierten, monologischen Methoden auch dialogisch-aktivierende Methoden eingesetzt werden. In der folgenden Übersicht zeigen wir auf, welche Methode sich für die unterschiedlichen Phasen, Zielgruppen und für welchen Zweck eignet.

Methode/Instrumente	Phase des Prozesses	Zielgruppe	Zweck
E-Mails	laufend, Umsetzungsphase	Mitarbeiter	Weitergabe von Daten, Fakten
Mitarbeiterzeitungen	laufend	Mitarbeiter	Informationen über Ziele, Aktivitäten, Ergebnisse
Mitarbeiterbefragung	laufend	Mitarbeiter	Einholen der Meinung der Mitarbeiter
Info-Märkte	Umsetzungsphase	Mitarbeiter, Führungskräfte	Vermittlung von Zielen, Aktivitäten, Ergebnissen
Moderierte Klausuren	Diagnosephase, Start, Umsetzungsphase	Führungskräfte	Gemeinsame Aktivitäten, Klärung offener Fragen
Mitarbeitergespräche	laufend	Mitarbeiter	Vermittlung von Zielen, Aktivitäten, Ergebnissen
Teambesprechungen Teamworkshops	Diagnosephase, Start, Umsetzungsphase	Teams, Abteilungen	Vermittlung von Zielen, Klärung offener Fragen
Podiumsdiskussionen	Start, laufend, Evaluierung, Umsetzung	Führungskräfte, Mitarbeiter	Vermittlung von Zielen, Aktivitäten, Klärung von Fragen
Resonanzgruppen	Umsetzungsphase, Evaluierung	Mitarbeiter, Führungskräfte, Topmanagement	Einholen von Meinungen zum Veränderungsprozess
Großgruppenveranstaltungen	Start, Umsetzung	Mitarbeiter	Vermittlung von Zielen, Dialog
Workshops zum Erfahrungsaustausch	Umsetzungsphase	Führungskräfte, Mitarbeiter	Präsentation von gelungenen Umsetzungen
Info-Telefon, Diskussionsforum im Intranet	laufend	Mitarbeiter	Beantwortung individueller Fragen

Prozess 7: Veränderungen erfolgreich umsetzen

Bei jedem Veränderungsschritt empfiehlt es sich, zu fragen, was davon so schnell wie möglich umzusetzen wäre. Oft können schon früh Dinge praktisch verwirklicht werden, nicht erst nach Monaten der Diagnose und Zieldiskussionen! Schon am Beginn können sich einige Dinge ändern, eventuell als Vorgriff auf spätere Veränderungen:

Wöchentliche Treffen werden zum Beispiel reihum von Teammitgliedern geleitet und nicht nur von den Vorgesetzten; Tagesordnungspunkte werden im Voraus bekannt gegeben; Sitzungen finden an einem runden Tisch statt usw. Durch Symbolverhalten signalisieren die Führungskräfte ihren Mitarbeitern, dass sie sich für die Neuerungen verbindlich engagieren.

Implementierung geschieht unter anderem durch Gewohnheitsbildung, durch das Schaffen von Ritualen und dergleichen und besteht aus vielerlei unterstützenden Verankerungsmaßnahmen. Dies sind zum Beispiel ein neues Gehaltssystem zur Förderung der Teamarbeit oder zur künftig geforderten Teamfähigkeit passende Beurteilungskriterien und vieles mehr.

Erfolgserlebnisse durch Implementierung geben dem Change-Prozess stets den besten Auftrieb. Vielfach dauert es den beteiligten Menschen viel zu lange, bis sich etwas in der Praxis spürbar ändert (durch Quick-Wins und Durchbruchsverbesserungen in zentralen Prozessen). Die hier gebotenen Methoden sollen dazu beitragen, dass gute Ideen so umgesetzt werden, dass sie überdies die Menschen in der Organisation vom Veränderungswillen der Führungskräfte überzeugen.

Meilensteine für den Fortschritt definieren

Meilensteine sind markante Punkte am Weg des Veränderungsprozesses. Meilensteine werden festgelegt, um Checkpunkte für den eingeschlagenen Weg der Veränderung zu definieren. Sie werden für eine definierte Teilstrecke beschrieben (zum Beispiel: In zwei Monaten müssen wir diesen Meilenstein erreicht haben, in einem halben Jahr diesen und in einem Jahr diesen).

> **Übung: Überlegen Sie zu einer Veränderung:** Welche Ergebnisse sollen in einem Jahr/ in zwei Jahren erreicht sein, damit ich den geplanten Veränderungsprozess als erfolgreich bezeichnen kann? Nur eindeutig messbare Ergebnisse!
>
> | | Meilenstein/Ergebnis | Wie messbar? |
> |---|---|---|
> | 1. | | |
> | 2. | | |
> | 3. | | |
> | 4. | | |

So kann sichergestellt werden, dass sich das Team, welches mit Veränderungen beauftragt ist, sehr konkret und messbar mit dem beschäftigt, was durch die Veränderungen in einzelnen Zeitabschnitten erreicht werden soll. Die Ressourcen können darauf konzentriert werden und mögliche Verzettelungen vermieden werden.

Abschließend wollen wir Ihnen nochmals in einem Überblick, die mit den sieben Veränderungsprozessen verbundenen, typischen Herausforderungen und die entsprechenden Antworten darauf zusammenfassen.

Typische Probleme und wie damit umgegangen werden kann

Schwierig ist …	… und wie Sie damit umgehen können!
Den Menschen ist **nicht bewusst,** dass die **aktuelle Situation unhaltbar** ist, sie haben andere Bilder.	**1. Bewusstsein durch Diagnose schaffen:** Aktive Beteiligung vieler Menschen schafft ein gemeinsames Bewusstsein. Befragungen, Beobachtungen, Analysen und Interpretationen.
Sinn und Ziel der angestrebten Veränderungen sind **unklar**. Es bilden sich Fantasien und Gerüchte, Angst entsteht.	**2. In Soll-Entwurf-Prozesse einbeziehen:** Möglichst viele Menschen sollen am Entwerfen der Zukunft mitwirken; Visionen, Leitbilder und Ziele erarbeiten; Pläne und Programme erstellen.
Die Menschen warten ab oder leisten Widerstand, weil sie unsicher sind und an alten Jobs, Beziehungen und Rollen hängen.	**3. Psychosoziale Veränderung ermöglichen:** Sie brauchen Gelegenheit, sich mit den neuen Rollen und Beziehungen anzufreunden; Konflikte lösen, Einstellungen, Erwartungen ändern.
Veränderungsangst entsteht oft, weil Mitarbeiter befürchten, den neuen Anforderungen nicht gerecht zu werden.	**4. Neues Wissen und Können trainieren:** Wissen und Können vermitteln, schulen, trainieren; Lernen durch Tun organisieren, experimentelle Situationen und Pilotprojekte einrichten.
Schlechte Information ist ein guter Nährboden für **Spekulationen, Gerüchte und Gerede.**	**5. Systematische Information und Kommunikation:** Gute Kommunikations- und Informationsprozesse einrichten. Vorinformation geben; Informationszeitung, Dialogveranstaltungen.
Ambitionierte Veränderungsprojekte, mit Elan gestartet, **versanden** oft in der Alltagsmühle!	**6. Konsequente Umsetzung vom ersten Tag an:** Rasche Aktionen, Verankerung durch Instrumente und Strukturen; Rahmenbedingungen schaffen; Routine bilden.
Immer **raschere Veränderungswellen** lassen keine Ruhe und Routine mehr zu. Gefahr der Oberflächlichkeit wächst.	**7. Veränderungsprozesse professionell managen:** Nach Bedarf beschleunigen oder bremsen, koordinieren und vernetzen, Ressourcen zur Verfügung stellen, Organe/Projekte einrichten.

Die Ausführungen zu den sieben Veränderungsprozessen haben Sie nun mit den verschiedenen Aspekten der Planung vertraut gemacht, sodass Sie selbst ein Konzept für ein Veränderungsprojekt entwerfen können. Dafür finden Sie nun zum Abschluss ein Formular, das Ihnen die Möglichkeit gibt, für die zentralen Prozesse einer Veränderung Überlegungen hinsichtlich der Elemente und anderer Umsetzungsfragen einzutragen.

Planungscheckliste für ein Veränderungsprojekt

Projektablauf (Phasen, Aktivitäten, Veranstaltungen)

Diagnose

Soll-Entwurf

Menschen einbeziehen

Lernen ermöglichen – Fähigkeiten erwerben

Informieren

Umsetzen

Management der ganzen Veränderung

Die Führungskräfte als Change-Manager[4]

Aufgaben des Change-Managements mit dem Routinemanagement verbinden

Change-Management ist eine zunehmend wichtige Aufgabe von Führungskräften. Bei allen Veränderungskonzepten ist zu überprüfen, welchen Platz und welche Chancen zur Einflussnahme und Gestaltung das Management erhält. Wenn das Management neben den Beratern nur »die zweite Geige spielt«, kann es sich nicht um Unternehmensentwicklung handeln, die für nachhaltige Wettbewerbsfähigkeit erforderlich ist.

Ein auf Nachhaltigkeit angelegter Ansatz der Unternehmensentwicklung baut Ressourcen im Unternehmen auf, um aus eigener Kraft Veränderungen konzipieren, planen, steuern und umsetzen zu können. Veränderungsprozesse in Unternehmen sind nur dann erfolgreich, wenn es zu einem überlegten Zusammenspiel von externen Ressourcen und den betroffenen Menschen im Unternehmen kommt.

In den letzten Jahren hat sich zum Glück die Erkenntnis durchgesetzt, dass Unternehmen nur überleben können, wenn sie sich ständig wandeln. Die Bedeutung umfassender Innovationen für Produkte, Märkte, Ablauforganisationen, Organisationsstrukturen, Managementmethoden usw. hat zu einem Boom verschiedener Arten der Unternehmensberatung geführt. Das ist schön – nicht zuletzt für uns als Berater! Aber die Schattenseite dieser Entwicklung ist, dass Unternehmensleitungen beim Beauftragen von Beraterinnen und Beratern oft glauben, dass sie Unternehmensentwicklung »machen lassen« können.

Unternehmensentwicklung ist unserer Erfahrung nach immer nur da gelungen, wo sie in erster Linie von Führungskräften selbst betrieben worden ist. Ihrem Wesen nach ist Unternehmensentwicklung also überhaupt nicht delegierbar – weder an externe Berater, noch an interne Stabsstellen!

Deshalb ist es notwendig, dass Führungskräfte aller Ebenen geschult werden, bei Veränderungsprojekten als »Change-Manager« in der vordersten Reihe eine aktiv betreibende und unterstützende Funktion zu erfüllen. Am besten ist es, eine derartige Schulung mit den praktischen Veränderungsprojekten im Unternehmen zu verknüpfen, weil Seminar-Lernen in Verbindung mit der praktischen Anwendungserfahrung die besten Wirkungen bringt.

---

4 Die Thematik »Führen in Veränderungsprozessen« wird ausführlich dargestellt in: Glasl/Kalcher/Piber 2005.

Mitarbeiter beobachten die Rolle und das Engagement der Führungskräfte im Veränderungsprojekt sehr genau. Erst eine beobachtbare Veränderung der Führung macht ein Engagement der Mitarbeiter wahrscheinlich und sinnvoll. Veränderung beginnt daher immer mit einer Selbstveränderung der Führungskräfte.

Führungsanforderungen nach Change-Phasen

Im Rahmen der sieben Prozesse des Change-Managements, wie wir sie in diesem Kapitel beschrieben haben, sind die Führungskräfte jeweils besonders gefordert. Ähnlich sieht das auch John P. Kotter – siehe dazu Kapitel »Erfolgsfaktoren von Veränderungen«.

Führungskräfte als Promotor des Veränderungsprozesses Jede Planung und Leitung des Veränderungsprozesses muss im Management des Unternehmens verankert sein. Wir haben bei Veränderungsprojekten in großen Unternehmen beobachtet, dass die Steuerung des Veränderungsgeschehens ganz in die Hände externer Beratungsfirmen gelegt wurde: Sie besetzten mehrfach alle Projektgruppen, traten als Diagnostiker, Konzeptentwickler, Trainer und Schattenmanager auf, dominierten die Steuerungsgruppe und trafen sich als Beratungsfirma zwischendurch immer wieder, um sich gegenseitig zu koordinieren und die Handlungen des Klienten zu überwachen – während es den Führungskräften praktisch unmöglich gemacht wurde, sich ohne Externe zu treffen. Das läuft auf ein Interimsmanagement durch die Beratungsfirma hinaus, wobei das Management des Klienten an den Rand gedrückt wird. Es ist klar, dass durch ein derartiges Vorgehen das Management niemals »by Doing« lernen kann, bei Veränderungsprozessen selbst das Ruder in die Hand zu nehmen, weil eine Bevormundung durch die Beratungsfirma erfolgt.

Führungkräfte als Diagnostiker der Situation Um wettbewerbsfähig zu sein, muss ein Unternehmen immer wieder verschiedene Aspekte seines Tuns überprüfen und hinterfragen: seine Marktleistungen, die Sinnhaftigkeit der Unternehmensstrategien, die Unterstützungsfunktion der Aufbauorganisation, die Zweckmäßigkeit der praktischen Führungssysteme, -techniken und -stile, die fördernde Wirkung von Zusammenarbeit und Betriebsklima, die Zielstrebigkeit und Zügigkeit der ganzen Arbeitsprozesse im Unternehmen, die Ausstattung mit Instrumenten und materiellen Mitteln usw. Dazu müssen dem Management vielerlei Analyse- und Diagnosemethoden zur Verfügung stehen.

Unternehmensentwicklung erfordert deswegen die aktive Mitarbeit der Führungskräfte und vieler weiterer Mitarbeiter an den diagnostischen Aktivitäten, die jede Unternehmensentwicklung mit sich bringt.

Führungskräfte als Konzeptentwickler Immer wieder scheitern Veränderungsvorhaben, weil Externe ihre Lösungen als Fremdkörper ins Unternehmen einschieben und die Führungskräfte nur zu Ausführungsorganen der Beraterideen gemacht werden. Wie sollen dann diese Führungskräfte später eigene Konzepte entwerfen und schnell umsetzen können? Dies gilt ganz besonders für das Verbreiten neuer Visionen, die mit alten Unternehmenskonzepten grundlegend brechen müssen. Ein tief greifender Veränderungsprozess wird nur erfolgreich sein, wenn die Führungskräfte selbst auf authentische Art ihre Zukunftsvisionen vorbringen und gegenüber ihren Mitarbeiterinnen und Mitarbeitern glaubhaft zum Ausdruck bringen und vorleben!

Führungskräfte als Coaches und Manager der psychosozialen Veränderungsdynamik Wann immer Veränderungen tiefere Wirkung haben sollen, greifen sie in gewachsene Beziehungen ein und erzeugen Unsicherheit und Spannung. Jeder Veränderungsprozess fördert deshalb bisher verborgene Konflikte ans Tageslicht. Führungskräfte können sich davon nicht fernhalten oder die Bearbeitung delegieren. Sie brauchen selbst ein ausreichendes Maß an Konfliktfähigkeit: Sie müssen die Anzeichen solcher Spannungen rechtzeitig erkennen und einfachere Konflikte direkt aufgreifen und bearbeiten können. Oft sind Führungskräfte die Zielscheibe von Konflikten, weil bei Veränderungsvorhaben Unsicherheit darüber entstehen kann, ob mit offenen Karten gespielt wird, ob nicht die Interessen der heutigen Machthaber in erster Linie ausschlaggebend sind und so weiter.

Führungskräfte als Vorbilder und Trainer für Lernprozesse Jeder Veränderungsprozess muss durch den Erwerb neuen Wissens und Könnens unterstützt werden. Zusätzlich zur Arbeit professioneller Trainerinnen und Trainer ist es sehr wirkungsvoll, wenn Führungskräfte ihren Mitarbeiterinnen und Mitarbeitern neue Führungstechniken vermitteln, die später zum Alltag des Führungshandelns gehören müssen. So können zum Beispiel Methoden der Zielvereinbarung oder des Mitarbeitergesprächs von der eigenen Chefin oder vom eigenen Abteilungsleiter vorgetragen, an den konkreten Gegebenheiten der eigenen Abteilung trainiert und geübt werden.

Darüber hinaus kommt es immer wieder zu Lernsituationen durch Pilotprojekte. Hier sollten Vorgesetzte als Lernpartner wirken, die das angestrebte Neue immer wieder auffrischen und zu verbindlichen Verhaltensweisen machen. Und sie können vor allem als Coach für ihr eigenes Personal wirken. Durch derartige Begleittätigkeiten vertiefen auch die Führungskräfte ihr eigenes Können.

Führungskräfte als Kommunikatoren des Wandels Flankierend für alle bisher genannten Aktivitäten braucht jedes Veränderungsvorhaben ein überlegtes Informationskonzept, um der Gerüchtebildung vorzubeugen. Auch hier ist es eindeutig so, dass die Informationen zu allen Projekten und Ergebnissen der Veränderungen von den eigenen Chefinnen und Vorgesetzten kommen müssen, um Orientierung zu geben. Externe Beraterinnen und Sachverständige können auch hier wiederum nur methodische Hilfe geben oder bestimmte Gespräche moderieren – aber der Dialog muss unter den Beteiligten selbst stattfinden.

Nach unserer Erfahrung wird der Aspekt der vorbeugenden und flankierenden Informationsstrategie immer noch grob vernachlässigt – um den Preis eines angeschlagenen Vertrauensverhältnisses und latenter Ängste, die im Unternehmen um sich greifen. Wo aber die Angst das Verhalten bestimmt, sind keine Schritte ins Neuland möglich.

Führungskräfte als Treiber und Pionier der Umsetzung Die Qualität der Umsetzung kann wesentlich gesteigert werden, wenn die Führungskräfte Rat und Unterstützung dafür bekommen, wie sie die Neuerung so umsetzen, dass sie gleichzeitig die Glaubwürdigkeit der neuen Arbeitsweisen unterstreichen. Es kommt darauf an, neue Dinge auf eine Weise zu tun, die für die Mitarbeiterinnen und Mitarbeiter ein Signal ist: »Aha, unsere Vorgesetzten halten sich selbst auch an die neuen Spielregeln! Sie praktizieren ebenfalls das, was sie von uns verlangen!«

Darüberhinaus sehen wir für Führungskräfte im Hinblick auf einen erfolgreichen Umgang mit Veränderungssituationen einige weitere förderliche Haltungen und Fähigkeiten, die wir in der folgenden Übersicht zusammengefasst haben.

Denken in unterschiedlichen Zeitspannen	In Veränderungsprozessen ist immer wieder der Wechsel von kurz-, mittel- und längerfristiger Perspektive nötig. Kurzfristiges Ergebnisdenken muss mit der Fähigkeit, sich zukünftige Zustände vorzustellen und diese Bilder zu vermitteln, verbunden werden.
Komplexität bewältigen	In Veränderungen kann leicht der Überblick verloren gehen, durch komplizierte Darstellungen und Verkomplizierung von Sachverhalten kann Orientierungslosigkeit und Verunsicherung entstehen. Der Komplexität muss Rechnung getragen werden, aber am Ende jedes Workshops, jeder Entscheidung müssen die Dinge wieder klar und einfach sein.
Strukturauflösungsfähigkeit	Führungskräfte müssen sich selbst frei machen können von Bewährtem und lange Geübtem. Wer selbst ständig in alte Routinen und Denkmuster zurückfällt, kann von Mitarbeitern auch nicht mehr erwarten. Der bewusste Umgang mit eigenen mentalen Modellen ist die Voraussetzung dafür, ein guter Veränderungscoach zu sein.
Mehrdeutigkeitstoleranz	Situationen, Erklärungsmuster und Optionen sind selten eindeutig, meist bleiben Unschärfen und Überlappungen. Für eine gute Optionenentwicklung und für gute Entscheidungen ist es sehr wichtig, solche Mehrdeutigkeiten nicht sofort wegzudefinieren, sondern im Dialog Ambivalenzen, Teilwidersprüche und Unsicherheiten auszuhalten.

Peters und Watermann (2003) halten folgende Faktoren für das Führen im Veränderungsprozess für besonders erfolgsentscheidend:

→ **Straff-lockere Führung:** Kernaspekt ist unternehmerisches Handeln. Task- Forces, Projektteams einrichten, experimentelle Grundhaltung, Klima der Angstfreiheit vor Fehlern.
→ **Freiraum für Unternehmertum:** Radikale Dezentralisierung, Spielräume für »Unternehmer im Unternehmen« schaffen, Fördern von Innovation und Innovationsprozessen. Notwendige Balance zwischen Freiräumen und Kontrolle erreichen.
→ **Nähe zum Kunden:** Servicegeist (Kundendienst) und Qualitätsbewusstsein besonders betonen. Qualitätszirkel einrichten, Kundendialoge führen, Qualitätsversprechungen abgeben.
→ **Einfacher, flexibler Aufbau:** Organisation flexibel gestalten, damit Unternehmertum in kleinen Einheiten (beispielsweise Sparten, Profitcenter) wachsen kann.
→ **Produktivität entsteht durch Menschen:** Menschen als »wichtigster Quelle der Produktivität« mit Wertschätzung begegnen! Ständige Weiterbildung fördern.
→ **Bindung an das angestammte Geschäft:** Betonung der Konzentration auf das Kerngeschäft. Klare Prioritäten auf die Prozesse, die den größten Kundennutzen schaffen, kein Verzetteln in Randbereichen.

→ **Sichtbar gelebtes Wertesystem:** Gemeint sind nicht ethische Höhenflüge, sondern gelebte geschäftsrelevante Werte, Einstellungen und Verhaltensweisen, wie zum Beispiel Kundenorientierung, Mitabeiterorientierung, Erfolgs- und Umweltorientierung.

Die Vorbereitung von Veränderungsprozessen liegt bei den verantwortlichen Change-Managern. Die Beantwortung zentraler Fragen zu Ziel, Rahmen und Ressourcen der Veränderung verschafft einen ersten Überblick über das zu planende Projekt:

Acht Leitfragen für den Beginn einer Veränderung

Was will ich tun? Welches Ergebnis strebe ich an?
Wie soll das Ergebnis meiner Aktion aussehen? Formulieren Sie für sich, wie ein knapper Bericht über das Resultat der erfolgreichen Aktion lauten würde.

Wozu und warum will ich es tun?
Was sind meine Motive der Initiative? Was ist mir die ganze Sache wert? Was inspiriert mich selbst bei der ganzen Aktion?

Was darf ich tun?
Gibt es Regeln oder Auflagen, die mich dabei einschränken könnten? Wie weit kann ich gehen? Wo könnte ich an die Grenzen meiner Befugnisse geraten?

Was kann ich tun?
Habe ich selbst die erforderlichen Fähigkeiten, die Sache auszuführen? Wo fehlen mir eventuell Wissen und Können?

Was ist machbar?
Wie viel Zeit muss ich dafür aufwenden? Welche Belastung ergibt sich für die Betroffenen? In welchem Tempo wollen wir vorgehen? Welche Etappen wären sinnvoll?

Welches Risiko will ich eingehen?
Was könnte schie gehen? Was würde ein Flop für mich und die Betroffenen bedeuten? Was muss ich vorbeugend tun, damit nichts schiefgeht?

Welche Hilfe steht mir zur Verfügung
Welche Ressourcen brauche ich? Wer könnte mich in Fachfragen beraten? Bei wem müsste ich wegen möglicher Unterstützung oder Kooperation vorfühlen?

Wie wäre mein Gefühl, wenn die Sache gut gelaufen ist?
Stellen Sie sich vor, es ist gut gelaufen. Lassen Sie dieses Gefühl der Befriedigung in sich aufkommen und prägen Sie sich dieses gut ein. Wenn Sie Gegenwind verspüren, dann können Sie sich daran erinnern und es wieder zurückrufen.

Die Rolle von Beratung in Veränderungsprozessen

Berater werden aus unterschiedlichen Gründen in ein Unternehmen geholt. Manchmal ist es der Druck, bessere Ergebnisse zu liefern, der auf dem Management lastet, ein anderes Mal ist es die taktische Überlegung eines Vorstandsmitglieds, die eigene Lösungsvorstellung mit der Autorität einer bekannten Beratungsfirma abzustützen. Manchmal werden Berater hinzugezogen, weil ein neuer Geschäftsführer, damit beauftragt, schnell Problemlösungen zu finden, selbst noch keine ausreichende Information über den Betrieb besitzt und aufgrund der mangelnden internen Kooperation externe Unterstützung einholt. In einem anderen Fall sind es auch die von Beratungsfirmen abgegebenen Lösungsversprechen, die für Betriebe, die unter Veränderungsdruck stehen, Attraktivität gewinnen. Es mag auch sein, dass das Management vorsorglich für den Fall des Scheiterns einer neuen Unternehmensstrategie einen Sündenbock benötigt und so weiter. Nicht alle Gründe für das Hinzuziehen von Beratern werden kommuniziert und bleiben häufig bis zuletzt unbekannt.

All diese Beispiele machen jedoch deutlich, dass Aufträge, so klar sie zu Beginn auch aussehen mögen, nicht immer schon die Voraussetzungen für eine erfolgreiche Arbeit bieten, ja sogar eine Menge an Fallen beinhalten können, die die Gefahr des Scheiterns in sich bergen.

Und es sind nicht nur die geheimen Aufträge, die Schwierigkeiten schaffen. Die Erfahrung ist, dass Anfragen und erste Auftragsformulierungen immer aus einer bestimmten Problemsicht heraus geschehen, in der auch implizit Lösungswege enthalten sind. Kunden können sich schwer selbst als Teil des Problems erkennen. Für sie sind es die anderen, die die Schwierigkeiten verursachen.

Und Kunden erwarten in der Regel ebenfalls, dass ihre Sicht der Dinge von der Beraterseite bestätigt wird. Ein Merkmal der klassischen Unternehmensberatung ist es nun, dass Aufträge genommen werden, wie sie kommen. Ihre Fachexpertisen oder Gutachten geben auf eine Problembeschreibung vonseiten des Klienten eine Antwort. Das kann für den Klienten eine gute Lösung sein, kann aber auch dazu führen, dass sich nichts ändert oder vorhandene Schwierigkeiten sogar noch verstärkt werden.

↗ Beispiel: Ein Beispiel: Den Mitarbeitern des Außendiensts eines Serviceunternehmens wird ein Kooperationsseminar verordnet, weil sie nach Schilderung des Geschäftsleiters immer wieder eine Menge Schwierigkeiten und Konflikte mit dem Innendienst provozieren würden. Die Seminare werden wohl besucht, aber die Außendienstmitarbeiter gehen in Widerstand und beschweren sich über die Seminarführung, bis der irritierte Trainer nach längeren Pausengesprächen erfährt, dass die Konflikte mit dem Innendienst deshalb entstünden, weil er gegenüber dem Außendienst eine dominante Rolle einnehme und Arbeitsbedingungen vertrete, die keinerlei Wertschätzung gegenüber ihren Leistungen demonstriere und eine kundengerechte Arbeit vor Ort immer schwieriger mache. Auch der Geschäftsleiter, der den Auftrag für die Kooperationsseminare gegeben hat, stamme aus dem Innendienst …

Schon beim Erstkontakt also wird die Beraterseite mit Mustern konfrontiert, die für das System charakteristisch sind und die Gefahr in sich bergen, dass die Berater mitzuschwingen beginnen und in eine Position geraten, aus der heraus sie nicht mehr hilfreich für die Organisation sein können.

Um Phänomenen dieser Art zu begegnen, ist es für die Beraterseite wichtig, eine professionelle Haltung zu finden und einige Grenzziehungen vorzunehmen. Eine bedeutsame Grenzziehung ist die im Rahmen der systemischen Beratung (Königswieser/Exner 2002, S. 19 f.) getroffene Unterscheidung von Klientensystem, Beratersystem und Berater-Klienten-System.

Das Klientensystem (KS) lässt sich beraten, das Beratersystem (BS) führt die Beratung durch, und das Berater-Klienten-System (BKS) stellt eine neue Einrichtung dar, die gemeinsam von Berater- und Klientenseite gebildet wird, um einen Auftrag zu formulieren und die notwendigen Weichenstellungen für das Veränderungsprojekt festzulegen. Wenn das Klientensystem und der Auftraggeber nicht identisch sind, werden die Rahmenbedingungen des Auftrags und die Struktur des Berater-Klienten-Systems zuerst mit dem Auftraggeber geklärt. Erst dann erfolgt die Konstituierung des Berater-Klienten-Systems. Die Aufrechterhaltung der Arbeitsfähigkeit des Berater-Klienten-Systems ist neben der eigentlichen Beratertätigkeit der wichtigste Aufgabenbereich der Berater.

Grundsätzlich wird das Klientensystem verantwortlich für das inhaltliche Ergebnis der Beratung gesehen und die Berater bringen das für die Veränderung erforderliche Prozess-Know-how, beraterisches Fachwissen und ihre Außensicht ein.

Wichtige Prinzipien, die den Beratungsprozess leiten, sind:

→ Alle Interventionen, die vonseiten der Berater gesetzt werden, können nur Impulse sein, die von der Klientenseite aufgenommen werden oder auch nicht. Die Klienten werden als Experten ihres Systems angesprochen, die am besten wissen, welche Veränderungen vorgenommen werden müssen.

→ Die Berater schlagen sich weder der Gruppe der Veränderer noch der der Bewahrer zu, sondern versuchen, die Spannung zwischen den beiden Seiten für den Beratungsprozess fruchtbar zu machen.

→ Die Beiträge vonseiten des Klienten werden daraufhin untersucht, von welchen Systemperspektiven und Logiken sie geleitet sind, um diesbezügliche Beobachtungen zu Verfügung zu stellen und Personalisierungen entgegenzuwirken (Beobachtung zweiter Ordnung).

→ Neben öffnenden, auf Informationsvermehrung und Perspektivenwechsel zielenden Interventionen sind schließende, auf Entscheidungen und Umsetzung zielende Interventionen zu setzen.

→ Basis der Beratertätigkeit ist die regelmäßige Reflexion im Staff (Beratersystem). Auch hier werden Unterschiede in Kompetenzen, Sichtweisen und Informationen dazu genutzt, um aus möglichst vielen Optionen die für das Klientensystem anschlussfähigsten und besten auszuwählen.

Alle von der Beraterseite gesetzten Interventionen sind kontextabhängig und müssen im laufenden Prozess immer wieder neu geplant werden. Das geschieht vor dem Hintergrund von Beobachtungen und Hypothesenbildungen, die im Rahmen sogenannter systemischer Schleifen stattfinden:

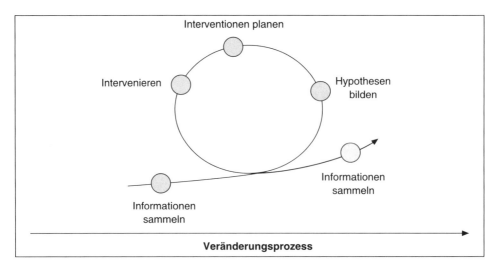

Wie bereits die Einleitung zu diesem Abschnitt deutlich machen sollte, spielt die systemische Schleife schon zu Beginn eines Beratungsprozesses eine wichtige Rolle. Schon in der ersten Anfrage, die telefonisch oder in Form eines Erstgesprächs geschieht, werden mittels Fragen viele Detailinformationen gesammelt, die erste Hypothesen anleiten, die wieder Grundlage von Vorschlägen sind, die aufgrund der Reaktionen aus dem Klientensystem wieder modifiziert werden und so weiter. Dieser Zirkel hat seinen fixen Platz in jeder Phase des Veränderungsprozesses, in jeder Staffsitzung des

Beraterteams, ja bei jeder Intervention, sodass der Beratungsprozess niemals als linearer Ablauf beziehungsweise als fixer Plan gesehen werden kann, sondern als eine spiralförmige Bewegung, die für einen maßgeschneiderten, offenen Prozess sorgt.

Eines der Ergebnisse einer gemeinsamen Reflexion im Berater-Klienten-System sowie im Beratersystem ist auch die genaue Klärung der Beraterrolle, die im Veränderungsprozess nachgefragt ist:

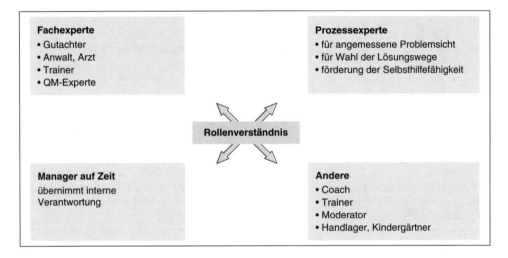

Ein Grundmodell für den Ablauf eines Beratungsgesprächs

Das konkrete Beratungsgespräch folgt einem Ablaufmuster, in dem Phasen aufeinanderfolgen, die jeweils durch eine bestimmte Beraterhaltung und Fragerichtungen charakterisiert sind.

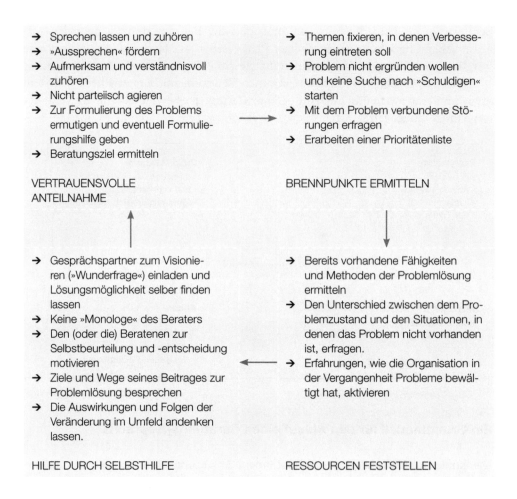

Neben den externen Beratern finden sich im Berater-Klienten-System meist auch interne Berater, die in Veränderungsprozessen neben ihren vielfältigen organisatorischen, beraterischen und administrativen Aufgaben auch eine wichtige vermittelnde Funktion haben.

Die Aufgabenfelder des »internen Beraters«

Sehr viele interne Berater haben sich in Lehrgängen, im eigenständigen praktischen Tun und in der Zusammenarbeit mit externen Beratern viel Know-how angeeignet. In vielen Fällen übernehmen sie auch in ihrem Unternehmen in Eigenregie weitreichende Veränderungsprojekte, aber dennoch gibt es einige wichtige Unterschiede zur Rolle, die externe Berater bei Veränderungsprozessen einnehmen.

Nachdem interne Berater Mitglied der zu beratenden Organisation sind,

→ teilen sie mit anderen Organisationsangehörigen die gleiche Geschichte, in der sie zudem in einer bestimmten Rolle beteiligt waren und deshalb von anderen nicht neutral gesehen werden können;
→ sind sie von der vorherrschenden Unternehmenskultur geprägt und schwingen stärker mit als externe Kräfte;
→ sind sie intime Kenner der Machtkonstellationen und Vorgänge in der Organisation und treten nicht mit der gleichen Unbefangenheit auf wie externe Berater;
→ sind sie nicht ausschließlich dem Gesamtsystem, sondern stark dem Auftrag und den Erwartungen eines Vorgesetzten verpflichtet; vertreten sie auch im Hinblick auf ihre betriebliche Positionierung und ihre Karrierevorstellungen eigene Interessen.

Zweifelsohne sind interne Berater wie andere Mitglieder des Klientensystems auch »Teil des Problems«, das zur Lösung ansteht, sie haben aber aufgrund ihrer beruflichen Aufgabe, die sie im Unternehmen einnehmen, eine zwischen externen Kräften und Klientensystem wichtige vermittelnde Rolle und legen den Fokus ihrer Arbeit auf Themen, die für den Erfolg der Beratung große Bedeutung haben. Im Übrigen sind sie durch ihre beruflichen Ambitionen persönlich meist auf der Seite der Veränderung zu finden, können aber dennoch durch ihre intime und differenzierte Kenntnis der Organisation Brücken zu bewahrenden Kräften bauen.

Aufgaben, die interne Berater in Veränderungsprozessen haben, sind folgende:

→ Klientensystem in der Phase der Vorbereitung des Veränderungsprojekts beraten.
→ Management hinsichtlich der Beraterauswahl beraten.
→ Sie sind Mitglied im Berater-Klienten-System.
→ Machtgefüge kennen.
→ Geschäftsleitung an ihr Eintreten für die Projektziele erinnern.
→ Externe Berater bei der Vorbereitung des Projekts unterstützen.
→ Sich in Teilprojekten engagieren.
→ Frühzeitig auch schwache Signale im Veränderungsprozess registrieren und so präventive Maßnahmen ermöglichen, bevor ernsthafte Störungen auftreten.
→ Dafür sorgen, dass der Projektfortschritt evaluiert, intern kommuniziert und in die Organisation integriert wird.

Interne Berater sollten ihre Kompetenz und Berufserfahrung Kollegen, Führungskräften und Mitarbeitern im Betrieb zur Verfügung stellen. Entsprechend den Aufgabenfeldern erfordert dies die Entwicklung von Fähigkeiten in unterschiedlichem Ausmaß (s. Abb. auf nächster Seite).

Beratungskompetenz Berater sollen in Fragen der organisatorischen Weiterentwicklung beraten (Themen: Prozesse, Strategien, Kundenorientierung, Teams und Ähnliches). Dazu gehört die Fähigkeit, Gespräche einfühlsam, zielstrebig und konstruktiv führen zu können. Berater sollten verschiedene Beratungskonzepte und -methoden kennen und anwenden können.

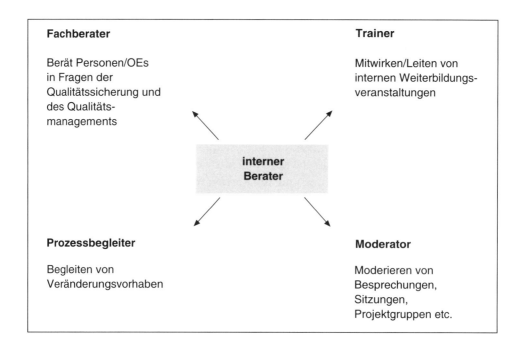

Trainingskompetenz Berater sollten bei internen Weiterbildungsveranstaltungen als Trainer mitwirken und diese leiten. Dazu ist es wichtig, den eigenen Lernstil gut zu kennen, um auf verschiedene Lernstile von Seminarteilnehmern gezielt eingehen zu können. Weiterhin sollte ein Trainer über seine eigenen Eigenschaften und Persönlichkeitsmerkmale gut Bescheid wissen – um sie gezielt nutzen zu können oder mögliche Begrenzungen und Fehlerquellen zu kennen. Schließlich benötigt der Trainer soziale Kompetenz und ein Wissen über Designentwicklung und muss sich mit den zu vermittelnden Inhalten identifizieren können.

Moderationskompetenz Berater sollen interne Sitzungen, Besprechungen, Projektgruppen und dergleichen moderieren, beraten und begleiten. Sie brauchen dazu profunde Kompetenzen in der Führung von Gruppen und Teams, sie müssen mit den Prinzipien der Kundenorientierung vertraut sein – zum einen, weil diese Teams ihre internen Kunden sind, zum anderen, weil die Arbeit aller Teams letztlich auf den Kundennutzen ausgerichtet sein sollte. Moderatoren sollen auch solides Basiswissen über Projektmanagement besitzen, um für Projektteams hilfreich sein zu können. Schließlich geht es darum, in Konflikten konstruktiv wirksam zu werden.

Veränderungskompetenz Berater sollen Veränderungsvorhaben begleiten. Sie brauchen dazu selbst ein hohes Maß an Veränderungsbereitschaft. Sie sollten mit den Grundzügen und Prinzipien der Organisationsentwicklung vertraut sein. Sie haben dabei insbesondere auf dem Gebiet der Diagnose und der Erstellung von Konzepten ein gewisses Know-how einzubringen. Schließlich sollten sie auch ausreichende kreative

Fähigkeiten besitzen, um mit eigenen Ideen und Anregungen in Veränderungsprozessen immer wieder Impulse zu setzen.

Die folgenden Fragen sollen Beratern helfen, zu Beginn eines Veränderungsprojektes voranzukommen (nach Königswieser/Cichy/Jochum 2001, S. 53).

- → Was ist das Klientensystem (KS)? Wo ist die Grenze zu ziehen?
- → Was ist das Beratersystem (BS)? Wer gehört dazu?
- → Wie ist die Beziehung zwischen BS und KS? (BKS, Kontrakt, Rollenklarheit)
- → Welche Erwartungen hat das KS an die Beratung? Was wäre ein Erfolg? Welche Erfahrungen gibt es schon mit anderen Beratern? Warum wird gerade jetzt Beratung angefragt?
- → Welche strukturellen und nicht strukturellen Widersprüche sind im KS erkennbar, und wie wird damit umgegangen? (Kollektive Verhaltensmuster, Problemlösungsmuster, Unternehmenskultur)
- → Was sind die relevanten Umwelten? (Auftraggeber, Kunden, Lieferanten, Konkurrenten, Mitarbeitergruppen)
- → Wie sind die Beziehungen zu diesen relevanten Umwelten? Wie sind sie zu charakterisieren?
- → Welche inneren Strukturen gibt es? (Aufbau-, Ablauforganisation; formelle und informelle Beziehungsnetze; Erwartungsstrukturen, Normen, Regeln, Verhaltensmuster, Rituale, Spiele)
- → Wie sieht das interne informelle Beziehungs- und latente Machtgefüge aus?
- → Was wird als Stärke beziehungsweise als Schwäche des Unternehmens definiert?
- → Wie groß ist der Veränderungsdruck?
- → Wie ist das Klima, die Stimmung?
- → Welche Zukunftsbilder gibt es? Welche Visionen beziehungsweise Strategien?
- → Wie wird die Gesamtsituation des Unternehmens (als »Bild«, Metapher, Story, Symbol) beschrieben?

Zusammenfassung

Erfolgsfaktoren von Veränderungen

Veränderungen erfolgreich zu bewältigen ist eine wesentliche Herausforderung für das Management jeder Organisation, ob Unternehmen, Kirche, Universität oder NPO. Studien zeigen, dass 60–70 Prozent der eingeleiteten Veränderungsprojekte ihre Ziel nicht ausreichend erreichen (Greif/Runge/Seeberg 2004). Lange Zeit war die Gestaltung von Veränderungsprozessen eine untergeordnete Frage in der Managementdiskussion. Strategie, Struktur und Führung waren die dominierenden Themen. In den letzten Jahrzehnten sind die Anforderungen an das Management von Veränderungen aber drastisch gestiegen. Es ist vielfach nicht mehr ausreichend, Veränderungen »nach Art des Hauses« durchzuführen. Dies kann durchaus auch gut sein, wenn guter Hausverstand herrscht, oft allerdings könnte eine reflektiertere Vorgehensweise helfen, rascher ans Ziel zu kommen und die »menschlichen Kosten« zu verringern.

Veränderungen bergen grundsätzlich Chancen und Risiken, dennoch ist es interessant, dass in der Literatur und der Managementdiskussion zumeist Themen wie zum Beispiel Widerstand, Verhinderung im Vordergrund stehen. Dies könnte damit erklärbar sein, dass von den auf der Tagesordnung stehenden Veränderungen die betroffenen Manager und Mitarbeiter nicht nur profitieren. Entwicklungsmaßnahmen gehen oft mit harten Sanierungsmaßnahmen einher, dies schafft sehr unterschiedliche Formen von Betroffenheit innerhalb eines Veränderungsprojektes.

Es gibt nicht den Königsweg der Veränderung – aber es gibt je nach Situation und Firmenkultur spezifische und passende Zugänge. Generell gibt es sinnvolle Methoden, die in den letzten Jahren entwickelt und erprobt wurden, um mit den Grundspannungsfeldern umzugehen. Einige Erfolgsfaktoren gelten für alle Change-Projekte. John P. Kotter (1997), einer der bekanntesten Autoren zu Change-Management macht speziell folgende acht Faktoren für den Veränderungserfolg verantwortlich. Die ersten vier Faktoren sind besonders relevant, um günstige Voraussetzungen für die erforderliche Veränderung zu schaffen. Die Faktoren 5 bis 8 sind wichtig, um Veränderungen nachhaltig umzusetzen. Aus einer Fehleinschätzung oder Nichtbeachtung der acht Faktoren resultiert insbesondere:

→ Neue Stategien werden nicht vollständig realisiert,
→ Prozessoptimierungen dauern zu lange und sind zu oberflächlich,
→ Qualitätssteigerungs- und Kundenorientierungsprojekte bleiben auf halbem Wege stecken,

Die Voraussetzungen schaffen – alte Strukturen aufbrechen

Erfolgsfaktor	Was kann ich tun
1. Ein Gefühl für die Dringlichkeit erzeugen Den Markt und die Wettbewerbsrealitäten (heute/morgen) untersuchen. Potenzielle Engpässe, Krisen, Chancen erkennen und diskutieren. Eindeutige Belege bringen: »Wieso jetzt handeln?«	Deutliche Worte finden …
2. Die Führungskoalition (Lobby) aufbauen Eine Gruppe mit genügend Kompetenz und Vertrauen zusammenstellen, um den Wandel herbeizuführen. Die Führungsgruppe als Team arbeitsfähig machen. Das Change-Team bilden: »Wer macht mit, den neuen Weg zu gehen?«	Gespräche mit …
3. Vision und Strategie entwickeln Eine Vision schaffen, die richtungweisend ist und mitreißt. Strategien entwickeln und Projekte planen, welche die Vision umsetzen. Emotionale und sachliche Klarheit: »Wohin geht die Reise?«	Leader der Gruppe sein, fordern.
4. Die Vision des Wandels kommunizieren Jedes nur erdenkliche Element dazu nutzen, die neue Vision und ihre Strategien zu kommunizieren. Die Führungskoalition beweist sich und gewinnt Mitarbeiter. Die Mitarbeiter verstehen und akzeptieren die Erwartungen. Klares Verständnis: »Was bedeutet der Wandel für uns und für mich?«	Präsenz, Auseinandersetzung, Führen.

Den Wandel positiv gestalten – neues Verhalten – mentale Modelle verändern

Erfolgsfaktor	Was kann ich tun
5. Empowerment auf breiter Basis herstellen Rahmenbedingungen schaffen, die den Wandel fördern. Widerstände und Hindernisse beseitigen. Zu Verantwortung, Kreativität und aktivem Handeln ermutigen. Wissen und Gefühl: »Wir wissen, wofür es sich zu kämpfen lohnt!«	Einladen, fordern, Feedback geben.
6. Kurzfristige Ziele und Erfolge planen Sichtbare Erfolge, »Quick-Wins« planen und belohnen. Unterschiede zum Herkömmlichen deutlich machen. Erfolgs- und Leistungsträger anerkennen und auszeichnen. Erfolg sichtbar machen: »Wir erleben, dass wir vorankommen!«	Projekte bewusst steuern.
7. Erfolge konsolidieren, vervielfältigen und weitere Veränderungen ableiten Die wachsende Glaubwürdigkeit dazu nutzen, alle Prozesse, Strukturen, Systeme und Menschen auf die Vision einzuschwören. Den Wandel mit Impulsen/Projekten immer wieder beleben. Energie: »Wir kommen voran und erreichen den Durchbruch!«	Unruhe bewahren, auf zu neuen Ufern.
8. Neue Ansätze in der Kultur verankern Die neue Kultur im Führungs- und Arbeitsprozess verankern. Leistungsförderndes Verhalten fördern – den Bezug zum Unternehmens-/Bereichs-Erfolg herausstellen – und belohnen. Motto: »Wir halten das Rad am Laufen!«	Anerkennen, Systeme ändern.

(Nach: Kotter 1997)

→ Kostensenkungen und schlankere Strukturen werden unterlaufen und
→ Akquisitionen bringen die erwarteten Synergien nicht.

Eine Geschichte für Veränderer

Beppo Straßenkehrer …

Er fuhr jeden Morgen lange vor Tagesanbruch mit seinem alten, quietschenden Fahrrad in die Stadt zu einem großen Gebäude. Dort wartete er in einem Hof zusammen mit seinen Kollegen, bis man ihm einen Besen und einen Karren gab und ihm eine bestimmte Straße zuwies, die er kehren sollte.

Beppo liebte diese Stunden vor Tagesanbruch, wenn die Stadt noch schlief. Und er tat seine Arbeit gern und gründlich. Er wusste, es war eine sehr notwendige Arbeit.

Wenn er so die Straßen kehrte, tat er es langsam, aber stetig: Bei jedem Schritt einen Atemzug und bei jedem Atemzug einen Besenstrich. Schritt – Atemzug – Besenstrich. Schritt – Atemzug – Besenstrich. Dazwischen blieb er manchmal ein Weilchen stehen und blickte nachdenklich vor sich hin. Und dann ging es wieder weiter – Schritt – Atemzug – Besenstrich. Während er sich so dahinbewegte, vor sich die schmutzige Straße und hinter sich die saubere, kamen ihm oft große Gedanken. Aber es waren Gedanken ohne Worte, Gedanken, die sich so schwer mitteilen ließen wie ein bestimmter Duft, an den man sich nur gerade eben noch erinnert, oder wie eine Farbe, von der man geträumt hat. Nach der Arbeit, wenn er bei Momo saß, erklärte er ihr seine großen Gedanken. Und da sie auf ihre besondere Art zuhörte, löste sich seine Zunge, und er fand die richtigen Worte.

»Siehst du, Momo«, sagte er dann zum Beispiel, »es ist so: Manchmal hat man eine sehr lange Straße vor sich. Man denkt, die ist so schrecklich lang; das kann man niemals schaffen, denkt man –«

Er blickte eine Weile schweigend vor sich hin, dann fuhr er fort: »Und dann fängt man an, sich zu eilen. Und man eilt sich immer mehr. Jedes Mal, wenn man aufblickt, sieht man, dass es gar nicht weniger wird, was noch vor einem liegt. Und man strengt sich noch mehr an, man kriegt es mit der Angst, und zum Schluss ist man ganz außer Puste und kann nicht mehr. Und die Straße liegt immer noch vor einem. So darf man es nicht machen.« Er dachte einige Zeit nach. Dann sprach er weiter: »Man darf nie an die ganze Straße auf einmal denken, verstehst du? Man muss nur an den nächsten Schritt denken, an den nächsten Atemzug, an den nächsten Besenstrich. Und immer wieder nur an den nächsten. «

Wieder hielt er inne und überlegte, ehe er hinzufügte: »Dann macht es Freude; das ist wichtig, dann macht man seine Sache gut. Und so soll es sein.«

Und abermals nach einer langen Pause fuhr er fort: »Auf einmal merkt man, dass man Schritt für Schritt die ganze Straße gemacht hat. Man hat gar nicht gemerkt wie, und man ist nicht außer Puste.« Er nickte vor sich hin und sagte abschließend: »Das ist wichtig.«

(Aus: Michael Ende, Momo)

Schlussbild

Wir können uns wie im abschließenden Bild eine moderne Organisation als eine Plattform vorstellen, die in ihrem Mittelpunkt auf einem spitzen Kegel ruht. Die Mitglieder der Organisation stehen auf dieser Platte und haben die schwierige Aufgabe, jede Bewegung und Veränderung, die sie vornehmen, als Gruppe auszubalancieren, damit ihre Standfläche nicht zu kippen beginnt. Da sie auf ihrer Platte keine starre Ordnung vorfinden und sich für ihre Aufgaben in immer neuen Gruppierungen zu treffen haben, gibt es einen beträchtlichen Abstimmungsbedarf, damit die prekäre Balance nicht verloren geht. Kommunikation ist also wichtig, aber auch eine sehr weitgehende Kooperationsbereitschaft, weil jede kleinste Bewegung auf der Platte von anderen Gruppen und Personen sofort mit eigenen Ausgleichsbewegungen beantwortet werden muss. Vor diesem Hintergrund kann jede einzelne Person und Gruppe zwar sehr viele Veränderungen des Standorts und der Körperhaltung durchführen, muss jedoch jede einzelne Veränderung kommunizieren, damit die Gesamtorganisation erhalten bleibt.

Unvorstellbar in diesem Bild ist, dass eine einzelne Person die Veränderungen auf der Platte anleiten könnte und dieselbe Produktivität (gleichzeitige Bewegungen aller Personen) erreicht werden könnte wie in der spontanen Selbstorganisation.

Eher vorstellbar ist, dass bestimmte Bewegungsabläufe in einer vorher festgelegten Choreografie festgehalten und von der gesamten Gruppe nach Plan ausgeführt werden. Was aber ist, wenn rasche Veränderungen immer neue Choreografien verlangen und den handelnden Personen die Zeit zum Einstudieren fehlt, weil sie in Aktion zu bleiben haben?

Das Beispiel kann anschaulich machen, dass angesichts der Notwendigkeit eines schnellen Wandels, mit der Unternehmen heute konfrontiert sind, Organisation und Planung einen völlig veränderten Stellenwert erhalten haben.

Organisationsgestaltung und Planung sind in jedem Unternehmen zur Koordinierung der Tätigkeiten größerer Personenkreise unabdingbar. Auch in diesem Buch ist das verbreitete Bedürfnis nach effizienter Organisationsgestaltung und Planung aufgenommen worden, indem eine Reihe nützlicher Konzepte, Techniken und Tipps vorgestellt wurden. Dennoch soll abschließend zu diesen Themen noch Grundsätzliches angemerkt werden.

Gestaltung und Planung gehen in unseren Breiten meist von Zentralstellen und egozentrischen Managern aus, die ihre Konzepte häufig am grünen Tisch entwickeln. Dabei wird so getan, als ob alle Einflussfaktoren voraussehbar und kalkulierbar wären.

Entsprechend dieser Vorstellung wird nach wie vor davon ausgegangen, dass eine Organisation eine feste Struktur haben müsse, die sich in einem Organigramm abbilden lässt. Die Informations- und Entscheidungswege werden vorgezeichnet, es gibt Abteilungen mit festgeschriebenen Funktionen, fixe Stellenbeschreibungen und so weiter. Was die Unternehmensstrategien anbelangt, verhält man sich so, als ob alte Erfolgsrezepte auch in der Zukunft Geltung haben müssten. Deshalb werden Pläne vorwiegend von Daten der Vergangenheit ausgehend entwickelt. – Und wenn sie anschließend nicht wie vorgesehen aufgehen, beginnt die Suche nach den Schuldigen.

Da wir in modernen Organisationen jedoch – wie bereits mehrmals ausgeführt – mit nie ganz überschaubaren Gegebenheiten und mit vielerlei Unwägbarkeiten zu tun haben, können Organisation und Planung niemals allumfassend und starr sein. Darüber hinaus müssen wir erkennen, dass das Management zunehmend überfordert ist, wenn es diese Aufgaben alleine wahrnehmen soll, noch dazu mithilfe rein rationaler Instrumente und Techniken, die der Realität unserer Organisationen nicht mehr angepasst sind.

Um den gegenwärtigen Anforderungen gerecht zu werden, müssen Organisationen wie im oben beschriebenen Bild der Plattform als Interaktions- und Kommunikationssysteme betrachtet werden (s. Simon 1997, S. 119). Das bedeutet also, dass die wesentlichen Merkmale moderner Organisation nicht mehr an Organigrammen ablesbar sind, sondern daran, wie Operationen und Prozesse selbstverantwortlich von allen Beteiligten eingeleitet werden, um Kundenwünsche möglichst rasch und effektiv zu erfüllen.

Das Management muss sich von der Vorstellung verabschieden, dass es über diese Vorgänge den Überblick behalten könne und eine plan- und beherrschbare Situation vor sich habe.

Dies verhindert, dass fertige Abläufe und ein bestimmter Ausgang von vornherein unterstellt werden. In Anerkennung der Offenheit von Situationen erkennen wir möglicherweise auch die Chance für die Eröffnung neuer Optionen, die nicht sofort sichtbar waren, und können zumindest nicht vorhersehbare negative Entwicklungen rechtzeitig korrigieren. Dem Management fällt in dieser Entwicklung zunehmend die Aufgabe zu, Selbstorganisationsprozesse einzuleiten. Dazu sind selbstverantwortliche, autonome Einheiten zu bilden, die unter immer wieder zu optimierenden Rahmenbedingungen arbeiten und zur Gesamtorganisation über Leitbilder und Nahtstellenvereinbarungen in Verbindung bleiben. Und weiterhin werden neuartige Lernarchitekturen dafür sorgen müssen, dass Veränderungen nicht nur bei Auftreten interner Probleme oder evidenten Gefährdungen aus der Umwelt stattfinden, sondern vorausschauend und orientiert an attraktiven, herausfordernden Zukunftsbildern, im Sinne eines organisationalen Lernens.

Wir haben versucht, Ihnen für diese aufregenden und spannenden Entwicklungen, die sich heute in unseren Organisationen abzeichnen, Informationen verschiedenster Art vorzustellen, Ihre Aufmerksamkeit auf zentrale Aspekte zu lenken und über viele Fragen Ihre eigenen Erfahrungen zum Verständnis dieses Prozesses zu erschließen. Wir hoffen, mit diesem Buch zu Ihrer besseren Orientierung und einem erfolgreichen Management im Umgang mit Organisationen und ihrer Veränderung beigetragen zu haben.

Literaturverzeichnis

Ansoff, I.: Strategic Management. Classic Edition, Palgrave Macmillan, London 2007.
Ansoff, I./McDonnell, E. J.: The New Corporate Strategy. Wiley. New York 1988.
Argyris, C.: Wissen in Aktion. Klett-Cotta, Stuttgart 1997.
Badelt, C. (Hrsg.): Handbuch der Non-Profit-Organisation. Schäffer-Poeschel, Stuttgart 1997.
Baecker, D.: Experiment Organisation. In: Lettre international, Berlin 1994.
Baecker, D.: Durch diesen schönen Fehler mit sich selbst bekannt gemacht: Das Experiment der Organisation. In: Managerie 3. Jahrbuch. Auer, Heidelberg 1995.
Baecker, D.: Organisation als System. Aufsätze. Suhrkamp, Frankfurt am Main, 2. Auflage 1999.
Baecker, D.: Organisation und Management. Suhrkamp, Frankfurt am Main 2003.
Balck, H./Kreibich, R.: Evolutionäre Wege in die Zukunft – Wie lassen sich komplexe Systeme managen? Beltz, Weinheim und Basel 1991.
Bateson, G.: Ökologie des Geistes. Suhrkamp, Frankfurt am Main, 8. Auflage 2001.
Baumgartner, I./Häfele, W./Schwarz, M./Sohm, K.: OE-Prozesse. Die Prinzipien systemischer Organisationsentwicklung. Haupt, Bern/Stuttgart, 7. Auflage 2004.
Bea, F./Göbel, E.: Organisation. Theorie und Gestaltung. UTB, Stuttgart 2006.
Becke, G.: Vom Erhalten durch Verändern zum Verändern durch Erhalten. In: Organisationsentwicklung 1-2007, Verlag Organisationsentwicklung und Management AG, Zürich.
Becker, J./Kugeler, M./Rosemann, M.: Prozessmanagement. Ein Leitfaden zur prozessorientierten Organisationsberatung, Springer, Berlin, 5. Auflage 2005.
Belbin, R. M.: Team Roles At Work. Butterworth Heinemann, Oxford 1993.
Bell, Daniel: The Coming of Post-Industrial Society: A Venture in Social Forecasting. Basic Books Inc., New York, (Reissue) 1999.
Block, P.: Stewardship. Choosing Service Over Self Interest. Berrett-Koehler 1993.
Bonsen, M. zur, u. a.: Real Time Strategic Change. Klett-Cotta, Stuttgart 2003.
Boos, F., u. a. (Hrsg.): Veränderung – Systemisch. Management des Wandels. Klett-Cotta. Stuttgart 2004.
Biehal, F.: Warum es mancher Unternehmensleitung schwer fällt, sich mit der Zukunft zu beschäftigen. In: Organisationsentwicklung, Basel 3/2005.
Biehal, F.: Lean Service. Manz, Wien 1994.
Brandes, D.: Einfach Managen. Ueberreuter Wirtschaft, Wien 2003.
Brug, J. van/Locher, K.: Unternehmen Lebenslauf. Urachhaus, Stuttgart 1997.
Bruzelius, L. H./Svensson, P. H.: Integrative Unternehmensführung. Goldmann, München 1976.
Buchinger, K.: Organisationsbewusstheit. In: Meryn, S.: Strategien für ein persönliches Gesundheitsmanagement. Quintessenz, Wien 1991, S. 171–188.
Buchinger, K./Schober, H.: Das Odysseusprinzip. Klett-Cotta, Stuttgart 2006.
Büschges, G. (Hrsg.): Organisation und Herrschaft. Rowohlt, Reinbek 1976.
Carlzon, J.: Alles für den Kunden. Campus. Frankfurt am Main, 4. Auflage 1990.
Dietz, K.-M./Kracht, T.: Dialogische Führung. Grundlagen, Praxis, Fallbeispiel dm-drogerie markt. Frankfurt 2002.
Donnenberg, O.: Action Learning. Ein Handbuch. Klett-Cotta, Stuttgart 1999.

Doppler, K.: Management der Veränderung – Entwicklungen und Veränderungen erfolgreich steuern. In Organisationsentwicklung 1/1991. Organisationsentwicklung und Management AG.

Doppler, K./Lauterburg, C.: Change Management: den Unternehmenswandel gestalten. Campus, Frankfurt am Main, 11. Auflage 2005.

Edvinson L./Malone, M. S.: Intellectual Capital. Harper Business, New York 1997.

Elias, N.: Über den Prozess der Zivilisation I/II: Suhrkamp, Frankfurt am Main, 23. Auflage 2007.

Ende, Michael: Momo. Thienemann, Stuttgart 2005 (Neuausgabe).

Fatzer, G.: Organisationsentwicklung für die Zukunft. Edition Humanistische Psychologie – Ehp, Köln 1993.

Fink, A./Siebe, A.: Handbuch Zukunftsmanagement. Werkzeuge der strategischen Planung und Früherkennung. Campus, Frankfurt am Main 2006.

Fischer, H. R.: Die unsichtbare Hand in Organisationen. In Managerie 2. Jahrbuch. Auer, Heidelberg 1993.

Foerster, H. von: Wissen und Gewissen. Versuch einer Brücke. Suhrkamp, Frankfurt am Main, 7. Auflage 1993.

Foerster, H. von/Pörksen, B.: Wahrheit ist die Erfindung eines Lügners. Gespräche für Skeptiker, Carl-Auer-Systeme, Heidelberg, 7. Auflage 2006.

French, W. L./Bell, C. H.: Organisationsentwicklung. UTB, Stuttgart, 4. Auflage 1994.

Glasl, F.: Zwänge zu einem neuen Managementdenken. In Brennpunkte. Zürich 1975.

Glasl, F.: Verwaltungsreform durch Organisationsentwicklung. Haupt, Bern/Stuttgart 1983.

Glasl. F.: Konfliktmanagement. Ein Handbuch für Führungskräfte, Beraterinnen und Berater. Freies Geistesleben, Stuttgart, 8. Auflage 2004.

Glasl, F./Jäckel, H. (Hrsg.): Change-Management. TRIGON Trainingspaket zum Change-Management. Salzburg 1996.

Glasl, F./Kalcher, T./Piber, H. (Hrsg.): Professionelle Prozessberatung. Freies Geistesleben, Bern 2005.

Glasl, F./Lievegoed, B.: Dynamische Unternehmensentwicklung. Wie Pionierbetriebe und Bürokratien zu schlanken Unternehmen werden. Freies Geistesleben, Stuttgart, 2. Auflage 1996.

Glatz H./Steindl, R.: Organisationsentwicklung – die Organisation als Erfolgsfaktor für Innovation. In: Schäppi, B., u. a.: Handbuch Produktentwicklung. Gabler, Wiesbaden 2005.

Greif, S./Runde, B./Seeberg, I.: Erfolge und Misserfolge beim Change-Management. Hogrefe, Göttingen 2004.

Hamel, G.: Leading the Revolution: How to Thrive in Turbulent Times by Making Innovation a Way of Life. Plume 2002.

Hamel, G./Prahalad, C. K./Fruehauf, H. C.: Wettlauf um die Zukunft. Ueberreuter Wirtschaft, Wien 2002.

Handler, G.: Konzept zur Entwicklung integrierter Beratung. Integration systemischer Elemente in die klassische Beratung. Dissertation TU und Universität Graz 2006.

Handy, C.: Ich und andere Nebensächlichkeiten. Econ, Berlin 2007.

Handy, C.: Im Bauch der Organisation. Campus, Frankfurt am Main 1993.

Heitger, B./Doujak, A.: Harte Schnitte. Neues Wachstum. Die Logik der Gefühle und die Macht der Zahlen im Change-Management. Redline Wirtschaft, Heidelberg 2002.

Janes, A., u. a.: Transformations-Management. Springer-Verlag, Wien 2001.

Johnson, G./Scholes, K.: Exploring Corporate Strategy. Prentice Hall, London 2005.

Jones, D./Womack, D.: Lean Thinking. Library of Congress, New York 1996.

Kälin, K./Müri, P.: Führen mit Kopf und Herz. Ott, Thun, 6. Auflage 2001.

Kaplan, R. S./Norton, D. P.: Balanced Scorecard. Strategien erfolgreich umsetzen. Schäffer-Poeschel, Stuttgart 1997.

Kasper, H.: Organisationskultur. Service-Fachverlag der Universität Wien, Wien 1987.

Katzenbach, J. R./Smith, D. K.: Teams. Der Schlüssel zur Hochleistungsorganisation. Moderne Industrie. Landsberg am Lech 2003.

Kellner, H.: Konflikte verstehen, verhindern, lösen. Konfliktmanagement für Führungskräfte. Hanser, München 2000.
Kerth, K./Pütmann, R.: Die besten Strategietools, Hanser, München 2005.
Kerzner, H.: Project Management. A Systems Approach to Planning, Scheduling, and Controlling. Wiley & Sons, Hoboken, New Jersey, 9th ed. 2006.
Kim, W. C./Maugborgne, R.: Der Blaue Ozean als Strategie. In Harvard Business Manager, September 2005.
Königswieser, R./Exner, A.: Systemische Intervention. Klett-Cotta, Stuttgart, 9. Auflage, 2002.
Königswieser, R./Hillebrand, M.: Einführung in die systemische Organisationsberatung. Auer, Heidelberg 2005.
Königswieser. R./Keil. M.: Das Feuer großer Gruppen. Klett-Cotta, Stuttgart 2000.
Königswieser, R./Cichy, U./Jochum, G.: SIMsalabim. Veränderung ist keine Zauberei. Klett-Cotta, Stuttgart 2001.
Koreimann, D. S.: Management. Oldenbourg, München, 7. Auflage 1999.
Kotter, J. P.: Chaos, Wandel, Führung. Leading Change. Econ, Düsseldorf 1997.
Lievegoed, B.: Organisation im Wandel. Haupt, Bern/Stuttgart 1974.
Luhmann, N.: Soziale Systeme. Grundriss einer allgemeinen Theorie. Suhrkamp, Frankfurt am Main 1984.
Malik, F.: Führen, Leisten, Leben. Wirksames Management für eine neue Zeit. Heyne, München 2005.
Mann, R.: Das visionäre Unternehmen. Luchterhand, Opladen/Wiesbaden 1990.
Mann, R.: Das ganzheitliche Unternehmen. Kortner, Mannheim 2005.
Märki, D.: Strategisches Synergiemanagement: Vom Rudern zum Segeln. Orell Füssli, Zürich 1995.
Maturana, H. R./Varela, F. J.: Der Baum der Erkenntnis. Goldmann, München 1990.
McGregor, D.: The Human Side of Enterprise. McGraw-Hill. New York 1960 (Neuausgabe 2006).
McGregor, D.: Der Mensch im Unternehmen. Econ, Düsseldorf 1974.
Metzger, W.: Schöpferische Freiheit. Kramer, Frankfurt 1962.
Mintzberg, H.: Mintzberg on Management. Inside our strange world of organisations. New York 1989.
Mintzberg, H.: Strategy Safari. Eine Reise durch die Wildnis des strategischen Managements. Ueberreuter Wirtschaft, Wien, 3. Auflage 2005.
Mintzberg, H.: Strategy Bites Back! It is Far More and Less Than You Have Ever Imagined. Prentice Hall, London 2005.
Minx, E./Böhlke E.: Szenarien – Denken in alternativen Zukünften. In Spektrum der Wissenschaft, Dezember 1995.
Morgan, G.: Bilder der Organisation. Klett-Cotta, Stuttgart, 4. Auflage 2000.
Nagel, R.: Lust auf Strategie. Workbook zur systemischen Strategieentwicklung. Klett-Cotta, Stuttgart 2007.
Nagel, R./Wimmer, R.: Systemische Strategieentwicklung. Klett-Cotta, Stuttgart 2002.
Nauer, E.: Organisation als Führungsinstrument. Ein Leitfaden für Führungskräfte. Haupt, Bern/Stuttgart 1999.
Nollen, S./Helen, A.: Managing Contingent Workers. Amacom Books. Boston/New York 1996.
Ogger, G.: Nieten in Nadelstreifen. Deutschlands Manager im Zwielicht. Droemer Knaur, München, 9. Auflage 1995.
Pechtl, W.: Zwischen Organismus und Organisation. Wegweiser und Modelle für Berater und Führungskräfte. Veritas, Linz 1995.
Pedler, M./Burgoyne, J./Boydell, T.: Das lernende Unternehmen. Potentiale freilegen – Wettbewerbsvorteile sichern. Campus, Frankfurt am Main 1994.
Peters, T.: Kreatives Chaos. Hoffmann und Campe, Hamburg, 3. Auflage 1994.
Peters, T. J./Waterman, R. H.: Auf der Suche nach Spitzenleistungen mvg, München, 9. Auflage 2003.

Porter, M. E.: Competitive Strategy. Free Press, New York 2004.
Probst, G. J. B./Raub, S./Romhardt, K.: Wissen managen. Wie Unternehmen ihre wertvollste Ressource optimal nutzen. Gabler, Wiesbaden, 5. Auflage 2006.
Pümpin C./Amann, W.: Strategische Erfolgspositionen. Kernkompetenzen aufbauen und umsetzen. Haupt, Bern/Stuttgart 2005.
Pümpin C./Wunderlin, C.: Unternehmensentwicklung. Haupt, Bern/Stuttgart 2005.
Reddin, W. J.: Das 3-D-Programm zur Leistungssteigerung des Managements. McGrown Hill. München 1977.
Rother, M./Shook, J.: Sehen lernen. Mit Wertstromdesign die Wertschöpfung erhöhen und Verschwendung beseitigen. Lean Management Institut, Mannheim 2004.
Rüttinger, R.: Unternehmenskultur. Erfolge durch Vision und Wandel. Econ, Düsseldorf 1986.
Sattelberger, T. (Hrsg.): Die lernende Organisation. Konzepte für eine Qualität der Unternehmensentwicklung. Gabler, Wiesbaden, 3. Auflage 1996.
Scharmer, C. O.: Theory U. Leading from the Future as It Emerges. The Social Technology of Presencing. SoL Press 2007.
Schein, E. H.: Process Consultation: Its Role in Organization Development. Addison Wesley, Boston, 2. Auflage 1988.
Schmidt, E.R./Berg, H.G.: Beraten mit Kontext. Gabal, Frankfurt am Main 2004.
Schwarz, G.: Die »Heilige Ordnung« der Männer. Patriarchalische Hierarchie und Gruppendynamik. Westdeutscher Verlag, Wiesbaden, 2. Auflage 1985.
Schwarz, P.: Management in Non-Profit-Organisationen. Haupt, Bern/Stuttgart 1995.
Semler, R.: The Seven Day Weekend. How to Make Work Work. Penguin Book, New York 2004.
Senge, P. M.: Die fünfte Disziplin. Theorie und Kunst der lernenden Organisation. Klett-Cotta, Stuttgart, 10. Auflage 2006.
Senge P. M./Scharmer, C. O./Jaworski, J./Flowers, B. S.: Presence. An Exploration of Profound Change in People, Organisations and Society. Currency Doubleday 2005.
Siemens: Organisationsplanung. Siemens, Berlin/München, 7. Auflage 1985.
Simon, F. B.: Die Organisation der Selbstorganisation. In Managerie 4. Jahrbuch. Auer, Heidelberg 1997.
Simon, F. B.: Radikale Marktwirtschaft. Carl-Auer-Systeme, Heidelberg, 5. Auflage 2005.
Simon, F. B.: Einführung in Systemtheorie und Konstruktivismus. Carl-Auer, Heidelberg 2006.
Sprenger, R. K.: Mythos Motivation. Wege aus der Sackgasse. Campus, Frankfurt am Main, 19. Auflage 2010.
Staehle, W.: Management, Vahlen, München, 7. Auflage 1994.
Stürzl, W.: Lean Production. Junfermann, Paderborn, 3. Auflage 1993.
Summers, D. C. S.: Quality Management: Creating and Sustaining Organizational Effectiveness. Prentice Hall 2005.
Suzaki, K.: Die ungenutzten Potentiale. Hanser, München 1994.
Taylor, F. W.: Die Grundsätze wissenschaftlicher Betriebsführung. Psychologie Verlags Union, Weinheim 1995 (Reprint).
Tuckman, B. W.: Developmental sequences in small groups Psychological Bulletin, 63 (1965), 348–399.
Tuckman, B. W./Jensen, M. C.: Stages of small group development revisited. In: Group & Organization Management. Vol. 2, No. 4, 419–427. Sage Publications, Thousand Oaks 1977.
Turnheim, G.: Chaos und Management, Manzsche Verlagsbuchhandlung, Wien 1993.
Velmerig, C. O./Schattenhofer, K./Schrapper, C.: Teamarbeit. Juventa, München 2004.
Weick, K. E./Sutcliffe, M.: Managing the Unexpected: Assuring High Performance in an Age of Complexity. Jossey Bass, San Francisco 2001.
Weick, K. E.: Der Prozess des Organisierens. Suhrkamp, Frankfurt am Main 2002.
Weisbord, M.: Organisationsdiagnose. Ein Handbuch mit Theorie und Praxis. Bratt-Institut, o. J.
Weiss, M.: Marktwirksame Prozessorganisation. Peter Lang, Wien 2003.

Wildenmann, B.: Professionell Führen. Luchterhand, Berlin, 6. Auflage 2002.
Willke, H.: Einführung in das systemische Wissensmanagement. Carl-Auer-Systeme, Heidelberg 2004.
Wimmer, R.: Das Team als besonderer Leistungsträger in komplexen Organisationen. In: OSB Gesellschaft für systemische Organisationsberatung (Hrsg.). OSB-Reader 1999. OSB, Wien 1999.
Wimmer, R.: Hat die Organisationsentwicklung ihre Zukunft bereits hinter sich? Wittener Diskussionspapiere, Nr. 125, Witten 2003.
Wimmer, R./Nagel, R.: Der strategische Managementprozess. In Organisationsentwicklung, 1/2000. Verlag Organisationsentwicklung und Management AG, Zürich.
Wimmer, R.: Die permanente Revolution. Aktuelle Trends in der Gestaltung von Organisationen. In Grossmann, R./Krainz, E. E./Oswald, M. (Hrsg.): Veränderung in Organisationen. Gabler, Wiesbaden 1995.
Wimmer, R.: Zur Eigendynamik komplexer Organisationen. Sind Unternehmen mit hoher Eigenkomplexität noch steuerbar? In: Fatzer, G. (Hrsg.): Organisationsentwicklung für die Zukunft. Edition Humanistische Psychologie, Köln 1993.
Wimmer, R.: OE am Scheideweg. Hat die Organisationsentwicklung ihre Zukunft bereits hinter sich? In Organisationsentwicklung 1-04. Organisationsentwicklung und Management AG, Zürich.
Womack, J. P./Jones, D. T.: Lean Thinking. Ballast abwerfen, Unternehmensgewinn steigern. Campus, Frankfurt am Main 2004.

Bildnachweis

S. 63, 115:	Erik Liebermann/Baaske Cartoons
S. 78:	Karl-Heinz Brecheis/Baaske Cartoons
S. 113, 277, 278:	Ulrike Rath, Aachen
S. 117:	Aus: Brunzelins/Svensson: Integrierte Unternehmensführung
S. 127:	Bruno Reyer. In: Müri, P.: Dreidimensional führen. Ott Verlag, Thun/Schweiz
S. 146:	Aus: Wildenmann, B.: Professionell führen: Luchterhand Verlag, Neuwied
S. 182:	Gary Larson, Los Angeles

Stichwortverzeichnis

Ablauforganisation   80
Analyse, strategische   164
Anforderungsprofil   87
Anforderungsprofil, Leitfragen   88
Ansatz, kybernetischer   130
Ansätze, kybernetische   19
Ansätze, systemtheoretische   19
Aufbauorganisation   79
Autopoiese   19

Balanced Scorecard   191, 205, 206
Balanced Scorecard, Nutzen   207
Beratungsansatz, lösungsfokussierter   290
Übereinstimmung von
     Berufs- und Privatleben   40
Berufslaufbahn   36
Beständigkeit   39

Clusterorganisation   78

Dachstrategien   189
Das Landkartenmodell   133
Delegation   84, 129
Dezentralisierung   15
Dienste, zentrale   104
Dienstleistungsorganisation   52, 54
Diskontstrategie   187
Diversifikation   186, 187

Einflussfaktoren   121
Entscheidungszentralisation   95
Entwicklungsbedarf   47
Entwicklungsphasen von Organisationen   49
Erfolgsposition, strategische   153
Erklärungsmodelle   11

Führen, Herausforderungen   135
Führen, leitbildorientiertes   130
Führen, situatives   124
Führen, Werkzeuge   126
Führung, Rollenanforderungen   144
Führungsanforderungen   355

Führungsgrundsätze   126, 146
Führungskonflikte   244
Führungsmodelle   116
Führungsphilosophie   116
Führungsphilosophien   116
Führungsstil   116, 117, 124
Führungsstil, autoritär   118
Führungsstil, demokratisch   118
Führungsstil, demokratischer   118
Führungsstile   119
Führungsstil, Laisser-faire   118
Führungsstil, partizipativer   118
Führungstechniken   116, 128
Führungsverhalten, Dimensionen   120
Funktion   31

General Manager   38
Geschäftsfeld   186, 191
Geschäftsfeldorganisation   96
Geschäftsfeldorganisation
     Gestaltungsprinzipien   97
Geschichte der Organisation   17

Herausforderung, totale   39
Hierarchie   95
Human-Relation   115

Interaktion   138
Interviewleitfaden   231
Investitionskultur   74

Job-Contract   89

Karriereanker   35, 37, 38
Karriereankers   37
Karriereanker-Test   36
Kernprozess   215
Key-Kunden-Interview   231
Kleeblattorganisation   68
Kommunikation   133
Kompetenz, technisch-funktionale   38
Konflikt   240

Konfliktgespräch, Checkliste 337
Konkurrenzkonflikte 243
Konstruktivismus 26
Konstruktivismus, radikaler 290
Kontinuumtheorie 119
Kostenführerschaft 188
Kreativität, unternehmerische 39
Krisensituation, aktuelle 15
Kultur 70
Kulturmerkmale, branchenspezifische 73
Kunde, Dialog 226
Kundengruppenorganisation 105
Kundenprozess 229

Laisser-faire-Stil 118
Landkarte, geistige 44
Lücke, strategische 150
Lean Management 61, 62, 63, 64
Leistungsprozess 214
Leitbild 182
Leitungsspanne 85
Linienstruktur, reine 103

Managementaufgaben 143
Management by-Techniken 128
Management- Begriff 114
Management durch Delegation 129
Management durch Eingriff
   im Ausnahmefall 129
Management durch Kontrolle 129
Management durch Systemsteuerung 130
Management durch Zielvereinbarung 128
Managementebenen 125
Managementkonzepte 61
Management, normatives 151
Management, operatives 151
Management, personenbezogen 115
Managementphilosophie 116
Managementprozess 215
Managementregelkreis 131, 132
Management, sachbezogen 115
Management, strategisches 151
Management, taktisch 125
Marktdurchdringung 186, 187
Marktentwicklung 187
Maschine, nicht triviale 20
Maschine, triviale 20
maslowsche Bedürfnispyramide 32
Matrixstellen 104
Matrixstruktur 105
Meilensteine 351

Menschenbild 116
Mikroartikel 268
Motivation 34
Motivation, Mythos 34

Nähe-Distanzkonflikte 242
Nischenstrategie 188

Ordnungssysteme, statische 21
Organigramm 93
Organisation, fraktale 69
Organisation, Gestaltungsbereiche 79
Organisation, Kundengruppen- 105
Organisation, lernende 82, 269, 290
Organisation, Netzwerk- 102
Organisation, Produkt- 105
Organisation, professionelle 53, 54
Organisation, Profitcenter- 106
Organisation, Prozess- 101, 106
Organisationsdesign 81
Organisationsdiagnose 47
Organisationsgestaltung 79
Organisationskultur 70, 71, 75
Organisationslandkarten 44, 45
Organisationsmodelle 47
Organisationsmodelle, neue 67
Organisationsstruktur 65
Organisationstheorie, systemisch 136
Organisationstrend, aktueller 61
Organisationsveränderung 15

Person 30
Phasenmodell 49
Portfolioanalyse 168
Position 31
Präferenzstrategie 187
Produktentwicklung 187
Produktorganisation 52, 54, 105
Profitcenter-Organisation 106
Projektabwicklung 251
Projektarbeit, praktische 258
Projektleiter 258
Projektmanagement 62, 249, 250,
   256, 257, 258
Projektmanagement, magisches Dreieck 253
Projektorganisation 98
Projektorganisation, Matrix- 100
Projektorganisation, reine 99
Projektorganisation, Stabs- 99
Projektsteuerungsgremium 258
Projektstrukturplan 254

Projektteam 258
Prozessdiagramm 217
Prozessmanagement 62
Prozessorganisation 106
Prozessorientierung 212
Pyramide, umgedrehte 68

Qualitätsmanagement 62

Rangkonflikte 243
Rolle 30, 91
Rollenüberlastung 93
Rollenkonflikt 93
Rollenkonflikte 242
Rollenprobleme 31
Rollenunklarheit 92
Rolle, soziale 91, 92

Scheibenorganisation 68
Schlüsselfaktoren 170
Schule, administrative 18
Schule, bürokratische 18
Schule, entscheidungstheoretische 19
Schule, »Human Relation« 18
Schule, soziotechnische 18
Scientific Management 115
Scientific Managements 18
Selbstkontrolle 21
Selbstorganisation 137
Selbstständigkeit 39
Selbstverantwortung 21
Sicherheit 39
Sieben-S-Modell 44, 45
skeptische Distanz 29
Spekulationskultur 74
SPOT-Analyse 172
Stab 103
Stab- und Liniensystem 18
Stakeholderanalyse 165
Stakeholderanalyse, Durchführung 167
Stelle 31
Stellenbeschreibung 86
Stellenbeschreibungen 82
Stellvertretung 86
Strategieentwicklung, Integration 192
Strategieentwicklung, Zugänge 154
Strategieprojekt 159
Strategie-Update 159
Strukturierung, horizontale 85
Strukturierung, vertikale 85
Strukturtypen, hierarchische 103

Supportprozess 215
System, soziales 14
Szenario 175, 176
Szenario, persönliches 178
Szenarioprozess 177
Szenariotechnik 176

Teamarbeit, Stellenwert 41
Teamentwicklung, Phasen 235
Teamleadership 239
Teamzusammensetzung 234
Terminplan 255
Territorialkonflikte 243
Theorien, kybernetische 115
Theorien, systemtheoretische 115
Theorie, system-evolutionäre 19
Transformation 290
Turbulenz 9

U-Analyse 76
Unabhängigkeit 39
Unternehmensführung, zielorientierte 128

Verhaltensgitter, dreidimensional 120
Verkaufskultur 74
Veränderungskonflikte 244
Veränderungsmanagement 279
Veränderungsmanagement
  in Organisationen 280
Veränderungsmanagement, persönliches 279
Verwaltungskultur 74
Vision 180

Widerspruchsmanagement 258
Wissensbaum 268
Wissensbewahrung 266
Wissensentwicklung 266
Wissenserwerb 266
Wissensidentifikation 266
Wissenslandkarte 268
Wissensmanagement 262
Wissensnutzung 266
Wissens(ver)teilung 266
Worst-Case-Szenarien 176

Zielformulierung 253
Zielkomplementarität 199
Zielkonflikt 199
Ziellandkarte, strategische 208
Zielneutralität 199
Ziel, Nutzen 197

Was Führungskräfte brauchen

Uwe Reineck, Ulrich Sambeth, Andreas Winklhofer
**Handbuch
Führungskompetenzen trainieren**
2009. 365 Seiten. Gebunden.
ISBN 978-3-407-36502-6

Aus dem Anspruch bedarfsgerechte und passgenaue Führungskräftetrainings zu entwickeln ist dieses Buch entstanden. Herausgekommen ist ein auffallend praxisorientiertes Buch.

Es systematisiert die Kompetenzanforderungen, die heute an Führungskräfte gestellt werden, beschreibt diese pointiert und durchaus provokant und macht eine Fülle konkreter Vorschläge, wie man Führungskräfte gezielt auf klar umschriebene Kompetenzen entwickeln kann.
Den Autoren ist dabei ein Buch gelungen, das ebenso unterhaltsam wie praxisorientiert ist.

Aus dem Inhalt:
- Mitarbeiterführungskompetenz
- Überzeugungskraft und Durchsetzungsfähigkeit
- Gruppendynamisches Wissen
- Demotivation vermeiden
- Unternehmerkompetenz
- Ergebnisorientierung
- Zukunftsorientierung
- Entscheidungsfähigkeit
- Beziehungskompetenz
- Teamfähigkeit
- Menschen vernetzen, Ideen vernetzen
- Dialogische Kommunikation
- Veränderungskompetenz
- Umgang mit Widerstand
- Systemisches wissen
- Menschen bewegen, Gruppen mobilisieren

Beltz Verlag · Weinheim und Basel · Weitere Infos: www.beltz.de

Gezielte Burnout-Prävention

Sylvia Kéré Wellensiek
Handbuch Resilienz-Training
Widerstandskraft und Flexibilität für Unternehmen und Mitarbeiter
2011. 396 Seiten. Gebunden.
ISBN 978-3-407-36504-0

Die Fähigkeit zu Belastbarkeit und innerer Stärke wird in der Psychologie als Resilienz beschrieben.
Resiliente Menschen können auf Anforderungen wechselnder Situationen flexibel reagieren. Im wirtschaftlichen Kontext geht die Definition des Begriffs »Resilienz« über die individuelle Fähigkeit hinaus und umfasst auch die Anpassungsfähigkeit von Organisationen an Veränderungen. Dieses Handbuch liefert beides: Resilienz-Training für Mitarbeiter und für Unternehmen.
Sylvia Kéré Wellensiek führt die Leser gekonnt durch profundes Hintergrundwissen, viele Praxisbeispiele und zahlreiche Übungen in die komplexe Thematik ein.

Aus dem Inhalt
Teil I Resilienz – Widerstandskraft und Flexibilität in Zeiten ständigen Wandels
- Die Bedeutung von Resilienz für Unternehmen und ihre Mitarbeiter

Teil II Die gezielte Entwicklung persönlicher Resilienz

Teil III Die umfassende Ausbildung organisationaler Resilienz
- Zehn mögliche Schritte zur organisationalen Resilienz

Teil IV Die besondere Position der Führungskraft
- Umgang mit persönlichen Grenzen
- Überlastete Mitarbeiter angemessen begleiten

Teil V Das Zusammenspiel im Team und an den Schnittstellen
- Teamstärke nach innen und außen

Teil VI Burnout-Prävention und Gesundheitsmanagement
- Betriebliches Gesundheitsmanagement
- Kosten und Nutzen von Prävention

Teil VII Die Verantwortung der Geschäftsführung
- Gesundheit ist ein Thema für die Unternehmensstrategie
- Werte konsequent verwirklichen

Beltz Verlag · Weinheim und Basel · Weitere Infos: www.beltz.de

Anwendungsorientierte Methodensammlung

Eckard König
Gerda Volmer
**Handbuch
Systemische
Organisationsberatung**
2008. 541 Seiten. Gebunden.
ISBN 978-3-407-36467-8

Beratung von Organisationen – die Bandbreite reicht von Unternehmen bis zu Kommunen, Schulen und Kliniken – ist mittlerweile ein eigenständiger Arbeitsbereich. Von Beraterinnen und Beratern wird dabei eine umfassende Beratungskompetenz erwartet.

Hier setzt dieses Handbuch an: Vor dem Hintergrund der Systemtheorie und gestützt auf langjährige Erfahrung der Autoren ist ein Buch entstanden, das die Grundlagen des systemischen Ansatzes, die einzelnen Schritte im Beratungsprozess sowie mögliche Vorgehensweisen umfassend und zugleich konkret darstellt. Beraterinnen und Berater finden das methodische Rüstzeug, das sie benötigen, um einzelne Personen, Teams oder komplexe Organisationen erfolgreich beraten zu können. Damit ist das Handbuch sowohl eine umfassende Einführung als auch eine anwendungsorientierte Methodensammlung für Berater, Trainer und Experten in Personal- und Organisationsabteilungen.

Aus dem Inhalt:
- Grundlagen der Organisationsberatung: Erklärungsmodelle menschlichen Handelns
- Der Organisationsberatungsprozess
- Diagnoseverfahren im Rahmen systemischer Organisationsberatung
- Systemische Organisationsberatung komplexer Systeme
- Das Beratungssystem

Beltz Verlag · Weinheim und Basel · Weitere Infos: www.beltz.de